职业技能培训丛书

浙江省职业技能教学研究所　组织编写

新能源汽车维修

裘玉平　主编

浙江科学技术出版社

图书在版编目(CIP)数据

新能源汽车维修/浙江省职业技能教学研究所组织编写;裘玉平主编. —杭州:浙江科学技术出版社,2018.8
(职业技能培训丛书)
ISBN 978-7-5341-8357-7

Ⅰ. ①新… Ⅱ. ①浙…②裘… Ⅲ. ①新能源—汽车—车辆修理—技术培训—教材 Ⅳ. ①U469.707

中国版本图书馆 CIP 数据核字(2018)第 175650 号

丛书名 职业技能培训丛书
书　名 新能源汽车维修
组织编写 浙江省职业技能教学研究所
主　编 裘玉平

出版发行 浙江科学技术出版社
杭州市体育场路 347 号 邮政编码:310006
办公室电话:0571-85176593
销售部电话:0571-85176040
网　址:www.zkpress.com
E-mail:zkpress@zkpress.com
排　版 杭州大漠照排印刷有限公司
印　刷 富阳正大彩印有限公司

开　本	787×1092　1/16	印　张	16
字　数	375 000		
版　次	2018 年 8 月第 1 版	印　次	2018 年 8 月第 1 次印刷
书　号	ISBN 978-7-5341-8357-7	定　价	45.00 元

责任编辑 张祝娟　　责任校对 顾旻波
责任美编 金　晖　　责任印务 崔文红

“职业技能培训丛书”编辑工作组

组　　长　巫惠林　王丽慧

成　　员　（按姓氏笔画排序）

王雪亘　李世存　陆卫国　周学平　俞冬伟

裘玉平

本册编写小组

主　　编　裘玉平

编　　者　潘雷钢　杨迪青　董建文　张庆才　姜　敏

叶志凡　刘发军　屠剑敏　王海军　秦世环

王松尧　郑金顺　费丽东　姜丽娟　程　晟

前　言

职业技能培训是提高劳动者技能水平和就业创业能力的主要途径。大力加强职业技能培训工作,建立健全面向全体劳动者的职业技能培训制度,是实施扩大就业的发展战略,解决就业总量矛盾和结构性矛盾,促进就业和稳定就业的根本措施;是贯彻落实人才强国战略,加快技能人才队伍建设,建设人力资源强国的重要任务;是加快经济发展方式转变,促进产业结构调整,提高企业自主创新能力和核心竞争力的必然要求;也是推进城乡统筹发展,加快新型工业化和城镇化进程的有效手段。为认真贯彻落实全国、全省人才工作会议精神和《国务院关于加强职业培训促进就业的意见》《浙江省中长期人才发展规划纲要(2010—2020 年)》,切实加快培养适应我省经济转型升级、产业结构优化要求的高技能人才,带动技能劳动者队伍素质整体提升,浙江省人力资源和社会保障厅规划开展了职业技能培训系列教材建设,由浙江省职业技能教学研究所负责组织编写工作。本系列教材第七批共 7 册,主要包括工业机器人调试与维护、无人机操控与维修、烹饪创业与餐饮管理、电类专业技师研修项目精选、新能源汽车维修、康复与护理培训教程基础知识、实训技能等地方产业、新兴产业以及特色产业方面的技能培训教材。本系列教材针对职业技能培训的目的要求,突出技能特点,便于各地开展农村劳动力转移技能培训、农村预备劳动力培训等就业和创业培训,以及企业职工、企业生产管理人员技能素质提升培训。本系列教材也可以作为技工院校、职业院校培养技能人才的教学用书。

2017 年,全球主要国家的新能源汽车销量超过了 142 万辆,我国达到 77.7 万辆,占新车销售比例的 2.69%。全球新能源汽车累计销售已经突破 340 万辆,其中在我国行驶的电动汽车超过了 50%。

汽车未来的发展，必然是一个智能化、纯电驱动的发展。智能化最合适的载体是新能源汽车，纯电驱动是汽车发展的方向，插电式混合动力车仍然是全球私家车近期发展的主流。事实证明，在相当的时间中，特别对于我国大客运、大货运、大船运、大农业等领域，内燃机将会以独立驱动或以混合动力的形式继续存在。

在此发展背景下，浙江省技工院校汽车中心教研组开发了《新能源汽车维修》教材。教材阐述了混合动力汽车分类、安全应急处理、电池及其管理系统、动力电机及其管理系统、车身电气设备；阐述了典型车型纯电动汽车和混合动力汽车的维修等。

本书由浙江交通技师学院裘玉平担任主编，其中第一章由宁波市交通技工学校潘雷钢、杨迪青编写，第二章由湖州交通技师学院董建文、张庆才编写，第三章由宁海技工学校姜敏、叶志凡编写，第四章由宁波技师学院刘发军、屠剑敏编写，第五章由浙江公路技师学院王海军编写，第六章第一节至第三节由浙江交通技师学院秦世环编写，第六章第四节至第六节由杭州技师学院王松尧、郑金顺编写，第七章第一节至第三节由杭州汽车高级技工学校费丽东、姜丽娟编写，第七章第四节至第五节由浙江交通技师学院程晟编写。

本书图文并茂、通俗易懂、理实一体，并附有网络教学资源。为方便读者学习，本书第二章、第四章和第五章部分图专门设计了 AR 三维、特效动画等立体的内容。附录有 AR 使用说明等。本书适合于技工院校汽车维修、检测、营销、保险等专业教学使用，同时也可作为职业高中、高等职业院校教学或社会职业培训教材使用。

本书在编写过程中，得到了很多技工院校、汽车维修企业的支持和帮助，并提出了不少宝贵意见，在此特致以诚挚的谢意。由于经验不足，加之编者水平有限，难免存在不足之处，恳请广大读者批评指正。

浙江省职业技能教学研究所

2017 年 10 月

目 录

第一章　概　述

第一节　新能源汽车现状与发展趋势

一、新能源汽车的定义

新能源通常指太阳能、风能、生物质能、氢能、地热能、海洋能、化工能(如醚基燃料)等。

新能源汽车是指除汽油、柴油发动机之外所有其他能源汽车。据不完全统计,全世界现有超过400万辆液化石油气汽车,100多万辆天然气汽车。目前,我国市场上在售的新能源汽车多是混合动力汽车和纯电动汽车。按照国家发展与改革委员会公告定义,新能源汽车指采用非常规的车用燃料作为动力来源或使用常规的车用燃料、采用新型车载动力装置,综合车辆的动力控制和驱动方面的先进技术而形成的技术原理先进,具有新技术、新结构的汽车。

二、新能源汽车分类

新能源汽车主要有电动汽车、燃气汽车、生物燃料汽车、新型燃料汽车和煤制醇醚汽车等。

电动汽车按动力源的不同,主要有三种:混合动力汽车(Hybrid Electric Vehicle, HEV)、纯电动汽车(Battery Electric Vehicle,BEV)和燃料电池电动汽车(Fuel Cell Electric Vehicle,FCEV)。按照电池种类的不同,又可以分为镍氢电池动力汽车、锂电池动力汽车和燃料电池动力汽车。

1. 混合动力汽车

混合动力汽车(图1-1)指驱动系统由两个或多个能同时运转的单个驱动系联合组成的车辆,车辆的行驶功率依据实际的车辆行驶状态由单个驱动系单独或多个驱动系共同提供。因各个组成部件、布置方式和控制策略的不同,混合动力汽车有多种形式。按照燃料种类的不同,主要又可以分为汽油混合动力和柴油混合动力两种。目前国内市场上,混合动力车辆的主流都是汽油混合动力,而国际市场上柴油混合动力车型发展也很快。

混合动力汽车的优点如下:

(1) 采用混合动力后可按平均需用的功率来确定内燃机的最大功率,发动机相对较小,此时处于油耗低、污染少的最优工况下工作。当需要大功率而内燃机的功率不足时,由电池来补充;当负荷小时,富余的功率可发电给电池充电。由于内燃机可持续工作,电池又可以不断得到充电,故其行程和普通汽车一样。

(2) 因为有了电池,可以十分方便地回收下坡时的动能。

(3) 在繁华市区,可关停内燃机,由电池单独驱动,实现“零”排放。

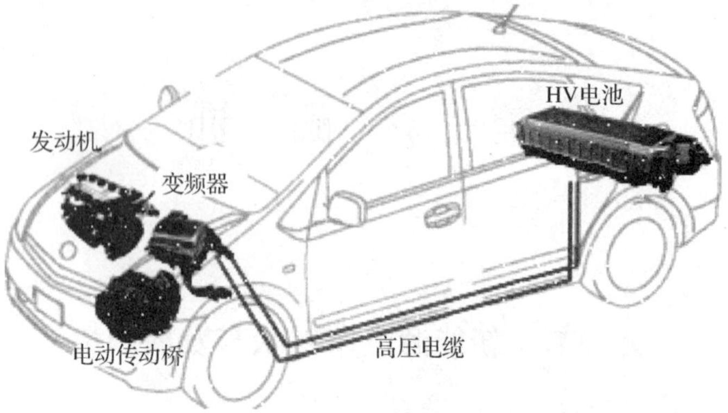

图 1－1　普锐斯混合动力汽车

(4) 有了内燃机，可以十分方便地解决耗能大的空调、取暖、除霜等纯电动汽车遇到的难题。

(5) 可以利用现有的加油站加油，不必再投资。

(6) 可让电池保持在良好的工作状态，不发生过充、过放，延长其使用寿命，降低成本。

(7) 整车由于多个动力源，可同时工作，整车的动力性优良。

混合动力汽车的缺点：系统结构相对复杂；长距离高速行驶省油效果不明显。

2. 纯电动汽车

纯电动汽车是指由电动机驱动的汽车，如图 1－2 所示。电动机的驱动电源来源于车载可充电蓄电池或其他能量储存装置。

图 1－2　北汽纯电动汽车

电动汽车本身不排放污染大气的有害气体，即使按所耗电量换算为发电厂的排放，除硫和微粒外，其他污染物也显著减少。因电厂大多建于远离人口密集的城市，对人类伤害较少，而且电厂是固定不动的，集中排放便于清除各种有害排放物。由于电力可以从多种一次能源中获得，如煤、核能、水力、风力、光、热等，可解除人们对石油资源日见枯竭的担心。电动汽车还可以充分利用晚间用电低谷时的富余电力充电，使发电设备日夜都能充分利用，大大提高其经济效益。有关研究表明，同样的原油经过粗炼送至电厂发电，经充入电池后，再由电池驱动汽车，其能量利用效率比经过精炼变为汽油，再经汽油机驱动的汽车高，因此有利于节约能源和减少二氧化碳的排量。

纯电动汽车的优点：技术相对简单成熟，只要有电力供应的地方都能够充电。

纯电动汽车的缺点：目前蓄电池单位重量储存的能量太少，还因纯电动汽车的电池较贵，又没形成经济规模，故购买价格较贵；对于使用成本，试用的结果比传统汽车贵，这主要取决于电池的寿命及当地的油价。

3. 燃料电池电动汽车

燃料电池电动汽车（图 1－3）是利用氢气或甲醇和空气中的氧在催化剂的作用下，在燃料电池中经电化学反应产生的电能作为主要动力源驱动的汽车。燃料电池电动汽车实质上是纯电动汽车的一种，主要区别在于动力电池的工作原理不同。一般来说，燃料电池是通过电化学反应将化学能转化为电能，电化学反应所需的还原剂一般采用氢气，氧化剂则采用氧气，因此最早开发的燃料电池电动汽车多直接采用氢燃料。氢气的储存可采用液化氢、压缩氢气或金属氢化物储氢等形式。燃料电池的化学反应过程不会产生有害产物，因此燃料电池车辆属无污染汽车。燃料电池的能量转换效率比内燃机要高 2～3 倍，因此从能源利用和环境保护而言，燃料电池电动汽车是一种理想的车辆。

图 1－3　本田 FCEV 燃料电池电动汽车

单个燃料电池必须组合成燃料电池组，以便获得必需的动力，满足车辆使用的要求。

近几年来，燃料电池技术已经取得了重大的进展。目前，燃料电池轿车的样车正在进行试验，以燃料电池为动力的运输大客车在北美的几个城市中进行示范运行。在开发燃料电池汽车中仍然存在着技术性挑战，如燃料电池组的一体化，提高商业化电动汽车燃料处理器和辅助部件，汽车制造厂都在朝着集成部件和减少部件成本的方向努力，并已取得了显著的进步。在国际上乘用车方面，丰田、本田、现代都推出了量产版的燃料电池汽车，国际主流的电池厂也持续关注燃料电池的研发，多家车企已推出量产计划。在商用车方面，奔驰、日野推出了燃料电池客车，从而推动了燃料电池产业的发展。

与传统汽车相比，燃料电池汽车具有以下优点：

（1）零排放或近似零排放。

（2）减少了机油泄漏带来的水污染。

（3）降低了温室气体的排放。

（4）提高了燃油经济性。

（5）提高了发动机燃烧效率。

（6）运行平稳、无噪声。

燃料电池汽车的缺点：燃料电池成本高昂，同时使用成本（氢）也昂贵。

4. 燃气汽车

燃气汽车（图1-4）是指用压缩天然气（CNG）、液化石油气（LPG）和液化天然气（LNG）作为燃料的汽车。近年来，世界各国政府都积极寻求解决这一难题，开始纷纷调整汽车燃料结构。燃气汽车由于其排放性能好，可调整汽车燃料结构，运行成本低、技术成熟、安全可靠，所以被世界各国公认为当前最理想替代燃料的汽车。

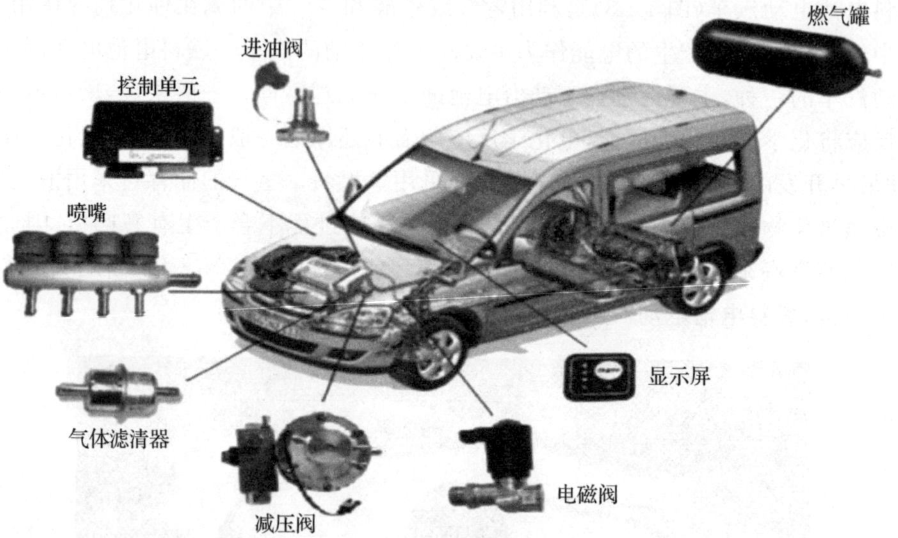

图1-4　燃气汽车

替代燃料的作用是减轻并最终消除由于石油供应紧张带来的各种压力以及对经济发展产生的负面影响。近期，我国仍将主要用压缩天然气、液化气、乙醇汽油作汽车的替代燃料。汽车替代燃料能否扩大应用，取决于我国替代燃料的资源、分布、可利用情况，替代燃料生产与应用技术的成熟程度以及减少对环境污染等；替代燃料的生产规模、投资、生产成本、价格决定着其与石油燃料的竞争力；汽车生产结构与设计改进必须与燃料相适应。以燃气替代燃油将是我国乃至世界汽车发展的必然趋势。

天然气汽车的优点：

(1) 天然气汽车是清洁燃料汽车。天然气汽车的排放污染大大低于以燃油为燃料的汽车，尾气中不含硫化物和铅，一氧化碳降低80%，碳氢化合物降低60%，氮氧化合物降低70%。

(2) 比汽油汽车更安全。首先天然气与汽油相比，压缩天然气本身就是比较安全的燃料。其次，压缩天然气汽车所用的配件比汽油汽车要求更高。中外发展天然气60年来，从未出现过因天然气爆炸、燃烧而导致车毁人亡的事件。事实证明，压缩天然气汽车是十分安全可靠的。

(3) 天然气汽车有显著的经济效益。目前天然气的价格比汽油和柴油低得多，燃料费用一般节省50%左右，使营运成本大幅降低。由于油气差价的存在，改车费用可在一年之内收回。发动机使用天然气为燃料，运行平稳、噪声低、不积碳，能延长发动机的使用寿命，不需要经常更换机油和火花塞，可节省维修费用50%以上。

燃气汽车的缺点：天然气汽车的动力性略有降低，燃用天然气时，动力性略下降5%～15%，并且改装的一次性投资大，目前改装一辆燃气汽车需1万元左右。

三、新能源汽车现状与发展趋势

目前，部分可再生能源利用技术已经取得了长足的发展，并在世界各地形成了一定的规模。生物质能、太阳能、风能以及水力发电、地热能等的利用技术已经得到了应用。

国际能源署(IEA)对2000～2030年国际电力的需求进行了研究，研究表明，来自可再生能源的发电总量年平均增长速度将最快。IEA的研究认为，在未来30年内非水利的可再生能源发电将比其他任何燃料的发电都要增长得快，年增长速度近6%，在2000～2030年间其总发电量将增加5倍，到2030年，它将提供世界总电力的4.4%，其中生物质能将占其中的80%。

面对日益严峻的能源形势和环保压力，世界主要汽车生产国都把发展新能源汽车作为提高产业竞争能力、保持经济社会可持续发展的重大战略举措，新能源汽车成为市场新的增长点。各国政府高度重视21世纪的新能源汽车研发，各大汽车厂家都投入了大量的财力、物力研究新能源汽车的设计、制造、定型与市场投放。

1. 新能源汽车发展现状

从国际上看，美国这些年发展比较平稳，新能源汽车基本上有10万辆/年的销量。日本这些年的销量不大，特别是2015年还有比较大幅度的下降，分析原因主要受油价影响。另外，日本普通的混合动力汽车发展非常快，可能在某种程度上影响到纯电动汽车的发展。在欧洲，像法国、英国，发展还是比较快的，都有40%～50%的增长。2015年，我国以37.9万辆的产销量位居全球第一，约占全球总量的64%；其次有美国、日本、法国和英国。美国和日本市场受低油价等因素影响较2014年明显放缓，分别同比降低2.8%和26.7%，法国、英国等欧洲国家销量明显提升，分别同比增长50.1%和40.0%，如图1-5所示。

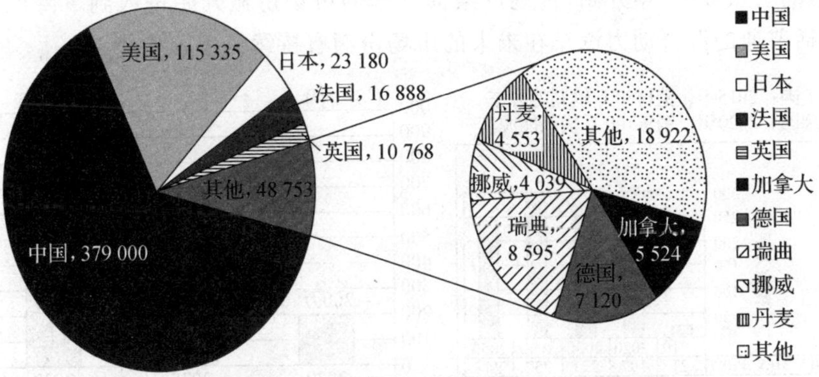

图1-5 国际新能源汽车技术的市场分布情况(按国家)

从车型来看，现在新能源汽车按我国的界定，主要有纯电动、插电式混合动力和燃料电池汽车。目前，主要还是以纯电动和插电式混合动力为主，特别是纯电动汽车的量最大。从全球看，燃料电池汽车现在仍处于产业化的初期，即产品的市场导入阶段，主要的销量是在日本、美国，实际上主要是丰田的销量。在主要畅销的车型中，纯电动占多数(12个)，特斯拉现在仍是全球的销售冠军。我国也有 9 款车型进入全球畅销车型前 20 名的行列，在市场化方面已处于领先地位，如图 1-6 所示。

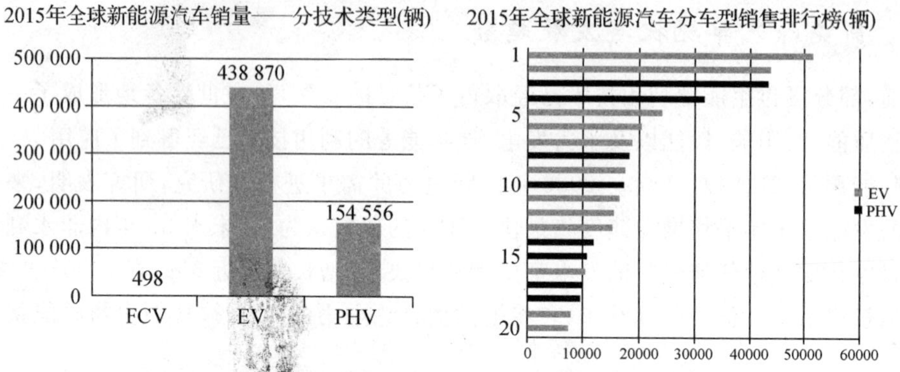

图 1-6 国际新能源汽车技术的市场渗透情况(按车型)

1-特期斯拉 Model S 2-日产聆风 3-三菱欧蓝德 4-比亚迪秦 5-宝马 i3 6-康迪 k11 7-雷诺 Zoc 8-比亚迪唐 9-雪佛兰奥兰达 10-大众高尔夫 11-北汽系列 12-众泰 Z100 13-大众 e-高尔夫 14-奥迪 A3 e-tron 15-荣威 550 16-江淮 iEV 17-福特 Focus 18-福特 C-Max 19-康迪 K10 20-奇瑞 eQ

从技术类型来看，2015 年全球新能源汽车销量主体是纯电动汽车和插电式混合动力汽车，前者的销量接近后者的 3 倍，燃料电池电动汽车销量极少，主要集中在日本和美国，分别有 411 辆和 74 辆。

从车型来看，排列前 20 名中，EV 车型有 12 款，PHV 车型有 8 款，特斯拉 Model S 成为 2015 年主流畅销车型。我国有 9 款车型进入全球销量车型在前 20 名之列，在市场化进程方面处于领先地位。

2. 新能源汽车发展趋势

由国际能源署(IEA)的预测，从发展趋势来看[图 1-7(a)]，新能源汽车的发展还是比较令人震撼的。从 2020 年开始，传统汽柴油汽车的市场份额开始进入到下降的通道，新能源汽车，包括普通的混合动力汽车在未来的市场份额有持续扩大的趋势。

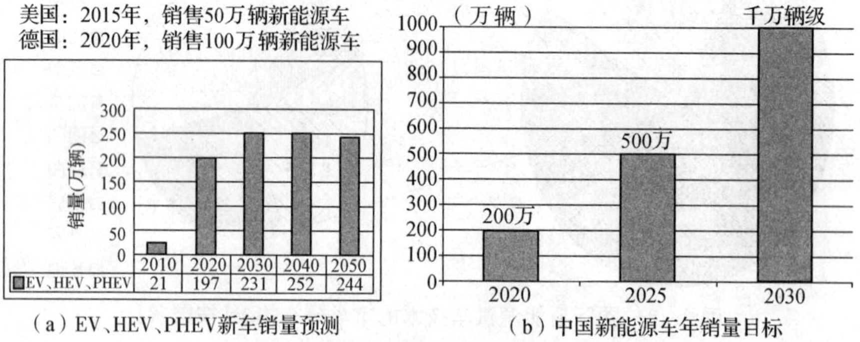

(a) EV、HEV、PHEV新车销量预测 (b) 中国新能源车年销量目标

图 1-7 国际新能源车年销量目标

图 1-7(b)所示是我国技术路线图课题组对未来的预测和判断，我国新能源汽车年销量的目标，2020 年预计在 200 万辆的规模，到 2025 年有 500 万辆，到 2030 年有千万辆级的市场销售规模。

从总的技术趋势分析，新能源汽车从以下两个方面研发：一[illegible]能源本身的一些技术发展，重点在动力电池方面，如何提升能量密度，如何提升续驶里程[illegible]包括降低成本；二是整个汽车产业的趋势，也是新能源汽车发展的轻量化、智能化、低碳化[illegible]方向。

(1) 轻量化：每减重1%，带来的节能效果还是非常显著的。特别[illegible]于新能源汽车来讲，现在电池的能量密度比较低，整个车辆比较重，所以对新能源汽车来[illegible]需要轻量化。与此同时，轻量化带来的不光是技术上的进步和革新，更重要的是，它会带来一些对我们传统制造加工工艺，包括生产模式的重大变革。比如说宝马i3，大范围地使用碳纤维材料，它现在整车重量只有1 195kg，比传统车减轻了250～350kg，减轻的效果是非常明显的，而且它的车身重量仅为180kg，整体复合材料的使用率达到50%。所[illegible]纤维这种新型轻量化的材料未来在电动汽车上可能会首先进行普及和应用。另外，[illegible]在铝合金材料的运用上也做了大量工作。

(2) 智能化：这两年智能化非常热，甚至在某种程度上[illegible]过新能源的趋势，无论对传统车来讲，还是与电动汽车的结合来讲，都是一个新的发展热点。对于电动汽车来讲，更有其应用优势，因为其本身电控的水平比较高。按照国际共识，实现全自动驾驶大概在2025～2030年，也就是十年左右时间。

(3) 低碳化：这里讲的低碳化实际上是一个全生物周期的概念。煤电转化率将近70%，如果电动汽车的能耗不能控制在合理的范围，仍然存在着不减排的状况，故从未来的角度来看，必须引入可再生能源，真正实现生物周期的低排放和零排放。这些年，国际上对这块已投入了很大精力，积极推动新能源汽车和可再生能源的融合，成为未来重要的发展方向。

从整车来看，减轻重量、降能耗、提高续驶里程是汽车发展的主线。对于插电式混合动力汽车而言，最主要的是降低油耗，这与以前提的综合油耗不同，是检验插电式混合动力汽车的混合动力系统的技术水平，相应地提出了一些油耗指标要求，如图1-8所示。

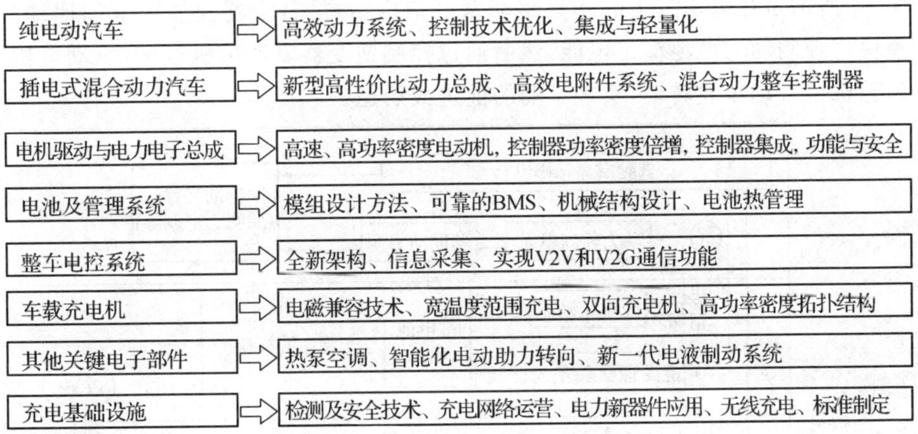

图1-8 新能源汽车技术发展趋势

对于电动机，要提升比功率和比扭矩。

对于电机控制器，要提升功率密度。

对于电池，到2020年单体比能量要达到300Wh/kg，2025年达到400Wh/kg，2030年达到500Wh/kg。我们目前的最好水平是180Wh/kg，达到2020年的300Wh/kg是非常大的挑战。

对于电池成本，到2020年单体成本要降到1元/Wh，系统的成本要降到1.3元/Wh；2025年单体的成本要降到0.8元/Wh，系统的成本要降到1元/Wh；2030年单体的成本要降到0.6元/Wh，系统的成本要降到0.8元/Wh。成本要逐渐降低。

对于燃料电池整车的目标，发动机要提升功率水平，轿车和客车都要逐渐提高。

对于整车寿命方面，要从目前轿车和客车分别为3 000h、5 000h提高到5 000～10 000h(2020年)，成本要有显著的下降。

燃料电池除了车辆技术之外，氢能也是非常关键的一个环节。到2030年基本上是采取大规模的集中制氢和分布式制氢并行的技术方案。在2025年之前，大规模的集中制氢主要采用焦煤气和驰放气技术方案制氢，2025年之后则采用大型煤制氢。对于分布式制氢，逐渐会引入更多可再生能源的分布式制氢。

对于新能源汽车和可再生能源，包括智能电网的融合，它不仅可解决环保效益问题，更重要的是带来经济收益。如果能够实现动力电池的梯次利用，新能源汽车就能降低成本，也能对新能源汽车快速普及发生起到重要的推动作用。

第二节　纯电动汽车基本控制原理

一、纯电动汽车基本驱动原理

传统汽车驱动车辆是依靠内燃机做功，通过变速器改变输出动力的传动比，再通过传动轴和车轮实现车辆驱动。而纯电动汽车的电力驱动系统替代了传统汽车的内燃机和变速器，依靠动力电池、逆变器和电机变速单元实现车辆的驱动。

图1-9所示是纯电动汽车的基本驱动系统结构示意图，当驾驶员踩下加速踏板时，车辆控制模块将控制动力电池输出电能，然后通过控制逆变器驱动电机运转，驱动电机输出的转矩经齿轮机构带动车轮转动，实现车辆的前进或后退。

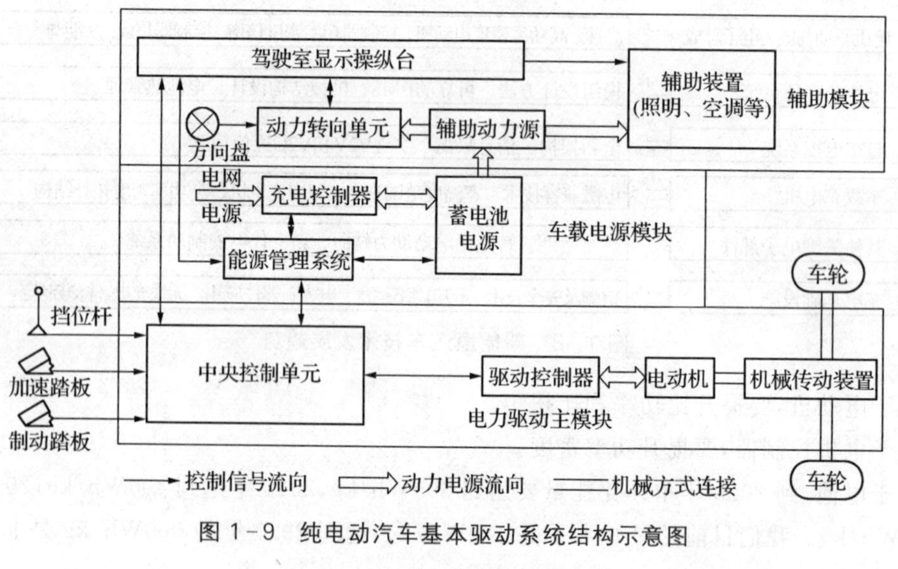

图1-9　纯电动汽车基本驱动系统结构示意图

1. 基本驱动部件

纯电动汽车驱动系统主要的部件包括动力电池、驱动控制器、带有驱动电机的变速单元。

2. 基本驱动过程

纯电动汽车的驱动动力来源是动力电池，但是与传统汽车不同的是，来自动力电池内的电能并不是总一直处于输出状态，在纯电动汽车中还设计有能够回收车辆制动时无用的能量，以回收到动力电池机构中。

纯电动汽车驱动过程中能量的流动主要有以下两条路径：

(1) 驱动车辆。驱动时来自动力电池的能量通过高压分配单元(BDU)、逆变器进入电机变速单元实现车辆驱动。

(2) 回收制动能量。制动或车辆减速时，变速单元内的电动机将变成发电机，将能量通过逆变器、BDU 传回动力电池，为电池充电。

3. 主要控制模块

纯电动汽车能够实现在不同路况环境下，快速反应并顺利驱动车辆以满足驾驶员需求，并不仅仅是依靠上述几个动力部件来完成的，整个驱动系统还需要一套完善的控制模块——整车控制器(VCU)、电机控制器(MCU)、电池管理系统(BMS)和高压分配单元(BDU)，各部件如图 1-10 所示。这 4 个控制器是纯电动汽车的核心技术，对整车的动力性、经济性、可靠性和安全性等有着重要影响。

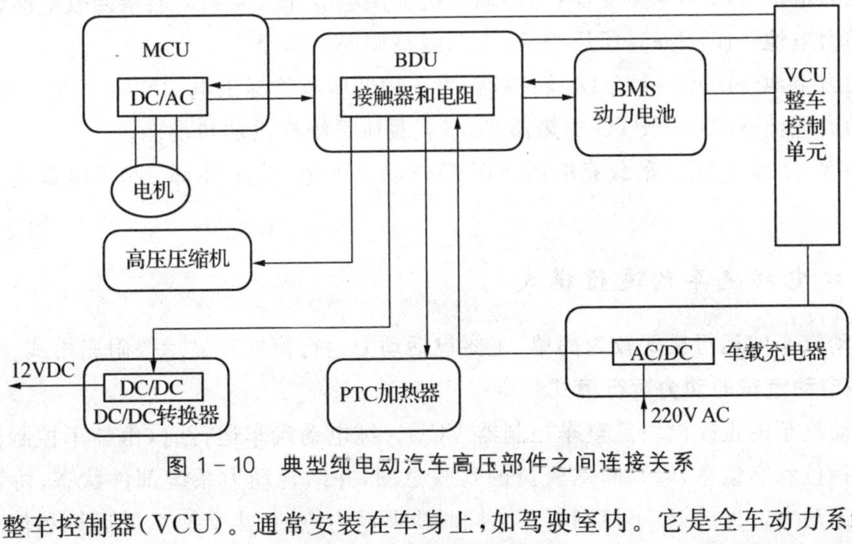

图 1-10 典型纯电动汽车高压部件之间连接关系

(1) 整车控制器(VCU)。通常安装在车身上，如驾驶室内。它是全车动力系统的主控制模块，类似于传统汽车动力系统控制模块 PCM 的功能。VCU 是实现整车控制决策的核心电控单元。VCU 通过采集加速踏板、挡位、制动踏板等信号来判断驾驶员的驾驶意图；通过监测车辆状态(车速、温度等)信息，由 VCU 判断处理后，向动力系统、动力电池系统发送控制命令，同时控制车辆其他系统的运行模式。

(2) 电机控制器(MCU)。通常位于逆变器内部。它是电动机的主控制模块，接收 VCU 信号，控制电动机的旋转方向、输出功率等。

MCU 通过接收 VCU 的车辆行驶控制指令，控制电动机输出指定的转矩和转速，驱动车辆行驶，实现把动力电池的直流电能转换为所需的高压交流电，并驱动电动机输出机械能。同时 MCU 还会利用传感器采集如下信息，并将运行状态的信息发送给整车控制器(VCU)：① 电流传感器。用以检测电动机工作的实际电流；② 电压传感器。用以检测供给逆变器工作的实际电压；③ 温度传感器。用以检测电机控制系统自身的工作温度。将 MCU 与 DC/DC 转换器集成在一起是驱动电机管理模块的发展趋势，这样既可以节省成本，也有利于系统之间的信息共享与车辆部件位置的布置设计。

(3) 电池管理系统(BMS)。通常位于动力电池组总成内部。它是动力电池内电池的管理模块，用于检测动力电池内单个电池单元的电压、电流，并实现多个电池单元之间的均衡控制。由于动力电池内部由多个电池组串联，因此 BMS 还会在每个电池组上设计 1 个接口模块，BMS 最后通过管理每个接口模块来实现对整个电池的管理。

(4) 高压分配单元(BDU)。很多车辆在动力电池附近或者靠近逆变器位置都设计有 BDU，用于将来自动力电池输出的电能并联分配到逆变器、高压压缩机、PTC 加热器以及车载充电器中。BDU 内部主要是继电器和电阻，由车辆动力系统控制模块根据点火开关或充电需求控制对应继电器的接通和断开。

典型纯电动汽车主要的高压部件有动力电池、逆变器、驱动单元、车载充电器、DC/DC 转换器，如果是配有空调的车辆，还有高压压缩机和 PTC 加热器等，这些部件都是通过橙色的高压电缆连接起来的。

纯电动汽车在运行时，动力电池的电能主要去向有以下 5 处：

① 动力电池→BDU→逆变器：为驱动电机提供电能并接受制动能量回收电能。

② 动力电池→BDU→高压压缩机：为车载空调提供制冷。

③ 动力电池→BDU→DC/DC 转换器：为车辆低压电器提供电源和给 12V 蓄电池充电。

④ 动力电池→BDU→PTC 加热器：为车载暖风系统提供加热功能。

⑤ 外部 220V 电源→车载充电器→BDU→动力电池：使用外部 220V 电源为动力电池充电。

二、纯电动汽车的运行模式

纯电动汽车的运行模式较为简单，主要包括动力运行模式和显示等附属模式。

1. 纯电动汽车的动力运行模式

纯电动汽车的主控模块是整车控制器 VCU。纯电动汽车运行时，由整车控制器采集加速踏板和挡位状态信息，以判断驾驶员的驾驶意图，并结合动力系统部件状态，协调动力驱动系统输出动力。另外，整车控制器还会同时协调动力电池、热交换系统运行和仪表显示等辅助功能。

(1) 加速前进。整车控制器读取换挡 PRND 信息及制动开关信号，根据加速踏板的位置信号，发送给逆变器来控制电动机的功率和旋转方向的输出。

(2) 减速与制动。滑行或者减速的时候，整车控制器 VCU 能够进行制动能量的回收。制动能量通过驱动电机转换为电能储存到动力电池中。

(3) 运行中的动力模式管理。整车控制器不间断地利用各个传感器采集车辆状态，计算并输出期望的转矩。动力电池的 BMS 随时检测电池的运行状态，并及时传送给整车控制器,控制器结合这些状态信息及当前的功率输出需求来平衡电能功率的使用,并通过仪表显示给驾驶员。

2. 纯电动汽车续驶里程的运行策略

在车辆的实际运行中,整车控制器 VCU 还会持续计算剩余的电池能量和当前的驾驶模式,根据车辆剩余的可用电能,车辆通常也会采取相应的提示和限制措施。

例如,纯电动汽车中一般设计有动力电池内剩余电量(横坐标百分比表示的电池剩余电量)、电池低电量、电源关闭、制动能量回收系统关闭等图标,如图 1-11 所示。

(a) 电量低提醒 (b) 电池电量关闭提醒 (c) 制动能量回收系统关闭提醒

图 1-11 动力电池使用状态在仪表上的显示图标

(1) 当图标显示动力电池存电状态处于最佳范围时,可最大限度地进行制动能量回收利用;全部车载电器均可使用。

(2) 当图标显示动力电池电量过低时,系统会降低驱动功率以保护动力电池组件,可能无法再提供全部车载电器的功能。

(3) 当图标显示高压系统已停用时,高压系统主动切断,从而驱动系统和车载电器不再运行。

(4) 当显示制动能量回收系统关闭提醒符号时,可能电池已充满电或电池温度过高。这时,松开制动踏板,系统不能通过电动驱动装置实现车辆减速。

第三节 混合动力汽车分类与基本控制原理

混合动力汽车与传统汽车相比,主要的改进是在车辆的驱动系统上,即在传统汽车的内燃机、变速器、传动轴到车轮的驱动线路上,增加了一套由高压动力电池、电动机组成的电动力驱动线路。

在车辆行驶时,根据混合动力汽车设计的混合程度,通常会由动力电池先通过电动机输出动力来驱动车辆,当电池存储电能不足时,内燃机再自动起动参与车辆的驱动。部分混合动力汽车内燃机是全程起动的,动力电池输出的动力仅仅用于辅助内燃机平滑运行。

为了便于区分形式各异的混合动力汽车,习惯上我们会根据混合动力汽车驱动系统的连接方式或混合程度来对混合动力汽车进行分类,以便于更好地了解混合动力汽车的技术特性。

一、按混合动力汽车驱动连接方式分类

混合动力汽车的驱动系统主要由内燃机和驱动电机组成。通常,根据内燃机和驱动电机之间的连接关系(内燃机的输出动力与驱动电机的输出动力到车辆驱动轴的连接方式),

将混合动力汽车分成串联式、并联式和混联式三种类型。

1. 串联式混合动力

在串联式混合动力设计中，车辆的驱动仅仅是由驱动电机来单独完成的，车辆动力电池的电能来自内燃机。

串联式混合动力车辆运行时，内燃机带动发电机工作，发电机输出的电能通过逆变器提供给驱动电机来驱动车辆，或者为车辆动力电池充电。在该类型的设计中，内燃机是不能直接给车辆提供动力的，其主要应用于城市大客车，在小型乘用车中应用很少。串联式混合动力传递路径如图 1－12 所示。

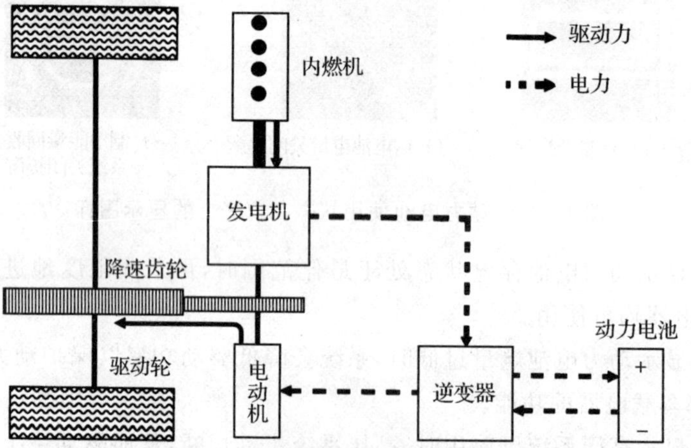

图 1－12　串联式混合动力传递路径

串联式混合动力的特点：

(1) 内燃机不直接参与驱动车辆，仅用于为动力电池充电。

(2) 动力电池获取电能的主要途径有内燃机输出的电能和制动能量回收的电能。

(3) 内燃机能够在最佳的速度和负荷状态下运行，同时车辆也取消了离合器等部件。

(4) 车辆仅通过电动机驱动，因此必须设计有较大功率的电动机来满足车辆爬坡、急加速等大负荷运行工况，也导致内燃机和动力电池的质量增加，从而导致整车质量加大。

2. 并联式混合动力

在并联式混合动力设计中，车辆的驱动是由内燃机和驱动电机组合完成的，系统既能支持仅靠其中一种能量驱动的车辆，也能支持内燃机和驱动电机同时驱动的车辆。在这种设计中，动力电池和内燃机都是与变速单元相连接的。

在驱动车辆行驶时，大多数情况下，并联式混合动力汽车的驱动电机是辅助内燃机运行的。并联式混合动力汽车可以在比较复杂的工况下使用，应用范围比较广，其动力传递路径如图 1－13 所示。

并联式混合动力的特点：

(1) 内燃机和驱动电机共同驱动车辆行驶。

(2) 没有单独设计发电机，在没有外部充电或辅助电源的情况下，动力电池获取电能的唯一途径是驱动电机的能量回收。

(3) 采用了一个或多个电动机辅助内燃机，使得内燃机的设计可以更小。

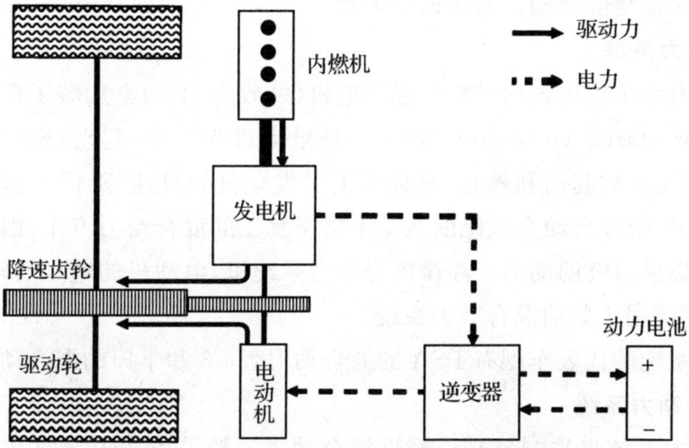

图 1－13　并联式混合动力传递路径

(4) 需要用复杂的软件来优化驱动电机和内燃机同时输向驱动轴的转矩。

3. 混联式混合动力

混联式混合动力也称为串并联式，是集合了串联式和并联式优点而设计的。它可以最大限度地发挥串联式与并联式的各自优点，如在车辆行驶中，系统可以通过动力分配装置一方面由驱动电机单独驱动车辆，另一方面再由内燃机来自主发电。目前在用车中，混合动力汽车大多数采用这种设计类型，其动力传递路径如图 1－14 所示。

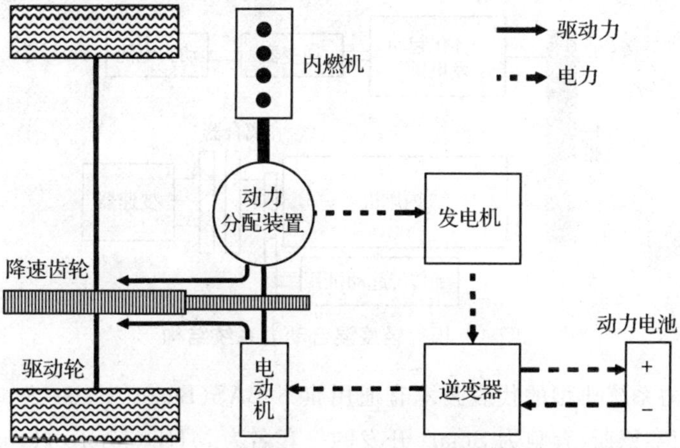

图 1－14　混联式混合动力传递路径

混联式混合动力的特点：

(1) 系统可以实现驱动电机单独驱动车辆，内燃机自动停机或起动为系统充电；也可以实现内燃机和驱动电机共同驱动车辆。

(2) 动力分配装置内部设计和管理系统较为复杂，需要较高的技术积累和研发投入。

二、按混合动力汽车的混合程度分类

通常所说的混合程度，指混合动力汽车中驱动电机的有效功率占车辆驱动系统总功率的百分比，按照这个概念可以将混合动力汽车分为微混合动力系统、轻度混合动力系统、中度混合动力系统和重度混合动力系统四个等级。

1. 微混合动力系统

这种混合动力系统在传统内燃机的起动电机(一般为12V)上加装了皮带驱动的起动电机(Belt-alternator Starter Generator,BSG)。该电动机为发电、起动(Stop-Start)一体式电动机,用来控制发动机的起动和停止,从而取消了发动机的怠速,降低了油耗和排放。从严格意义上来讲,这种微混合动力系统的汽车不属于真正的混合动力汽车,因为它的电动机并没有为汽车行驶提供持续的动力。在微混合动力系统里,电动机的电压通常有两种:12V和42V,其中42V主要用于柴油混合动力系统。

微混合动力系统的代表车型有PSA的混合动力版C3和丰田的混合动力版Vitz。

2. 轻度混合动力系统

轻度混合动力系统也称"轻混"。轻度混合动力一般采用36V、42V电池组,并搭载一个低功率的起动机/发电机通过曲轴皮带来辅助内燃机。这种驱动系统的特点是由曲轴皮带驱动的起动机/发电机取代了传统内燃机的发电机,这个新型的起动机/发电机在提供车载电力系统的同时,还能快速起动车辆的内燃机。在严格意义上来说,轻混并不能算是混合动力,因为车辆只靠单一的内燃机动力行驶,其电池输出能量只起辅助作用,一般只用于车辆自动起停、内燃机起动平滑辅助和制动能量回收。轻混驱动系统设计的优点是成本低,但节省的燃油也少,一般只能省油8%~15%。轻混动力系统结构如图1-15所示。

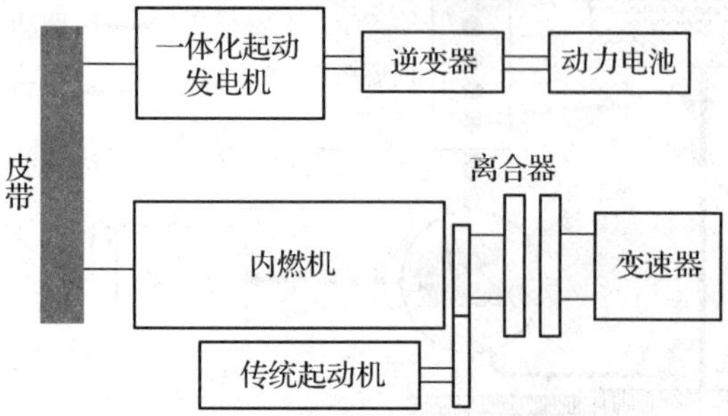

图1-15 轻度混合动力系统结构

轻度混合动力系统典型的代表技术有通用旗下BAS(Basic Assist System)系统的君越混合动力系统,梅赛德斯-奔驰为Smart开发的一套名为MHD(Micro Hybrid Drive)的怠速熄火系统,以及奇瑞汽车合作研发的BSG(Belt-driven Starter/Generator)系统。

3. 中度混合动力系统

中度混合动力系统的车辆一般采用100V以上的动力电池,混合度在30%左右。与轻度混合动力系统不同之处在于,中度混合动力系统采用了高压动力电池和电动机。在车辆加速或大负荷工况时,电动机能够辅助内燃机驱动车辆,补充内燃机本身动力输出的不足,提高整车性能。这种系统的混合程度较高,在城市循环工况下节省燃油可以达到20%~30%。

本田汽车公司旗下的雅阁、思域,广汽丰田的雷凌混合动力汽车都属于这类系统。这种驱动系统最主要的特点是,汽车行驶不能完全脱离内燃机而单独依靠电力驱动。

4. 重度混合动力系统

重度混合动力系统也称“强混”，系统通常采用了 272～650V 的高压系统，混合度可以达到 50%以上，在城市循环工况下节油率可以达到 30%～50%。其特点是动力系统以内燃机为基础动力，动力电池为辅助动力，采用的电动机功率更为强大，完全可以满足车辆在起步和低速时的动力要求。

重度混合车型可以在低速时就像一款纯电动汽车一样，支持纯电动行驶；在急加速和爬坡运行工况下车辆需要较大的驱动力时，驱动电机和内燃机同时对车辆提供动力。

随着电动机、电池技术的进步，重度混合动力系统逐渐成为混合动力技术的主要发展方向。丰田普锐斯、通用的凯雷德双模混合动力汽车采用的就是重度混合动力系统。

三、插电式混合动力汽车

插电式混合动力汽车 PHEV(Plug-in Hybrid Electric Vehicle)，可以通过外部连接的电源进行充电，同时在电池满电的状态下具有一定的纯电动行驶能力，是重度混合动力车型的一种特殊形态。

插电式混合动力可以采用串联或并联的结构，主要的优势在于纯电力行驶里程较长：电能不足时，车辆仍然可以重度混合模式行驶。一般插电式混合动力汽车都有随车充电器，可以使用 220V 外部电网为电池充电，而插电式混合动力公交车由于行驶路线固定，通常利用快速充电机对其充电。

插电式混合动力系统的电动机功率比纯电动汽车稍小，动力电池的容量介于重度混合纯电动汽车和纯电动汽车之间。由于具有可利用夜间低谷电对动力电池充电、可降低排放等优势，插电式混合动力汽车已成为主流发展的方向之一。

比亚迪秦、比亚迪唐、保时捷 918 和雪佛兰的沃蓝达都属于这种类型的混合动力汽车。例如，沃蓝达可以在纯电动模式下行驶 80km，待电量耗尽后可利用 1.4L 内燃机作为驱动力额外行驶 490km。如果想要继续行驶，用户只需为车辆充电或加油即可。

第四节 微混合自动起停技术特点

一、自动起停系统的定义

发动机自动起停系统(Start-stop System)是这几年来发展最迅猛的汽车环保技术，特别适用于走走停停的城市路况。发动机自动起停系统就是在车辆行驶过程中临时停车(如等红灯)的时候，自动熄火，而当需要继续前进的时候，系统自动重启发动机的一套系统。起停技术，致力于最大限度地减少发动机怠速时燃油的损耗，对节省能源与降低排放有着重要的意义，如图 1－16 所示。

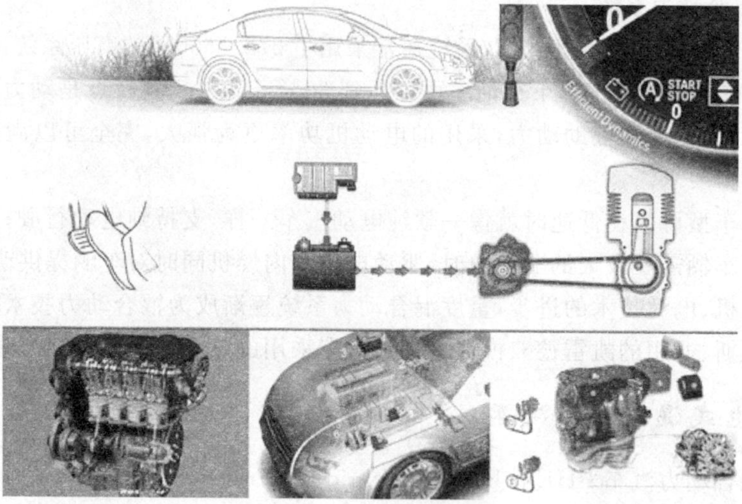

图 1-16 自动起停系统

二、自动起停系统工作模式

遇到红灯或塞车时，驾驶员施加制动使车辆停下来后，对于手动挡汽车，将挡位换入空挡并完全释放离合器踏板，这时，控制系统会自动将发动机熄火，节省了怠速运转而浪费的燃油；当绿灯放行后，驾驶员踩下离合器，发动机则自动重新起动，挂入挡位后即可前行，如图1-17所示。

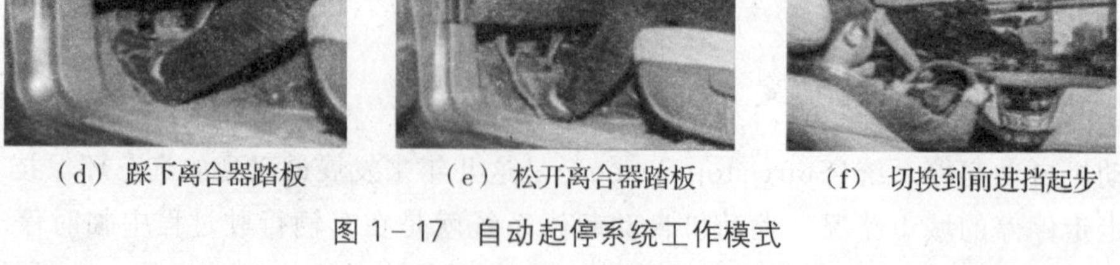

自动起停触发：

（a） 车辆完全停住　（b） 切换到空挡　（c） 发动机熄火

重新点火起步：

（d） 踩下离合器踏板　（e） 松开离合器踏板　（f） 切换到前进挡起步

图 1-17 自动起停系统工作模式

对于自动挡车型操作更为简单，驾驶员只要施加制动使车辆停止，发动机则自动熄火。在释放制动后，驾驶员加油，发动机将自动起动，如图 1-18 所示。这种节能的驾驶方式并没有改变人们日常的驾驶习惯，没有带给车主任何使用上的麻烦，操作简便，节油减排效果显著。

（a） 临时制动

（b） 踩刹车

（c） 发动机自动停止

（d） 仪表显示起停标示

（e） 准备继续前行

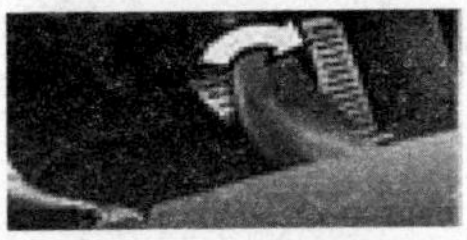

（f） 松开刹车，加油

（g） 发动机重新起动

（h） 起停标示消失

（i） 继续前行

图 1－18 节能驾驶方式

三、自动起停系统的类型

自动起停(Stop-Start)系统作为混合动力车的入门技术(微混合动力)，由于成本低，节能减排效果显著，其应用前景广阔。目前，Stop-Start 系统主要有以下三种形式：

1. 集成起动机/发电机(BSG)起停系统

集成起动机/发电机是一个通过永磁体内转子和单齿定子来激励的同步电机，能将驱动单元集成到混合动力传动系统中，如图 1－19、图 1－20 所示。

图 1－19 e-HDi 汽车

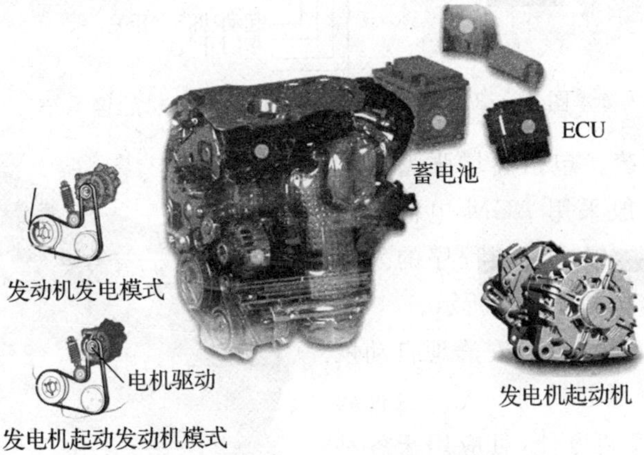

图 1－20 e-HDi 汽车起停系统

法雷奥研发的 i-Start 系统(i-Stop-Start System)首先应用于 PSA(标致雪铁龙集团)的 e-HDi 车型上。i-Start 系统的电控装置集成在发电机内部，在遇红灯停车时发动机停转，只要一挂挡或松开制动踏板汽车会立即自动起动发动机，如图 1－21、图 1－22 所示。

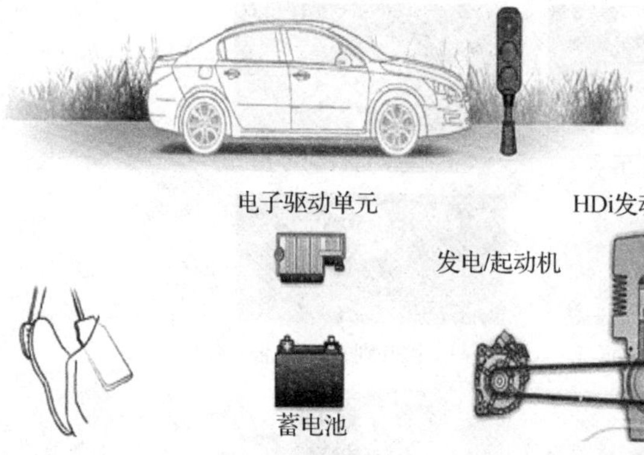

图 1-21 车停，发动机熄火

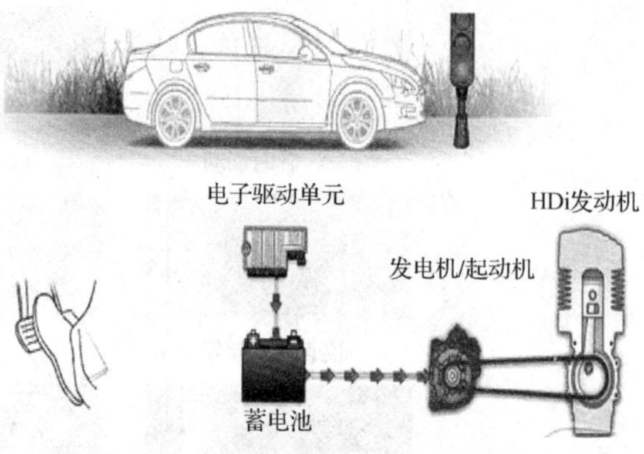

图 1-22 踩下加速踏板，发动机运转

法雷奥将为 10 多个汽车制造商的 50 款车型配备 i-Start 系统。到 2013 年，已有 100 万辆 PSA 车型装备此系统。法国 PSA 集团、奔驰及 Smart 是法雷奥 Stop-Start 系统的主要客户。

2. 分离式起动机/发电机(IDLE STOP)起停系统

采用分离式起动机/发电机的起停系统很常见，这种系统的起动机和发电机是独立设计的，发动机起动所需的功率是由起动机提供，而发电机则为起动机提供电能。博世分离式起动机/发电机起停系统如图 1-23 所示。

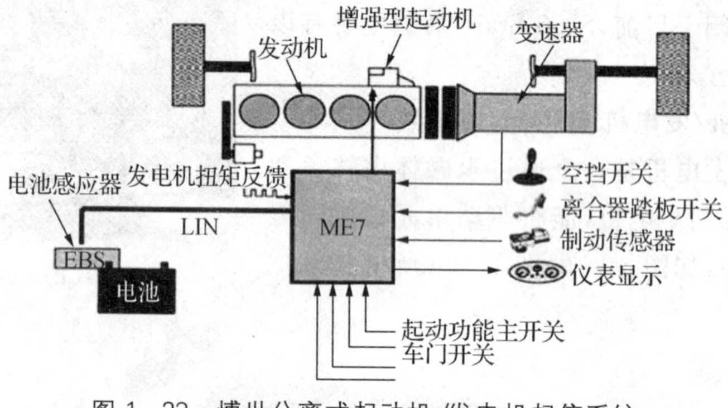

图 1-23 博世分离式起动机/发电机起停系统

博世是起停系统。包括高增强型起动机、增强型电池(一般采用 AGM 电池)、可控发电机、集成起动/停止协调程序的发动机 ECU、传感器等，如图 1-24 所示。

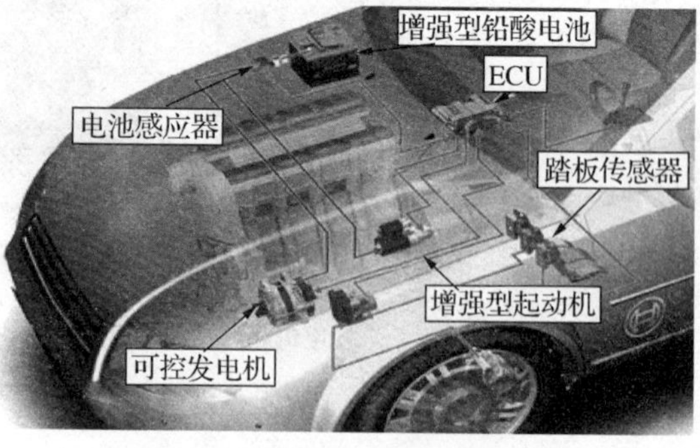

图 1-24 博世分离式起停系统

博世的起动电机能快速、安静地自动恢复发动机运转，可降低起动时油耗。这种起停系统的零件少，安装方便，可应用于各种不同混合动力概念(皮带驱动、直齿驱动和电力轴驱动)，而且系统的部件与传统部件尺寸保持一致，因此可直接配备至各种车辆上。

目前全球已量产装有博世 Stop-Start 系统的车型非常多，包括宝马 1、3、5 系、X3，大众帕萨特、高尔夫，奔驰（A、B、C、E 系列部分），奥迪 A6、A8，雷诺 Megane，欧宝 Corsa、Astra 等。

2009 年开始，我国一些汽车厂商也与博世合作匹配 Stop-Start 系统，2010 年上半年上市的长安 CX30 就匹配该系统，如图 1－25 所示。长城、吉利、上汽、奇瑞等自主品牌也相继推出与该系统匹配的车型。

3. 马自达(Mazda)SISS 智能起停系统

Mazda 的 SISS 智能起停系统（现称为 i-stop 技术，图 1－26），主要是通过在气缸内进行燃油直喷，由燃油燃烧产生的膨胀力来重启发动机，而发动机上的传统起动机在发动机起动时起到辅助作用。

图 1－25　长安 CX30 车型

图 1－26　Mazda 的 SISS 智能起停系统

使用 SISS 技术（图 1－27），发动机停止前，使活塞停在合适的位置；再次起动时，通过燃烧和起动机的共同作用来起动发动机。发动机在最短 0.35s 的时间内就能起动，比单纯使用起动机或电动机的系统要快一倍。

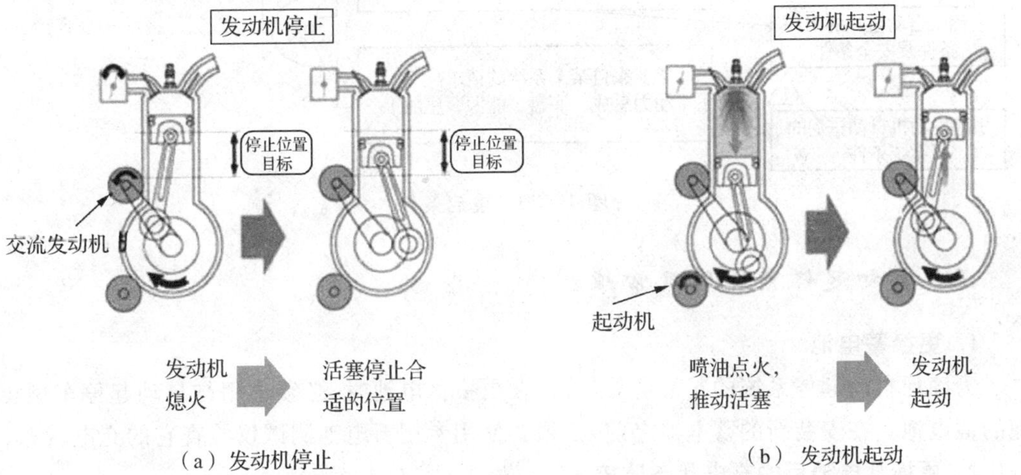

图 1－27　SISS 快速起动原理

该系统控制智能、效率高，无须起动机就能实现 Start-Stop 功能，已用于日本 Mazda2、Mazda3 和 Mazda6 部分车型上。

四、自动起停系统的工作逻辑

1. 停止条件

如图 1 - 28 所示，当驾驶员请求（系统识别到驾驶员的相关行动）和车上的所有系统授权两个条件共同满足时，自动起停系统启用停止模式使发动机熄火。

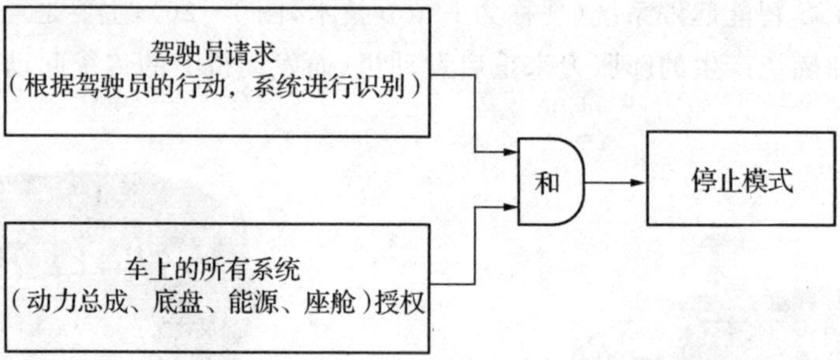

图 1 - 28　停止条件

2. 重启条件

如图 1 - 29 所示，在车上所有系统授权的条件下，系统识别到驾驶员有重启发动机的行动请求，或者汽车某个系统有重启发动机的请求时，自动起停系统启用重新起动模式使发动机重启运转。

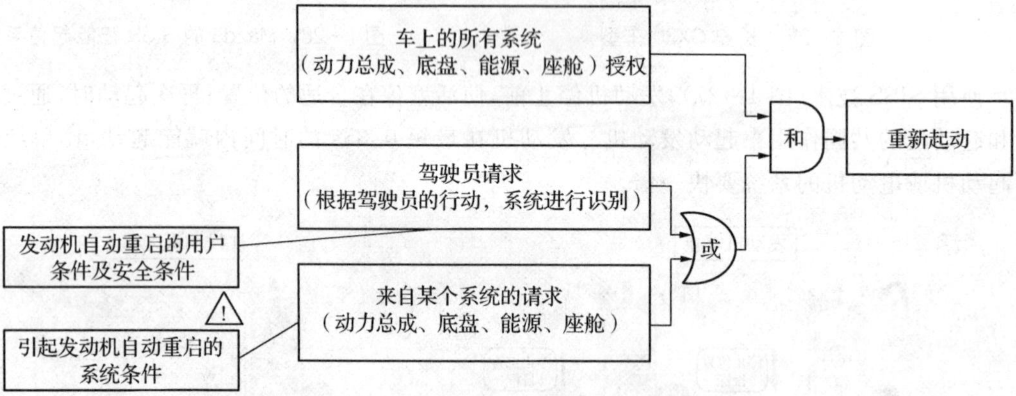

图 1 - 29　重启条件

五、自动起停系统的日常维护

1. 更换蓄电池

为确保自动起停系统的正常可靠运行，在更换蓄电池时，必须选用与自动起停车型相匹配的蓄电池。在安装新的蓄电池之前，必须要使用专用蓄电池测试仪检查它的充电状态。

2. 更换蓄电池后的充电状态监控

借助诊断工具，用强制起停功能运行来确定更换蓄电池后是否能正常工作。这个操作可在一个有限的时间段内激活停车起动功能。

3. 更换起动机

当起动机超过磨损极限值时，就要禁止起停功能运行。如图 1 - 30 所示，当更换起动机时,必须使用诊断工具以便对起动机的磨损计数器重新初始化。根据动力总成及起动机的不同,最大的激活次数也不相同。

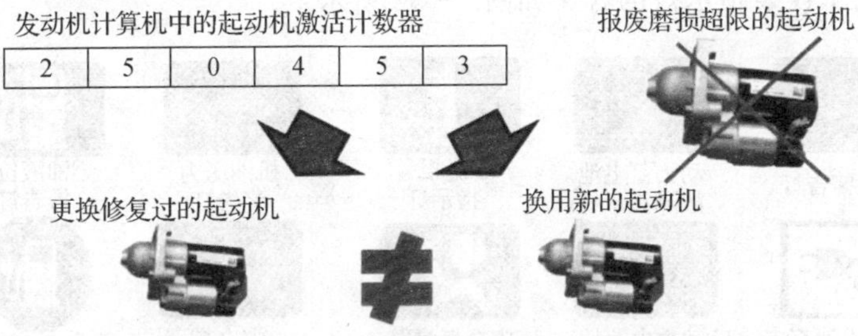

图 1-30 起动机超过磨损极限时禁止起停功能运行

第五节 电动汽车组合仪表

在用车过程中,我们可能经常遇见汽车仪表盘某个指示灯亮或闪烁,这是在提醒驾驶员你的汽车存在某种故障。故每次起动汽车前,请一定要注意检查一下自己的仪表盘。准确地辨识这些抽象的仪表盘指示灯,对于汽车使用和汽车维护都有重要的意义。

一、组合仪表的组成

北汽 EV160/200 仪表板如图 1-31 所示。

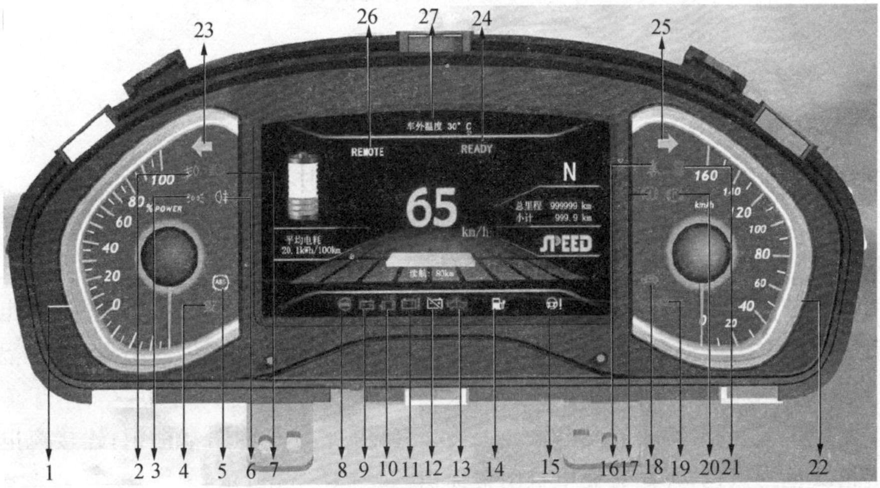

图 1-31 北汽 EV160/200 仪表板

1-驱动电机功率表 2-前雾灯指示灯 3-示廓灯 4-安全气囊指示灯 5-ABS 报警灯 6-后雾灯指示灯 7-远光指示灯 8-跛行报警灯 9-充电故障报警灯 10-电动机及控制器过热报警灯 11-动力电池故障报警灯 12-动力电池断开指示灯 13-系统故障报警灯 14-充电报警灯 15-EPS 故障报警灯 16-安全带未系报警灯 17-制动故障报警灯 18-防盗指示灯 19-充电线连接指示灯 20-驻车制动报警灯 21-门未关紧报警灯 22-车速表 23/25-左/右转向指示灯 24-READY(准备)指示灯 26-REMOTE(遥控)指示灯 27-室外温度提示

二、电动汽车仪表指示灯常见符号

常见电动汽车仪表指示灯的含义如图 1－32 所示。

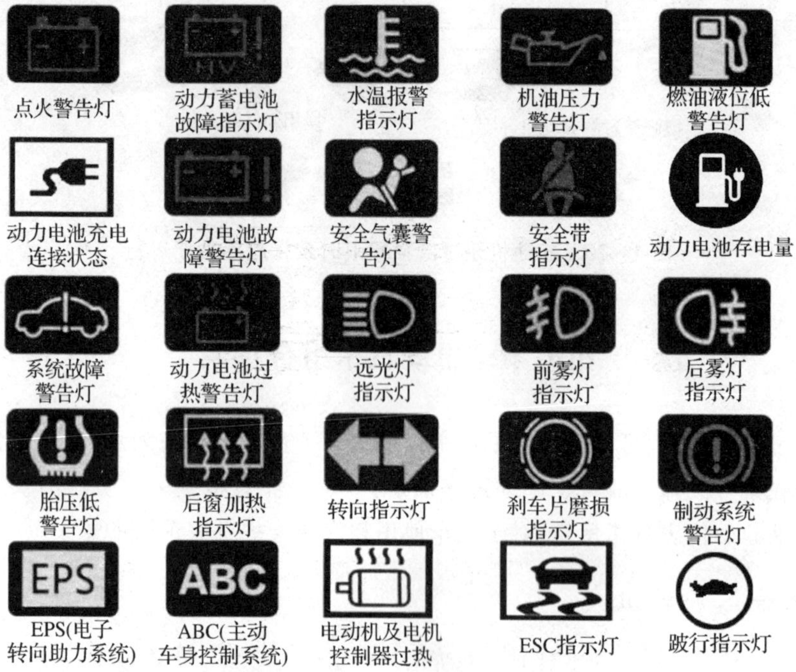

图 1－32　常见电动汽车仪表指示灯的含义

第六节　电动汽车的补充充电操作

当组合仪表中的电量表指针指向表盘中的红色区域时，表示动力电池电量低，请尽快充电。电池电量完全耗尽后再充电会缩短电池寿命。如果充电时，发现车内散发出异常气味或冒烟，应立即停止充电。

因电池不可避免地存在自行放电现象，长期不用的电动汽车，每隔一个月应对电池进行慢充充电一次。动力电池在低电量(SOC 在 10％～20％)的情况下停放不得超过 7 天。

1. 充电桩充电枪

北汽 EV160 连接车辆端的充电枪颜色为蓝色，并贴有车辆图案标识；连接充电桩供电端的充电枪颜色为黑色，并贴有充电桩图案标识，如图 1－33 所示。

2. 充电方式

北汽 EV160 的充电方式主要有三种：家用电源慢速充电、交流充电桩慢速充电和直流充电桩快速充电，如图 1－34 所示。

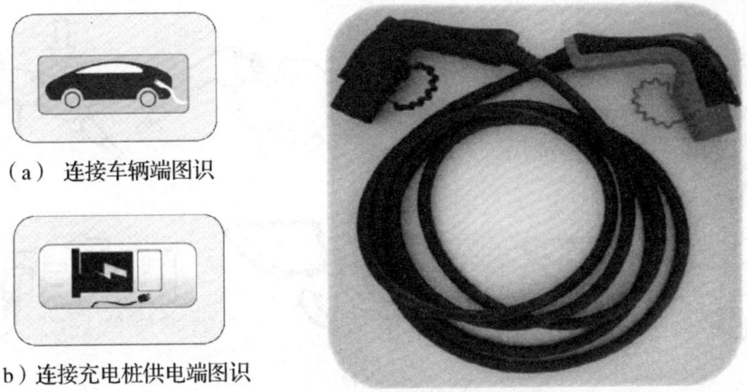

图 1－33 北汽 EV160 充电枪

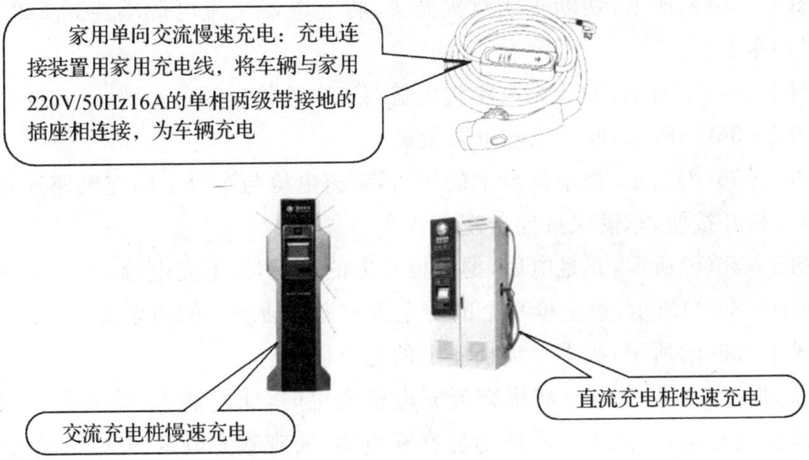

图 1－34 北汽 EV160 充电方式

（1）交流慢充充电。车辆慢充充电插口盖板开启手柄位于驾驶员座椅左下方。利用家用交流电进行充电时，应采用 220V/50Hz16A 的单相三眼插座，并确保插座的地线与大地连接良好，不能用图 1－35 所示的<16A 的普通插座进行充电。交流慢充电操作步骤如图 1－36所示。

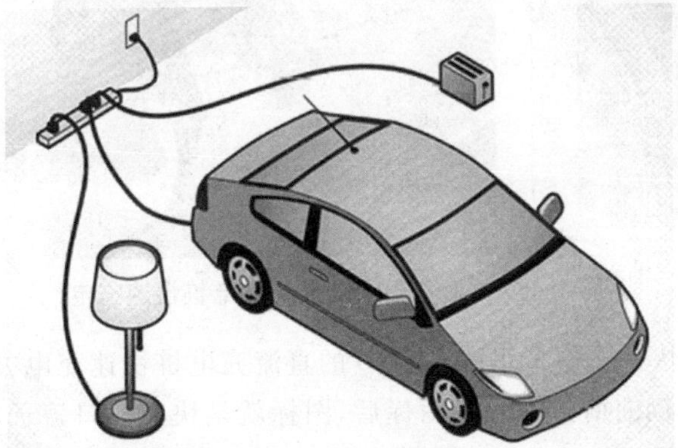

图 1－35 错误的充电插座接线方法

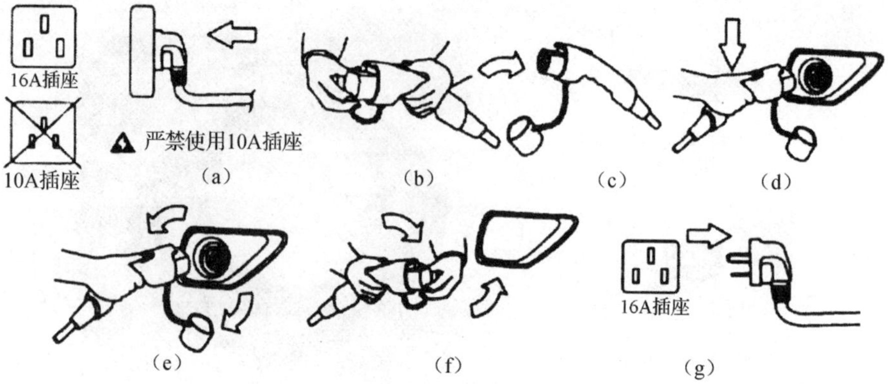

图 1-36　家用电源插座的充电步骤

① 如图 1-36(a)所示，切断车辆点火开关，将充电器交流电源端连到 220V/50Hz16A 的单相三眼插座上。

② 如图 1-36(b)所示，确认充电座防尘盖与充电枪枪口颜色一致。

③ 如图 1-36(c)所示，取下充电枪防尘盖。

④ 如图 1-36(d)所示，摁下枪身上的按钮，将充电枪与车身上的充电座连接，直到听到“咔”的响声。松开按钮，车辆保持处于充电状态。

⑤ 如图 1-36(e)所示，充足电后，摁下枪身上的按钮，拔下充电枪。

⑥ 如图 1-36(f)所示，盖上枪身上的防尘盖和充电插座上的防尘盖。

⑦ 如图 1-36(g)所示，拔下交流插座上的充电插头。

(2) 交流充电桩慢速充电。利用交流充电桩充电时，通过插卡、输入密码、起动一系列操作后，完成交流充电，如图 1-37 所示。在充电中，要观察充电量、充电电流等状态。交流充电电池温度高于 50℃或低于-20℃时，车辆将不能正常充电，需对电池做降温或保温处理。

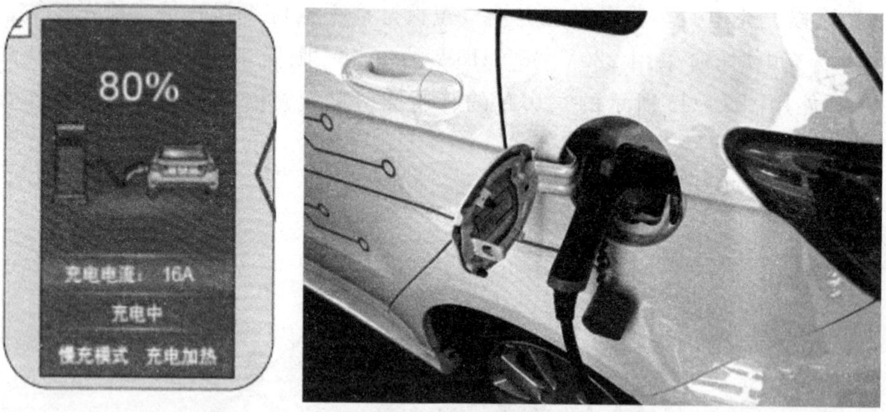

图 1-37　北汽 EV160 交流充电桩慢速充电

(3) 直流充电桩快速充电。北汽 EV160 的直流充电桩快速充电方法如图 1-38 所示，快充充电插口位于车辆前格栅“北汽”图标后，图标就是快充插口盖子，用力摁下图标右侧，图标盖即可开启。直流充电口位置在前栅格中间，由车内充电口开关打开。在充电中，要观察充电量、充电电流等状态。

图 1-38　北汽 EV160 直流充电桩快速充电

直流充电时当电池温度高于 55℃或低于－10℃时，车辆将不能正常充电，需要对电池做降温或保温处理。

第二章　安全应急处理

第一节　危险电压理论

一、安全电压和危险电压

根据《电动汽车安全要求第 3 部分:人员触电防护》(GB/T 18384.3—2015)，新能源汽车根据电路的工作电压将电路分为 A、B 两级，见表 2-1。

表 2-1　电路的电压分级

电压级别	工作电压/V	
	直流系统	交流系统(15～150Hz)
A	$0<U\leqslant 60$	$0<U\leqslant 25$
B	$60<U\leqslant 1\,000$	$25<U\leqslant 660$

A 级电压的电路为安全电压电路。在直流小于或等于 60V，交流 150Hz 以下低于 25V，不要求提供触电危害的防护。

B 级任何电压的电路中，带电部分可能会对人体造成一定的伤害，应对人员提供直接接触触电危害的防护。直接接触防护应由带电部分的基本绝缘，或由遮挡外壳或两者的结合提供。B 级电路带电部分在基本绝缘失效的情况下，应防止人员与电动汽车外露导电部分接触而导致触电危害。

GB4943.1—2011《信息技术设备安全》规定：交流峰值超过 42.4V 或直流超过 60V 的电压称为危险电压。我国安全电压标准规定的安全电压系列是 6V、12V、24V、36V 和 42V。当设备采用安全电压做直接接触防护时，只能采用额定值为 24V 以下(包括 24V)的安全电压；当做间接接触防护时，则可采用额定值为 42V 以下(包括 42V)的安全电压。

纯电动汽车和混合动力汽车的电力驱动系统的工作电压属于危险电压，直流电的工作电压普遍超过 300V，交流电的工作电压则达 345～800V。图 2-1(a)所示为比亚迪 e5 的磷酸铁锂电池组，其标称电压为 633.6V；图 2-1(b)所示为第三代普锐斯汽车的镍氢电池组，其电池组标称电压为 201.6V。

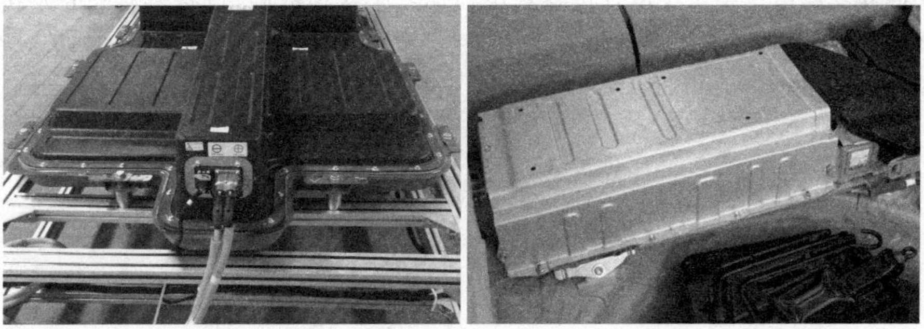

（a）比亚迪e5电池组　　（b）第三代普锐斯电池组

图 2－1　两种新能源汽车电池组

二、触电对人体的伤害

触电是电击伤的俗称，通常是指人体直接触及电源或高压电，经过空气或其他导电介质传递电流，通过人体时引起的组织损伤和功能障碍，重者发生心跳和呼吸骤停。

1. 电流对人体的危害

通常，人体电阻一般不低于 1kΩ，人体对电流没有任何感觉的阈值为 2mA。这就要求如果人或动物构成动力电池系统与地之间的外部电路，最坏的情况下泄漏电流不能超过 2mA。即人直接接触电气系统任一点的时候，流过人体的电流应小于 2mA 才认为车辆绝缘合格。

根据科学实验和事故分析，50～60Hz 的交流电 10mA 和直流电 50mA 是人体的安全电流，也就是说，人体通过的电流小于安全电流时对人体是安全的。各种不同数值的电流对人身伤害程度见表 2－2。

表 2－2　电流对人体的危害程度

电流/mA	50Hz 交流电	直流电
0.6～1.5	开始感觉手指麻刺	没有感觉
2～3	手指强烈麻刺	没有感觉
5～7	手指肌肉感觉痉挛	手指感灼热和刺痛
8～10	手难以摆脱电源，但还可以脱开，手感到剧痛	感灼热增加
20～25	手迅速麻痹，不能摆脱电源，呼吸困难	灼热愈加增高，产生不强烈的肌肉收缩
50～80	呼吸麻痹，心房开始震颤	强烈的肌肉痛，手肌肉不自主地强烈收缩，呼吸困难
90～100	呼吸麻痹，持续 3s 以上心脏停止跳动	呼吸麻痹
500 以上	延续 1s 以上有死亡危险	呼吸麻痹，心室震颤，停止跳动

2. 电击及后果

电击方式分为直接接触电击和间接接触电击。

(1) 直接接触电击可分为单相电击和两相电击。从危害性上来分析，后者大于前者。

(2) 间接接触电击是由于电气设备绝缘损坏发生接地故障，设备金属外壳及接地点周围出现对地电压引起的，包括跨步电压电击(图 2-2 所示人的两脚间，即 A、B 两点之间存在电压可导致触电)和接触电压电击。

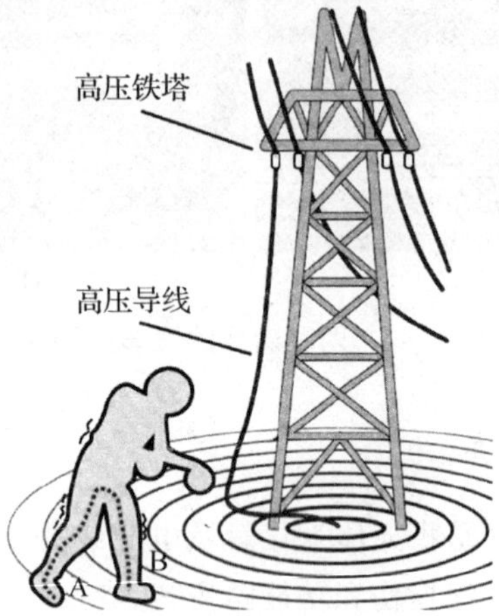

图 2-2　跨步电压触电

凡是电击都会对人体产生危害，此危害主要体现出四种情况：电击效应、热效应、化学效应和肌肉刺激效应。

(1) 电击效应：当电流低于导通限值时，会有相应的电击反应，从而容易因肢体不受控制和失去平衡而导致受伤。

(2) 热效应：电流导入导出点处会发生烧伤和焦化，也会发生内部烧伤，如图 2-3 所示。其结果导致肾脏负荷过大，甚至造成致命的伤害。

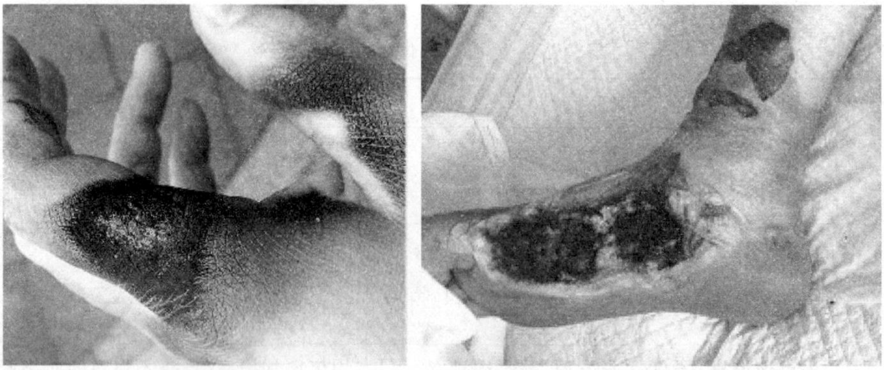
(a) 电击烧伤的手　　(b) 电击烧焦的脚

图 2-3　电击热效应所致

(3) 化学效应：血液和细胞液成为电解液并被电解，会发生严重的中毒，一般中毒情况要过几天后才能被发现，因此伤害极大。

(4) 肌肉刺激效应：所有的身体功能和人体肌肉运动都是由大脑通过神经系统的电刺激来控制。如果通过人体的电流过大，肌肉开始抽搐，大脑再也无法控制肌肉组织，造成肢体失控、呼吸和心跳停止。

第二节　安全设计

新能源汽车的高压并不是持续存在的，除了动力电池会持续存在高压外，其他系统或部件只有在运行时才具有高压。插电式混合动力和纯电动汽车，在车载充电器利用电网充电时充电回路存在高压，如图 2－4 所示。

为确保新能源汽车驾驶和维修安全，针对功能失效、高压安全等方面在设计上做了必要的防范措施。防护措施主要有：高压独立防护、反接保护、碰撞保护、主动泄压防护、被动泄压防护、高压互锁防护。

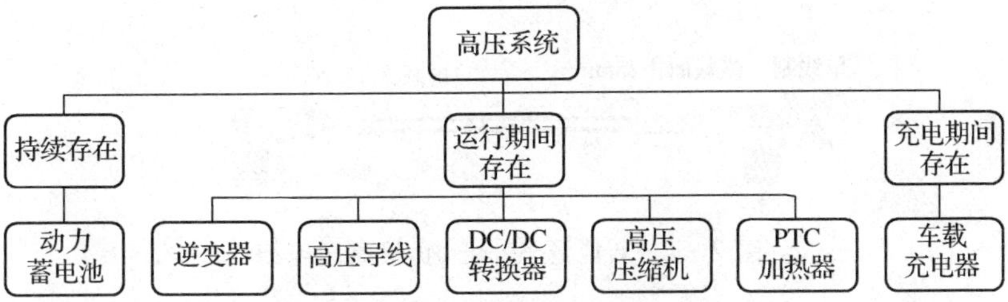

图 2－4　典型电动汽车高压系统框图

一、高压独立防护

新能源汽车的电气网络系统如图 2－5 所示。

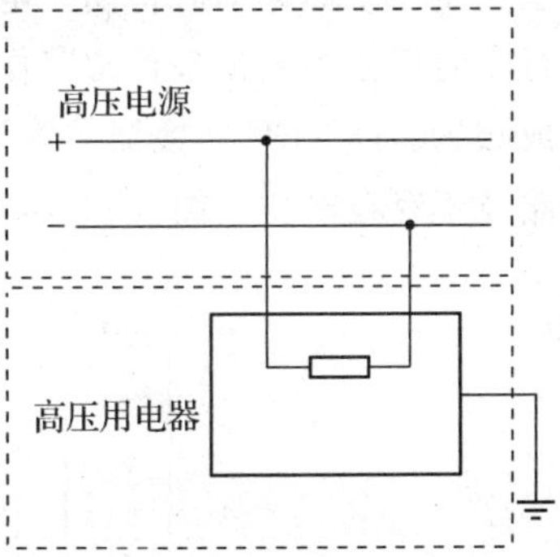

图 2－5　电气网络系统

汽车电气系统的动力电池与车身是不连接的，壳体与车身是连接的或以等电位补偿方式连接的。高压电气装置带电导体与车身绝缘，也就是说它有单独回路，所以就不会有电流流经车身，而是流向动力电池的负极。其优点是当正极到壳体的导线出现故障，系统不会被断电。

当系统出现等电位连接故障（图 2－6），第一个故障在车上出现时，系统仍能工作，有报警信息；第二个故障出现时，动力电池管理系统会将高压系统切断，同时系统内会短路，功率电子装置内和维修开关内的熔丝会熔断，组合仪表上会有报警信息，高压系统无法工作，也无法重新起动。

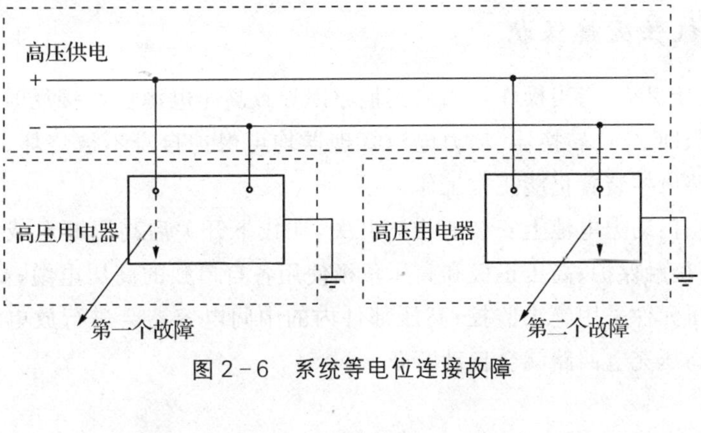

图 2－6　系统等电位连接故障

等电位保护要求：所有接触面应洁净且无油脂；导线截面不可因电缆断裂而减小；不能有接触电阻过大、电缆断裂。当出现上述故障时，系统就会失去等电位保护作用。

动力电池通常用接触器控制高压电池正极上电和高压电池负极上电；高压正极和高压负极通过各自单独的高压电缆与高压部件相连接，车身不允许搭铁。新能源汽车高压电缆通常采用橙色标示，电缆构成如图 2－7 所示。

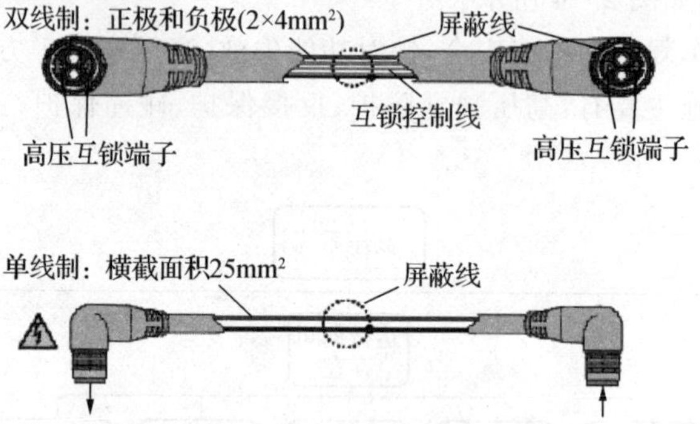

图 2－7　新能源汽车正、负极高压电缆

电动汽车装有漏电传感器，通过检测动力电池输出的负极电缆与车身底盘之间的绝缘电阻来确定动力电池包的漏电程度。一旦动力电池管理系统接到漏电信号，高压系统立即断电。

DC/DC 转换器是新能源汽车中将动力电池中的电能传递至铅酸电池的电气设备。它主要是在车辆起动后将动力电池输入的高压转变成 14V 左右的低压给蓄电池充电，以保证行车时低压用电设备正常工作。由于 DC/DC 转换器相对功率较小，一般与其他高压电器集成布置。DC/DC 转换器的输入和输出用电气分离装置分开，这样在非运行状态下，输出电路就不存在电压。图 2－8 所示为新能源汽车 DC/DC 转换器的安全防护原理图。

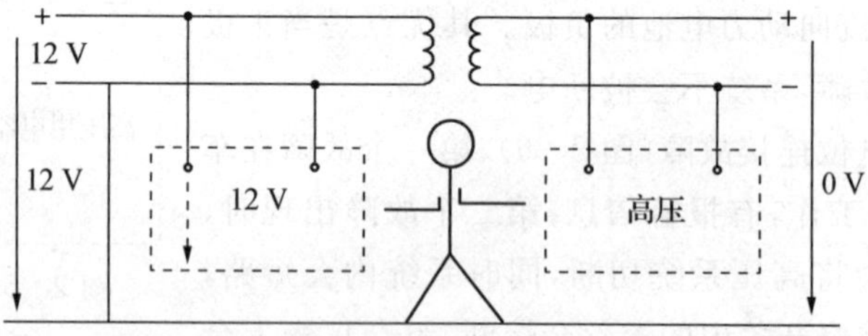

图 2－8　DC/DC 转换器的安全防护原理图

二、电源极性反接保护

电源极性反接保护，指当操作不当或其他原因导致高压电源极性接反时，新能源汽车的驱动电机控制器、DC/DC 转换器、动力电池管理器均可保护自身不被烧坏。当极性反向的电压去除后，这些电控装置仍能正常工作。

其保护措施有：动力电池上安装有维修开关，在拔下开关后高压断电或电压下降；插头和插孔连接具有接触保护；高压正极和高压负极使用各自单独的高压电缆；高压元件上有互锁安全电缆；高压元件采用绝缘监控；高压部件内的中间电容器会进行放电；在识别到碰撞时，动力电池的高压充电回路就会自动断开。

三、碰撞保护

当车辆发生碰撞，动力电池管理系统检测到碰撞信号大于一定阈值时，会自动切断高压系统主回路。同时激活驱动电机控制器主动释放高压回路中的电压，从而避免碰撞时高压短路、电击现象的发生。

四、主动泄压防护

驱动电机控制器中含有主动泄放回路，当检测到车辆发生较大碰撞、高压回路中某处（如高压电缆、手动维修开关等）插接器存在拔开状态，带有高压的电气装置被打开盖子时，可在 5s 内将高压回路主电缆电压释放到 60V 以下，最大限度地保证人员安全。

电动汽车上都安装了手动维修开关（图 2-9 所示），将此开关拔下，动力电池内部的连接就断开了。

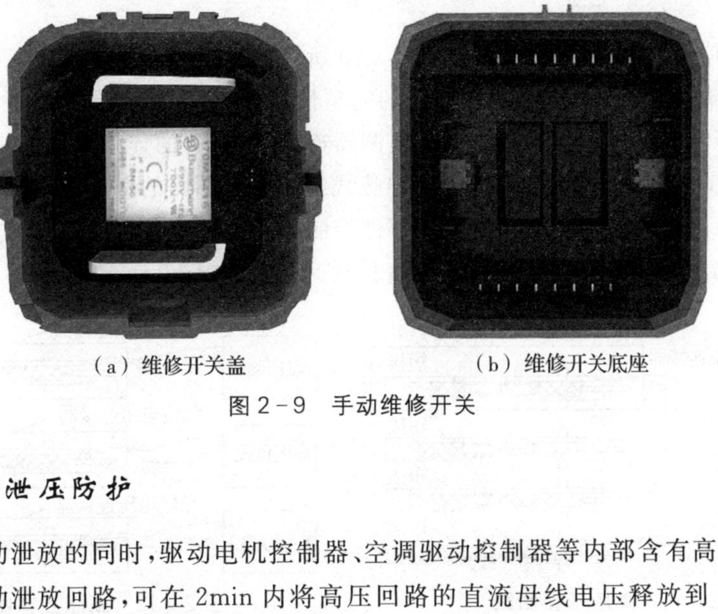

（a）维修开关盖　　（b）维修开关底座

图 2-9　手动维修开关

五、被动泄压防护

在含有主动泄放的同时，驱动电机控制器、空调驱动控制器等内部含有高压的电气设备同时设计有被动泄放回路，可在 2min 内将高压回路的直流母线电压释放到 60V 以下。被动泄压防护作为主动泄压防护失效的二重保护。

为确保操作安全，一般在断开维修开关后，需要等待一段时间（至少 5min），然后才可以开始高压部件的检修工作。

六、高压互锁防护

高压互锁分结构互锁和功能互锁两种。

1. 结构互锁

在国际标准《ISO 6469-3:2001 电动汽车安全技术规范　第 3 部分：人员电气伤害防护》中，规定车上的高压部件应具有高压互锁装置，但并没有详细地定义高压互锁系统。高压互锁，指危险电压互锁回路：使用电气小信号来检查整个高压产品、导线、连接器及护盖的电气完整性（连续性），当识别到回路异常断开时，及时断开高压电。高压互锁回路如图

2－10所示，当整车发生碰撞时，碰撞传感器发出碰撞信号，触发高压互锁回路“HVIL”断电信号，整车高压源会在 ms 级时间内自动断开，以保障用户的安全。

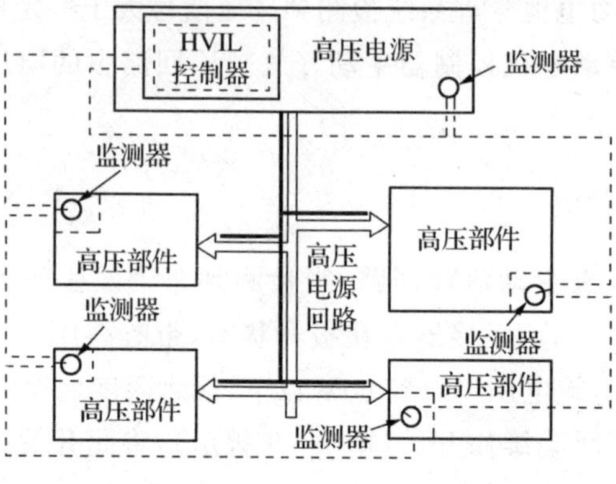

图 2－10　高压互锁回路原理示意图

高压互锁信号回路包括两部分，如图 2－10 所示的黑线和虚线所示。

（1）黑线部分用于监测高压供电回路的完整性，可以分为两种形式：一种是与高压电源线并联，并在所有高压连接器端与连接器监测器连接，将所有的连接串接起来组成一个完整的回路（图 2－11），可以利用高压线上的屏蔽线组成信号回路的一部分，以使整个系统变得更简单和可靠；另外一种形式是各个高压部件控制器负责监测各自的 HVIL 信号，只有当全部的控制器收到 HVIL 接通信号时，才允许接通高压源，如图 2－12 所示。

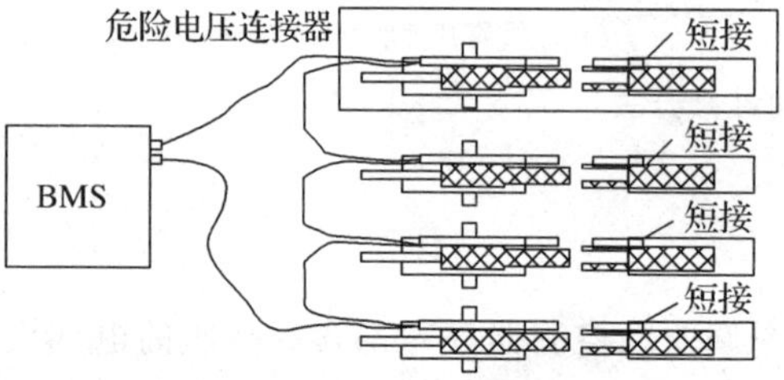

图 2－11　高压互锁回路 1

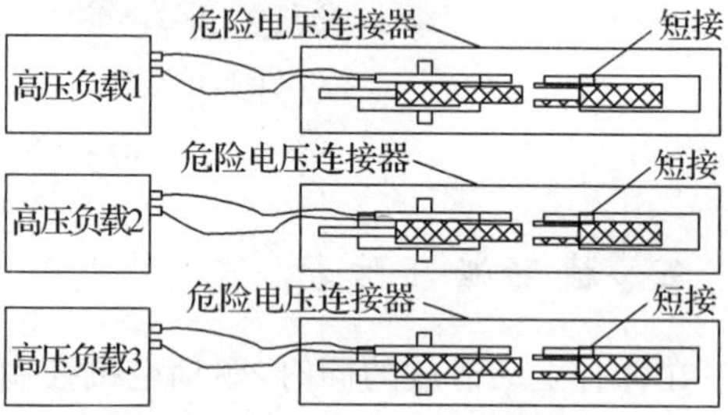

图 2－12　高压互锁回路 2

（2）虚线部分用来监测所有高压部件保护盖是否非法开启，利用信号线将所有高压器件上的监测器全部串联起来，组成另外一条监测信号回路。

高压互锁安全回路是一个环形电路（图 2－13），通过低压电网来监控高压电网。设计高压互锁回路的目的是使整车在高压供电前确保整个高压系统的完整性，使高压在一个封闭的环境下工作，提高安全性。当其中某个插接器被带电断开时，动力电池管理系统会立即检测到高压互锁回路存在断路，为保护人员安全，将立即进行报警并断开主高压回路电器连接，同时激活主动释放。

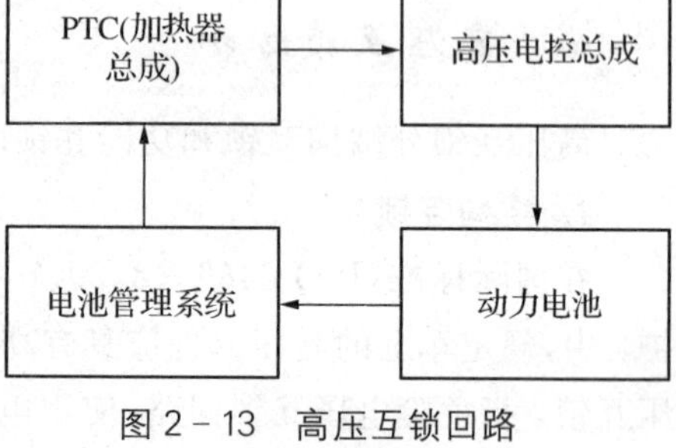

图 2－13　高压互锁回路

新能源汽车的高压插头和插座都具有特殊的结构形式(图 2 - 14),它可防止带电插拔高压插接器给高压端造成的电弧放电而烧蚀。在拆下高压电缆后应立刻用绝缘胶带将其端子包好,保证其清洁和绝缘。

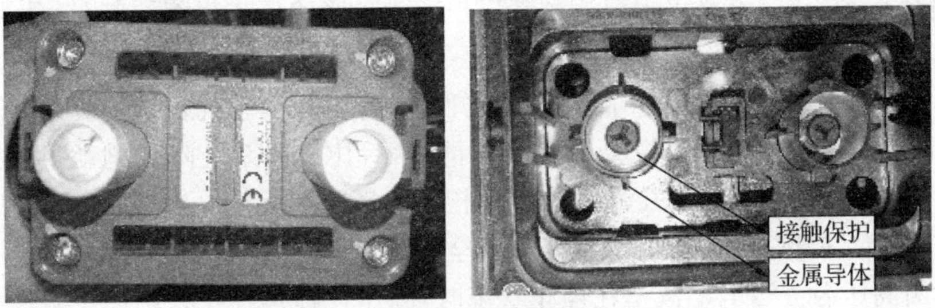

(a) 插头　　(b) 插座

图 2 - 14　高压插头与插座

互锁监测器分为两类,一类用于监测高压插接器连接是否完好,另一类用于监测高压部件的保护盖是否开启。

(1) 高压电缆插接器监测器如图 2 - 15 所示,图 2 - 15(a)所示为将监测器设置在连接器上的一体式设计,图 2 - 15(b)所示为通用的最新专利设计。

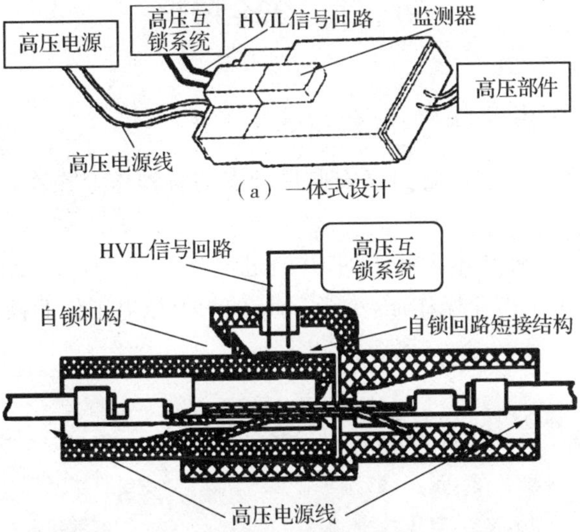

(a) 一体式设计

(b) 通用的最新专利设计

图 2 - 15　高压插接器监测器

通用监测器的设计是利用压接方法在插接器自锁结构上增加电气连接作为自锁回路短接信号。图 2 - 14 所示插接器中间的端子和短路片为某车型动力电池电缆的互锁监测器,当动力电缆插接器拔出时,互锁监测器短路端子也会随之断开,HVIL 高压互锁回路就会触发高压断电信号,以保障用户的操作安全。

(2) 高压部件开盖监测器结构类似于插接器,一端安装于高压部件保护盖上,另一端安装于高压部件主体内部,当保护盖开启时连接器也断开,HVIL 信号中断。通常需要设置监测器的部件包括驱动电机控制器、DC - DC 变换器、高压配电器、车载充电器、空调驱动器、电池管理器。

高压互锁系统在识别到危险时，整个控制器应根据危险时的行车状态及故障危险程度运用合理的安全策略，这些策略包括以下几点：

(1) 故障报警。无论电动汽车在何种状态，高压互锁系统在识别到危险时，车辆应该对危险情况做出报警提示，需要仪表或指示器以声或光报警的形式提醒驾驶员，让驾驶员注意车辆的异常情况，以便及时处理，避免发生安全事故。

(2) 降功率运行。电动汽车在高速行车过程中，高压互锁系统在识别到危险情况时，不能马上切断高压源，应首先通过报警提示驾驶员，然后让控制系统降低电动机的运行功率，使车辆速度降下来，以使整车高压系统在负荷较小的情况下运行，尽量降低发生高压危险的可能性，同时也允许驾驶员能够将车辆停到安全地方。

(3) 切断高压源。当电动汽车在停止状态时，高压互锁系统在识别严重危险情况时，除了进行故障报警，还应通知高压分配器断开动力电源正、负极接触器，使高压源被彻底切断，避免可能发生的高压危险，确保财产和人身安全。

2. 功能互锁

当车辆在进行充电或插上充电枪时，高压电控系统会通过 CAN 总线等信息通信交流，限制车辆不能通过自身驱动系统驱动，以防止可能发生的线束拖拽或安全事故。

第三节　安全防护

一、低压电工作业操作证

新能源汽车维修人员必须具备国家安监局颁发的特种作业操作证《低压电工证》，如图 2-16所示。

维修人员必须经过专业技术训练培训，并通过考核。电工作业操作证分两类：作业电压在 1kV 以上的为高压电工作业操作证，小于 1kV 的为低压电工作业操作证。特种作业操作证全国通用，有效期为 6 年。

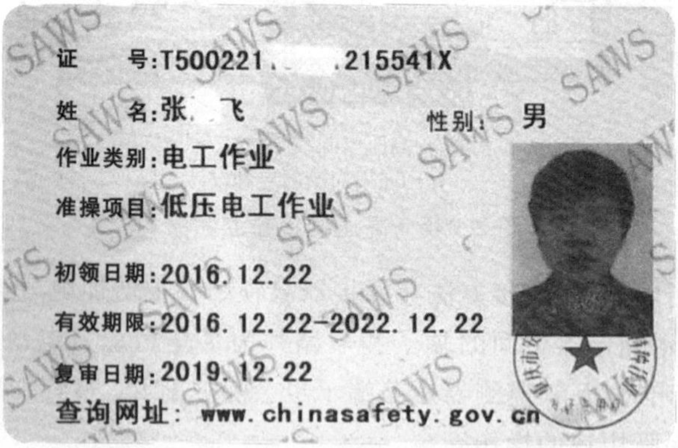

图 2-16　低压电工证

二、识别危险

新能源汽车的高压部件主要集中的几个系统，通常外表贴有“小心危险电压、小心危险位置、小心触电、注意查看技术资料”警告标签，如图 2-17 所示。

图 2-17　电动汽车危险电压警告标签

（1）驱动系统，包括动力电池和驱动电机，以及电动机驱动控制器和逆变器。

（2）空调和加热系统，包括高压驱动的空调压缩机、高压 PTC 加热器。

（3）充电系统，包括为动力电池充电的车载充电器和充电接口。

（4）电源转换系统，主要有 DC/DC 转换器。

此外，用于连接高压部件之间的电缆也属于高压部件。

新能源汽车高压装置的导线与其他车载网络和 12V 电气系统用的电线是有明显区别的。由于电压高、电流大，所以高压装置电线的横截面积要明显大一些，且使用专用的插头触点。为了便于维修人员注意高压电的危险性，动力电缆（如图 2-18 所示）都制成橙色。

（a）奇瑞机舱动力电缆

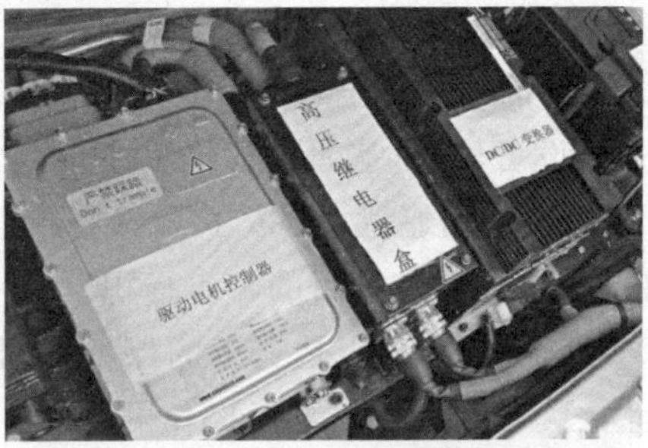

（b）北汽E150机舱动力电缆

（c）比亚迪E5机舱动力电缆

（d）凌志CT200h机舱动力电缆

图 2-18　四种新能源汽车机舱中的动力电缆

新能源汽车生产商为了引起专业维修养护人员对安全防护的重视，在新能源汽车危险部位贴上显眼的图形和文字标识，如有高压危险、当心腐蚀、禁止烟火等，如图 2-19 所示。

(a) 高压危险　(b) 当心腐蚀　(c) 严禁烟火

(d) 严禁踩踏　(e) 禁止触摸　(f) 戴防护手套

图 2-19　新能源汽车中的危险标识

三、正确防护

最常见的电击预防技术通常有绝缘、屏护和保持间距三类。

1. 绝缘、屏护和保持间距措施

(1) 为保证人身安全，将带电体进行绝缘。一方面要选用合格的电器设备或导线，另一方面要加强设备检查，掌握设备绝缘性能，发现问题及时处理，防止发生电击事故。

(2) 屏护，指用遮拦、护罩、护盖等将带电体隔离，防止人员无意识地触及或过分接近带电体，在屏护上还要有醒目的带电标识。

(3) 保持一定的间距是安全的保证。间距除了可防止触及或过分接近带电体外，还能起到防止火灾、防止混线、方便操作的作用。间距的大小取决于电压的高低、设备的类型和安装的方式等因素。

2. 正确使用安全防护用具

进行高压检查和维修操作时，个人应注意佩戴及使用防护用具，如绝缘手套、电绝缘鞋、绝缘胶垫、防静电工作服、护目镜、绝缘帽等。

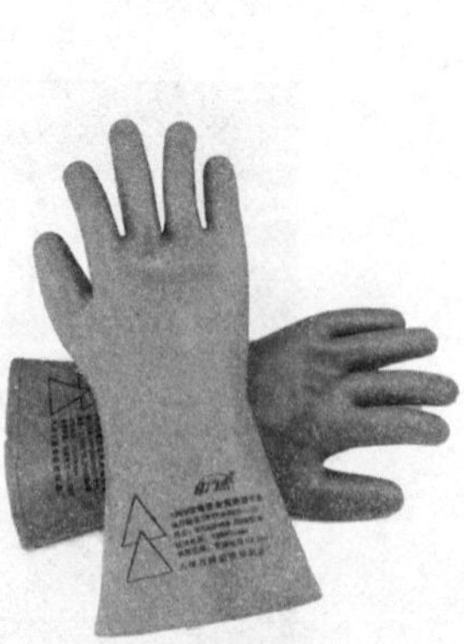

图 2-20　绝缘手套

(1) 绝缘手套。绝缘手套又叫高压绝缘手套，图 2-20 所示绝缘手套是用天然橡胶制成的，采用绝缘橡胶或乳胶经压片、模压、硫化或浸模成型，主要用于电工作业。常见的绝缘手套分红、白、绿色三种，分别对应低压及 0.5kV 以下场所、10kV 配电网及开关站、35kV 及以上线路及变电站。

绝缘手套的使用注意事项：

① 购进手套后，如发现在运输、储存过程中遭雨淋、受潮湿发生霉变，或有其他异常变化，应到法定检测机构进行电性能复核试验。

② 在使用前必须进行充气检验，发现有任何破损则不能使用。检验方法是向手套内吹入一定的空气，再折叠手套口封住气体，观察并检查手套是否有漏气，如图 2-21 所示。

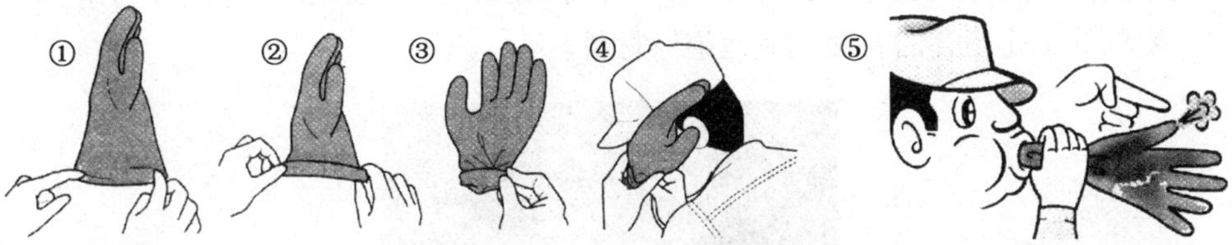

图 2-21　绝缘手套的简易充气检漏

③ 绝缘手套的长度至少应超过手腕 100mm，作业时应将衣袖口套入筒口内，以防发生意外。

④ 使用后，应将内外污物擦洗干净，待干燥后，撒上滑石粉放置平整，以防受压受损，且勿放于地上。

⑤ 应储存在干燥通风室温为－15～30℃、相对湿度为 50%～80%的库房中，远离热源，离开地面和墙壁 200mm 以上。避免受酸、碱、油等腐蚀性物质的影响，不要露天放置，避免阳光直射，勿放于地上。

⑥ 使用 6 个月必须进行预防性试验。标称电压等级为 0.5kV 的手套，施加 2.5kV 高压历时 1min，泄漏电流应小于 0.25mA。

(2) 电绝缘鞋。图 2-22 所示的电绝缘鞋就是使用绝缘材料定制的一种安全鞋。电绝缘鞋的适用范围，新标准中明确地指出：耐实验电压 15kV 以下的电绝缘皮鞋和布面电绝缘鞋，应用在工频(50～60 Hz)1 000V 以下的作业环境中；15kV 以上的电绝缘胶鞋，适用于工频 1 000V 以上的作业环境中。

图 2-22　电绝缘鞋

电绝缘鞋的使用注意事项：

① 电绝缘鞋外底的厚度不含花纹不得小于 4mm，花纹无法测量时，厚度不应小于 6mm。

② 注意勿受潮，受潮后严禁使用。一旦受潮，宜放在通风透气阴凉处自然风干，以免皮鞋变形受损。鞋底被异物刺穿后，不能做绝缘皮鞋使用。

③ 电绝缘鞋不宜在雨天穿，更不宜水洗，否则容易发生断线、脱胶、脱色、泛盐霜等现象。

④ 电绝缘鞋不能与油类、酸性、碱性及尖锐物质等相接触，以防腐蚀、变形、受损。

⑤ 电绝缘鞋存放时，应保持其整洁、干燥，并上好鞋油，自然平放；存放一段时间后（特别在雨季）要经常将其通风凉干，并重新擦拭鞋油以防发霉。

⑥ 使用6个月必须进行预防性试验。

（3）绝缘胶垫。图2-23所示的绝缘胶垫又称为绝缘毯、绝缘垫、绝缘橡胶板、绝缘胶板、绝缘橡胶垫、绝缘地胶、绝缘胶皮、绝缘垫片等，是具有较大体积电阻率和耐电击穿的胶垫，用于配电等工作场合的台面或铺地绝缘材料。

图2-23　绝缘胶垫

绝缘胶垫的使用注意事项：

① 绝缘胶垫厚度不应小于5mm，表面应有防滑条纹。通常铺在配电装置周围地面上，以便在操作时增强绝缘。绝缘胶垫的最小尺寸不应小于0.8m×0.8m。

② 绝缘胶垫不应有破坏均匀性、损坏表面光滑轮廓的缺陷，如小孔、裂缝、局部隆起、切口、夹杂导电异物等。

③ 应储存在干燥通风的环境中，远离热源，离开地面和墙壁200mm以上。避免受酸碱和油的污染，不要露天放置，避免阳光直射。

④ 每一年必须进行工频耐压试验。

（4）防静电工作服。维修高压系统时，必须穿戴非化纤类的工作服，如图2-24所示。化纤类的工作服会产生静电，并且当发生火灾事故时，化纤会在高温环境下粘连人体皮肤，导致维修人员严重的二次伤害。

（5）护目镜。戴上合适的护目镜（图2-25），可以防止电池的电解液飞溅进眼睛，并可以防止电火花、污物对眼睛的伤害。

（6）绝缘帽。在电动汽车被举升维护时应使用绝缘帽，如图2-26所示。使用前应检查绝缘帽有无裂缝或损伤，有无变形；佩戴时应系好下颚带。

图2-24　防静电工作服

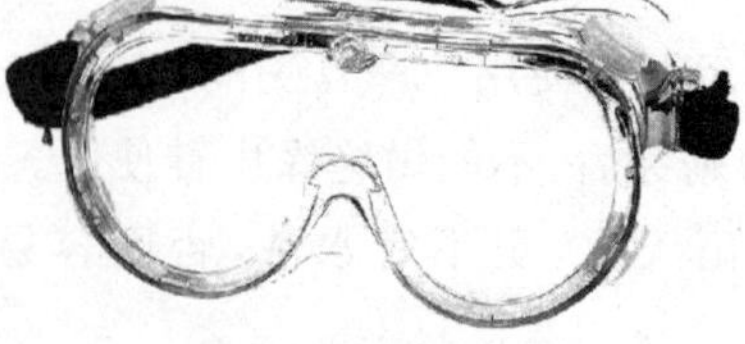

图2-25　护目镜

图2-26　绝缘帽

3. 维护车辆所需的带绝缘的工具和专用检测仪器

在进行高压车辆维护时，不仅个人防护需做好，而且需使用相应的防护工、量具，如绝缘工具、兆欧表、绝缘测试仪、数字钳形电流表、故障诊断仪等。

(1) 绝缘工具。图 2－27 所示的绝缘工具是用绝缘材料包裹起来的工具，工作人员操作时避免接触金属部分，防止触电。这些工具常见的有套筒、开口扳手、螺丝刀、尖嘴钳、电工刀等。

(2) 兆欧表。兆欧表如图 2－28 所示，其表盘刻度是以兆欧(MΩ)为单位的。它可以用来测量线路对地的绝缘电阻、机壳对地的绝缘电阻和高压电缆的绝缘电阻。

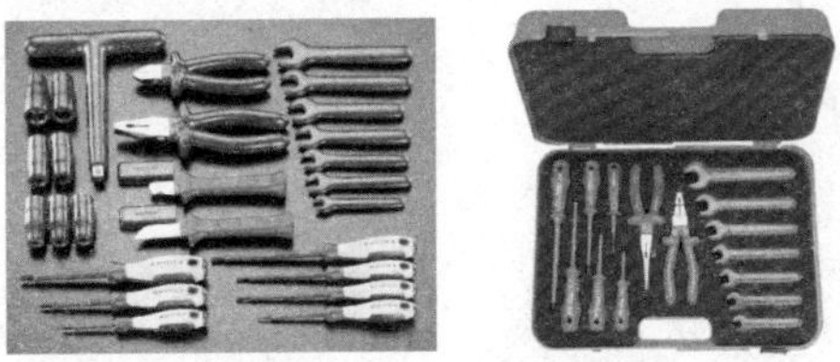

图 2－27　绝缘工具

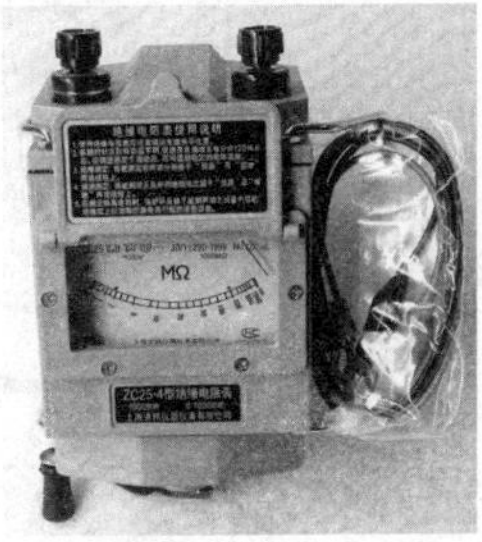

下载应用

图 2－28　兆欧表

一般情况下，测量低压电气设备绝缘电阻时可选用 0～200MΩ 量程的兆欧表。不论是 500V 还是 2 500V 的兆欧表，只要在指针不为零的情况下，以 120r/min 匀速摇动摇把，指针就会稳定在表盘的某个位置，根据表盘的显示数值和空格，就可以正确地读出所测线路的电阻。

① 线路对地绝缘电阻测量。将“E”(搭铁)接线柱可靠地搭铁，将“L”(线路)接线柱接到被测线路上[图 2－29(a)]，测出的值就是线路对地绝缘电阻。

② 电动机外壳对绕组的绝缘电阻测量。将“E”(搭铁)接线柱可靠地搭电动机外壳，将“L”(线路)接线柱接到被测绕组上[图 2－29(b)]，测出的值就是电动机外壳对绕组的绝缘电阻。

③ 高压电缆绝缘电阻测量。将“E”(搭铁)接线柱可靠地与电缆外壳相连，将“L”(线路)接线柱与电缆线芯相连，同时将接线柱“G”与电缆壳、芯之间的绝缘层相连，如图 2－29(c)所示，测出的值就是电缆线芯与电缆外壳间的绝缘电阻。

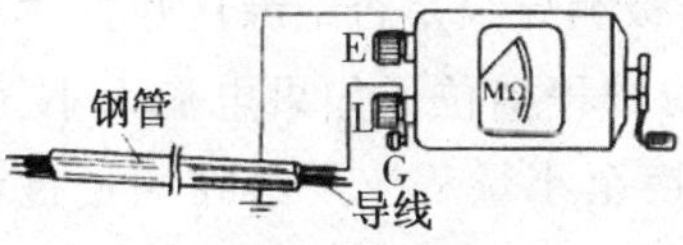

(a) 线路对地绝缘电阻测量

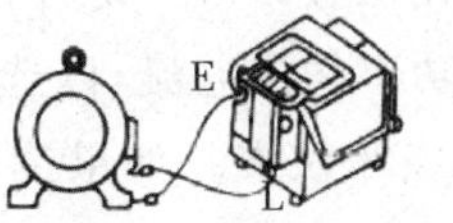

(b) 电动机外壳对绕组的绝缘电阻测量

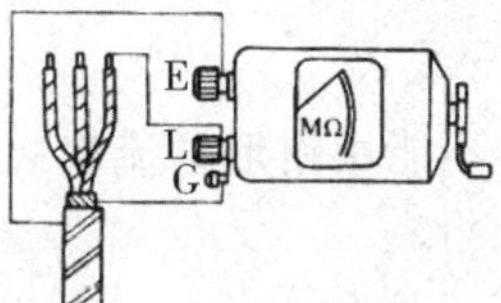

(c) 高压电缆绝缘电阻测量

图 2－29　兆欧表测量的接线方法

(3) 绝缘测试仪(图 2-30)。应用较为广泛的绝缘测试仪有 FLUKE1587 型,其使用方法与车用数字万用表相似。绝缘测试只能在不通电的电路上进行,且测试前应先检查熔断丝。测试步骤如下:

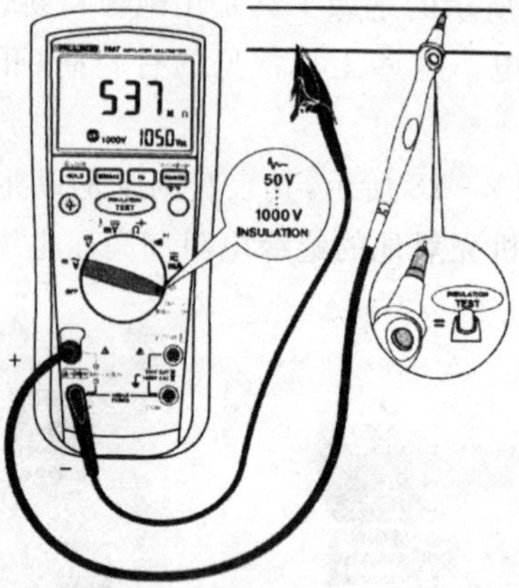

图 2-30 绝缘测试方法

① 将测试探头插入测试仪的"+"和"-"插孔中。

② 将旋钮转到"INSULATION"(绝缘)位置。当开关调到该位置时,仪表将起动电池负载检查,如果电池未通过测试,显示屏下部将出现"电池"符号。在更换电池前不能进行绝缘测试。

③ 按下"RANGE"选择电压。

④ 将探头与待测的电路连接,仪表会自动检查电路是否通电。

⑤ 主显示位置显示"- - -",直到按下"INSULATION TEST"(绝缘测试)按键,此时将获取一个有效的绝缘电阻读数。

⑥ 如果电路电源超过 30V(交流或直流),主显示区显示超过 30V 以上警告。同时,显示高压符号,测试被禁止,必须立即关闭电源。

(4) 数字钳形电流表(图 2-31)。电动汽车维修时,经常要测量驱动电机的电流。钳形电流表可以在不断开载流导线的情况下,利用互感原理在线测量电流,测量方法如下:

① 测量前应先检查钳口上是否有污物,检查被测导线是否绝缘良好。

② 根据额定功率估测电流,以选择电流表的量程挡位。如果电流大小无法估算,就应选最大量程,以防烧坏仪表。如果读数小,可切换至小量程。严禁在测量过程中切换量程挡位。

③ 测量时被测导线应垂直放在钳形电流表的钳口中心。钳形电流表测量时一次只能测一根导线,不可以同时测量多根导线。

④ 钳形电流表上有额定电压,不能用钳形电流表去测量超过它额定电压的高压电路电流,否则容易造成事故或引起触电危险。

⑤ 测量时,测量人员应戴绝缘手套,穿戴绝缘鞋,双手不得触碰其他设备,以防短路和搭铁。

⑥ 如果被测电流较小,可将被测导线缠绕几圈后放进钳口内测量,测得的读数除以导

线的缠绕圈数便是实际导线的电流。

(5) 故障诊断仪。故障诊断仪也称为解码器、故障扫描仪，其一般功能有读取 ECU 信息、读取故障码、读取数据流、获取波形曲线、能进行执行元件测试、电脑编程、匹配设定、防盗设置等。北汽专用故障诊断仪如图 2-32 所示。

下载应用

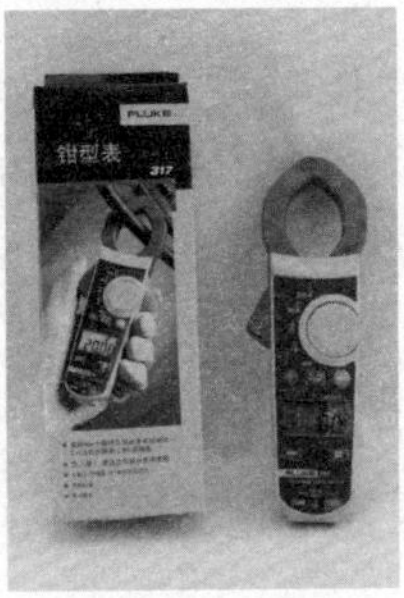

图 2-31　数字数字钳形电流表

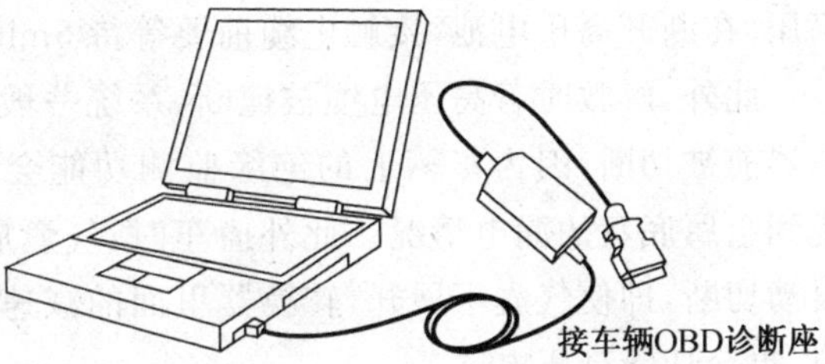

图 2-32　北汽专用故障诊断仪

四、避免意外

首先，应对维修作业环境的危险源进行梳理和统计，并建立档案，对作业人员进行操作训练，经考核合格后并发放合格证，严格持证上岗；其次，对维修作业人员进行必要的安全和消防知识培训，使其在掌握基本的设施、设备工作原理及操作流程外，还要了解其作业范围内潜在的危险源以及可能带来的危害，熟悉常规的处理方法并进行安全意外事故处理。最后，对于维修作业车间中一些废弃物(如动力电池)，由于测试过程中的结构损坏可能会导致其危险液体或气体外泄，应做好分类和监管。

1. 电动汽车机舱使用注意事项

(1) 打开电动汽车机舱前，须将电源钥匙拧至“OFF”挡。

(2) 机舱内部标有高压危险警示标志的器件，严禁私自拆开。

(3) 机舱内严禁喷水，冲洗；不要在雨中打开机舱盖，以防止漏电。

(4) 如果高压保险丝熔断，表示汽车电气系统有较大故障，应立即与专业汽车维修企业或人员取得联系。

2. 雨天行车注意事项

(1) 雨天遇有积水区且目测水深在 50mm 时，应低速(5km/h)通过，防止雨水冲溅。

(2) 遇积水区水深 100mm 以上时，严禁冒险通过。

(3) 雨天停车，应注意关紧所有车窗，严防雨水进入车室内。

第四节　应急处理

常见的新能源汽车应急处理作业有：事故车救援时高压处置、火灾时灭火处置、电池电解液泄漏处置、车辆牵引和跨接起动。

1. 救援

在对高压车辆进行救援时，千万不要因为纯电动或混合动力车辆运行比较安静就误以为它处于停机状态。对于混合动力汽车，当车辆处于“READY”模式时（Y 灯亮），发动机会自动起动停机，所以在检查或维修发动机舱时，记住要先看看“READY”指示灯是否已经熄灭。

在处理维修车辆前，首先用挡块挡住车轮进行驻车制动，挂“P”挡并确认“P”挡指示灯亮，然后按“POWER”按钮并确认“READY”模式的 Y 灯熄灭，断开 12V 备用蓄电池，最后拔掉手动维修开关或者 HV 熔断丝。

需要注意的是，在对纯电动汽车或混合动力汽车操作时，急救组要切记橙黄色电缆代表高压，在断开高压电池，接触电缆前要等待 5min，即等待电容充分放电完毕。

此外，解救时若高压电缆被撞断，系统一般会在救援人员接触电器前被切断，因为车辆上的绝缘监测功能会不断地监测高压电缆到金属底盘的漏电情况。此外撞车时，气囊展开，高压电源也会自动切断，即使气囊不展开，转换器里面的减速传感器若超过其限位，也会切断高压电。

图 2－33　干粉灭火器

2. 火灾

高压动力电池电解液主要由带腐蚀性的化学液体组成，因此在着火后，可以采用大量的水或者干粉灭火器灭火。干粉灭火器（图 2－33）适用于扑灭油或电路火灾。干粉灭火器使用方法如图 2－34所示。注意：请按时更换灭火器，以免过期。

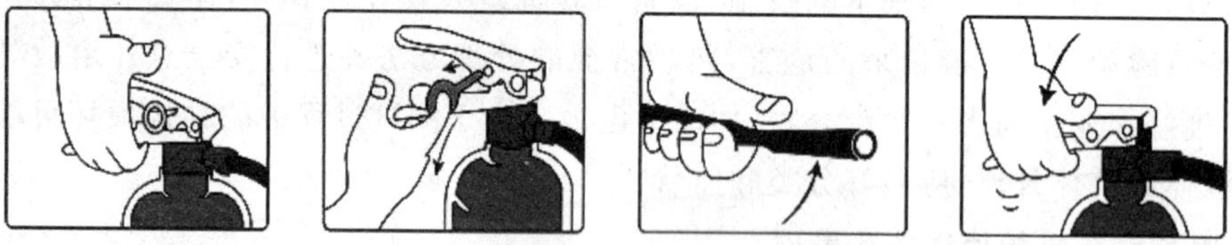

（a）提起灭火器　（b）拔下保险销　（c）握住软管　（b）对准火苗根部扫射

图 2－34　干粉灭火器的使用方法

如果只是高压动力电池着火，推荐使用二氧化碳灭火器；如果发生大面积或大的火灾，持续的浇水也同样适用于熄灭高压动力电池的火灾。但是使用少量的水，如只用一桶，则是危险的，反而会加剧高压电池火灾的程度。

3. 泄漏

当面对高压动力电池有溢出电解液的情况，应及时穿好合适的防护用品，并采用红色石蕊试纸（图 2－35）检查溢出液，如果试纸变为蓝色，溢出的液体需要使用硼酸液进行中和。中和完成后，再用试纸检查溢出液，以确认试纸颜色不改变。中和完毕后，用充足的吸水毛巾或布擦干事故中溢出的电解液。

图 2－35　石蕊试纸

4. 车辆牵引

牵引新能源汽车时，其前轮转动将会产生电能，请务必严格遵守制造厂商的规定；否则，可能损坏车辆的三相驱动电机或变速单元。

无论是混合动力汽车还是纯电动汽车，正确的牵引方法是，将汽车平放在货车上，然后牵引货车到指定的位置；或者可以采用将驱动轮离地的方式进行车辆牵引，如图 2－36 所示。

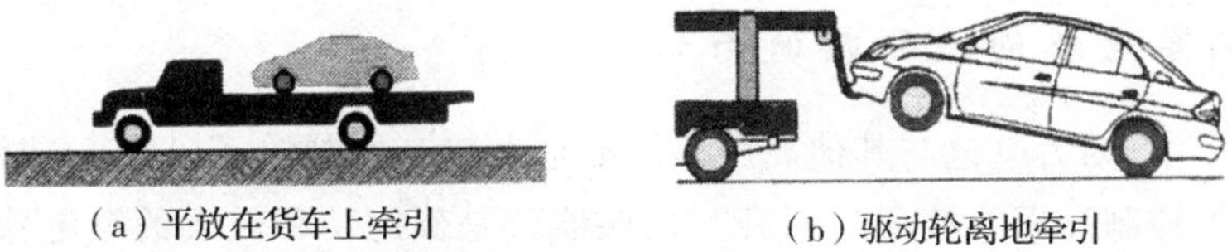

（a）平放在货车上牵引　　（b）驱动轮离地牵引

图 2-36 正确的车辆牵引方式

5. 跨接起动

无论是新能源汽车中的纯电动汽车还是混合动力汽车，其全车控制模块的供电都是由12V蓄电池提供的。也就是说，在新能源汽车中，除了高压动力电池外，所有的车辆会配置12V低压蓄电池。由12V蓄电池给所有ECU供电；否则，ECU不能工作，车辆也没法起动。如果纯电动汽车或混合动力汽车没有起动，则可以用12V辅助电池跨接起动，以2004款丰田普锐斯为例，具体的操作方法如下：

(1) 找到12V蓄电池跨接端子。在发动机罩下的12V跨接起动端子有“＋”标志的红色塑料盖，打开盖子可以找到用于跨接的12V蓄电池端子。

(2) 按图2-37所示的1-2-3-4顺序连接跨接线。

注意：各种电动汽车高压动力电池组严禁跨接起动。

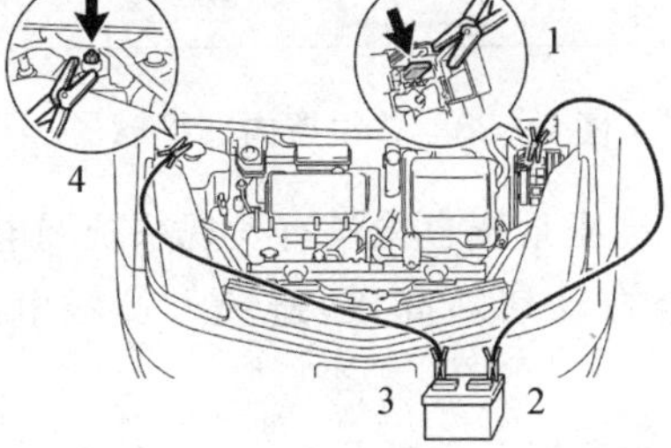

图 2-37 辅助电池的跨接起动

1-“＋”跨接端子 2-外接电池“＋”极 3-外接电池“－”极 4-“－”跨接端子

6. 事故车48h停放监测

(1) 电动汽车服务站或专业维修企业应专门建立事故车48h停放监测工位或场所，事故车停放场所装修应采用阻燃材料，不得使用玻璃隔墙。该工位或场所应设有高清摄像头、烟雾传感器、红外线测温体系；监测报警体系应与值班室或门岗亭有蜂鸣和人机交互；设有防火(灭火器、主动喷洒、消防栓等)防爆设备，附近不得有易燃易爆品。

(2) 事故车辆的专业维修技术人员应每隔3h到现场目测并用红外测温枪对各高压部件和电池进行测温，记载每次监测温度的数值。避免内部短路或焚烧引起火灾，阶段性温升过高可选用喷水降温并及时监测。

(3) 停放48h后，无反常(冒烟、高温、电火花、焦煳味等)可进车间维修。

第五节 高压中止与检验

新能源汽车多采用高压交流电机驱动，电机工作电压为300～600V，远远超过人体的安全电压，因此在售后维修中安全风险极大。

一、车辆高电压的主动接通与切断

新能源汽车中，动力电池与其他高压部件都是由整车控制单元（VCU）或混合动力控制单元通过接触器控制高压的接通与断开。接触器就是额定功率较大的继电器，普锐斯内部接触器如图 2-38 所示。

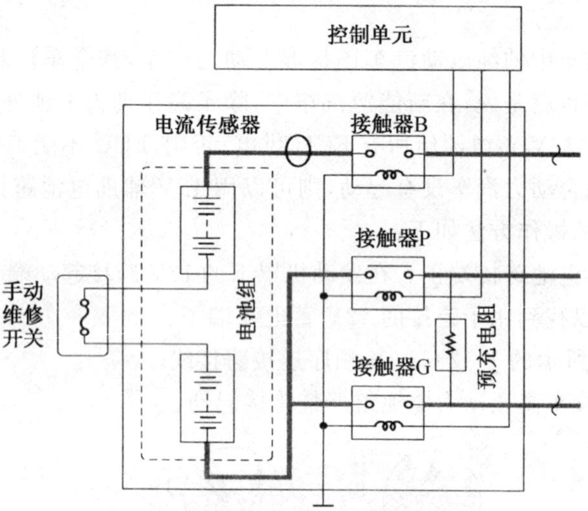

图 2-38　普锐斯内部接触器

当点火开关处于“ON”挡、高压系统自检没有发现系统漏电故障时，接触器接通；当系统自检到存安全隐患时，系统会自动切断高压，避免人员触电。高压系统自动切断的情况如下：

（1）高压系统自检到部件的互锁开关断开。

（2）高压系统自检到部件或高压电缆存在对车身绝缘电阻过低。

（3）车辆发生过碰撞，且安全气囊已弹开。

二、人为手动切断动力电池高压

（1）先切断低压。切断车辆电源总开关（俗称“点火开关”），同时应将辅助蓄电池的负极电缆断开。在此之前应先查看故障码，有必要的话将故障码保存或记录下来，因为断开蓄电池负极，车辆故障码将被清除。

（2）戴上绝缘手套。戴绝缘手套前，一定要先检查手套不能有破损，哪怕是针眼大的破损也不行，不能有裂纹，不能有老化的迹象，也不能是湿的。

（3）再切断高压。佩戴 0 级绝缘手套，拆卸维修开关盖子，拔下手动维修开关（图 2-39），再将维修开关盖子盖好；拆除电池组及动力电缆连接器，并用绝缘胶带进行绝缘处理，如图 2-40所示。

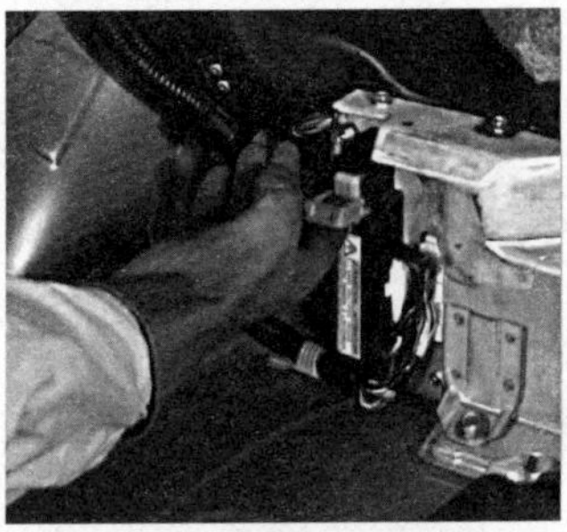

图 2-39 拔下手动维修开关

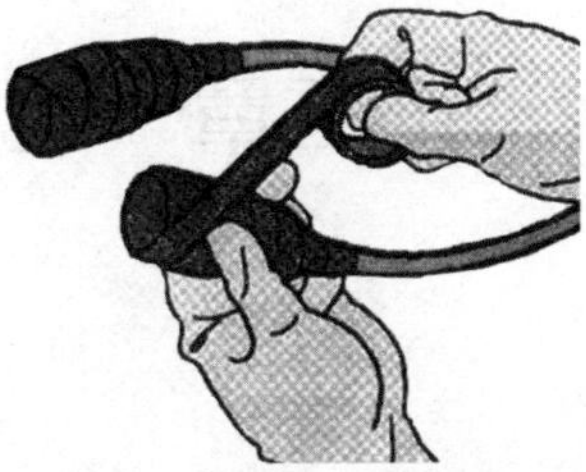

图 2-40 动力电缆拆除

(4) 充分放电。车辆静置 5min 甚至可以更长时间，具体见维修手册要求。

(5) 安全验电。用数字万用表测量每两个高压端子之间的电压，以及每个端子与底盘接地之间的电压都不应大于 3V。如果测试结果大于 3V，则电池组总成内部可能出现插接器端子卡滞、锈蚀或高压系统绝缘失效现象。

(6) 醒目警示。悬挂高压警示牌，提醒周边人员注意。

(7) 隔离作业。装设高压防护栏，以免闲杂人员进入误操作或发生触电事故。

(8) 有人监督。持带电作业操作证的员工(着绝缘鞋、绝缘手套、绝缘帽、戴护目镜，携带绝缘工具)进行高压作业时，必须有监护人，以确保突发情况时应急处理，如图 2-41 所示。

图 2-41 高压带电作业安全操作要求

第三章　电池及其管理系统

第一节　新能源汽车电池的结构

一、新能源电池的安装位置

新能源汽车的电池由动力电池和辅助电池组成。动力电池为高压电池，辅助电池为12V普通铅蓄电池。混合动力汽车的动力电池一般安装在汽车后行李箱中或坐垫下（图3－1），纯电动汽车动力电池一般直接安装在车身底板下面，如图3－2所示。辅助电池通常安装在后行李箱或前动力舱内。

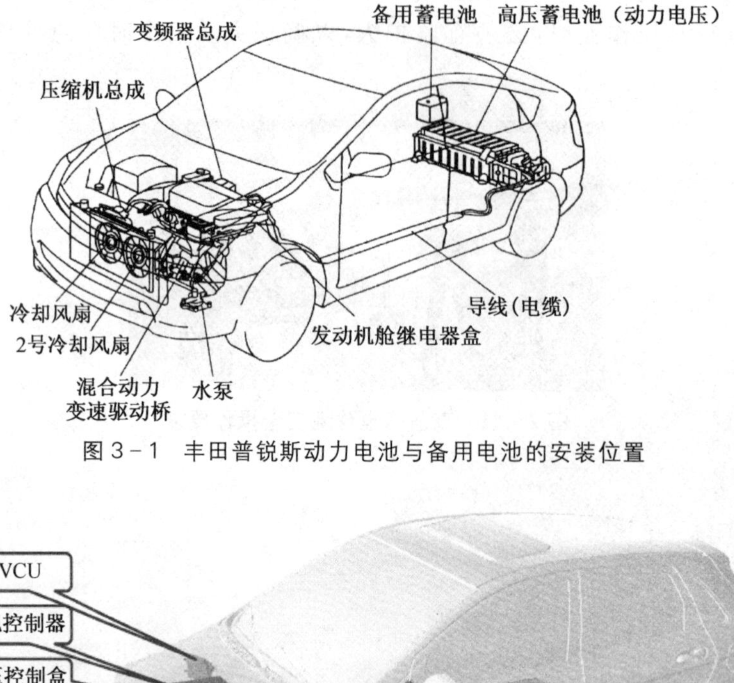

图3－1　丰田普锐斯动力电池与备用电池的安装位置

图3－2　北汽EV160动力电池的安装位置

二、动力电池总成的结构

图 3－3 所示为北汽新能源 EV 系列车型(EV160)动力电池,动力电池总成主要由动力电池模组、电池管理系统(BMS)、辅助电子元器件和动力电池箱组成。

动力电池的结构示意图如图 3－4 所示。

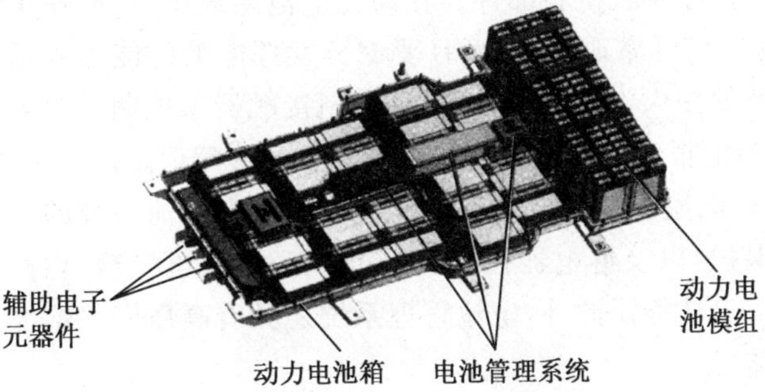

图 3－3　动力电池组主要组成部件

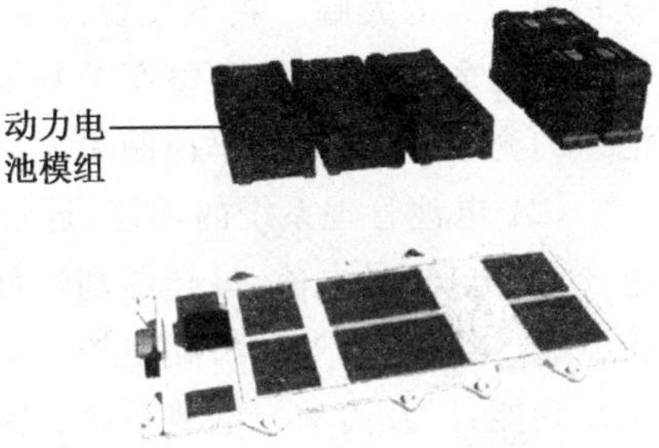

图 3－4　动力电池的结构示意图

北汽 EV200 所用的三元锂动力电池由 3 个额定电压为 3.7V 的单体电池并联成一个电池模块,再将 91 个电池模块串联成电池总成,总电压为 336.7V。

早期普锐斯的镍氢电池组由松下制造,使用 168 个电压为 1.2V 车用级单体电池串联而成,电池组总电压为 201.6V。第 4 代普锐斯的动力系统采用锂电池(单体 3.7V),电池组仅由 56 个单体电池串联而成,总电压为 207.2V。

比亚迪 E6 动力电池系统由 11 个动力电池模组,共 96 节电池单元组成。比亚迪 E6 采用了磷酸铁锂类电池,每个电池单元的单体电压约为 3.3V,利用 96 节电池单元串联后,可以形成约 316.8V 的总电压。

18650 型电池是锂电池的鼻祖,其中 18 表示直径为 18mm,65 表示长度为 65mm,0 表示为圆柱形电池。特斯拉(Tesla Model S85) 汽车电池将 7200 节 3.7V 3100mAh 的 18650 单体电池组装成电池总成(俗称“电池包”),电池包由 16 个电池模块组成,额定电压为 355V。每个电池模块为 6 串 75 并,电池模块的端电压为 22.06V。特斯拉汽车电池包构成如图 3－5 所示。

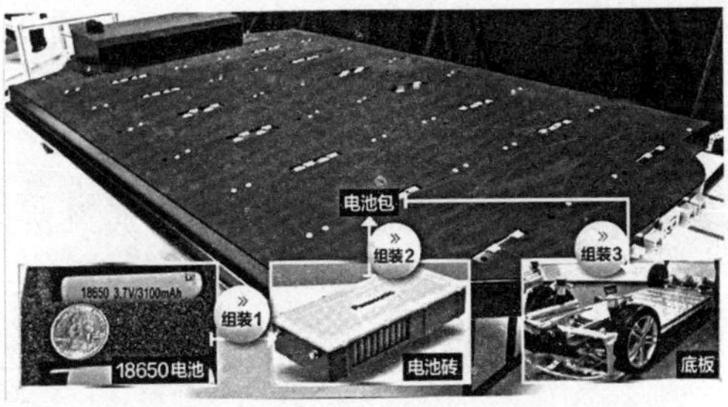

图 3－5　特斯拉汽车电池包构成

1. 动力电池模组

(1) 电池单体:构成动力电池模块的最小单元(俗称“电芯”)。一般由正极、负极、电解质及外壳等构成,可实现电能与化学能之间的直接转换。单体电池外形常见有圆柱形和长方形两种。

(2) 电池模块：由一组并联的电池单体组合而成，该组合的额定电压与电池单体的额定电压相等，是电池单体在物理结构和电路上连接起来的最小分组，可作为一个单元替换。

(3) 模组：由多个电池模块或单体电池串联组成的一个组合体。

2. 电池管理系统(BMS)

(1) 电池管理系统的作用：电池保护和管理的核心部件。在动力电池系统中，它的作用就相当于人的大脑。它不仅要保证电池安全可靠地使用，而且要充分发挥电池的能力和延长使用寿命，作为电池和整车控制器以及驾驶人沟通的桥梁，通过控制接触器来控制动力电池组的充放电，并向整车控制单元(VCU)上报动力电池系统的基本参数及故障信息。

(2) 电池管理系统的功能：通过电压、电流及温度检测等功能实现对动力电池系统的过电压、欠电压、过电流、过高温和过低温保护，以及继电器控制、SOC估算、充放电管理、均衡控制、故障报警及处理与其他控制器通信等功能。此外，电池管理系统还具有高压回路绝缘检测功能，以及为动力电池系统加热功能。

3. 动力电池箱

(1) 动力电池箱主要包括上盖和下托盘，用来承载及保护动力电池组及电子电器元件。

(2) 电池箱体通过螺栓连接在车身地板下方，螺栓拧紧力矩为80～100Nm。整车维护时需观察电池箱体螺栓是否有松动，电池箱体是否有破损及严重变形，密封圈是否完整，以确保动力电池可以正常工作。

(3) 电池箱体外表面颜色要求为银灰或黑色，亚光；电池箱体表面不得有划痕、尖角、毛刺，焊缝必须圆滑。

4. 辅助电子元器件

辅助电子元器件主要包括动力电池系统内部的电子电器元件，如熔断器、继电器、分流器、接插件、紧急开关、烟雾传感器等，维修开关以及电子电器元件以外的辅助元器件，如密封条、绝缘材料等。

接触器位于线束和继电器模块内，用于控制高压的通断。当接触器闭合时，高压自电池组输出到车辆动力系统；当接触器断开后，高压保存在电池组内。

5. 动力电池冷却系统

由于动力电池内阻的存在，在充放电过程中会产生一定热量，当电池温度升到40～50℃及以上时，会加速电池衰老；当电池温度更高时，如120～150℃及以上，则会引起蓄电池过热而失控。

动力电池常见冷却方式有空气冷却、水冷却等。

(1) 空气冷却有电池表面自然通风法和内部风道动力通风法两种，后者又分串行和并行通风道结构，如图3-6所示。

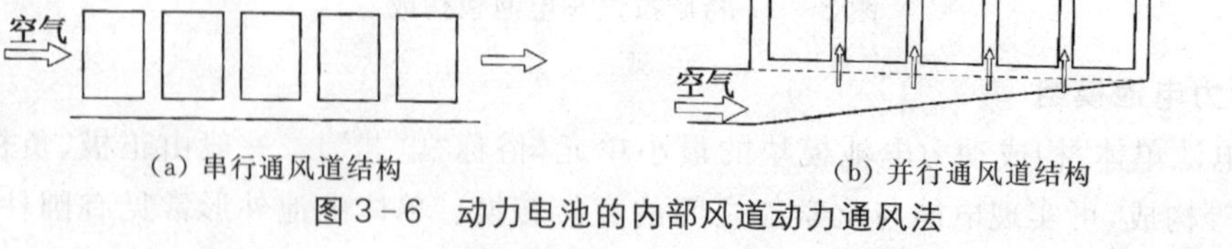

(a) 串行通风道结构　　(b) 并行通风道结构

图3-6　动力电池的内部风道动力通风法

(2) 水冷却方式是在电池箱体内组成冷却水路，并将冷却水用水泵、阀、管路引到通风条件较好的散热器中进行散热。水冷却法效果比空气冷却法好，如图 3－7 所示。

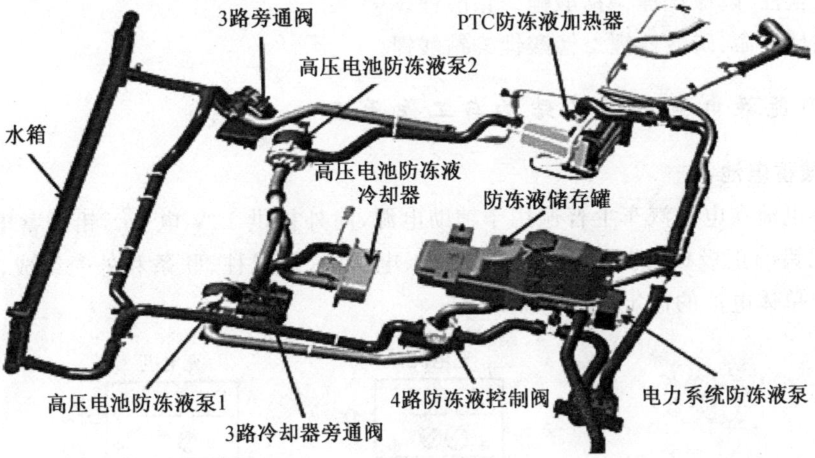

图 3－7　特斯拉动力电池的水冷却管路结构

三、新能源汽车电池的类型

动力电池的作用是接收和储存由车载充电器、发动机、制动能量回收装置或外置充电装置提供的高压直流电，并且为电动汽车驱动电机、空调电机、空调加热器提供高压直流电，向辅助电池充电。辅助电池的作用是为汽车混合动力发动机电控系统及照明、信号、仪表、音响等车身辅助电器提供低压直流电。

早期的电动汽车应用最广的电源是铅酸蓄电池，但随着电动汽车技术的发展，铅酸蓄电池由于比能量较低，充电速度较慢，寿命较短，已逐渐被其他类型的蓄电池所取代。目前动力电池应用较多的是镍-镉蓄电池、镍-氢蓄电池和锂蓄电池。

常用几种汽车电池性能参数对比情况见表 3－1。

表 3－1　常用几种汽车电池性能参数对比情况表

电池类型	铅酸蓄电池	镍-氢蓄电池	镍-镉蓄电池	锂蓄电池
循环寿命(次)	300～500	1 000	2 000	1 000
比能量(Wh/kg)	40	70～80	55	150
比功率(W/kg)	100	200	225	225
单体额定电压(V)	2	1.25	1.25	3.7
工作温度(℃)	－40～60	－30～55	－20～60	－20～60
记忆效应	无	无	有	无
使用成本	低	高	高	高

锂蓄电池按照电池正极材料不同分为钴酸锂电池、锰酸锂电池、镍酸锂电池、磷酸铁锂电池、三元(镍钴锰酸)电池等多种。按电解质不同分为液态锂电池、聚合物锂电池。

几种锂蓄电池的性能对比如下：

(1) 能量密度：钴酸锂＞磷酸铁锂＞锰酸锂。
(2) 价格优势：钴酸锂＞锰酸锂＞磷酸铁锂。
(3) 安全性：磷酸铁锂＞锰酸锂＞钴酸锂。
(4) 循环寿命：磷酸铁锂＞锰酸锂＞钴酸锂。

四、新能源电池的基本结构与工作原理

1. 铅酸蓄电池

铅酸蓄电池在电动汽车上普遍用于辅助电源，向外提供 12V 电压。铅酸蓄电池单体电池由二氧化铅的正极板、纯铅的负极板、隔板、电解液、接线柱、联条和外壳组成，如图 3－8 所示。每个单体电池的额定电压为 2V。

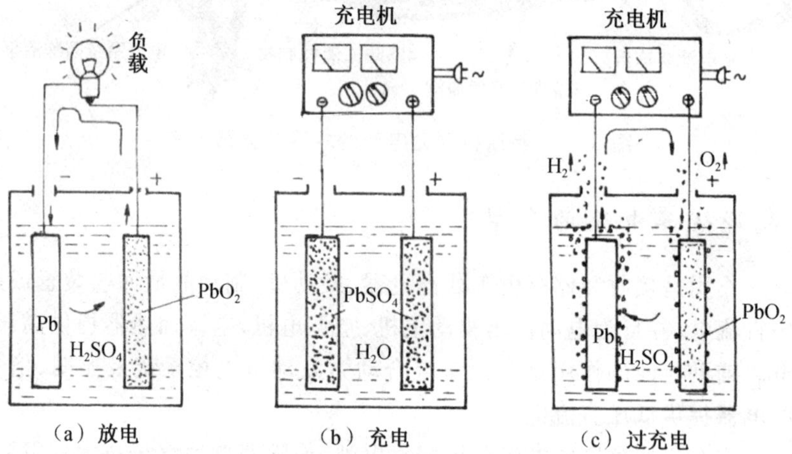

图 3－8　铅酸蓄电池单体电池工作原理示意图

其电化学反应式为：

$$\underset{\text{正极}}{PbO_2} + 2H_2SO_4 + \underset{\text{负极}}{Pb} \underset{\text{充电}}{\overset{\text{放电}}{\rightleftharpoons}} \underset{\text{正极}}{PbSO_4} + 2H_2O + \underset{\text{负极}}{PbSO_4}$$

汽车用铅酸蓄电池也称起动型电池，产品通常以 6 个单体电池构成的总成方式供应，如图 3－9 所示，额定电压为 12V。

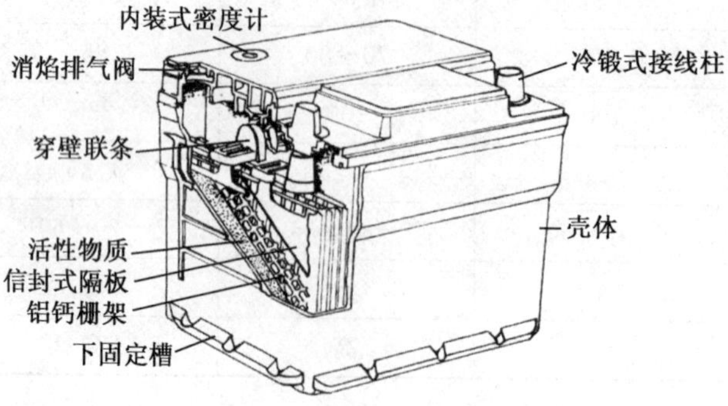

图 3－9　铅酸蓄电池总成

2. 镍-氢蓄电池

镍-氢蓄电池正极的活性物质是氢氧化镍，负极为储氢合金，用氢氧化钾作为电解质，在正、负极之间有隔膜，共同组成镍-氢单体蓄电池。镍-氢单体蓄电池额定电压为1.2V。在金属铂的催化作用下，完成充电和放电的可逆反应。镍-氢蓄电池电化学反应模型如图3-10所示。

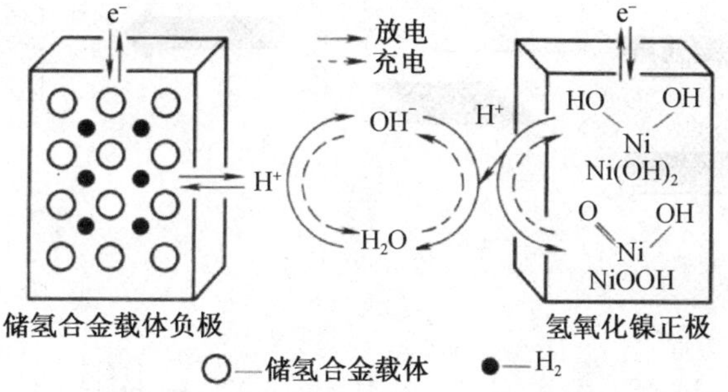

图3-10 镍-氢蓄电池电化学反应模型

在电池充电过程中，水在电解质溶液中分解出氢离子和氢氧根离子，氢离子被负极吸收，负极由金属转化为金属氢化物。在放电过程中，氢离子离开负极，氢氧根离子离开正极，氢离子和氢氧根离子在电解质氢氧化钾中结合成水并释放电能。电化学总反应式为：

$$2NiOOH + H_2 \underset{充电}{\overset{放电}{\rightleftharpoons}} 2Ni(OH)_2$$

镍-氢蓄电池比热容、电解液蒸发热相对较高，而能量密度相对较低，即使发生短路、刺穿等极端异常情况，电池温升小，不会燃烧。镍-氢蓄电池的产品质量控制难度比较低，故制造过程导致缺陷的可能性较低。镍-氢蓄电池外形分长方形和圆柱形两种。

3. 锂蓄电池

典型单体锂蓄电池由正负极片、微孔隔膜、有机电解液、外壳等组成。单体锂蓄电池外形通常有长方形和圆柱形两种，如图3-11所示。

图3-11 常见锂蓄电池产品

(1) 正极片：$LiCoO_2$、导电剂、黏合剂、铝箔。

(2) 负极片：具有特殊结构C材、导电剂、黏合剂、铜箔。

(3) 微孔隔膜：多孔聚丙稀/聚乙烯复合膜。

(4) 有机电解液：$LiClO_4$—PC(碳酸丙烯酯)。

(5) 外壳：铝壳、铝塑膜、铝镍复合带。

长方形锂蓄电池采用叠片制作工艺。叠片制作工艺是将正极、负极切成小片与微孔隔膜叠合成小电芯单体，然后将小电芯单体叠放并联起来，组成一个大电芯的制造工艺。其大体的工艺流程如图 3-12 所示。

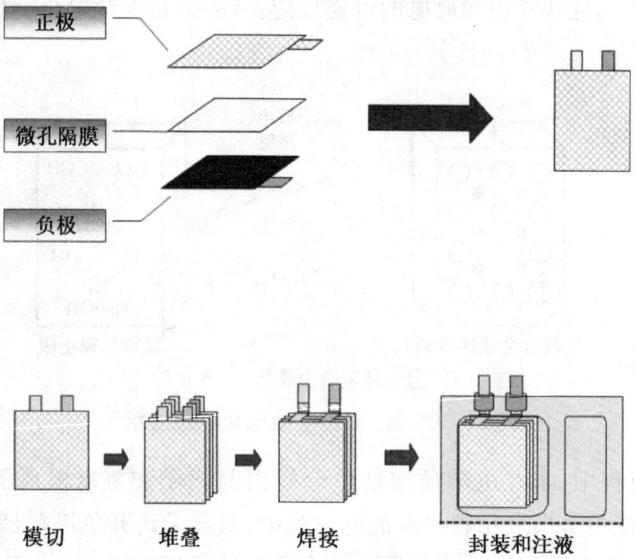

图 3-12　长方形锂蓄电池结构

圆柱形锂蓄电池采用卷绕制作工艺。卷绕工艺是将正负极片、微孔隔膜、正负极耳、保护胶带、终止胶带等物料固定在设备上，设备经过放卷完成电芯制作，如图 3-13 所示。

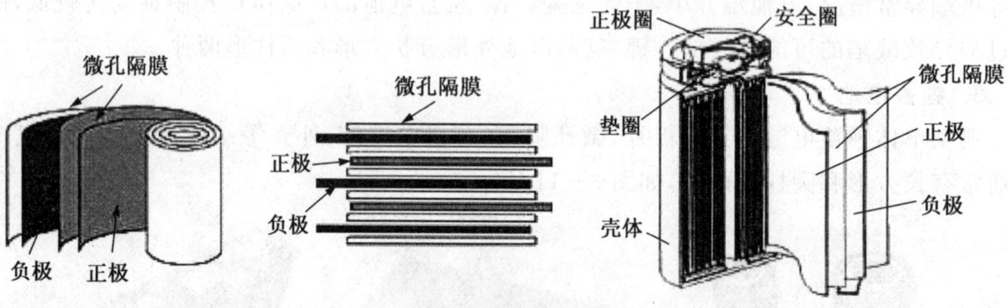

图 3-13　圆柱形锂蓄电池结构

4. 钴酸锂蓄电池

钴酸锂蓄电池(18650)单体的工作原理示意图如图 3-14 所示。

充电时，正极 $LiCoO_2$ 中的锂离子迁出，经过电解液嵌入石墨的碳层间，在电池内形成锂碳层间化合物；放电时，过程刚好相反，即锂离子从石墨负极的层间迁出，经过电解液进入正极 $LiCoO_2$ 中。

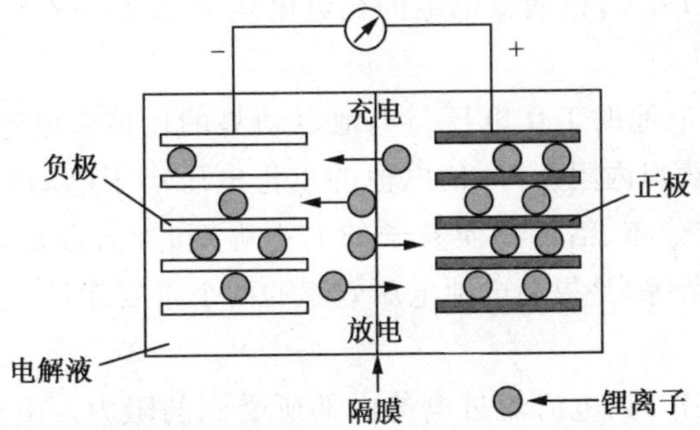

图 3-14 钴酸锂蓄电池(18650)单体的工作原理示意图

钴酸锂蓄电池的各电极反应和电池的总反应式分别为：

负极： $6C + xLi + xe^- \longrightarrow Li_XC_6$

正极： $LiCoO_2 \longrightarrow Li_{1-X}CoO_2 + xLi^+ + xe^-$

电池总反应式： $LiCoO_2 + 6C \underset{放电}{\overset{充电}{\rightleftharpoons}} Li_{1-X}CoO_2 + Li_XC_6$

第二节 蓄电池的性能指标

蓄电池的主要性能指标有电压、内阻、容量、效率、能量、功率、放电电流、荷电程度、自放电、寿命等。

1. 电压

电池电压分电动势、额定电压、开路电压、放电电压和终止电压等。

(1) 电动势。电池的电动势，又称电池标准电压或理论电压，为组成电池的两个电极的平衡电位之差。

(2) 端电压。电池的端电压是指电池正极与负极之间的电位差。

(3) 开路电压。电池的开路电压是无负载情况下的电池端电压。开路电压不等于电池的电动势。必须指出，电池的电动势是从热力学函数计算而得到的，而电池的开路电压则是实际测量出来的。

(4) 工作电压。电池在某负载下实际的放电电压，通常是指一个电压范围。例如，铅酸蓄电池的工作电压为 1.8～2V；镍-氢蓄电池的工作电压为 1.1～1.5V；锂蓄电池的工作电压为 2.75～3.7V。

(5) 额定电压。指该电化学体系的电池工作时公认的标准电压。例如，锌锰蓄电池为 0.5V，镍-镉蓄电池为 1.2V，铅酸蓄电池为 2V，锂蓄电池为 3.7V，磷酸锂蓄电池为 3.3V。

(6) 终止电压。指放电终止时的电压，根据放电电流大小、放电时间、负载和使用要求的不同而不同。以铅酸蓄电池为例，电动势为 2.1V，额定电压为 2V，开路电压接近 2.1V，工作电压为 1.8～2V，放电终止电压为 1.5～1.8V。放电终止电压根据放电率的不同，其终止电压也有所不同。

(7) 充电电压。指外电源的直流电压对电池充电的电压。一般的充电电压要大于电池的开路电压，通常在一定的范围内。例如，镍-镉蓄电池的充电电压为 1.45～1.5V；锂蓄电池的充电电压为4.1～4.2V;铅酸蓄电池的充电电压为2.25～2.7V,磷酸锂电池的充电电压为3.6V。

(8) 电压效率。指电池的工作电压与电池电动势的比值。电池放电,由于存在电化学极化、浓差极化内阻和欧姆内阻压降,使电池的工作电压小于电动势。改进电极结构(包括真实表面积、孔率、孔径分布、活性物质粒子的大小等)和加入添加剂(包括导电物质、膨胀剂、催化剂、疏水剂、掺杂等)是提高电池电压效率的两个重要途径。

2. 内阻

内阻是指电池在工作时,电流流过电池内部所受到的阻力。电池在短时间内的稳态模型可以看做一个电压源,其内部阻抗等效为电压源的内阻,内阻大小决定了电池的使用效率。

电池包括欧姆内阻和极化内阻,极化内阻又包括电化学极化内阻和浓差极化内阻。例如,铅酸蓄电池的内阻包括正负极板的电阻、电解液的电阻、隔板的电阻和连接体的电阻等。

3. 容量和比容量

(1) 容量。指电池在充足电以后,在一定的放电条件下所能释放出的电量,以符号C表示,其单位为安时(Ah)或毫安时(mAh)。容量与放电电流大小有关,与充放电截止电压也有关系。电池的容量可分为理论容量、额定容量、实际容量和标称容量。

① 理论容量。假设电极活性物质全部参加电池的电化学反应所能提供的电量,即根据法拉第定律计算得到的最高理论值。

② 额定容量。额定容量Ce又称保证容量,是指设计和制造电池时,按照国家或相关部门颁布的标准,保证电池在一定的放电条件下能够放出的最低限度电量。

③ 实际容量。实际容量是指电池在一定的放电条件下实际放出的电量。它等于放电电流与放电时间的乘积,对于实用中的化学电源,其实际容量总是低于理论容量而通常比额定容量大10%～20%。电池容量的大小,与正、负极上活性物质的数量和活性有关,也与电池的结构和制造工艺、电池的放电条件(电流、温度)有关。影响电池容量因素的综合指标是活性物质的利用率。换言之,活性物质利用得越充分,电池给出的容量也就越高。采用薄型电极和多孔电极,以及减小电池内阻,均可提高活性物质的利用率,从而提高电池实际输出的容量。

④ 标称容量。标称容量(或公称容量)是用来鉴别电池容量的近似值。在指定放电条件时,一般指以0.2Ce电流强度放电时的放电容量。

(2) 比容量。为了比较不同系列的电池,常用比容量的概念。比容量是指单位质量或单位体积的电池所能给出的电量,相应地称为质量比容量或体积比容量。

电池在工作时通过正极和负极的电量总是相等的。但是,在实际电池的设计和制造中,正、负极的容量一般不相等,电池的容量受容量较小的电极限制。实际电池中多是正极容量限制了整个电池的容量,而负极容量过剩。

4. 效率

电池作为能量存储器,充电时把电能转化为化学能储存起来,放电时把电能释放出来。在这个可逆的电化学转换过程中,有一定的能量损耗,通常用电池的容量效率和能量效率来表示。

对于电动汽车，续驶里程是最重要的指标之一，在电池组电量和输出阻抗一定的前提下，根据能量守恒定律，电池组输出的能量转化为两部分：一部分作为热耗散失在电阻上；另一部分提供给电机控制器转化为有效动力。两部分能量的比率取决于电池组输出阻抗和电机控制器的等效输入阻抗之比，电池组的阻抗越小，无用的热耗就越小，输出效率就越大。

(1) 容量效率。容量效率是指电池放电时输出的容量与充电时输入的容量之比。影响电池容量效率的主要因素是副反应。当电池充电时，有一部分电量消耗在水的分解上。此外，自放电、电极活性物质的脱落、结块、孔率收缩等也降低容量输出。

(2) 能量效率。能量效率又称电能效率，是指电池放电时输出的能量与充电时输入的能量之比。影响能量效率的原因是电池存在内阻，它使电池充电电压增加，放电电压下降。内阻的能量损耗以电池发热的形式损耗。

5. 能量

电池的能量是指在一定放电条件下，电池所能输出的电能，通常用瓦时(Wh)表示。

电池的能量反映了电池做功能力的大小，也是电池放电过程中能量转换的量度。对于电动汽车来说，电池的能量大小直接影响电动汽车的行驶距离。

(1) 理论能量。假设电池在放电过程中始终处于平衡状态，其放电电压保持电动势的数值，而且活性物质的利用率为100%，即放电容量等于理论容量，则在此条件下电池所输出的能量为理论能量，也就是可逆电池在恒温、恒压下所做的最大功。

(2) 实际能量。实际能量是电池放电时实际输出的能量。它在数值上等于电池实际容量与电池平均工作电压的乘积。

(3) 比能量。比能量分为质量比能量和体积比能量。质量比能量是指单位质量电池所能输出的能量，单位常用 Wh/kg，又称质量能量密度。体积比能量是指单位体积电池所能输出的能量，又称体积能量密度，单位常用 Wh/L。常用比能量来比较不同的电池系列。比能量又分为理论比能量和实际比能量。

① 理论比能量，指质量 1kg 电池反应物质完全放电时理论上所能输出的能量。根据正、负极活性物质的理论质量比容量和电池的电动势，可以直接计算出电池的理论比能量。

如果电解液参加电池反应，则还需要加上电解质的理论用量，而理论比能量只考虑了按照电池反应式进行的完全可逆的电池反应条件下的比能量，因此这是一种理想化的模型。对于实际应用的电池，实际比能量更有意义。因为电池反应不可能达到完全可逆的充放电和能量状态，而且实际电池中很多必要的辅助材料占据了电池的质量和体积。

② 实际比能量，指质量 1kg 的电池在放电过程中实际输出的能量，表示为电池实际输出能量与整个电池质量(或体积)之比。由于各种因素的影响，电池的实际比能量远小于理论比能量。

电池的比能量是一项综合性指标，它反映了电池的质量水平。电池的比能量影响电动汽车的整车质量和续驶里程，是评价电动汽车的动力电池是否满足预定续驶里程的重要指标。

6. 功率与比功率

(1) 电池的功率是指电池在一定放电条件下，单位时间内输出的能量，单位为瓦(W)或千瓦(kW)。

(2) 单位质量或单位体积电池输出的功率称为比功率,单位为 W/kg 或 W/L。如果一个电池的比功率较大,则表明在单位时间内,单位质量或单位体积中给出的能量较多,则表示此电池能用较大的电流放电。因此,电池的比功率也是评价电池性能优劣的重要指标之一。

对于纯电动汽车,其电能储存装置应具有尽可能高的比能量,以保证汽车的续驶里程。对于混合动力汽车,其电能储存装置则应具有尽可能高的比功率,以保证汽车的动力性。

7. 放电率和放电深度

放电电流大小或放电条件,通常用放电率表示,它是电池容量或能量的技术参数。

(1) 放电率。指放电时的速率,常用"时率"和"倍率"表示。时率是指以放电时间(h)表示的放电速率,即以一定的放电电流释放完额定容量所需的时间。倍率,指电池在规定时间内放出额定容量所输出的电流,数值上等于额定容量的倍数。例如"2 倍率"放电,表示放电电流数值为额定容量的 2 倍,若电池容量为 3Ah,那么放电电流应为 $2\times3=6(A)$,也就是"2 倍率"放电。

(2) 放电深度(Depth Of Discharge),指放电程度的一种量度,为放电容量与总放电容量的百分比。放电深度的高低与二次电池的充电寿命有很大的关系,二次电池的放电深度越深,其充电寿命就越短。因此,在使用时应尽量避免深度放电。

8. 荷电程度

荷电程度(State of Char),指蓄电池放电后剩余电容量与全荷电容量的百分比。荷电程度是人们在使用中最关心的、也是最不易获得的参数数据,因为荷电是非线性变化的。

9. 储存性能和自放电

对于所有化学电源,即使在与外电路没有接触的条件下开路放置,容量也会自然衰减,这种现象称为自放电,又称荷电保持能力。

(1) 电池自放电的大小,用自放电率来衡量,一般用单位时间内容量减少的百分比表示:

自放电率=(储存前电池容量-储存后电池容量)/储存前电池容量×100%

电池的自放电主要是由电极材料、制造工艺、储存条件等多方面因素决定的。从热力学的角度来看,电池的放电过程是体系自由能减少的过程,因此自放电的发生是必然的,只是速率有所差别而已。影响自放电率的因素主要是电池储存的温度和湿度条件等。温度升高会使电池内正负极材料的反应活性提高,同时电解液的离子传导速度加快,镉等辅助材料的强度降低,使自放电反应速率大大提高。如果温度太高,就会严重破坏电池内的化学平衡,发生不可逆反应,最终会严重损害电池的整体性能。湿度的影响与温度条件相似,环境湿度太高也会加快自放电反应。一般来说,低温和低湿的环境条件下,电池的自放电率低,有利于电池的储存。但是温度太低也可能造成电极材料的不可逆变化,使电池的整体性能大大降低。

(2) 电池的储存性能是指电池在一定条件下储存一定时间后主要性能参数的变化,包括容量的下降、外观情况和有无变形或渗液情况。国家标准均有电池的容量下降和外观变化及漏液比例的限制。

10. 寿命

电池的寿命分储存寿命和使用寿命。

(1) 储存寿命有“干储存寿命”和“湿储存寿命”两个概念。对于在使用时才加入电解液的电池储存寿命,习惯上称为干储存寿命,干储存寿命可以很长。而对于出厂前已加入电解液的电池储存寿命,习惯上称为湿储存寿命,湿储存时自放电严重,寿命较短。

(2) 使用寿命是指电池实际使用的时间长短。对一次电池而言,电池的寿命是表征给出额定容量的工作时间(与放电倍率大小有关)。对二次电池而言,电池的寿命分充放电循环寿命和湿搁置使用寿命两种。

充放电循环寿命是衡量二次电池性能的一个重要参数。在一定的充放电条件下,电池容量降至某一规定值之前,电池能耐受的充放电次数,称为二次电池的充放电循环寿命。充放电循环寿命越长,电池的性能越好。在目前常用的二次电池中,镍-镉蓄电池的充放电循环寿命为500～800次,铅酸蓄电池为200～500次,锂蓄电池为600～1 000次。

电池管理系统数据流读取二次电池的充放电循环寿命与放电深度、温度、充放电制式等条件有关,若减少放电深度(即“浅放电”),二次电池的充放电循环寿命可以大大延长。锂蓄电池则在比能量和比功率方面具有极强的竞争力;铅酸蓄电池各种指标均处于中等水平。

第三节 动力电池组管理系统

动力电池组管理系统的功能主要有保护电池、估算剩余电量、计算电池寿命、电池故障诊断。

动力电池组管理系统主要子系统分为数据采集、电池状态计算、能量管理、安全管理、热管理、均衡控制、通信功能和人机接口等。典型动力电池组管理系统控制方式基本原理示意图如图3-15所示。

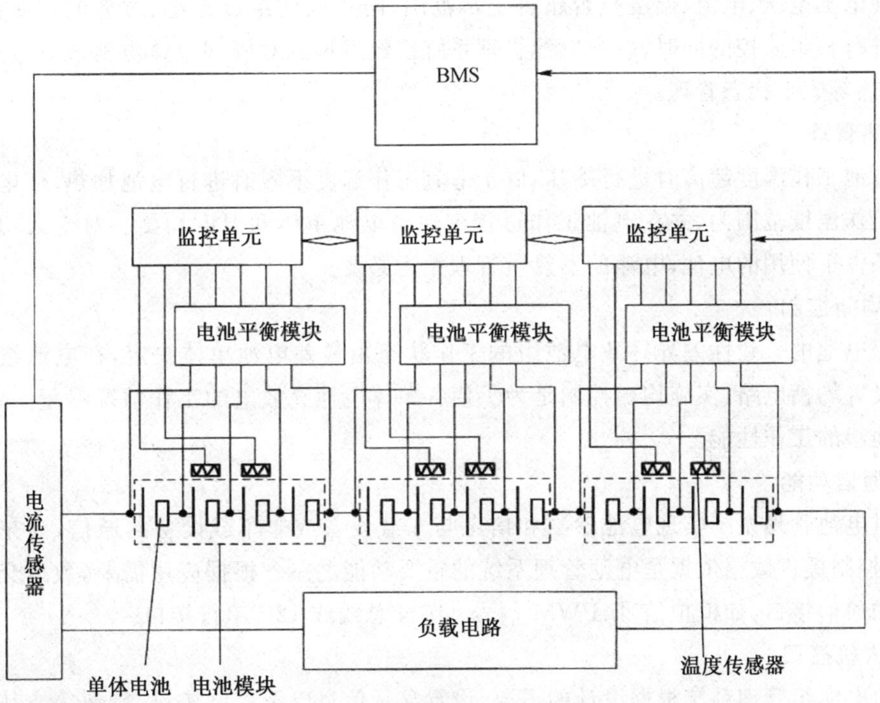

图3-15 典型动力电池组管理系统控制方式基本原理示意图

系统包括单体电池、温度传感器、电流传感器、电池平衡模块、电池监控单元和电池管理单元。在电池组中一共有12个串联的模块，其中每个模块由4个单体电池串联组成。电池监控单元检测所有电池的电压和模块的温度。电池管理单元负责与电池系统中的其他单元进行通信并控制，同时将电池系统的状态信号传递给车辆其他系统。

电池组管理系统的主要功能是监测电压、电流、温度，计算SOC和最大功率，控制电流接触器来保证电池是否正确，识别故障情况，监测绝缘状况，并与车辆网络进行通信。

早期的电池组管理系统仅仅进行电池一次测量参数（电压、电流、温度等）的采集，之后发展到二次参数（SOC、内阻）的测量和预测，并根据极端参数进行电池状态预警。现阶段，电池组管理系统除完成数据测量和预警功能外，还通过数据总线直接参与车辆状态的控制。

1. 数据采集

电池组管理系统的所有算法都是以采集的动力电池数据作为输入，采样速率、精度和前置滤波特性是影响电池系统性能的重要指标。电动汽车动力电池组管理系统的采样速率一般要求大于200Hz。

2. 电池状态计算

电池状态计算包括电池组荷电状态（State Of Charge，SOC）和电池组健康状态（State Of Health，SOH）两个方面。SOC用来提示动力电池组剩余电量，是计算和估计电动汽车续驶里程的基础。SOH用来提示电池技术状态，预计可用寿命等健康状态的参数。

3. 能量管理

能量管理主要包括以电流、电压、温度、SOC和SOH为输入进行充电过程控制，以及以SOC、SOH和温度等参数为条件进行放电功率控制两个部分。

4. 安全管理

监视电池电压、电流、温度是否超过正常范围，防止电池组过充电、过放电。现在，在对电池组进行整组监控的同时，多数电池管理系统已经发展到对极端单体电池进行过充电、过放电、过热等安全状态管理。

5. 热管理

在电池工作温度超高时进行冷却，低于适宜工作温度下限时进行电池加热，使电池处于适宜的工作温度范围内，并在电池工作过程中保持电池单体间温度均衡。对于大功率放电和高温条件下使用的电池，电池的发热量管理尤为必要。

6. 均衡控制

由于电池的一致性差异导致电池组的工作状态由最差电池单体决定，在电池组各个电池之间设置均衡电路，实施均衡控制是为了使各单体电池充放电的工作情况尽量一致，提高整体电池组的工作性能。

7. 通信功能

通过电池管理系统实现电池参数和信息与车载设备或非车载设备的通信，为充放电控制、整车控制提供数据依据是电池管理系统的重要功能之一。根据应用需要，数据交换可采用不同的通信接口，如模拟信号、PWM信号、CAN总线或12C串行接口。

8. 人机接口

动力电池组管理系统根据设计的需要，设置显示信息以及控制按键、旋钮等。其主要的工作原理可简单归纳为：数据采集电路采集电池状态信息数据后，由电控单元（ECU）进行数据处理和分析，然后电池管理系统根据分析结果对系统内的相关功能模块发出控制指令，并向外界传递参数信息。

第四节　动力电池组管理系统的工作模式

动力电池组管理系统的高压输出，通常用大功率接触器与外部的驱动电机、直流转换器、充电器进行连通和切断。

动力电池组管理系统可工作于下电模式、准备模式、放电模式、充电模式和故障模式五种工作模式。

1. 下电模式

下电模式是整个系统的低压与高压处于不工作状态的模式。在下电模式时，动力电池组管理系统控制的所有高压接触器均处于断开状态（图 3－16），低压控制电源处于不供电状态。下电模式属于省电模式。

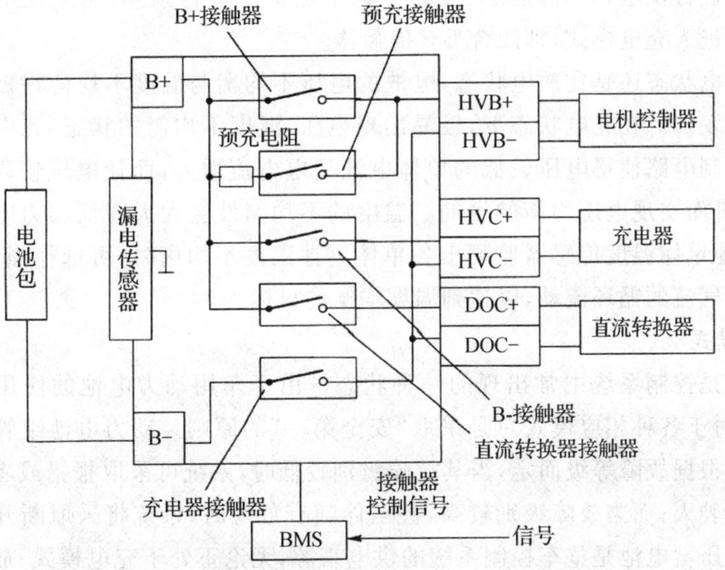

图 3－16　动力电池组管理系统（BMS）高压接触器工作状态（下电模式）

2. 准备模式

在准备模式下，系统所有的接触器均处于未吸合状态。在该模式下，系统可接受外界的点火开关、整车控制器、电机控制器、充电插头开关等部件发出的硬线信号或受 CAN 报文控制的低压信号来驱动控制各高压接触器，从而使动力电池组管理系统进入所需工作模式。

3. 放电模式

动力电池组管理系统监测到点火开关的高压上电信号（Key-ST 信号）后，系统首先闭合 B－接触器（图 3－16），由于电动机属感性负载，为防止过大的电流冲击，B－接触器闭合后即闭合预充接触器进入预充电状态；当预充两端电压达到母线电压的 90％时，立即闭合B＋接触器并断开预充接触器进入放电模式。目前汽车常用低压电源由 12V 的铅酸蓄电池提供，不仅可为低压控制系统供电，还需为助力转向电机、刮水器电机、安全气囊及后视镜调节电机等提供电源。为保证低压蓄电池能持续为整车控制系统供电，低压蓄电池需有充电电源，而直流转换器接触器的闭合接通即可满足这一需求。因此，当动力电池组系统处于放电状态时，B+接触器闭合后即闭合直流转换器接触器，以保证低压电源持续供电。

4. 充电模式

动力电池组管理系统检测到充电唤醒信号(Charge Wake Up)时，系统即进入充电模式。在该模式下，B－接触器与车载充电器接触器闭合，同时为保证低压控制电源持续供电，直流转换器接触器仍需处于工作状态。在充放电初期为避免电池向电动机供电时相当于“瞬间短路”产生的冲击电流，极易烧毁接触器触点。这就需要先闭合预充接触器对电机电路进行预充电，预充电电路因与预充电阻串联，故电流较小。

在充电模式下，系统不响应点火开关发出的任何指令，充电插头提供的充电唤醒信号可作为充电模式的判定依据。对于锂蓄电池，由于其低温下不具备很好的充电特性，甚至还伴随有一定的危险性，因此基于安全考虑，还应在系统进入充电模式之前对系统进行一次温度判别。当电池温度低于0℃时，系统进入充电预热模式，此时可通过接通直流转换器接触器对低压蓄电池进行供电，并为预热装置供电以对电池组进行预热；当电池组内的温度高于0℃时，系统可进入充电模式，即闭合B－接触器。

无论在充电状态还是在放电状态，电池的电压不均衡与温度不均衡将极大地妨碍动力电池组性能的发挥。在充电状态下，极易出现电压、温度不均衡的状态，充电过程中可通过电压比较及控制电路使得电压较低的单体电池充电电流增大，而让电压较高的单体电池充电电流减小，进而实现电压均衡的目的。温度的不均匀性会大大降低动力电池组的使用寿命，因此当电池单体温度传感器监测出各单体电池温度不均衡时，可选择强制风冷的方式，实现电池组内气流的循环流动，以达到温度均衡的目标。

5. 故障模式

故障模式是控制系统中常出现的一种状态。由于车用动力电池的使用关系到人身安全，因而系统对于各种相应模式总是采取“安全第一”的原则。动力电池组管理系统对于故障的响应还需根据故障等级而定，当其故障级别较低时，系统可采取报错或者发出报警信号的方式告知驾驶人；而当故障级别较高，甚至伴随有危险时，系统将采取断开高压接触器的控制策略。低压蓄电池是整车控制系统的供电来源，无论正处于充电模式、放电模式还是故障模式，直流转换器接触器的闭合都可使低压蓄电池处于充电模式，从而保证低压控制系统工作正常。

第五节 辅助电池的充电

电动汽车的电气系统(图3－17)主要包括12V低压电器系统、高压电器系统和控制器通信总线系统。12V低压电器系统由辅助电池提供电能，常见有灯光、仪表、刮水洗涤、音响等。高压电气系统主要由动力电池、驱动电机和功率变换器等大功率、高压电气设备组成，根据车辆行驶的功率需求完成从动力电池到驱动电机的能量变换与传输过程。

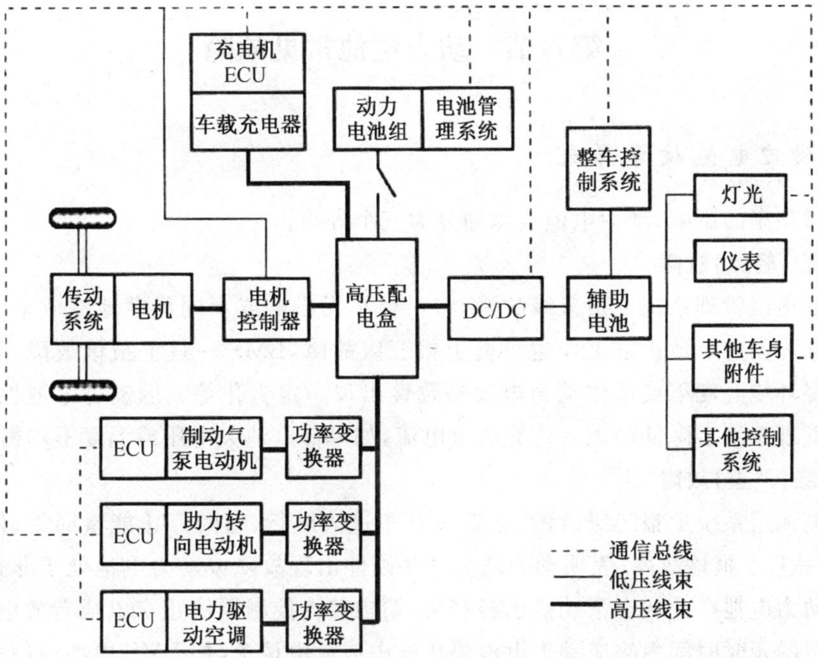

图 3-17　典型电动汽车电气系统框图

通信总线系统通过报文传输方式向各系统电控单元(ECU)提供各类传感器信号和执行器控制信号。

12V 辅助电池的充电由动力电池组通过高压配电控制盒,由直流变换器(DC/DC)将高压直流电转换为低压直流电。直流变换器是一种直流降压器。因为直流不能直接升降电压,只能先通过整流电路将直流电压变成交流电压,再用降压变压器将交流电压降压,最后再将降压后的交流电通过桥式整流器整流成直流电。根据给降压变压器励磁的桥式整流器是半波整流还是全波整流,DC/DC 内部电路分半波励磁式和全波大励磁式两种,如图 3-18、图 3-19 所示。

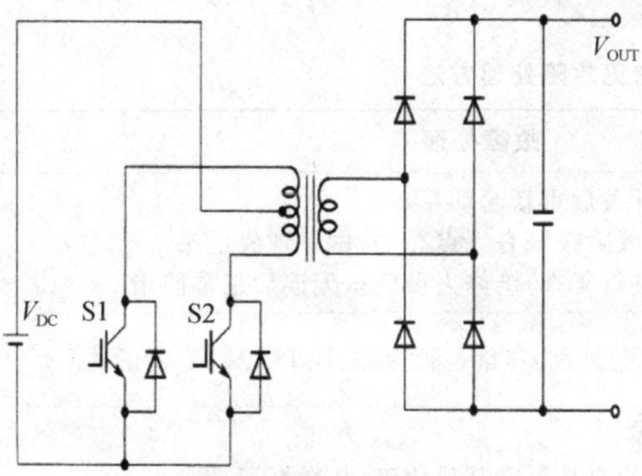

图 3-18　半波励磁式 DC/DC

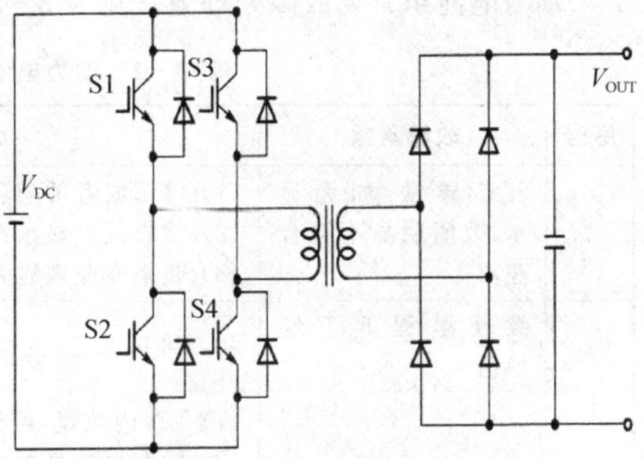

图 3-19　全波励磁式 DC/DC

第六节　动力电池常见故障

一、动力电池故障等级

根据对整车的影响，动力电池故障划分为三个等级。

1. 三级(轻微)故障

动力电池组管理系统上报三级故障，将对整车无影响或不同程度地造成整车进入限功率行驶状态。动力电池正常工作也可能上报三级故障，BMS一旦上报该故障，表明动力电池处于极限环境温度下或单体动力电池一致性出现一定劣化等。因动力电池性能下降，动力电池组管理系统会降低最大允许充放电电流，如单体电池欠电压或温度不均衡时。

2. 二级(严重)故障

动力电池组系统上报二级故障，会造成整车进入跛行、暂时停止能量回馈、停止充电状态。BMS一旦上报该故障，表明动力电池某些硬件出现故障或动力电池处于非正常工作的条件下。动力电池在此状态下功能已经丧失，请求其他控制器停止充电或者放电；其他控制器应在一定的延时时间内响应动力电池停止充电或放电请求，如BMS内部通信故障或绝缘电阻过低时。

3. 一级(非常严重)故障

动力电池组管理系统上报一级故障，一段时间后会造成整车出现安全事故，如起火、爆炸、触电等。BMS一旦上报该故障，表明动力电池处于严重故障状态。动力电池在此状态下功能已经丧失，请求其他控制器立即(1s内)停止充电或放电。如果其他控制器在指定时间内未做出响应，动力电池管理系统将在2s后主动停止充电或放电(即断开高压继电器)，如动力电池内部短路、温度过高时，请求其他控制器立即(1s内)停止充电或放电。

二、动力电池组常见故障

动力电池组常见故障处理方法见表3-2。

表3-2　动力电池组常见故障处理方法

序号	故障现象	故障处理
1	SOC异常：如无显示，数值明显不符合逻辑	(1) 停车或者关闭点火开关后重新起动 (2) 检查仪表显示：其他故障报警有无点亮，并做好现象记录 (3) 联系专业售后人员进行复查，维修人员确认无误后正常使用
2	续驶里程低于经验值	联系维护人员，检查充放电过程、容量是否衰减、BMS控制是否正常
3	电池过热报警/保护	(1) 10s内减速，停车观察 (2) 检查报警是否消除，检查是否有其他故障，并做好记录 (3) 若报警或保护消除，可以继续驾驶；否则，联系售后人员 (4) 运行中若连续三次以上出现停车后减速故障消除时，应联系售后人员

续表

序号	故障现象	故障处理
4	SOC过低报警/保护	(1) SOC低于30%报警出现时减速行驶，寻找最近的充电站进行充电 (2) 停车休息3～5min后行驶，检查故障是否能自动消除 (3) 若故障不能自行解除，且仍未到达充电站的，联系售后人员解决
5	电压/电流明显异常	(1) 关闭点火开关，迅速下车并保持适当距离 (2) 诊断，修复
6	点火开关打至“ON/START”后不工作	(1) 检查并维护低压电源 (2) 若打至“ON”后能工作，检查仪表盘上故障显示，并记录 (3) 若打至“START”后仍不能工作，联系专业技术人员
7	不能充电	(1) 检查SOC当前数值 (2) 检查充电线缆是否按照正确方法连接 (3) 若因环境温度超出使用范围，则终止使用 (4) 检测诊断后修复
8	运行时高压短时间丢失	检查系统屏蔽层是否有效、电器能否正常动作、主回路是否接触良好
9	电池外箱磨损破坏	修补或更换

第七节 新能源汽车电池的维护与检测

新能源汽车电池的维护与检测工作，主要有铅酸蓄电池的维护与检测、动力电池组冷却系统的维护、动力电池组的拆卸与安装、动力电池组管理系统的检测。

一、辅助电池的维护与检测

1. 铅酸蓄电池性能的判别

铅酸蓄电池为整体密封免维护电池，一般带有内装式电解液密度计，用以观察蓄电池的使用性能状况，如图3-20所示。其内部装有一颗能反光的绿色塑料小球，随着电解液的高低有升浮高度的变化，从玻璃观察孔中可以看到代表不同状态的颜色。

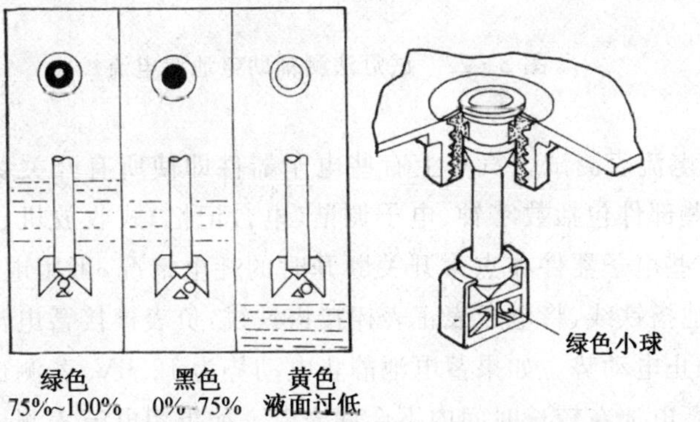

图3-20 内装式电解液密度计结构及原理

采用高率放电计测试辅助电池电压如图3-21所示。测试时，用力将12V高率放电计的触针针尖刺入铅酸蓄电池的正、负极桩，保持 15s，观察放电计上的表针指示的变化。若铅酸蓄电池电压能保持在 9.6V 以上，说明该蓄电池性能良好，但存电不足；若电压稳定在 10.6～11.6V，说明该蓄电池存电足；若电压迅速下降，说明蓄电池已经损坏。

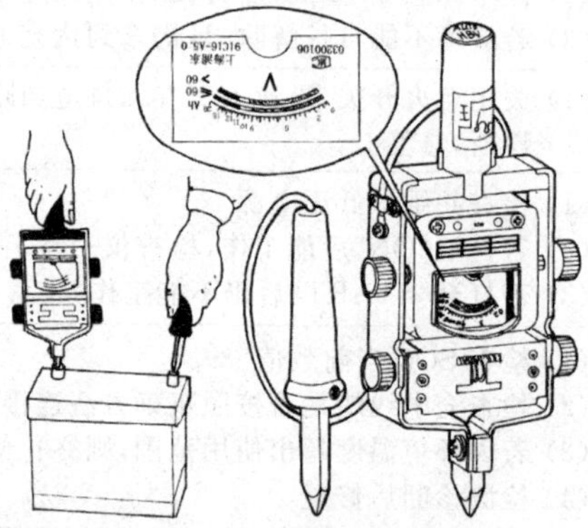

图 3－21　用高率放电计测辅助电池电压

2. 辅助电池的漏电流测试

辅助电池的漏电流测试是用来判明当所有电路切断时，是否还有某些电器元件或部件在耗用 12V 蓄电池电能。其方法有以下几种：

（1）刮火法、试灯法。切断所有开关，关好车门，拆下铅酸蓄电池搭铁线，对蓄电池负接线桩刮火，若有火花，说明电路有漏电。在拆下搭铁线后，用小功率试灯串入蓄电池负接线桩与搭铁线之间，若试灯发亮，说明电路有漏电。试验方法如图 3－22 所示。

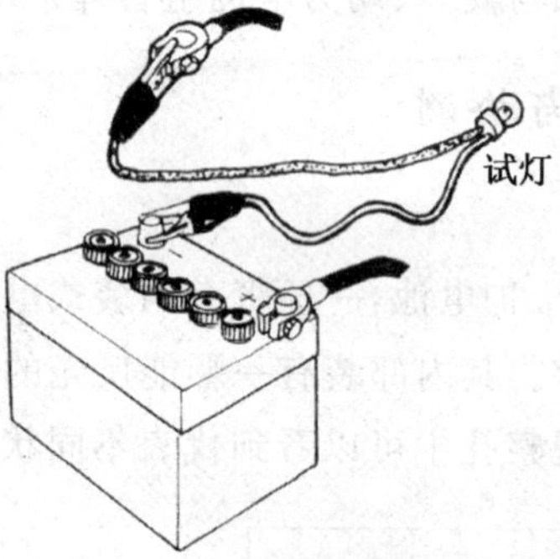

图 3－22　试灯法测辅助电池漏电流

（2）电压表或电流表测试。汽车上有些电子器件即使所有开关切断时也一直在耗电，但其数值很小，这些部件包括数字钟、电子调谐（电台记忆）式收放机、发动机控制微机的二极管。为了检查这些电子器件在点火开关断开时的耗电情况，可用电压、电流表进行测试。测试时，拆下蓄电池搭铁线，将电压表正表棒接搭铁线，负表棒接蓄电池负接线桩，电压显示应略小于蓄电池静止电动势。如果蓄电池静止电动势为 12.6V，若测出电压为 12.2V，说明电路正常，可保证蓄电池在较长时间内不会漏光电。如果用电流表测试，则先用高量程挡测量，然后视需要降到低量程挡，以读取精确读数。

（3）用欧姆表测试。从蓄电池上拆下搭铁线，将欧姆表测试棒分别连接搭铁线与蓄电池正极引线,其电阻应不少于 100Ω;否则,蓄电池将漏电过快。

3. 电池接线桩接触不良测试

无论蓄电池接线桩是否连接好,都需要进行接线桩接触压降检测。在拆下或装复蓄电池接线时也必须进行接线桩接触压降检测,以减少由于接线松动或连接缺陷造成的返工或途中“抛锚”。

测量正接线桩的压降时(图 3-23),将电压表正表棒接到蓄电池正接线桩上,负表棒接到正极电缆夹头上,接通起动机使起动机带动发动机,这时电压表读数不得大于 0.5V;否则,说明接线柱接触不良。负接线桩的接触压降测量,表棒的检测点与上述相反。

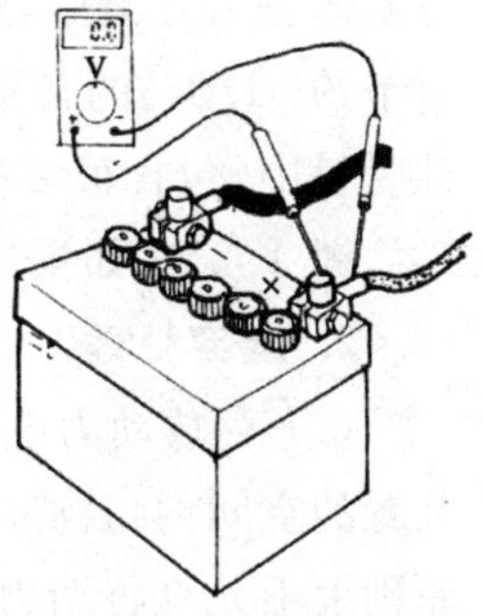

图 3-23 压降法测试接线桩接触情况

存电足的蓄电池若起动无力,用手触摸接线桩及电缆夹头发烫,也说明接线桩接触不良。

二、动力电池组的拆卸与安装(以 EV200 为例)

1. 拆卸动力电池组步骤

(1) 切断点火开关,拔下点火钥匙。

(2) 拆下低压辅助电池负极,切断整车所有电控单元(ECU)的电源。

(3) 将车辆举升到需要的高度时,举升器要锁止安全锁。

(4) 佩戴绝缘手套,拆下动力电池正、负极高压电缆和低压线束插接器。

(5) 使用动力电池举升车,举升车上升到动力电池包底部再进行拆卸作业。

(6) 拆下动力电池的 10 颗安装螺栓。注意要分次对角用扭力扳手拆卸螺栓。

2. 安装动力电池组步骤

(1) 安装前需对动力电池组进行以下检查:

① 检查高压电缆、插接器、延长线、保护器是否破裂或损坏。

② 检查是否有过热、冒烟、冒火花的迹象。

③ 检查是否有动力电池系统损坏、动力电池漏电现象。

④ 检查动力电池系统、电源线是否出现进水现象。

⑤ 检查高低压插接件是否有与说明书不一致或不能正常对接的现象。

⑥ 检查动力电池箱是否有破损或严重变形。

(2) 安装步骤与拆卸动力电池组步骤相反,安装螺栓标准扭矩为 80~100Nm。

(3) 安装动力电池组后,需检查动力电池能否正常运行。

将点火开关转到“START”挡,查看仪表有无异常报警。用解码器查看整车有无故障码,若无,表示运行正常;若有故障显示,需根据实际情况进行检查。

第八节 动力电池的回收

1. 回收动力电池的意义

电动汽车用动力电池中含有铅、镍、钴、锂等金属材料和电解液,一旦废旧蓄电池不能得到有效的回收处理,不仅造成资源浪费,而且对环境的污染尤为严重。比如,废旧锂蓄电池的电极材料进入环境中，可与其他物质发生化学反应，造成重金属污染、碱污染和粉尘污染；电解质进入环境中，经过化学反应，可能造成氟污染和砷污染。有研究显示，回收锂蓄电池可节约51.3%的自然资源，包括减少45.3%的矿石消耗和57.2%的化石能源消耗。锂蓄电池材料中，包含很多有价值的材料。以一种三元材料电池为例，其中含镍12%、钴5%、锰7%、锂1.2%，如果通过回收工艺将有价值的材料再利用，可达到节约资源的目的。

2. 废弃处理

(1) 存放动力电池单元。将动力电池单元及其组件（如电池模块）存放在带有自动灭火装置的空间内，且必须装有火灾探测器，从而确保即使不在作业时间，也能识别到失火情况。原则上不允许将动力电池单元放在地上，只能放在架子上，且必须将各电池模块存放在可上锁的安全柜内。当电池单元出现故障而未完全损坏时，可以像起动型铅酸蓄电池一样将其放在运输容器内。

(2) 存放损坏的动力电池。动力电池出现以下情况时就可视为其损坏：动力电池单元有可见的烧焦痕迹；动力电池单元某个部位可见高温形成的痕迹；动力电池单元冒烟；动力电池单元外面板变形或破裂。

① 必须将损坏的动力电池临时存放在户外带有特殊标记的容器内至少48h，然后才允许进行最终废弃处理。

② 存放位置必须与建筑物、车辆或其他易燃材料（如垃圾容器）距离至少5m。

③ 必须将外部损坏的动力电池单元放在耐酸且防漏的凹槽内，以免溢出的电解液流入土壤。

(3) 动力电池单元废弃处理。需要进行废弃处理时，应联系所在市场相关的专业废弃处理机构，如果不了解废弃处理机构或遇到有关废弃处理的相关问题，可向所在地区相应环境管理专家咨询。未损坏的动力电池可用配件进行运输包装，已损坏且有液体溢出的动力电池，必须使用专用容器并将其作为危险物品运送。同时确保在进行废弃处理前，将损坏的动力电池单元临时存放48h以上，并确认是否具备运输条件。特别注意，不要因碰撞堆垛机、受潮等原因导致运输包装或动力电池单元损坏。

当发现运输包装损坏等原因，怀疑不再具备动力电池单元运输条件时，必须按照使用维修说明手册的要求重新确定运输包装是否符合运输标准。

第四章　动力电机及其管理系统

第一节　动力电机分类与性能参数

在新能源汽车中，一般情况下由动力电机取代发动机并在电机控制器的控制下，将电能转换为动能来驱动车辆行驶。其中，在纯电动汽车和燃料电池汽车中，动力电机是唯一的动力装置；在串联式混合动力汽车中，动力电机作为主要的动力装置；在并联式混合动力汽车中，电动机作为辅助动力装置。新能源汽车与传统燃油汽车最重要的区别就在于新能源汽车将动力电机作为驱动整车的动力装置。

一、新能源汽车对动力电机的性能要求

新能源汽车动力电机在需要充分满足汽车运行功能的同时，还应满足行驶的舒适性、环境适应性等性能以及对车辆一次充电续驶里程的要求。新能源汽车驱动电机具有比普通工业电机更为严格的技术规范和标准要求，其主要性能要求如下：

1. 体积小、质量轻

为了充分利用有限的空间，减小汽车质量，降低运行中的能量消耗，应尽量减小动力电机的体积和质量。动力电机可以采用铝合金外壳，各种控制装置和冷却系统等也要求尽可能轻量化和小型化。

2. 全速段高效运行，续驶里程应长

特别在车辆频繁起停或变速运行的情况下，动力电机应具有较高的效率。

3. 低速大转矩及宽范围的恒功率特性

动力电机本身应能满足所需的转矩特性，以获得在起动、加速、行驶、减速、制动等各种运行工况下的功率和转矩要求。动力电机应具有自动调速功能，可以减轻驾驶员的操纵强度，提高驾驶的舒适度。

4. 高可靠性

在任何运行工况下都应具有高可靠性，以确保车辆的行驶安全。

5. 高压

在允许的范围内尽可能采用高压，可以减小电机的尺寸和控制器、导线等设备的尺寸，特别是可以降低逆变器的成本。

6. 安全性要求高

动力电池组、动力电机等高压部件的工作电压达到 300V 以上，对电气系统的安全性和控制系统的安全性提出了更高的要求，新能源汽车动力电机必须符合车辆电气控制安全性能标准和规定。

7. 高转速

与低转速电机相比，高转速电机的体积和质量较小，有利于降低整车装备的质量。

8. 使用寿命长

为降低新能源汽车的使用成本，动力电机的使用寿命应和车辆保持一致。同时，动力电机还要求具有耐温和耐潮性能好、运行噪声低、结构简单、成本低、适合批量生产、使用维护方便等特点。

二、动力电机的分类

电动机的种类很多，用途广泛，功率覆盖面非常大。而新能源汽车出于对功率容量、体积、质量、散热等条件的考虑，采用的电动机种类较少。迄今为止，新能源汽车采用的动力电机主要有直流电动机、交流感应电动机、永磁同步电动机、开关磁阻电动机等。

1. 直流电动机

直流电动机是在电动汽车上应用最早也是最广泛的一种驱动电机，对于由动力电池提供电能的新能源汽车，可以通过电池组直接或间接获得直流电。

传统直流电动机由定子、转子、换向器和电刷组成，定子上有磁极，转子有绕组，通电后，转子上也形成磁极，定子和转子的磁场之间有一个夹角，在定、转子磁场的相互吸引下，使电动机旋转。直流电动机商品化历史最长，控制简单，且具有优良的电磁转矩控制特性，串励直流电动机、他励直流电动机、永磁（有刷）直流电动机至今仍在电动车辆中有广泛的应用。其缺点是电动机本身结构复杂，机械换向，换向的电火花会产生严重的电磁干扰，高速时有环火，电刷需要经常维护，不适宜高速运行，体积偏大且防护差。鉴于以上缺点，无刷直流电机应运而生，它采用电子换向技术，取消了机械式换向器，推动了直流电动机驱动系统的迅速发展。

2. 交流感应电动机

交流感应电动机的定子及转子为独立绕组，两者基于电磁感应原理实现力矩的传递，因其转子是以低于气隙旋转磁场转速旋转的，也称为交流异步电动机。其简单坚固，成本相对低廉，但控制系统复杂，存在调速范围小、转矩特性不理想的问题。近年来交流电动机之所以得到普遍推广，主要得益于电力电子技术、微处理器技术和交流电动机控制技术的发展。

3. 永磁同步电动机

永磁同步电动机是利用永磁体建立励磁磁场的同步电动机，其定子产生旋转磁场，转子采用永磁材料制成，磁场相互作用使转子转动。永磁同步电动机具有效率高、转矩和功率密度大、功率因数高、可靠性高和便于维护等优点。

4. 开关磁阻电动机

开关磁阻电动机的定子和转子铁芯均由硅钢片叠压而成，定子和转子冲片均有一齿槽，构成双凸极结构，根据定子和转子片上齿槽的多少，形成不同的磁极对数。开关磁阻电动机的工作原理遵循“磁阻最小原理”——磁通总是沿磁阻最小的路径闭合，从而由磁场扭曲而产生磁阻性质的电磁转矩。

各种驱动电机的基本性能比较见下表。

各种驱动电机的基本性能比较表

项目	直流电动机	交流感应电动机	永磁同步电动机	开关磁阻电动机
转速(r/min)	4 000～6 000	12 000～15 000	4 000～10 000	＞15 000
功率密度	低	中	高	较高
功率因数(%)		82～85	90～93	60～65
峰值效率(%)	85～89	94～95	95～97	90
负载效率(%)	80～87	90～92	85～97	78～86
恒功率区		1:5	1:2.25	1:3
过载系数	2	3～5	3	3～5
体积	大	中	小	小
质量	大	中	小	小
结构坚固性	差	好	一般	优
运行可靠性	一般	好	优	好

三、动力电机的基本性能参数

GB/T19596—2004《电动汽车术语》对动力电机的基本性能参数进行了规定，常用的性能参数及其定义如下：

额定功率：在额定条件下的输出功率。

峰值功率：在规定的持续时间内，动力电机允许的最大输出功率。

额定转速：额定功率下动力电机的最低转速。

最高工作转速：相应于车辆的最高设计车速的动力电机转速。

额定转矩：动力电机在额定功率和额定转速下的输出转矩。

峰值转矩：动力电机在规定的持续时间内允许输出的最大转矩。

堵转转矩：动力电机在额定电压下起动，转轴转速为零时的转矩。堵转转矩又称峰值堵转转矩(也称制动转矩)和连续堵转转矩。

动力电机及控制器整机效率：动力电机转轴输出功率除以动力电机控制器输入功率乘以100%。

第二节　常用动力电机结构与工作原理

电动汽车常用动力电机有直流有刷电动机、交流感应电动机、直流无刷电动机、永磁同步电动机、开关磁阻电动机等几类。

一、直流有刷电动机

1.直流有刷电动机模型

最简单的直流电动机模型如图 4－1 所示，在一对静止的磁极 N 和 S 之间，装设一个可以绕中心横轴转动的圆柱形铁芯，在它上面装有矩形的线圈 abcd，这个转动的部分通常称为电枢。线圈的末端 a 和 d 分别接到称为换向片的两个半圆形铜环上。换向片之间彼此绝缘，它们和电枢装在同一根轴上，可随电枢一起转动。A 和 B 是两个固定不动的碳质电刷，它们和换向片之间滑动接触，来自直流电源的电流就是通过电刷和换向片流到电枢的线圈。

2. 直流有刷电动机工作原理

当电刷 A 和 B 分别连接直流电源的正、负极时，电流从电刷 A 流入，从电刷 B 流出，通过线圈 abcd 形成回路；相应地，导线 ab 和 cd 在磁场的作用下会产生磁场力，其方向由左手定则来决定。当电枢在图 4-2(a)所示的位置时，线圈的电流方向由 a→b→c→d，ab 边的电流从 a 流向 b，cd 边的电流从 c 流向 d。根据左手定则可以判断，ab 受力的方向是从右向左，cd 受力的方向是从左向右，在电枢上就产生了逆时针方向的转矩，因此电枢将沿着逆时针方向转动。

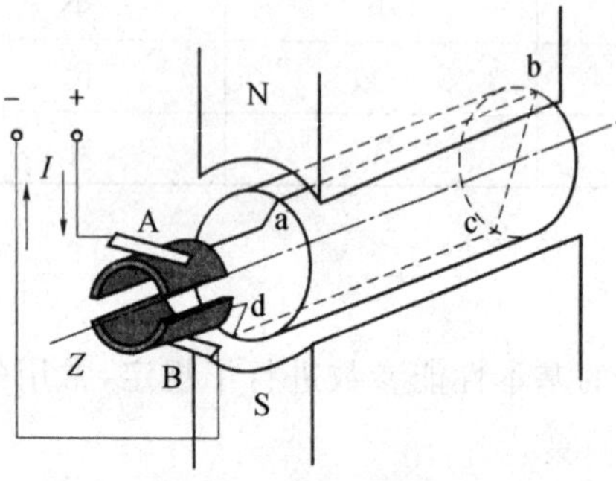

图 4-1　直流电动机模型

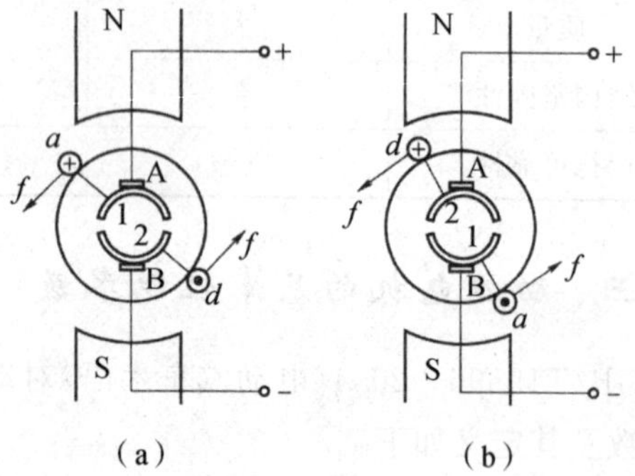

图 4-2　换向器在直流电动机中的作用

当电枢在图 4-2(b)所示位置时，a 从 N 极下面进入 S 极，而 cd 边从 S 极下面进入 N 极，与末端 a 连接的换向片 1 跟电刷 B 接触，与 d 端连接的换向片 2 跟电刷 A 接触，这时线圈的电流方向是 d→c→b→a，保证了在同一位置上的导线电流方向不变，因此转矩的方向也不会改变，电枢将按照逆时针方向继续旋转。由此可以看出，换向片和电刷在直流电动机中起着改变电流方向的作用，使得 N 极和 S 极下的导体电流不变，产生单方向的电磁力与电磁转矩。

3. 典型直流有刷电动机结构

上述直流有刷电动机模型转子只有一匝线圈，所受到的电磁力很小，转矩脉动较大。如果通过电枢线圈的电流大小不变，磁极磁通密度在垂直于导体运动方向的空间按正弦规律分布，电枢在匀速转动时，由电流和磁场相互作用产生的电磁转矩随时间变化，除了平均转矩外，还包含着交变转矩。为了克服这些缺点，实际的电动机都是由很多匝线圈组成，并且按照一定的连接法则分布在整个电枢表面上，通常称为电枢绕组。随着线圈数目的增加，换向片的数目也相应地增多，由多个换向片组合起来的整体即为换向器。同时电动机的定子也由永磁变换成励磁电流产生的电磁场。实用中的直流有刷电动机结构如图 4-3 所示。

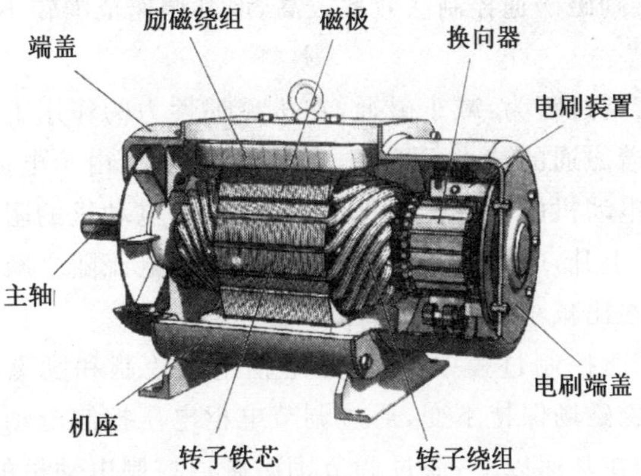

图 4-3　直流有刷电动机的典型结构

4. 直流有刷电动机励磁方式

由直流有刷电动机模型分析可知，直流有刷电动机工作时，首先需要建立一个磁场，即由定子结构中的主磁极产生，主磁极可以是永磁体或励磁绕组。由永磁体形成磁场的电动机称为永磁式直流有刷电动机；由励磁绕组形成磁场的直流有刷电动机，根据励磁绕组和电枢绕组的连接方式的不同，分为他励式直流有刷电动机、并励式直流有刷电动机、串励式直流有刷电动机和复励式直流有刷电动机。励磁方式如图 4-4 所示。

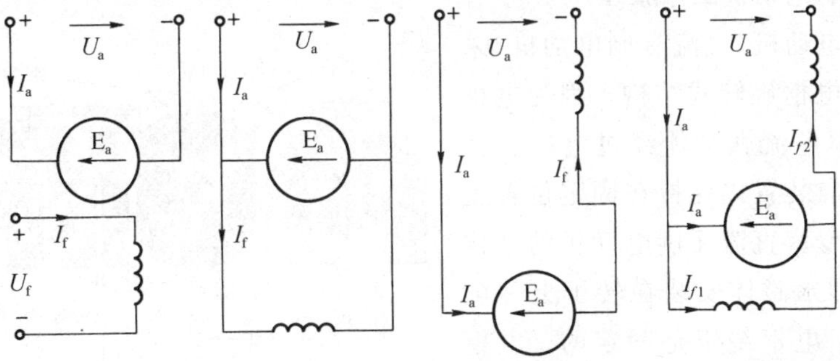

图 4-4　直流有刷电动机的励磁方式

5. 直流有刷电动机调速与反转控制

(1) 电枢电压调速法。即电枢电压控制，是通过改变电枢电压控制电动机的转速，其适用于电动机基速以下的调速控制。直流电动机的电枢电压与转速之间近似于线性调节，而电动机的输出转矩不变，因此也称为恒转矩控制。该控制方法可以使直流电动机在较宽的速度范围内实现平滑的速度控制，调速比一般为 1∶10，如果配合磁场调节，则调速比可以达到 1∶30。

电枢电压调速的实现过程为：当电枢电压降低，在转速、阻力矩还没来得及改变时，电枢电流必然下降，电枢产生的电磁转矩下降，致使电枢转速下降。随着电枢转速的降低，电枢反电动势减小，电枢电流上升，电磁转矩随之增大，直到与电动机的阻力矩相平衡时，电动机才会在比调压前更低的转速下稳定运行。

(2) 励磁磁通调速法。励磁磁通控制法是通过调节励磁电流，改变磁极磁通来调节电动机的转速，适用于电动机基速以上的调速控制。当电动机电枢电流不变时，该控制方法具有恒功率调速的特性。励磁磁通控制法效率较高，但其调速范围较小(一般不超过 1∶3)，且响应速度较慢。

励磁磁通调速的实现过程为：减小磁通，在机械惯性力的作用下，电枢转速还没有来得及下降，而反电动势随着磁通的减小而下降，电枢电流增大，由于电流增加的幅度大于磁极磁通减小的幅度，因而电动机的电磁转矩增大，如果这时电动机的阻力矩不变，则转速会上升。随着电动机转速的上升，电枢的反电动势增大，电枢电流随之减小，在电磁转矩与阻力矩平衡时，电动机就会在比减小磁通前更高的转速下运行。

在对电动机实际调速控制过程中，通常是电枢电压控制和励磁磁通控制相配合使用。在电动机基速以下，励磁磁场保持不变，通过调节电枢电压控制电动机的转速，称为调压调速，或称为恒转矩调速；在基速以上，通过调节励磁磁通控制电动机的转速，称为弱磁调速，或称为恒功率调速。

(3) 改变电枢绕组或励磁绕组电流流向法实现电动机反转。由左手定则可以推出，只要改变电枢绕组或励磁绕组其中的一个电流流向，便可实现电动机反转。

(4) 将运转中的电动机电枢两端短接，可实现电动机制动。将运转中的电动机电枢两端短接，电动机产生的感应电流对转子运动产生阻碍作用，可实现电动机制动。

二、直流无刷电动机

1. 直流无刷电动机工作原理

普通直流电动机(直流有刷电动机)采用磁场固定而电枢旋转式结构。因为电枢是旋转的，电枢电流就必须经过电刷和换向器组成的换向装置以保持在固定位置上的电流方向不变。直流无刷电动机的结构则与其相反，即永磁体安装在转子上并随转子一起旋转，电枢绕组是固定的。电枢绕组的电流换向可以借助电子换向装置来实现，不再需要机械式换向装置——电刷和换向器，如图 4-5 所示。

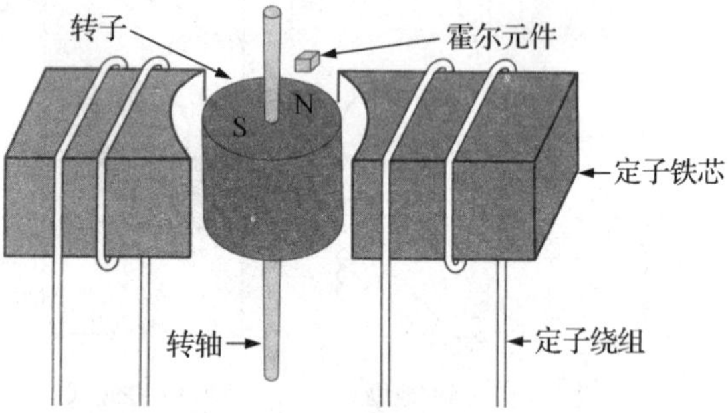

图 4-5　直流无刷电动机模型

直流无刷电动机驱动系统主要由无刷直流电动机、直流电源、逆变器、位置传感器和控制电路几部分组成，如图 4-6 所示。系统通过外接给定信号和位置传感器检测信号，经过控制电路处理，产生逆变器触发信号，驱动功率器件产生相应的开关动作，使直流电压经逆变器变换为交变电压输送给定子电枢绕组，产生方波电流。转子永磁体磁场与电枢绕组电流相互作用产生电磁转矩，驱动电动机旋转。

无刷电动机工作时，位置传感器(霍尔元件)安装在输出端，它分别加到两个晶体管的基极，用于输出极性相反的电压，控制晶体管导通和截止状态，从而控制无刷电动机绕组中的电流，使其绕组产生磁场吸引转子连续运转。霍尔元件接近转子 S 极时的定子电流，如图 4-6 所示。

直流无刷电动机转子在中心位置时(图 4-7)，霍尔元件感受不到磁场的作用，因而无输出，定子绕组也会无电流，这时直流无刷电动机只能靠惯性转动。当霍尔元件接近转子 N 极时(图 4－8),电动机会继续受力旋转。

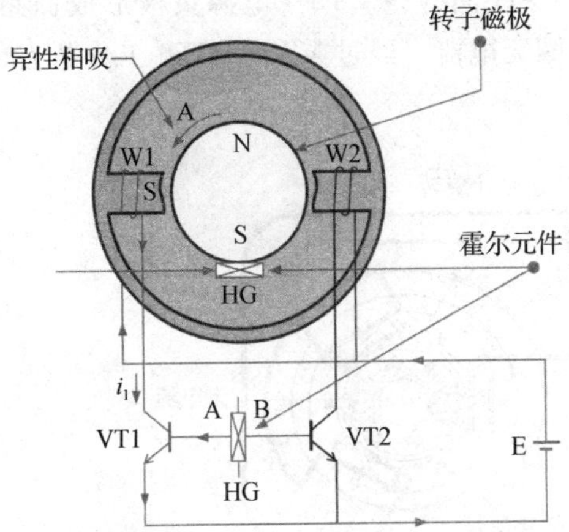

图 4－6 霍尔元件接近转子 S 极时的定子电流

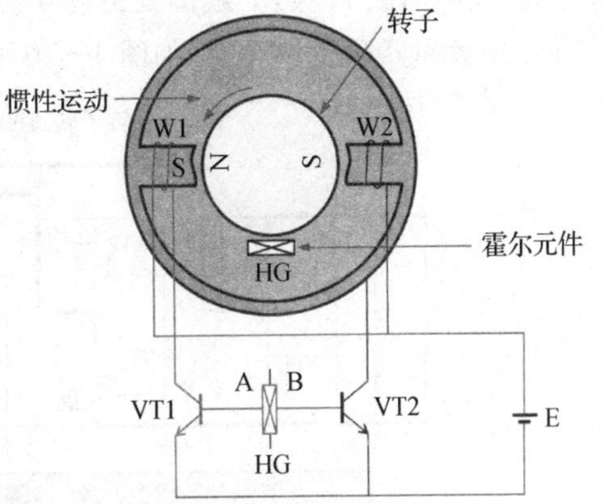

图 4－7 霍尔元件在中性位置时的定子无电流

如果恰巧直流无刷电动机停在转子在中心位置时,会无法起动。为避免出现该问题,在电动汽车中多采用双极性三相半波通电方式对直流无刷电动机进行控制。

实用中的直流无刷电动机电枢有 3 个绕组,转子有 4 个极,三相半波通电驱动电路如图图 4－9 所示。VT1～VT6 为场效应管,其工作原理类同于三极管。

由图 4－9 所示可知,初始状态时(0°～120°),VT3、VT4 导通,电流经电源正极→VT3→线圈 W→线圈 U→VT4→电源负极形成回路。定子 W 线圈形成 N 极,U 线圈形成 S 极,V 线圈无电流。由于定子磁场对转子磁极的作用,转子逆时针转动。

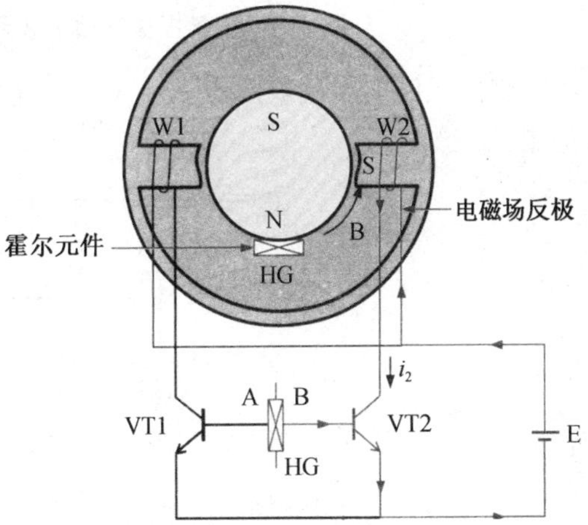

图 4－8 霍尔元件接近转子 N 极时的定子电流

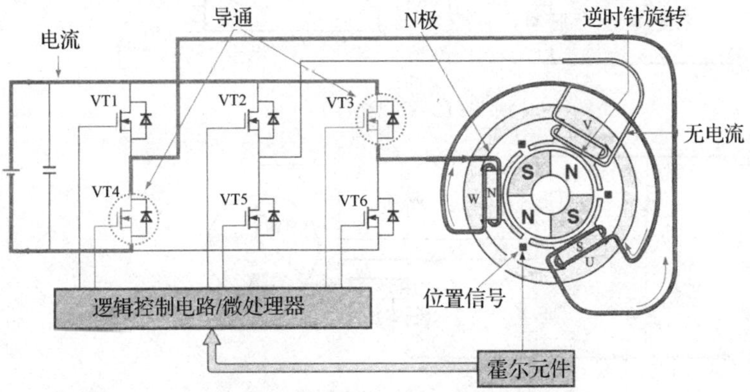

下载应用

图 4－9 双极性三相半波通电驱动方式工作过程(0°～120°)

当无刷电动机转子转过 120°(120°～240°)后，VT1、VT5 由截止变为导通状态，电流的通路发生变化，即电流经电源正极→VT1→线圈 U→线圈 V→VT5→电源负极形成回路。定子 U 线圈形成 N 极，V 线圈处磁场变为 S，W 线圈无电流。经过 VT1～VT6 工作状态的有序切换就可实现连续转动，如图 4－10 所示。

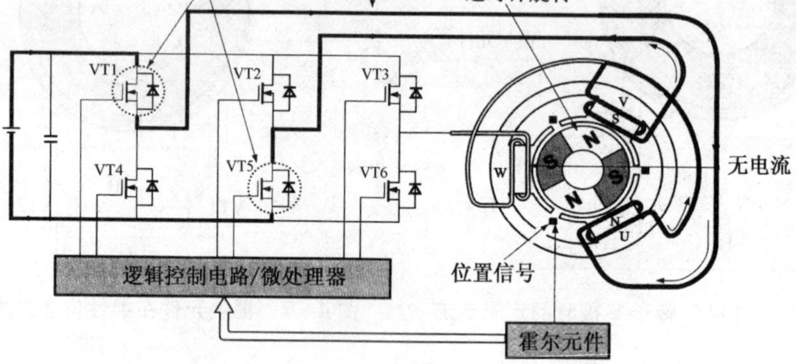

图 4－10　双极性三相半波通电驱动方式工作过程(120°～240°)

直流无刷电动机双极性三相半波通电驱动方法全工作过程如图 4－11 简化电路所示的图。

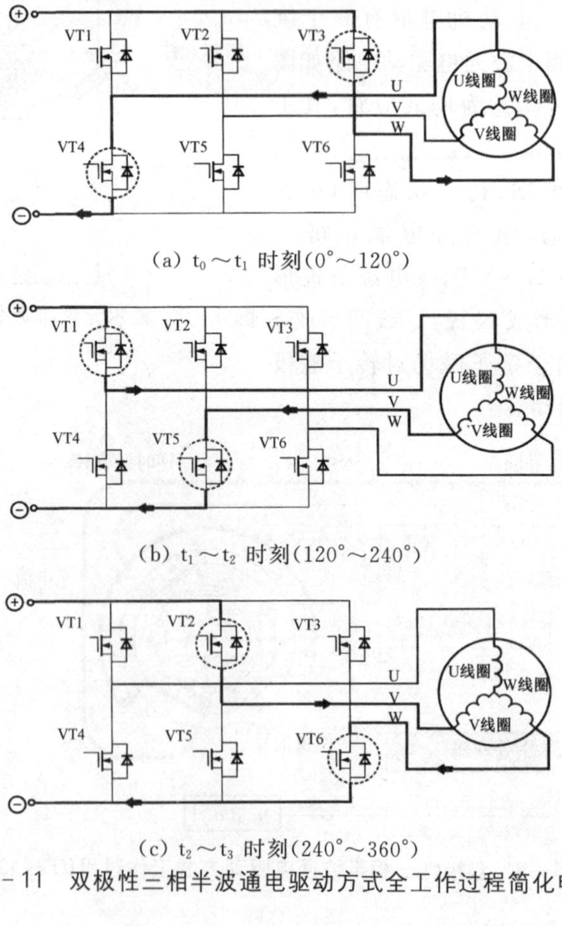

(a) t_0～t_1 时刻(0°～120°)

(b) t_1～t_2 时刻(120°～240°)

(c) t_2～t_3 时刻(240°～360°)

图 4－11　双极性三相半波通电驱动方式全工作过程简化电路

2. 直流无刷电动机结构

典型直流无刷电动机结构如图 4－12 所示，直流无刷电动机转子采用永磁体，目前多使用稀土永磁材料。其电枢绕组采用交流绕组形式，一般为多相（三相、四相和五相），转子由永磁体按一定磁极对数（2，4，6…）组成。普通直流电动机是依靠机械换向装置将直流电流变换为近似梯形波的交流电流供给电枢绕组，而直流无刷电动机则依靠电子换向器将方波电流（由于绕组电感的作用，实际上是梯形波）按一定的相序输入到定子的各相电枢绕组中。

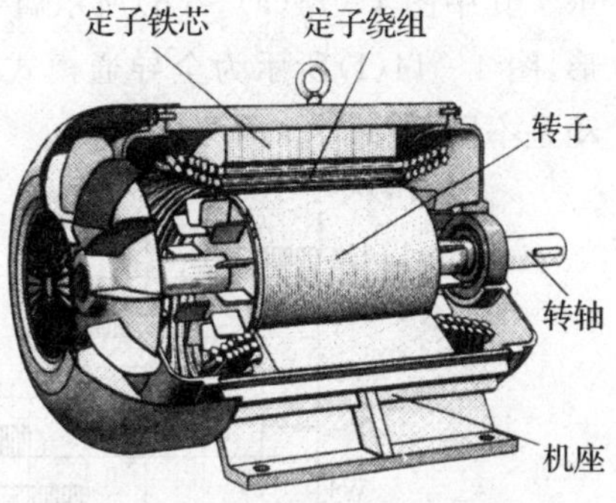

图 4－12　典型无刷直流电动机结构

当直流无刷电动机定子绕组的某相通电时，该相电流产生的磁场与转子永磁体所产生的磁场相互作用产生电磁转矩，驱动转子旋转。位置传感器将转子位置信号变换成电信号去控制电子换向电路，从而使定子的各相绕组按一定的次序导通，使定子相电流随转子位置的变化而按一定的次序换向。这样才能使定子磁场随转子的旋转不断变化，进而产生与转子转速同步的旋转磁场，并使定子磁场与转子磁场始终保持 90°的空间角，用最大转矩驱动转子旋转。由于定子绕组电流的导通次序与转子转角同步，电子换向电路起到了机械换向装置的作用，保证了电动机在运行过程中定子与转子保持基本垂直，以提高运行效率。

所以直流无刷电动机就基本结构而言，可以认为是一台由电子开关换相电路、永磁式同步电动机和位置传感器组成的自同步电动机驱动系统，它在运行过程中不会失步。直流无刷电动机的转子结构既有传统的内转子结构，又有近年来出现的盘式结构、外转子结构和线性结构等新型结构形式。

3. 直流无刷电动机的调速与制动控制

一般情况下，我们不仅仅要让电动机旋转，还必须控制电动机的转速。直流无刷电动机是用脉冲宽度调制技术（PWM）来实现的，如图 4－13 所示。

PWM 中常用到一个名词就是“占空比”，它是指高电平时间占总周期时间的比例。这样，就把每次两个管子同时导通的时段替换成高频率的脉冲宽度调制信号，这种信号一般为十几千赫或者几十千赫。这样，可以非常方便地通过调整占空比的大小来控制电动机两相绕组的实际导通时间以控制磁场强度，最终实现控制电动机转子的转速。

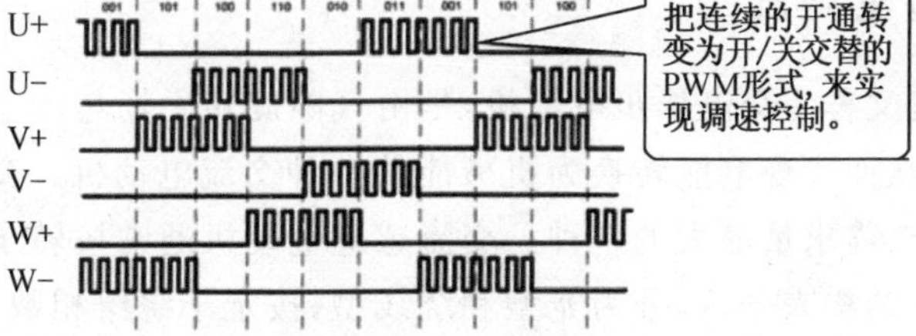

图 4－13　PWM－PWM 型调制模式波形

实际上，为取得不同的调速效果，还有更多类型的 PWM 调制模式波形，如图 4－14 所示。其中图 4－14(a)～(d)所示属于单侧调制模式波形，图 4－14(e)所示为双侧调制模式波形，图 4－14(f)所示为全导通模式波形。不同 PWM 调制模式中电动机换相过程的转矩脉动是不同的。

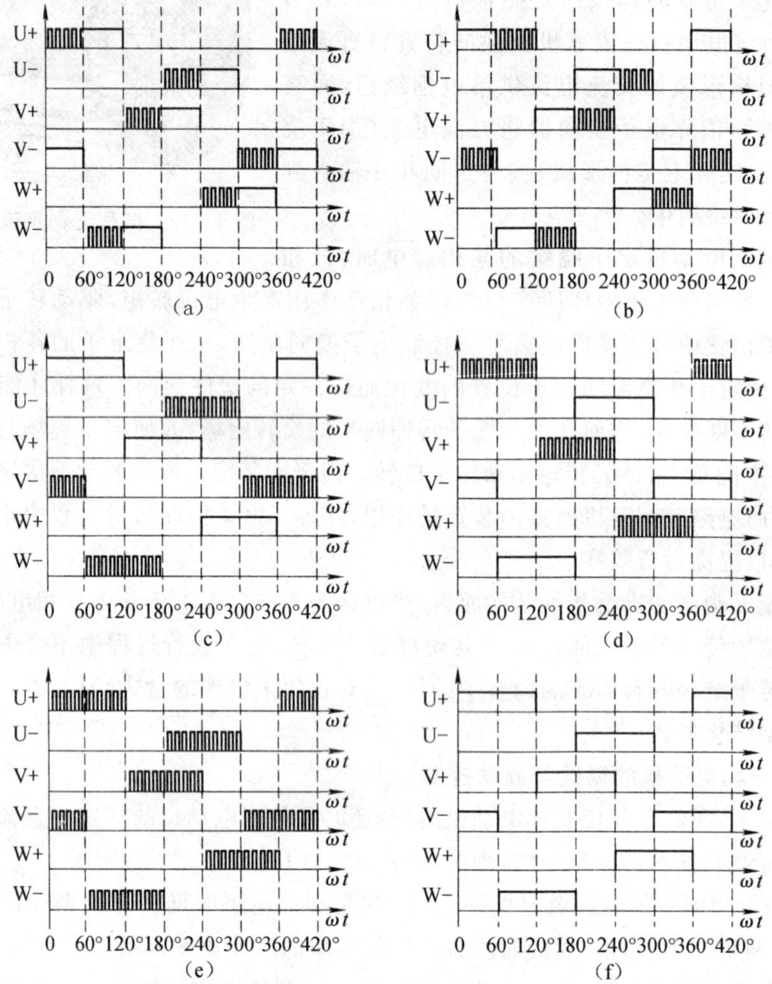

图 4－14　多种类型的 PWM 调制模式波形

三、交流感应电动机

交流感应电动机又称为交流异步电动机，是由气隙旋转磁场与转子绕组感应电流相互作用产生电磁转矩，从而实现电能转换为机械能的一种交流电动机。交流感应电动机是各类电动机中应用最广、需求量最大的一种。交流感应电动机通常按转子结构和定子绕组相数进行分类。按转子结构来分，可分为笼型和绕线型；按定子绕组相数来分，则有单相和三相。在新能源汽车中，笼型三相交流感应电动机应用较为广泛，具有结构简单且坚固、制造成本低、维护方便等优点。

1. 交流感应电动机模型及工作原理

感应电动机模型如图 4-15 所示，当转动永久磁铁时，因笼形转子导体切割磁力线产生感应电流，而感应电流产生感应磁场，由于感应磁场与永久磁场的相互吸引，所以笼形转子就跟着永久磁铁同方向旋转起来。

感应电动机正常工作运转必须满足两个基本条件：电动机的定子、转子电磁场必须能合成并在气隙内建立旋转磁场；转子转速必须小于气隙旋转磁场的转速，并且两者保持一定的差值。

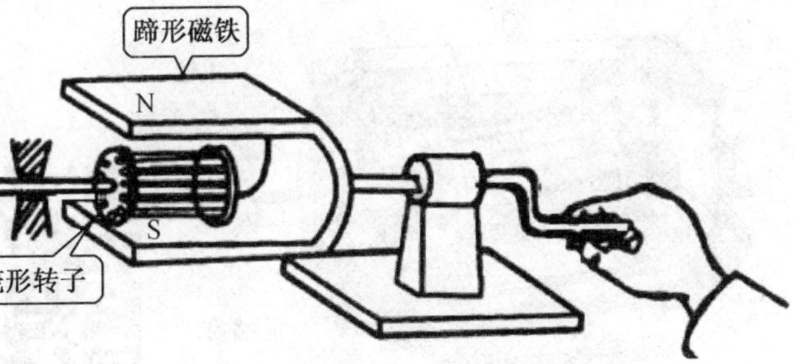

图 4-15 感应电动机模型

电动汽车用的感应电动机常用笼型三相交流异步电动机。三相交流异步电动机基本工作原理如图 4-16 所示。

给感应电动机通入对称的三相交流电时，将会产生一个旋转的气隙磁场，其磁通线通过定子与转子铁芯气隙经定子绕组到达转子就形成闭合回路，未能到达转子的磁场称为定子漏磁场。该旋转磁场会同时切割转子、定子笼式绕组，这样在转子、定子两个绕组内会产生相应的感应电动势。由此可见，在这种情况下，整个气隙磁场全部是由定子绕组内的三相对称电流产生，为此定子磁动势又称为励磁磁动势，定子电流也称为励磁电流。由于定子绕组的三相交流电是完全对称的，在此仅以 U 相为例来进行分析，当 U 相电流达到最大值时，它所对应的磁动势也达到最大，转子不转的感应电动机相当于一台副边开路的三相变压器。其中定子绕组为原边绕组，转子绕组为副边绕组，只是在磁路中感应电动机定子、转子铁芯中多了一个气隙磁路。

感应电动机定子绕组接通三相交流电源后，电动机内便形成圆形旋转磁动势以及圆形旋转磁密，设其方向为顺时针，如图 4-16 所示。若转子不转，笼式转子导条与旋转磁场有相对运动，导条中有感应电动势 E，方向由右手定则确定。由于转子导条彼此在端部短路，于是导条中有电流，不考虑电动势与电流的相位差时，电流方向与电动势方向相同。这样，导条就在磁场中受力 f，用左手定则确定受力方向，由图 4-16 所示可知为顺时针方向。

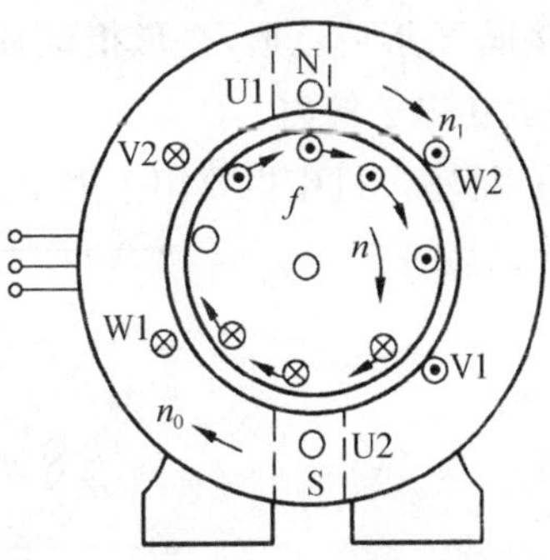

图 4-16 三相交流电与旋转磁场的关系

转子受力，产生转矩 r。m 为电磁转矩，方向与旋转磁动势同方向，转子便在该方向上旋转。转子旋转后，转速为 n，只要 $n<n_0$，(n_0 为旋转磁场转

速),转子导条与磁场仍有相对运动,产生与转子不转时相同方向的电动势、电流及受力,电磁转矩也仍旧为顺时针方向,转子继续旋转。

2. 交流感应电动机结构

交流感应电动机和所有旋转的电动机结构一样,由静止的定子和可以旋转的转子组成,定子和转子之间有气隙,交流感应电动机的气隙一般为 0.5~2.0mm,气隙的大小对交流感应电动机的性能有很大影响。交流感应电动机的基本结构如图 4-17 所示。

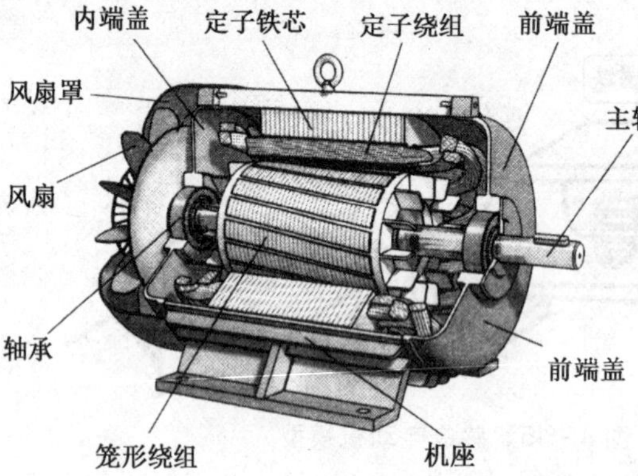

下载应用

图 4-17　三相异步交流感应电动机结构

(1) 定子。交流感应电动机的定子主要由定子铁芯、定子绕组和机座三部分组成。

① 定子铁芯。定子铁芯主要是作为电动机主磁路的一部分,并且用来嵌放定子绕组。为了降低定子铁芯的铁损,定子铁芯一般由 0.35~0.50mm 厚、表面涂有绝缘漆的硅钢片叠压而成。定子铁芯的内圆侧冲有均匀分布的槽,用以嵌放定子绕组。定子铁芯槽型分为三种:开口槽、半开口槽和半闭口槽,其中开口槽用于大、中型高压感应电动机;半开口槽用于中型 500V 以下的感应电动机;半闭口槽用于小型低压感应电动机。

② 定子绕组。定子绕组是电动机的电路部分,通入三相交流电,其作用是吸收电功率和产生旋转磁场。定子绕组由三个在空间上相隔 120°对称排列结构且完全相同的绕组(每个绕组为一相)组成,根据需要连接成 Y 形或△形。

对于大、中型高压感应电动机定子绕组常采用Y形接法,只有 3 根引出线,如图 4-18(a)所示。对中、小型低压感应电动机,通常把定子三相绕组的 6 根引出线头都引出来,根据需要可接成 Y 形或△形,△形接法如图 4-18(b)所示。定子绕组用绝缘的铜(或铝)导线绕成,嵌放在定子槽内。

③ 机座。机座主要用于固定定子铁芯和前、后端盖,支撑转子并起到防护和散热等作

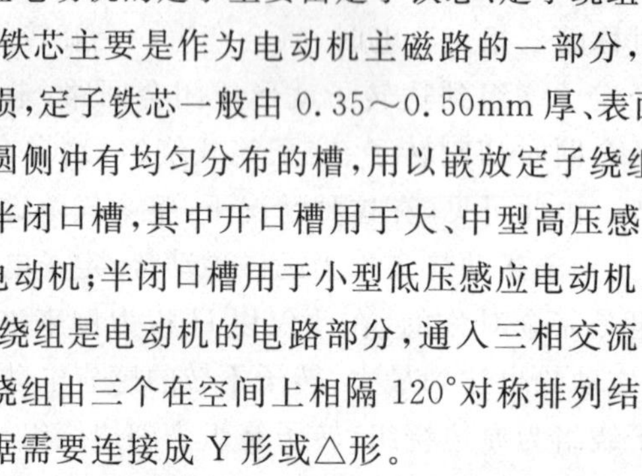

(a) Y形接法　　(b) △接法

图 4-18　感应电动机三相绕组连接方式

用，一般不作为工作磁路的组成部分。它大多数采用铸铁铸造而成，大型感应电动机采用钢板焊接而成，微型感应电动机多采用铸铝或塑料制成。根据电动机的防护方式、冷却方式和安装方式的不同，机座的样式也不尽相同。

(2) 转子。交流感应电动机的转子包括转子铁芯和转子绕组。

① 转子铁芯。转子铁芯是电动机磁路的一部分，它由 0.5mm 厚的硅钢片叠压而成。转子铁芯固定在转轴或转子支架上，整个转子的外表呈圆柱形。

② 转子绕组。转子绕组为笼形绕组：笼形绕组是一个自己短路的绕组。在转子铁芯的每个槽里嵌放一根导体，在铁芯的两端用端环连接起来，形成一个短路的绕组。如果把转子铁芯拿掉，则可看出剩下来的绕组形状像个松鼠笼子(图 4-19)，因此又叫鼠笼转子。其导条的材料用铜或铝。

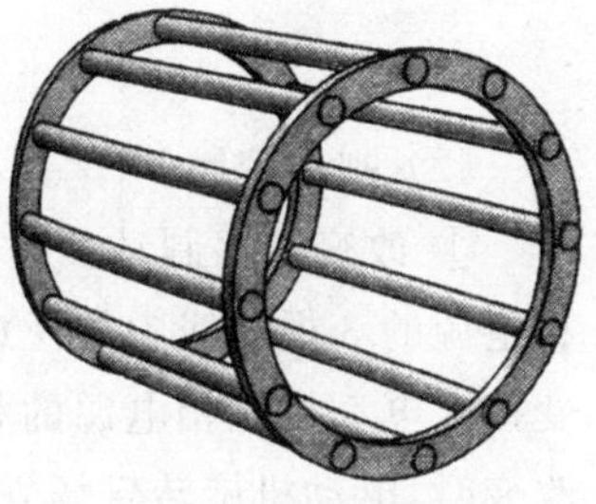

图 4-19　笼式转子绕组

3. 交流感应电动机常用的调速与制动控制

(1) 变频调速。交流感应电动机若实现变频调速就要有变频电源，变频电源是由变频器提供的。变频器的基本结构如图 4-20 所示，由主电路和控制电路组成。

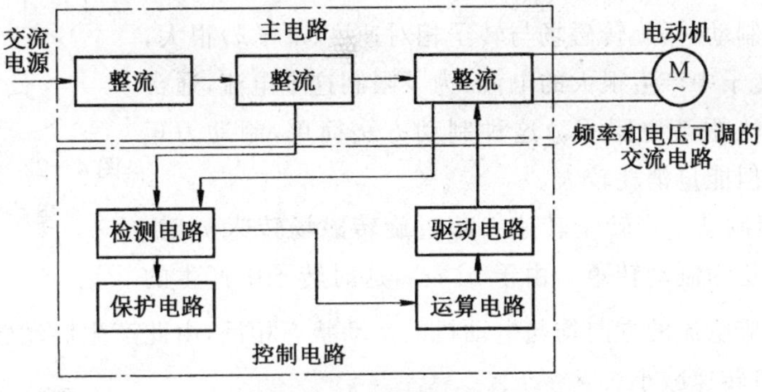

图 4-20　变频器基本结构

变频器的工作原理：首先将工频交流电压通过整流器转换为直流电压，经过滤波后，通过逆变器将直流电压转换为频率可调的交流电压。

控制电路的功能是向主电路提供控制信号，它包括对电压和频率进行运算的运算电路，对主电路进行电流、电压检测的检测电路，将运算电路的控制信号进行放大的驱动电路以及主电路和控制电路的保护电路。

在现代变频器中，普遍采用正弦波脉宽调制(SPWM)方式，将直流电转换为频率和电压可调的交流电。它是通过改变输出的脉冲宽度，使输出电压的平均值接近于正弦波，即使脉冲系列的占空比按正弦规律来安排。当正弦值为最大值时，脉冲的宽度也最大；当正弦值较小时，脉冲的宽度也较小。如果脉冲间的间隔小，相应的输出电压就大；反之，脉冲间的间隔较大，相应的输出电压就较小。变频器输出电压波形如图 4-21 所示。

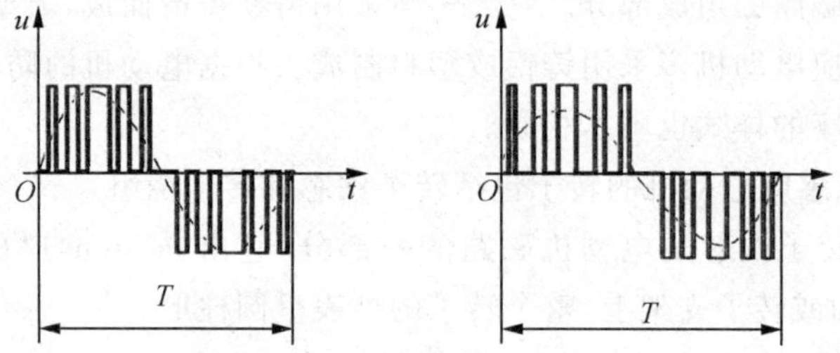

图 4-21　变频器输出电压波形

(2) 制动控制。

① 改变相序制动。反接制动是将接到电动机定子绕组的三相电源的 3 根导线中的任意 2 根对调位置(图 4-22),即通过改变接入电动机三相电源的相序来实现制动。当三相电源的相序改变时,电动机旋转磁场立即反向旋转,产生的电磁转矩方向与原来的方向相反,即与电动机由于惯性仍在转动的方向相反,因此起到了制动的作用。当电动机转速降为零时,应及时切断电源,否则电动机将反向起动。

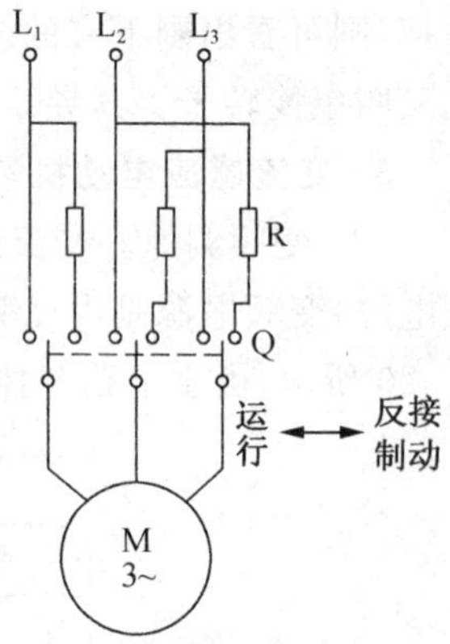

图 4-22　改变相序成制动电路(反接制动)

在改变相序制动时,旋转磁场与转子相对速度(n_0+n)很大,因而会在定子、转子中产生很大的电流,为了限制这个电流,通常在定子绕组中串入限流电阻 R。这种制动方法简单,制动力矩大,制动效果好,但能量消耗较大。

② 发电反馈制动。当转子转速 n 超过旋转磁场转速 n_0 时,转子所产生的转矩为制动转矩。由于 $n>n_0$,这时转子中产生的感应电动势及感应电流的方向均与电动机的运动状态相反,由此产生制动转矩,在制动转矩的作用下,电动机转速减小。

在采用变频器对异步电动机进行调速时,降低变频器的输出频率使电动机处于减速时,旋转磁场的转速低于电动机的实际转速,异步电动机便成为异步发电机,它将机械负载和电动机所具有的机械能量反馈给变频器,并在电动机中产生制动力矩,故称为发电反馈制动。

特斯拉 Model S 采用三相异步感应电动机作为动力电机。

四、永磁同步电动机

由永磁体励磁产生同步旋转磁场的同步电动机,称为永磁同步电动机。

永磁同步电动机(PMSM)具有高效、高控制精度、高转矩密度、良好的转矩平稳性及低振动噪声的特点,通过合理设计永磁电路结构能获得较高的弱磁性能,在电动汽车驱动方面具有很高的应用价值,受到国内外电动汽车界的高度重视,是最具竞争力的电动汽车驱动电机之一。

永磁同步电动机主要由定子和转子两大部分构成。永磁同步电动机的定子与普通电动机的基本相同,由电枢铁芯和电枢绕组构成,如图 4-23、图 4-24 所示。电枢铁芯一般采用 0.5mm 硅钢冲片叠压而成,对于具有高效率指标或频率较高的电动机,为了减少铁耗,可以考虑使用 0.35mm 的低损耗冷轧无取向硅钢片。电枢绕组普遍采用短距分布绕组；对于极数较多的电动机，普遍采用分数槽绕组；需要进一步改善电动势波形时，可以考虑采用正弦绕组或其他绕组。

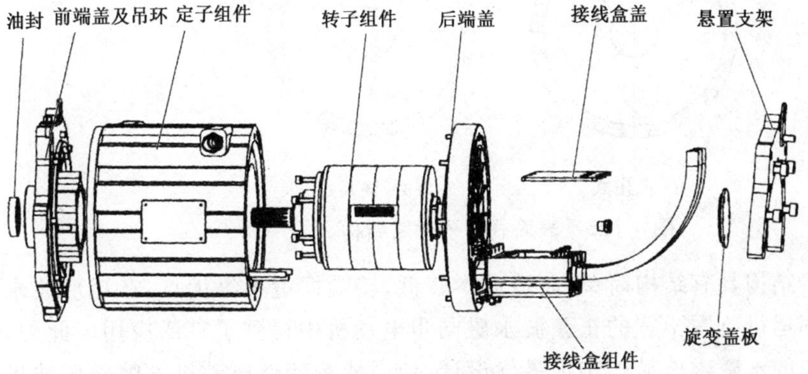

下载应用

图 4-23　永磁同步电动机结构(一)

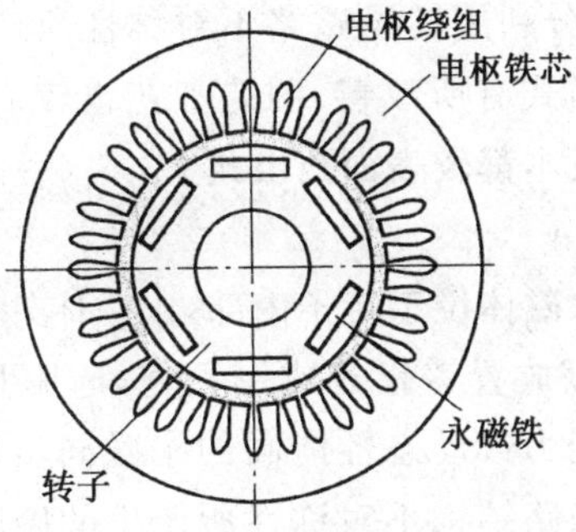

图 4-24　永磁同步电动机的结构(二)

永磁同步电动机的转子主要由永磁体、转子铁芯和转轴等构成。其中永磁体主要采用铁氧体永磁和钕铁硼永磁材料；转子铁芯可根据磁极结构的不同，选用实心钢或采用钢板、硅钢片冲制后叠压而成。

与普通电动机相比，永磁同步电动机必须装有转子永磁体位置传感器，用来检测磁极位置，并以此对电枢电流进行控制，达到对永磁同步电动机驱动控制的目的。

按照永磁体在转子的位置的不同，永磁同步电动机的磁极结构可分为表面式和内置式两种。

1. 表面式转子磁路结构

表面式转子磁路结构中，永磁体通常呈瓦片形，并位于转子铁芯的外表面上，永磁体提供磁通的方向为径向。表面式转子磁路结构分为凸出式和嵌入式两种，如图 4-25 所示。对采用稀土永磁材料的电动机来说，由于永磁材料的相对回复磁导率接近 1，所以表面凸出式转子在电磁性能上属于隐极转子结构；而嵌入式转子的相邻两永磁磁极间有着磁导率很大的铁磁材料，故在电磁性能上属于凸极转子结构。

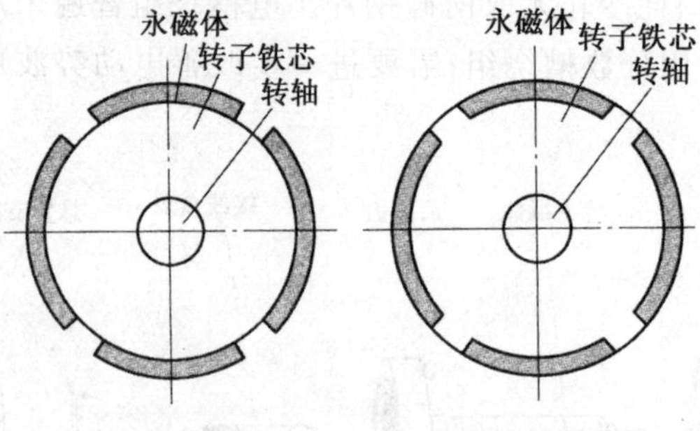

（a）凸出式　　（b）嵌入式

图 4－25　表面式转子磁路结构

表面凸出式转子结构具有结构简单、制造成本较低、转动惯量小等优点，在矩形波永磁同步电动机和恒功率运行范围不宽的正弦波永磁同步电动机中得到了广泛应用。此外，表面凸出式转子结构中的永磁磁极易于实现最优设计，使之成为能使电动机气隙磁场波形趋近于正弦波的磁极形状，可显著提高电动机乃至整个传动系统的性能。

表面嵌入式转子结构可充分利用转子磁路不对称性所产生的磁阻转矩，提高电动机的功率密度，动态性能较表面凸出式有所改善，制造工艺也较简单，常被某些调速永磁同步电动机采用，但漏磁系数和制造成本都较表面凸出式大。

2. 内置式转子磁路结构

内置式转子磁路结构中，永磁体位于转子内部，永磁体外表面与定子铁芯内圆之间有铁磁物质制成的极靴，极靴中可以放置铸铝笼或铜条笼，起阻尼或起动作用，动态、稳态性能好，广泛用于要求有异步起动能力或动态性能高的永磁同步电动机中。内置式转子内的永磁体受到极靴的保护，其转子磁路结构不对称性所产生的磁阻转矩有助于提高电动机的过载能力或功率密度，而且易于弱磁控制转速。

按永磁体磁化方向与转子旋转方向的相互关系，内置式转子结构可分为径向式、切向式和混合式三种，如图 4－26 所示。

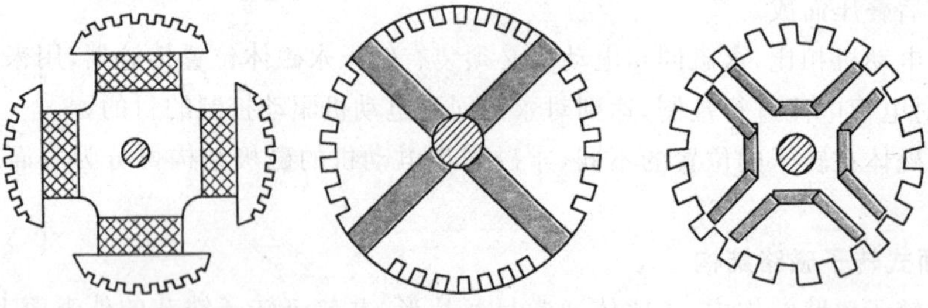

（a）内置径向式　　（b）内置切向式　　（c）内置混合式

图 4－26　内置式转子磁路结构

(1) 径向式转子结构的永磁同步电动机的磁钢或者放在磁通轴的非对称位置上，或者同时利用径向、切向充磁的磁钢以产生高磁通密度。该结构的优点是漏磁系数小，转轴上不需要采取隔磁措施，极弧系数易于控制，转子冲片机械强度高，安装永磁体后转子不易变形等。

(2) 切向式转子结构的转子有较大的惯性，漏磁系数较大，制造工艺和成本较径向式有所增加。其优点是一个极距下的磁通由相邻两个磁极并联提供，可得到更大的每极磁通。尤其当电动机极数较多、径向式结构不能提供足够的每极磁通时，这种结构的优势就显得更为突出。此外，采用该结构的永磁同步电动机的磁阻转矩可占到总电磁转矩的40%，对提高电动机的功率密度和扩展恒功率运行范围都是很有利的。

(3) 内置混合式转子结构集中了径向式和切向式的优点，但结构和制造工艺都比较复杂，制造成本也比较高。

3. 永磁同步电机控制特点

永磁同步电动机的控制特点：永磁体在气隙中产生的磁场空间按照正弦分布，定子三相绕组为正弦分布绕组，电动机的反电动势及电动机定子电流均为正弦波，采用转子连续位置反馈信号来控制调速或换向。永磁同步电动机通常采用矢量控制策略，其定子电流的直流分量为零，其交流电流在磁场的作用下产生电磁转矩，利用矢量控制算法可以实现宽范围的恒功率弱磁调速。永磁同步电动机有效率高、体积和质量小、控制精度高及转矩脉动小等优点，但是控制器较复杂，因此导致成本偏高。

直流无刷电动机的定子三相绕组为集中转矩绕组，定子电流为方波电流，电动机的反电动势为梯形波，永磁体在气隙中产生的磁场在空间按照矩形分布，采用转子离散位置反馈信号来控制调速或换向。无刷直流电动机的控制相对简单。

丰田普锐斯动力电机为三相永磁同步电动机，采用钕铁硼永磁转子。其特点是输出功率高、低速转矩特性好。第二代油气混合动力系统（THSⅡ）的500V最高电压使电动机的输出功率比第一代油气混合动力系统（THS）（最高电压为274V）提高了1.5倍，即从33kW提高到50kW，而电动机的尺寸保持不变，它是目前世界上单位质量和体积输出功率最大的电动机。在电动机控制方面，中转速范围增加全新的过调制控制技术，保留原来的低速和高速控制方法。通过改进脉冲宽度调制方法，中速范围的输出比原来的最大值增加约30%。

丰田普锐斯发电机也采用交流永磁同步发电机，向高功率电动机提供充足的电能。发电机高速旋转，以增大输出功率。采用增加转子强度等措施，将最大功率输出时的转速从6 500r/min提高到10 000r/min，高转速明显地提高了中转速范围的电力，改善了低转速范围的加速性能。此外，发电机还作为发动机的起动机，起动时，发电机成为起动机驱动分配装置的太阳轮带动发动机转动。

五、开关磁阻电动机

1. 开关磁阻电动机基本原理

开关磁阻电动机是基于磁阻最小原理运行的新型电动机，三相6/4开关磁阻电动机的截面结构如图4－27所示。每相对的两定子凸出磁极上为相互串联的一相绕组（A相绕组、B相绕组、C相绕组），转子沿圆周均匀分布四个凸极，凸极上没有绕组线圈，定子与转子凸极之间有很小的气隙。

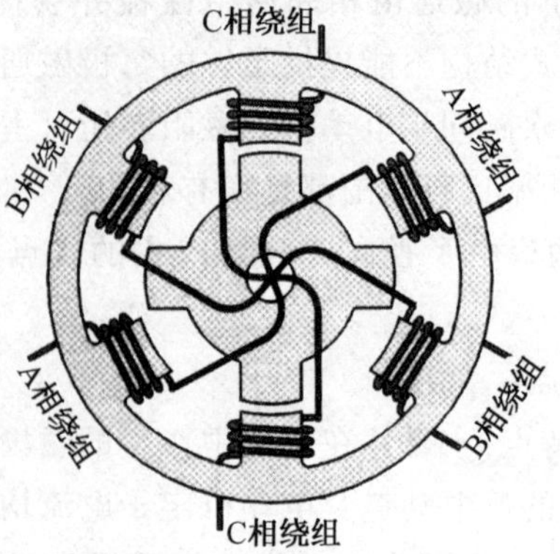

图4-27　三相6/4磁阻电动机结构简图

如图4-28(a)所示，转子凸极2-4与C相凸极对齐，转子凸极1-3与A相凸极之间相差一个角度θ(θ=30°)。此时若A相绕组通电，B、C相不通电，则在A相定子中建立了一个以A-A为轴线的对称磁场，磁通经定子轭、定子凸极、转子凸极和转子轭闭合，A-A对称磁场产生的弯曲磁力线为沿逆时针方向的切向磁拉力，作用于转子上产生转矩，将转子凸极1-3向定子A相轴线方向拖动，使转子逆时针方向旋转。转子凸极轴线1-3逐渐向定子凸极的磁极轴线A-A靠拢，如图4-28(b)和图4-28(c)所示。当转子转过30°角，转子凸极1-3与定子凸极A-A对齐时，磁场的切向磁拉力消失，转子将不再旋转。

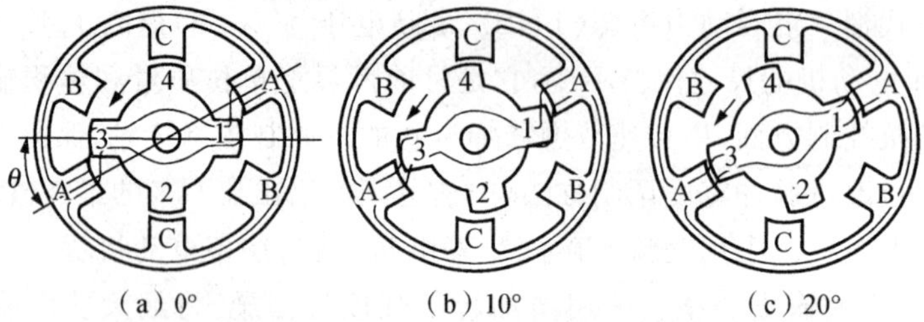

图4-28　磁阻电机工作原理分析(0°～20°)

当转子转过角度θ(30°)，转子凸极1-3与定子凸极A-A对齐时[图4-29(a)]，转子凸极2-4与B相凸极之间相差角度θ。当B相绕组通电，A、C相不通电时，则在B相定子中建立了一个以B-B为轴线的对称磁场，磁通经定子轭、定子凸极、转子凸极和转子轭闭合，B-B对称磁场产生的弯曲磁力线为沿逆时针方向的切向磁拉力，作用于转子上产生转矩，将转子凸极2-4向定子B相轴线方向拖动，使转子继续沿逆时针方向旋转。转子凸极轴线2-4逐渐向定子凸极的磁极轴线B-B靠拢，如图4-29(b)和图4-29(c)所示。当转子再转过角度θ(即共转过60°)，转子凸极2-4与定子凸极B-B对齐时，磁场的切向磁拉力消失，转子将不再旋转。

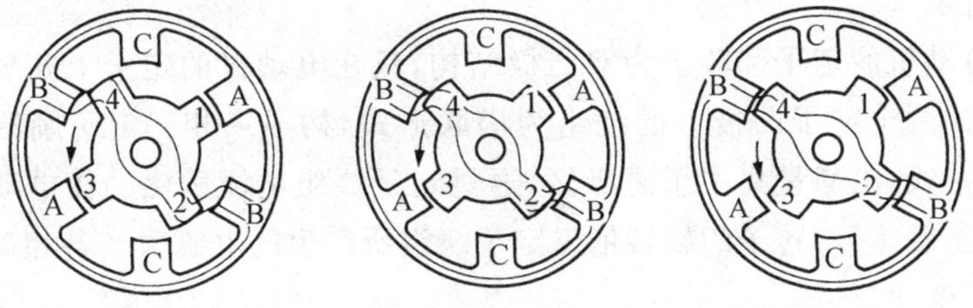

(a) 30°　　(b) 40°　　(c) 50°

图 4-29　磁阻电机工作原理分析(转子旋转角 30°～50°)

同理,可以根据图 4-30 所示对 C 相进行分析,若按顺序导通和关断 A-A、B-B、C-C 绕组电流的开关,则电动机转子将按逆时针方向持续旋转;若反序导通和关断 C-C、B-B、A-A 绕组电流的开关时,电动机转子将顺时针方向旋转。因此,改变定子凸极磁极绕组电流的通电顺序,就可以改变开关磁阻电动机的旋转方向;改变电流的大小,则可以改变电动机的转矩和转子转速;若控制定子凸极绕组的通电时间,则可以产生与转子旋转方向相反的制动转矩。

开关磁阻电动机各相绕组的电流通断由功率变换器来实现,功率变换器是连接电源与电动机绕组的开关部件。功率变换器的线路有多种形式,并且与开关磁阻电动机的相数、绕组形式(单绕组或双绕组等)有密切关系。

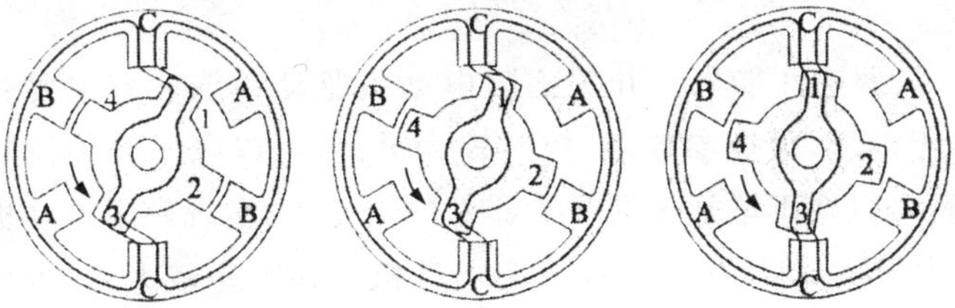

(a) 60°　　(b) 70°　　(c) 80°

图 4-30　磁阻电机工作原理分析(转子旋转角 60°～80°)

A、B、C 各相绕组通断电看似很简单,实际情况则复杂得多,绕组断电后产生的自感电流不会立即消失,要提前关断电源进行续流;为加大转矩,相邻绕组电流导通的时间会有重叠;控制电动机的转速、转矩,也要调整功率器件的开关时间。各相绕组的导通与关断时间与定子和转子之间的相对位置有直接关系,因此开关磁阻电动机安装了转子位置传感器,为准确开关各相绕组电流提供信号。

2. 体例开关磁阻电动机结构

开关磁阻电动机的定子与转子都是由硅钢片叠压而成,均采用凸极结构形式。定子和转子的凸极有很多组合方式,开关磁阻电动机的定子和转子凸极数均为偶数,一般转子比定子少 2 个,共同组成不同极数的开关磁阻电动机。最常见的三相 6/4 开关磁阻电动机的定子上有 6 个凸极、转子上有 4 个凸极,四相 8/6 开关磁阻电动机的定子上有 8 个凸极、转子上有 6 个凸极。三相 6/4 开关磁阻电动机的定子、转子结

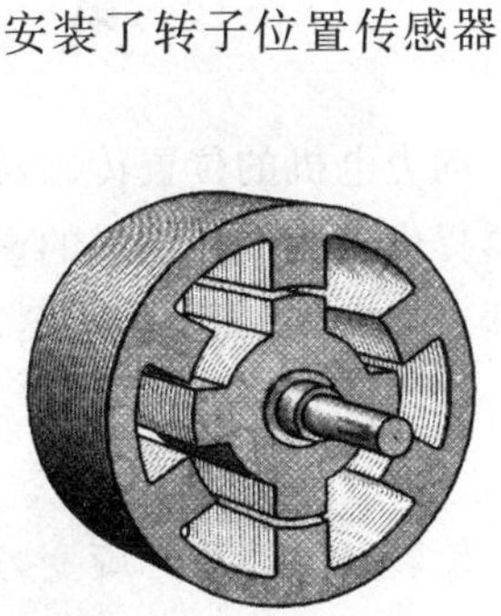

图 4-31　三相 6/4 磁阻电动机定子、转子结构

构如图 4-31 所示。

开关磁阻电动机的定子和转子为双凸极结构，只在电动机的定子上安装有集中励磁绕组，在相互对称的两个定子凸极上的绕组为串联形式，构成一相。定子励磁绕组的端部较短，没有相间跨接线，磁通量集中于磁极区，通过定子绕组电流励磁。在电动机的转子上没有滑环、绕组或永磁体等，转子的旋转依靠定子绕组所产生的电磁力。各相磁路的磁阻随转子的位置变化而变化。

3. 开关磁阻电动机的性能特点

开关磁阻电动机与当前广泛应用的交流电动机相比，开关磁阻电动机驱动系统在设计成本、运行效率、调速性能、可靠性和散热性能等方面具有一定的优势。但缺点明显，转矩脉动大，噪声较大。据综合分析比较，开关磁阻电动机驱动系统主要有以下几方面特点：

(1) 开关磁阻电动机结构简单、紧凑牢固，适于在高速、高温环境下运行。开关磁阻电动机为凸极结构，转子上没有绕组或永磁体，转动惯量小，易于加减速，特别适用于高速旋转的工作环境。定子绕组为集中绕组，制造简单，且端部短而紧凑，易于冷却。因此，该电动机适用于工作条件恶劣(高温)甚至强振动的环境，并且维护简单，具有良好的环境适应能力。

(2) 功率转换器结构简单，容错能力强。由于转矩与励磁绕组电流方向无关，因此可以减少功率转换器的开关器件个数，系统可以短相工作，容错能力强。系统中的每个功率开关器件均直接与绕组串联，避免了直通短路的危险。因此，功率电路的保护电路可以简化，提高了系统的可靠性。

(3) 可控参数多，调速性能好。开关磁阻电动机驱动系统参数主要有开通角、关断角、相电流幅值和相绕组电压，可控参数多，控制较为灵活，可以采用多种控制方式使电动机运行于最佳状态，而且可以在不增加辅助开关器件的情况下，实现磁阻电动机四象限运行。

(4) 起动转矩大，调速范围宽。开关磁阻电动机起动转矩较大，并且可以在较宽速度范围内实现恒功率运行，适用于频繁起停及正反方向的交替运行。

(5) 效率高，功耗小。由于开关磁阻电动机转子不存在绕组，降低了电动机的铜损耗，并且能在很宽的功率和转速范围内都保持高效率。

丰田普锐斯汽车电子换挡系统中的驻车锁止控制使用了开关磁阻电动机。

第三节　动力电机的位置与转速传感器

动力电机的位置传感器与转速传感器一般安装在其内部，起着检测转子磁极位置，为逆变器提供正确换向信息的重要作用。位置/转速传感器常见有电磁式(旋转变压器、解角传感器)、光电式(光电编码器)、磁敏式(霍尔位置传感器)三大类。

一、旋转变压器

旋转变压器简称旋变，是一种输出电压随转子转角变化的器件。当励磁绕组以一定频率的交流电压励磁时，输出绕组的电压幅值与转子转角成余弦函数关系，或保持一定比例关系，或在一定转角范围内与转角呈线性关系。旋转变压器典型结构如图 4-32 所示，电路简图及输出波形如图 4-33 所示。

图 4－32　旋转变压器典型结构

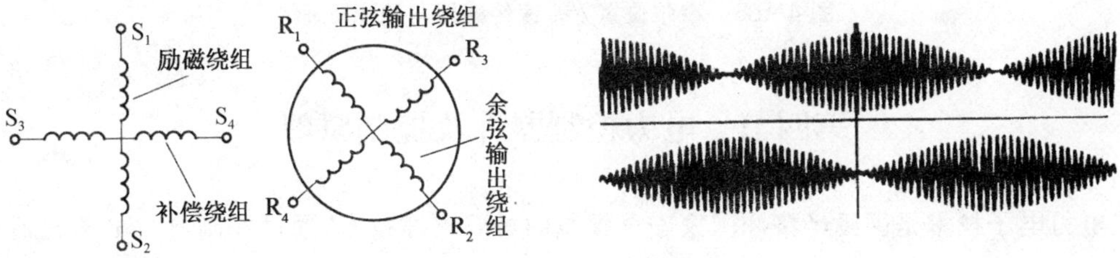

（a）电路简图　（b）输出波形

图 4－33　旋转变压器电路简图与输出波形

二、光电编码器

光电编码器是一种通过光电转换将输出轴的机械几何位移量转换成脉冲或数字量的传感器，是目前应用最多的编码器。光电编码器由光栅盘和光电检测装置组成。

根据检测原理，编码器可以分为光学式、电磁式、感应式和电容式。根据其刻度方法及信号输出形式，又可以分为增量式、绝对式以及混合式三种。

光电编码器的结构及输入、输出波形如图 4－34 所示。

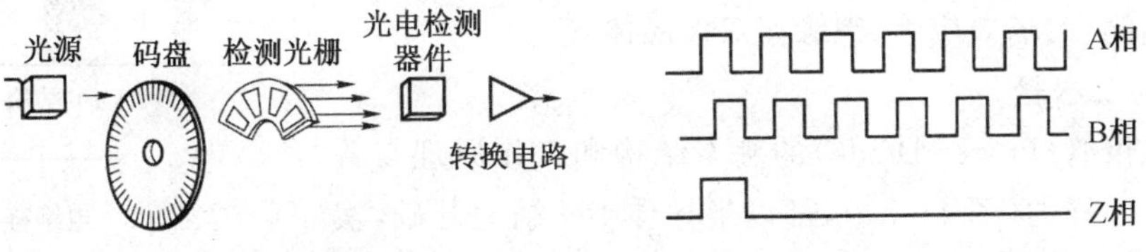

（a）光电编码器的结构　（b）输入、输出波形

图 4－34　光电编码器结构及输入、输出波形

三、霍尔位置/转速传感器

霍尔位置/转速传感器是一种以霍尔效应为工作原理的传感器。由霍尔元件和其附属电路组成的集成传感器可以检测磁场变化。永磁同步电动机的转子为永磁体，通过霍尔传感器可以检测转子磁场强度，确定转子位置，如图 4－35(a)所示。

霍尔位置传感器输出波形为矩形脉冲(一种数字信号)，表现为具有开关特性的磁开关。霍尔位置传感器的输出波形如图 4－35(b)所示。

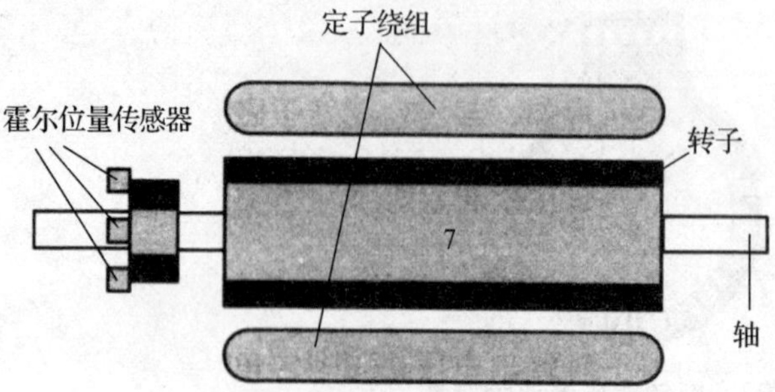

（a）霍尔传感器的组成

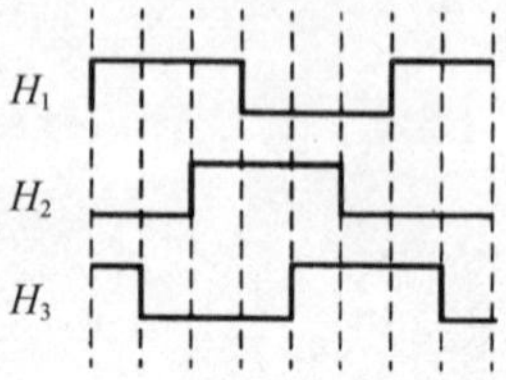

（b）输出波形

图4－35　霍尔位置/转速传感器与输出波形

第四节　电力控制器件及控制原理

电力电子技术是国民经济和国家安全领域的重要支撑技术，通过控制电力电子元器件，将电能从一种形式转变为另一种形式，实现电能转换，提高电能质量，减少电能损耗。

电力电子器件（Power Electronic Device）又称为功率半导体器件，主要用于电力设备的电能变换和控制电路中，是大功率的电子器件，通常它们的工作电流为数十至数千安，工作电压为数百伏以上。常见电力电子器件有电力二极管、门极可关断晶闸管（GTO）、电力晶体管（GTR）、电力场效应晶体管（MOSFET）、绝缘栅双极晶体管（IGBT）、IGBT 模块等。

绝缘栅双极晶体管[IGBT（Insulated Gate Bipolar Transistor）]是一种大功率三极管，是目前最先进的电力电子器件。

一、典型功率半导体器件

各种功率半导体器件有电力二极管、电力三极管（电力晶体管）、晶闸管、场效应管、绝缘栅双极晶体管。

1. 电力二极管

电力二极管（Power Diode）的基本结构和工作原理与普通二极管是一样的（图4－36），都以半导体PN结为基础，实现正向导通、反向截止的功能。电力二极管是不可控器件，其导通和关断完全是由其在主电路中承受的电压和电流决定的。

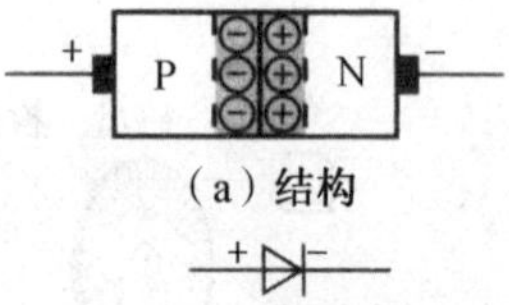

图4－36　电力二极管结构与符号

电力二极管实际上是由一个面积较大的PN结和两端引线以及封装组成的，从外形上看，主要有螺栓型和平板型两种封装。

正向导通：当电流的流动方向为正向时，整流二极管具有较低的电阻。反向截止：当电流的流动方向为反向时，整流二极管具有较高的电阻。阳极（正极）：正向电流流入的端口。阴极（负极）：正向电流流出的端口。导通电流（正向电流）：正向流过的电流。

电力二极管的主要类型有普通二极管、快速恢复二极管、肖特基二极管。

(1) 普通二极管（General Purpose Diode），又称整流二极管（Rectifier Diode）。多用于

开关频率不高(1kHz 以下)的整流电路中。

(2) 快速恢复二极管。指恢复过程很短,特别是反向恢复过程很短(5μs 以下)的二极管,也简称快速二极管。工艺上多采用了掺金措施,结构上有的采用 PN 结构类型,也有的采用对此加以改进的 PiN 结构。

(3) 肖特基二极管(Fast recovery diode)。以金属和半导体接触形成的势垒为基础的二极管称为肖特基势垒二极管(Schottky Barrier Diode-SBD),简称肖特基二极管。肖特基二极管的优点在于:反向恢复时间很短(10～40ns),正向恢复过程也不会有明显的电压过冲;在反向耐压较低的情况下其正向压降也很小,明显低于快速恢复二极管。因此,其开关损耗和正向导通损耗都比快速二极管小,效率高。肖特基二极管的缺点:当反向耐压提高时其正向压降也会高得不能满足要求,因此多用于 200V 以下的低压场合;反向漏电流较大且对温度敏感,因此其反向稳态损耗不能忽略,而且必须更严格地限制其工作温度。

2. 电力晶体管(GTR)

电力晶体管[GTR(Giant Transistor)]又称“巨型晶体管”,是一种耐高电压、大电流的双极结型晶体管(Bipolar Junction Transistor,BJT)。它的基本结构与符号如图 4 - 37 所示,和普通的 NPN 晶体管一样。其特性有耐压高、电流大、开关特性好,但驱动电路复杂,驱动功率大;其额定值已达 1 800V/800A/2kHz、1 400V/600A/5kHz、600V/3A/100kHz。GTR 和普通双极结型晶体管的工作原理是一样的。

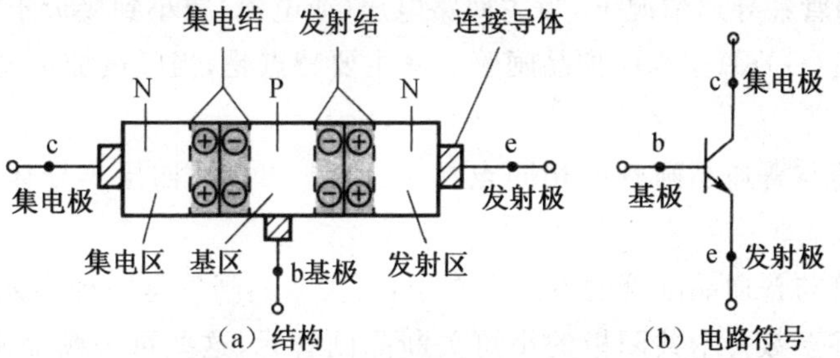

图 4 - 37 电力晶体管(NPN)

电力晶体管既具备晶体管饱和压降低、开关时间短和安全工作区宽等固有特性,又增大了功率容量,因此由它所组成的电路灵活、成熟、开关损耗小、开关时间短,在电源、电机控制、通用逆变器等中等容量、中等频率的电路中应用广泛。电力晶体管的缺点是驱动电流较大、耐浪涌电流能力差、易受二次击穿而损坏。在开关电源和 UPS 内,电力晶体管正逐步被功率电力场效应晶体管和绝缘栅双极晶体管所代替。

3. 可关断晶闸管(GTO)

普通晶闸管(Thyristor)由一个 P－N－P－N 四层半导体构成,中间形成了三个 PN 结,如图 4 - 38 所示。晶闸管在工作过程中,它的阳极(A)和阴极(K)与电源和负载连接,组成晶闸管的主电路,晶闸管的门极 G 和阴极 K 与控制晶闸管的装置连接,组成晶闸管的控制电路。

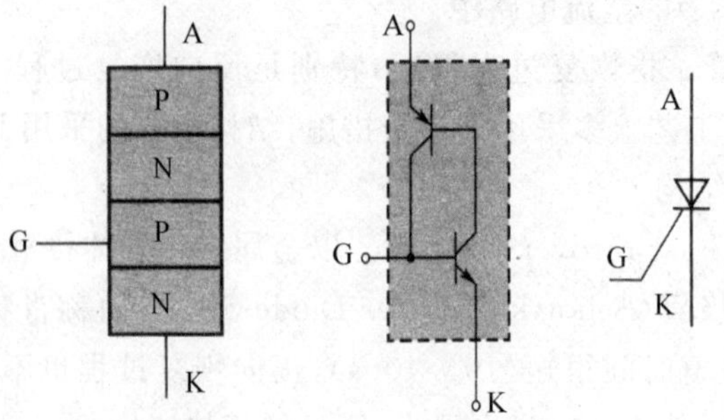

（a）内部结构　　（b）等效图　　（c）符号

图 4-38　晶闸管基本结构与符号

普通晶闸管为半控型电力电子器件，它的工作条件如下：

（1）普通晶闸管承受反向阳极电压时，不管门极承受何种电压，管子都处于反向阻断状态。

（2）普通晶闸管承受正向阳极电压时，仅在门极承受正向电压的情况下管子才导通。这时管子处于正向导通状态，也就是普通晶闸管的闸流特性，即可控特性。

（3）普通晶闸管在导通情况下，只要有一定的正向阳极电压，不论门极电压如何，管子保持导通状态，即管子导通后，门极即失去作用，其间门极只起触发作用。

（4）普通晶闸管在导通情况下，当主回路电压（或电流）减小到接近于零时，管子关断。

可关断晶闸管（GTO）亦称门控晶闸管。其主要特点是，当门极加负向触发信号时，晶闸管能自行关断。

可关断晶闸管与普通晶闸管的相同点在于：都是 PNPN 四层半导体结构，外部引出阳极、阴极和门极。

可关断晶闸管与普通晶闸管的不同点在于：可关断晶闸管是一种多元的功能集成器件，内部包含数十个甚至数百个共阳极的小可关断晶闸管元，这些可关断晶闸管元的阴极和门极则在器件内部并联在一起。这样，可关断晶闸管克服了以前的缺陷，它既保留了普通晶闸管耐压高、电流大等优点，又具有自关断能力，因而在使用上比普通晶闸管方便，是理想的高压、大电流开关器件。

可关断晶闸管的容量及使用寿命均超过电力晶体管（GTR），只是工作频率比 GTR 低。目前，可关断晶闸管已达到 3 000A、4 500V 的容量。大功率可关断晶闸管已广泛用于斩波调速、变频调速、逆变电源等领域，显示出强大的生命力。

4. 场效应管[MOSFET（N 型）]

MOSFET 的原意是金属氧化物半导体（Metal Oxide Semiconductor，MOS），场效应晶体管（Field Effect Transistor，FET），即以金属层（M）的栅极隔着氧化层（O）利用电场的效应来控制半导体（S）的场效应晶体管。场效应管[MOSFET（N 型）]结构与电路符号如图 4-39 所示。

功率场效应晶体管也分为结型和绝缘栅型，但通常主要指绝缘栅型中的 MOS 型（Metal Oxide Semiconductor FET），简称功率 MOSFET（Power MOSFET）。结型功率场效应晶体管一般称作静电感应晶体管（Static Induction Transistor，SIT）。其特点是用栅极电压来控

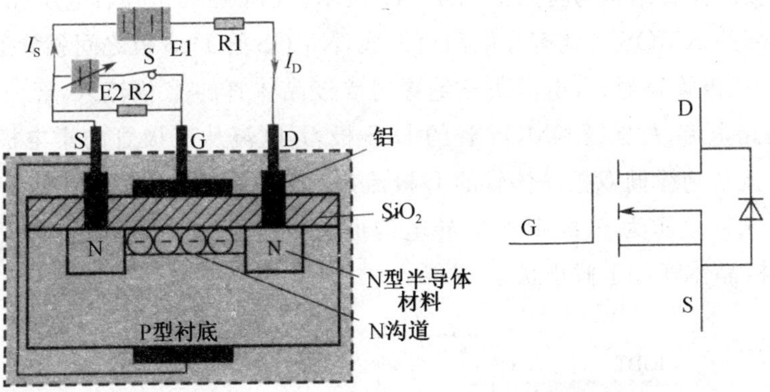

(a) 结构　　(b) 电路符号

图 4-39　场效应管[MOSFET (N 型)]结构与电路符号

制漏极电流，驱动电路简单，需要的驱动功率小，开关速度快，工作频率高，热稳定性优于电力晶体管，但其电流容量小，耐压低，一般只适用于功率不超过 10kW 的电力电子装置。

功率场效应晶体管的种类，按导电沟道可分为 P 沟道和 N 沟道；按栅极电压幅值可分为耗尽型和增强型。

功率场效应晶体管导通时只有一种极性的载流子(多子)参与导电，是单极型晶体管。导电机理与小功率金属氧化物半导体管相同，但结构上有较大区别，小功率金属氧化物半导体管是横向导电器件，功率场效应晶体管大多采用垂直导电结构(Vertical MOSFET)，大大提高了场效应晶体管器件的耐压和耐电流能力。

功率场效应晶体管的工作原理：

截止状态：漏源极间加正电压，栅源极间电压为零。P 基区与 N 漂移区之间形成的 PN 结反偏，漏源极之间无电流流过。

导电状态：在栅源极间加正电压 U_{GS}，栅极是绝缘的，所以不会有栅极电流流过。但栅极的正电压会将其下面 P 区中的空穴推开，而将 P 区中的少子——电子吸引到栅极下面的 P 区表面。

当 U_{GS} 大于 U_T(开启电压或阈值电压)时，栅极下 P 区表面的电子浓度将超过空穴浓度，使 P 型半导体反型成 N 型而成为反型层，该反型层形成 N 沟道而使 PN 结消失，漏极与源极导电。

5. 绝缘栅双极晶体管(IGBT)

绝缘栅双极晶体管(Insulate-Gate Bipolar Transistor，IGBT)综合了电力晶体管(Giant Transistor，GTR)和电力场效应晶体管(Power MOSFET)的优点，具有良好的特性，应用领域很广泛。绝缘栅双极晶体管也是一种三端器件，有栅极、集电极和发射极。绝缘栅双极晶体管是 MOS 结构的双极器件，是具有功率 MOSFET 的高速性能与双极低电阻性能的功率器件。绝缘栅双极晶体管的应用范围一般都在耐压 600V 以上、电流 10A 以上、频率 1kHz 以上的区域。绝缘栅双极晶体管作为无源模块在几千瓦的中功率到几兆瓦的大功率网络中都有使用，应用于工业电动机、民用小容量电动机、变换器(逆变器)、照相机的频闪观测器、感应加热(Induction Heating)电饭锅等领域。

绝缘栅双极晶体管结构与符号如图 4-40 所示。当 U_{EG}大于开启电压(2～6V),绝缘栅双极晶体管内部的 NMOS 管就有导电沟道形成,NMOS 管 D、S 极之间就导通,为三极管 I_b电流提供通路,三极管导通,有电流 I_c从绝缘栅双极晶体管的 C 极流入,经三极管发射极后分成 I_1和 I_2两路电流,I_1流经 NMOS 管的 D、S 极,I_2电流从三极管的集电极流出,I_1、I_2电流汇合成 I_E电流从绝缘栅双极晶体管的 E 极流出,即绝缘栅双极晶体管处于导通状态。当开关 S 断开后,U_{GE}电压为 0,NMOS 管导电沟道夹断(消失),I_1、I_2都为 0,I_C、I_E 电流也为 0,即绝缘栅双极晶体管处于截止状态。

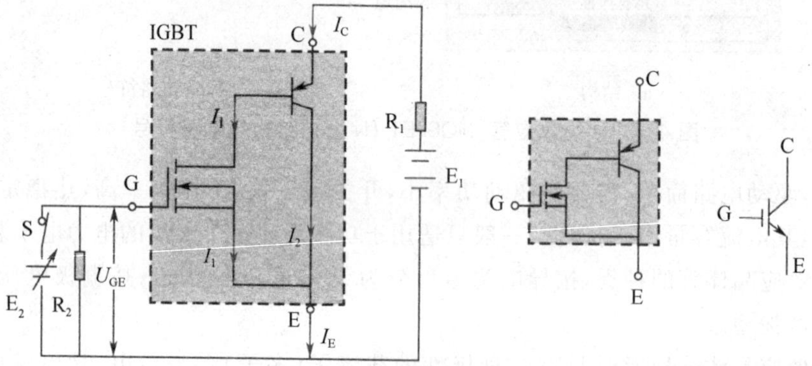

(a) 电路原理图　　(b) 等效电路　　(c) 元件符号

图 4-40　绝缘栅双极晶体管(IGBT)

从图中可以看出,调节 E_2的电压大小,同时可以改变 I_1的大小,继而可以改变 I_E的大小。

根据封装的不同,绝缘栅双极晶体管大致分为两种类型,一种是模压树脂密封的三端单体封装型,从 TO-3P 封装到小型表面贴装都已形成系列;另一种是把绝缘栅双极晶体管与 FWD (Flee Wheel Diode)成对地(2 或 6 组)封装起来的模块类型,主要应用在工业上。模块类型根据用途不同,分为多种形状及封装方式,都已形成系列化。

绝缘栅双极晶体管导通是靠在门极施加正向偏置脉冲电压 U_{GE}来达到对元件的控制目的,该元件仅在导通和关断瞬间有门极电流 i_G流动。在某些绝缘栅双极晶体管模块中,另外增加了超快恢复二极管芯片,以达到反向续流的目的。

6. 绝缘栅双极晶体管模块

绝缘栅双极晶体管模块的内部电路与绝缘栅双极晶体管单管及分立元件构成的电路形式略有不同,其外形如图 4-41 所示。

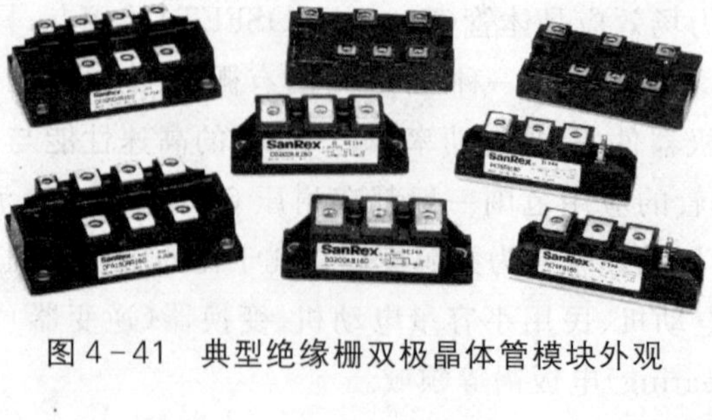

图 4-41　典型绝缘栅双极晶体管模块外观

(1) 单管(1in 1)模块。单管模块的内部由若干个绝缘栅双极晶体管并联,以达到所需要的电流规格,可以视为大电流规格的绝缘栅双极晶体管单管。受机械强度和热阻的限制,绝缘栅双极晶体管的管芯面积不能做得太大,大电流规格的绝缘栅双极晶体管需要将多个管芯装配到一块金属基板上。单管模块外部标签上的等效电路如图 4－42 所示,副发射极(第二发射极)连接到栅极驱动电路,主发射极连接到主电路中。

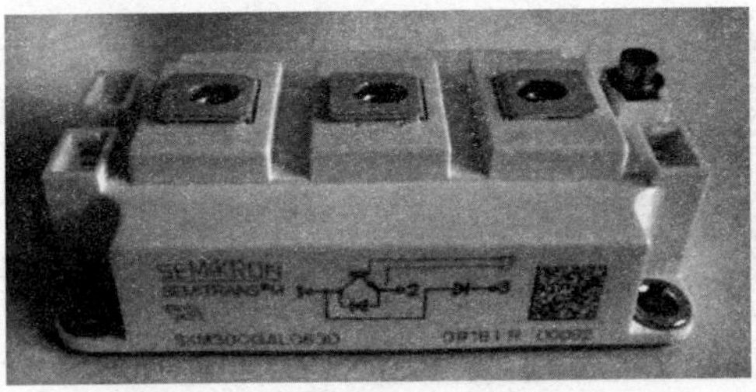

图 4－42　单管绝缘栅双极晶体管模块的等效电路(在外部标签上)

(2) 半桥(2in 1)模块。半桥(Half bridge)模块也称为 2in 1 模块,可直接构成半桥电路,也可以用 2 个半桥模块构成全桥,3 个半桥模块构成三相桥。因此,半桥模块有时候也称为桥臂(Phase-Leg)模块。

图 4－43 所示是半桥模块的内部等效电路(在外部标签上)。不同制造商的接线端子名称会有所不同,如 C2E1 可能会标识为 E1C2,有的模块只在等效电路图上标识引脚编号等。

半桥模块的电流/电压规格指的均是其中的每一个模块单元,如 1 200V/400A 的半桥模块,表示其中 2 个绝缘栅双极晶体管管芯的电流/电压规格都是 1 200V/400A,即 C1 和 E2 之间可以耐受最高 2 400V 的瞬间直流电压。

图 4－43　半桥模块的内部等效电路(在外部标签上)

(3) 全桥(4in 1)模块。全桥(Full bridge)模块也称为 4in 1 模块,用于直接构成全桥电路,如图 4－44 所示,也可以用全桥模块中的 2 个半桥电路并联构成 2 倍半桥模块电流规格的电路,即分别将 G1 和 G3、G2 和 G4、E1 和 E3、E2 和 E4、E1C2 和 E_3C_4 短接。

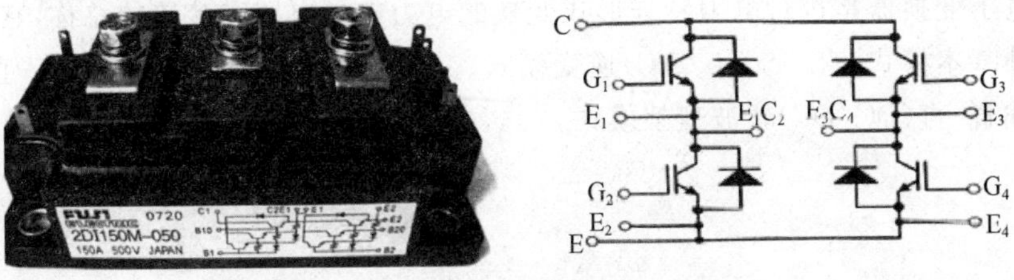

图 4－44　全桥模块构成的全桥电路

(4) 三相桥(6in 1)模块。三相桥模块也称为6in 1模块,用于直接构成三相桥电路,如图4-45所示,也可以将模块中的3个半桥电路并联构成3倍半桥模块电流规格的电路。三相桥常用的领域是变频器和三相UPS、三相逆变器,不同的应用对绝缘栅双极晶体管的要求有所不同,故制造商习惯上会推出以实际应用为产品名称的三相桥模块,如3-Phase inverter module(三相逆变器模块)等。

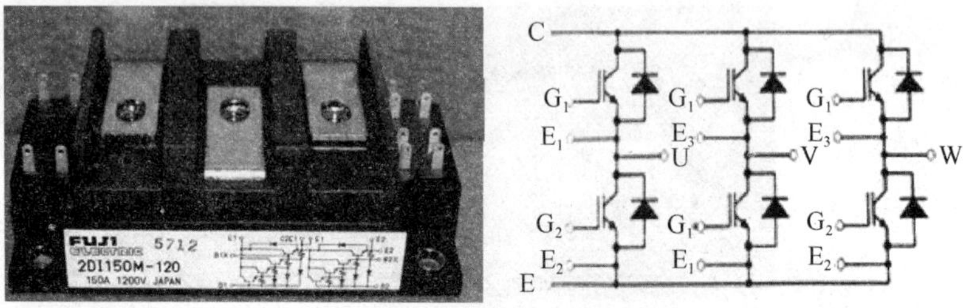

图4-45　三相桥模块

(5) PIM(7in 1)模块。欧美厂商一般称CBI模块(Converter Brake Inverter Module),日系厂商则习惯称其为PIM模块,图4-46为PIM模块的整流-刹车-逆变电路。

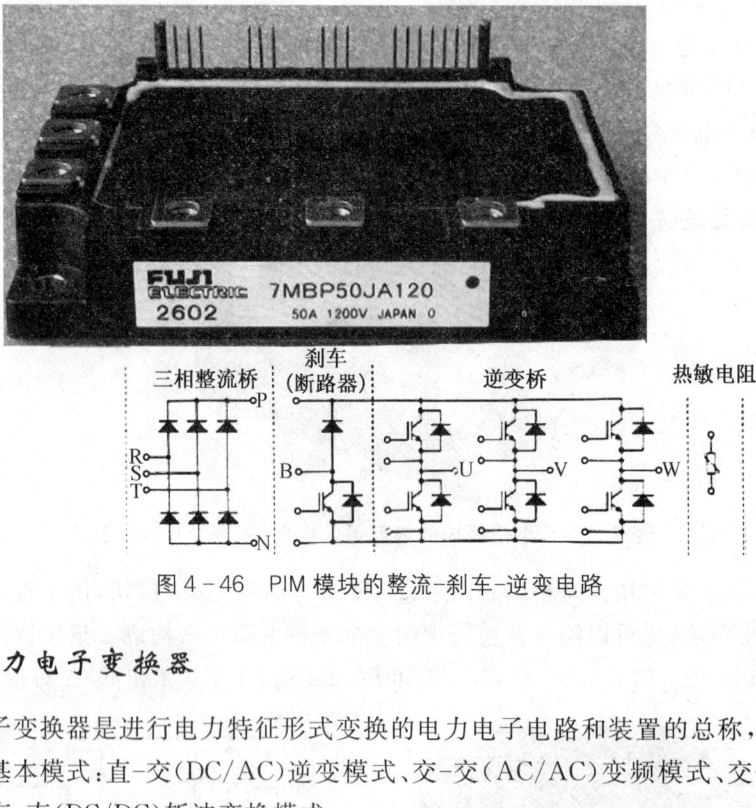

图4-46　PIM模块的整流-刹车-逆变电路

二、电力电子变换器

电力电子变换器是进行电力特征形式变换的电力电子电路和装置的总称,它有图4-47所示的4种基本模式:直-交(DC/AC)逆变模式、交-交(AC/AC)变频模式、交-直(AC/DC)整流模式和直-直(DC/DC)斩波变换模式。

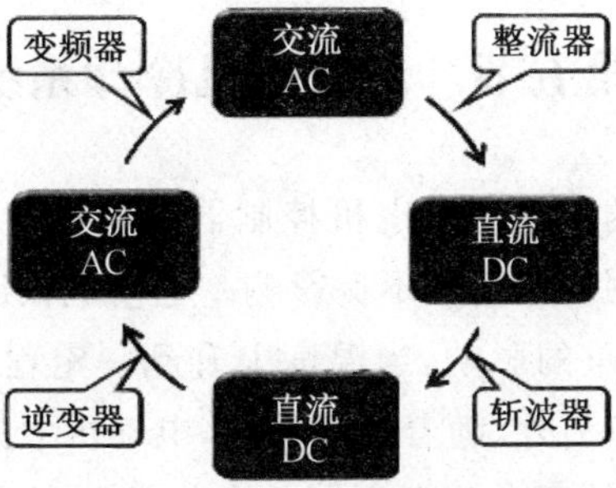

图 4-47 电力电子控制的四种基础模块

电力电子变换器的形式多种多样,但一般以功率半导体器件、不同拓扑形式的电路和不同的控制策略作为基本组成元素,也称为“变换器三要素”。图 4-48 所示为一个典型的电力电子变换器示意图。

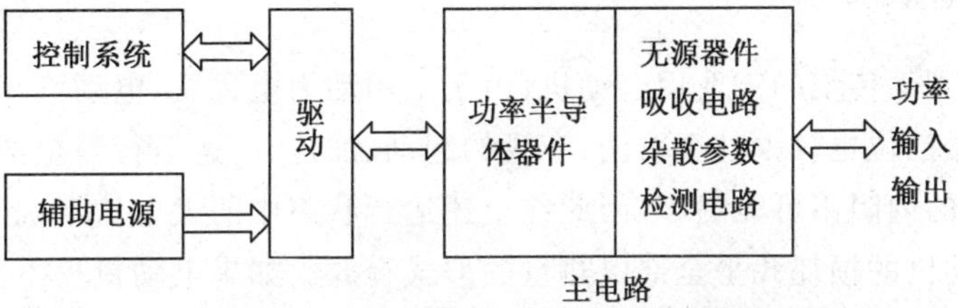

图 4-48 电子电力变换器三要素

常见的电力电子功率控制部分拓扑结构电路有半桥电路、全桥电路和三相桥电路等,如图 4-49 所示。

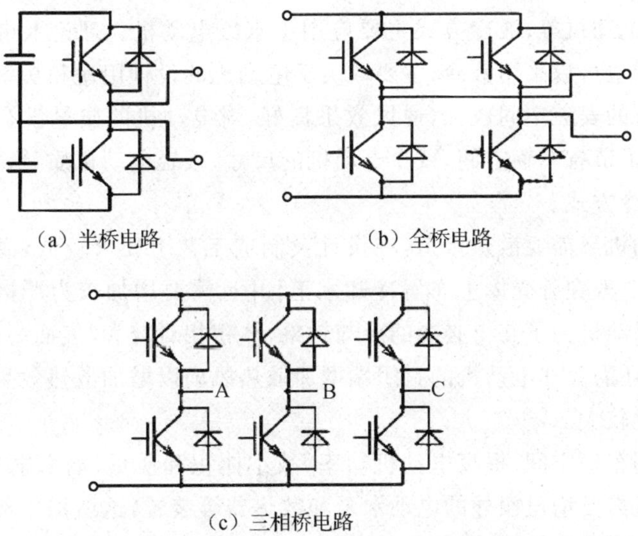

图 4-49 常用功率控制部分拓扑结构电路

第五节　动力电机冷却系统

新能源汽车驱动系统中的电动机及电机控制器在运行过程中会产生热量，这些热量会对驱动系统的正常工作和使用寿命造成不良影响。电动机在运行过程中产生的热量对自身的物理、化学及力学性能有严重的影响，当温度上升到一定程度时，电动机的绝缘层会发生本质变化，最终失去绝缘能力；另外，随着温度升高，电动机中的永磁体材料会发生不可逆退磁，电动机金属构件的强度和硬度会逐渐下降。电机控制器中的电子元器件会因温度升高而性能下降，出现不良影响，如温度过高会导致半导体结点电阻增大、电路损害，甚至烧坏元器件。为保证驱动系统在运行过程中产生的热量能够及时散发出去，必须对动力电机和电机控制器进行冷却。

一、动力电机冷却

动力电机有别于传统的工业用电动机，由于采用动力电机后，电动汽车一般不再装配离合器，车辆变速器挡位也较少甚至取消，车辆的起动、加速、高速运行等全部依靠动力电机来实现。而电动机的内阻不可能为零，因此在上述运行状态中的大电流情况下，电动机的损耗会不断增加，电动机的损耗几乎全部以热量的形式释放。如果电动机得不到有效的冷却，其内部温度会不断升高，导致电动机效率下降；如果温度过高，就会造成内部烧蚀甚至击穿，导致电动机损毁。另外，由于永磁电动机转子为磁性材料，温度升高会导致磁性材料性能下降，出现退磁现象。因此，冷却对于动力电机的安全运行尤为重要。

电动机常见的冷却方式有风冷和液冷。采用风冷方式比较常见，如小功率电动机、交流电动机、开关磁阻电动机等；液冷方式主要应用于永磁电动机。理论上讲，几乎所有的电动机既可以采用风冷也可以采用液冷，主要取决于电动机的设计用途和功率密度等条件。

如果动力电机的安装空间较大，通风效果良好，对电动机的质量没有严格要求，则可以采用风冷方式；为了节省车辆空间，减少电动机的尺寸，减轻电动机质量，提高电动机的功率密度，则需选用液冷方式。

由于风冷电动机不需要散热水道，在设计及制造工艺上要求较低，成本相对较低；液冷电动机结构复杂，一般在外壳体上布置冷却水道，并且需要增加较为严格的防护措施，因此成本较高。风冷电动机为了获得必要的冷却效果，体积相对较大，表面一般采用冷却栅的形式增加散热面积，还需要在电动机的封闭端增加散热风扇以增加散热效果，因此风冷电动机的体积和质量都比较大。

为了充分利用车辆空间，提高电动机功率，减小体积和质量，动力电机一般都采用液冷方式。液冷电动机需要增设额外的电动水泵和散热器等装置，这增加了额外的功耗，使得结构更为复杂，对电动机的布置和安装提出了更高的要求。

二、电机控制器的冷却

电机控制器的冷却方式和电动机一样，也有风冷和液冷之分。从外观上看，风冷的控制器体积较大，一般需要安装多个散热风扇进行强制通风。电机控制器的冷却方式主要取决于电动机的冷却方式，一般情况下，电机控制器和电动机采用相同的冷却方式。

三、其他电能装置冷却

电动汽车上除了动力电机和电机控制器，还有 DC/DC 变换器、车载充电机、DC/AC 逆变器等功率变换装置，这些装置一般允许的最高温度为 60～70℃，而最佳的工作环境温度为 40～50℃，环境温度较高时，很容易达到温度上限值。因此，这些装置都需要有自身的散热设备，用来对其温度进行控制，前提是需要选择合适的安装位置，并预留出必要的散热空间。

四、典型冷却系统

电动机和电机控制器对最高允许温度有不同的要求，两者的冷却要求也略有差别。对于风冷电动机和电机控制器，只能从本身的设计和装配方面进行改善，如增加散热面积、增加必要的强制通风设备等，以及安装在开放位置或通风良好的环境下。

对于液冷电动机及电机控制器，需要对电动机和电机控制器进行合理的设计和安装，采用匹配的散热系统，以达到预期的冷却要求。电动机的热源来自自身内部，包括电流流过定子绕组产生的铜损耗，在铁芯内部磁通变化产生的铁损耗，轴承摩擦产生的机械损耗以及附加损耗。电动机产生的热量，首先通过传导方式传送到电动机的表面，然后以辐射和对流的形式将热量从电动机外表面散发到周围的冷却介质中去。冷却介质一般选用水、防冻液或油等。

为了保证冷却效果，需要选定电动机和电机控制器的安装位置及装配方式。为保证冷却液流通顺畅，通常会将电动机设计成装配有一定倾角的布置方式，位置较低的水口作为进水口，较高的水口作为出水口。对于电机控制器，为了避免散热不均匀对内部功率器件产生影响，一般采用水平的安装方式。

冷却系统冷却液流向如图 4－50 所示，冷却液从散热水箱下部出来后，经水泵后对电机

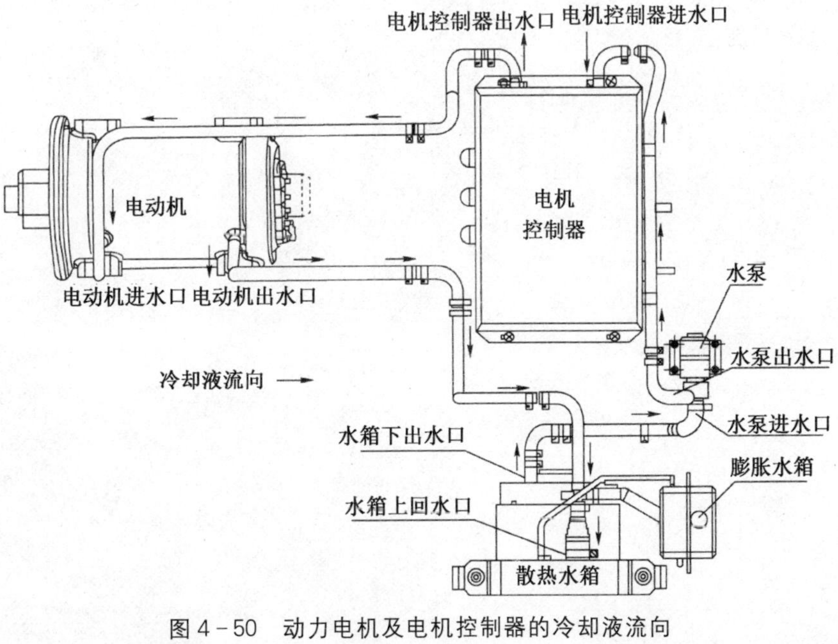

图 4－50　动力电机及电机控制器的冷却液流向

控制器进行冷却,然后进入电动机的低位进水口,从出水口回流到散热水箱的上回水口。如此一个冷却循环,就完成了电动机和电机控制器的冷却。

为了保证整个系统的冷却效果和可靠性,上述循环系统的水泵需要在车辆的整个运行过程中持续工作,同时为了节约车载能源,散热水箱的风扇采用温控风扇,可以根据冷却液的温度控制起停和转速。当冷却液温度较低时,可以关闭散热水箱的风扇以节约电能;当循环水温度稍高时,风扇以一个较低的转速对散热水箱进行冷却;当循环水的温度高时,风扇会高速转动,以获得最大的散热量,维持散热系统温度在允许的范围内。

第五章　车身电气设备

电动汽车的车身电气设备主要有 CAN 总线车载局域网、电动转向系统、制动系统、空调暖风系统、充电系统等。北汽 EV160/200、全车电路图详见附录二。

第一节　车载局域网 CAN 总线技术

CAN－BUS 即 CAN 总线技术，全称为“控制器局域网总线技术(Controller Area Network-BUS)”。CAN－BUS 总线技术最早被用于飞机、坦克等武器电子系统的通信联络上。将这种技术用于民用汽车最早起源于欧洲，在汽车上这种总线网络用于车上各种传感器数据的传递。

一、CAN－BUS 的工作原理

如今，现代汽车上的电控系统是越来越多(图 5－1)，有电子燃油喷射系统、电子防抱死系统、安全气囊、电动门窗、电控悬架、智能空调等，这些系统都有各自的电控单元。同时遍布于车身的各种传感器实时监测车辆的状态信息，并将此信息发送至相对应的控制单元内。

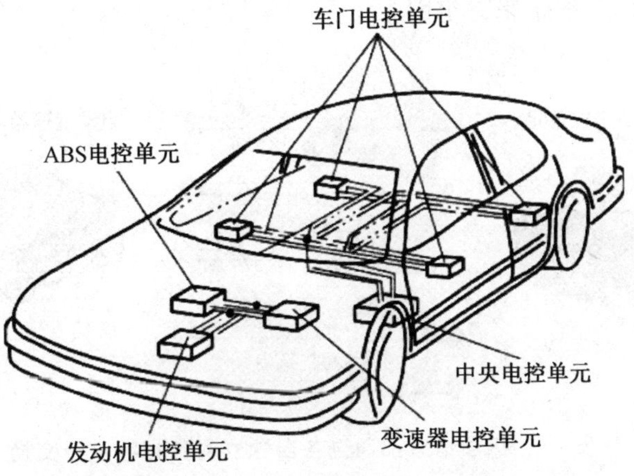

图 5－1　汽车上已布满控制单元

汽车越高级，车身上的控制单元也就越多，每个控制单元都可看做一台独立的电脑，内部结构如图 5－2 所示。它可以接收信息，同时能对各种信息进行处理、分析，然后发出指令。比如发动机电控单元会接收来自进气压力传感器、发动机温度传感器、加速踏板位置传感器、发动机转速传感器等的信息，在经过分析和处理后会发送相应的指令来控制喷油嘴的喷油量、点火提前角等，其他控制单元的工作原理也都类似。

图 5-2　典型控制单元内部结构

车身上的这些控制单元并不是独立工作的，它们作为一个整体需要信息的共享，那么这就存在一个信息传递的问题。比如发动机电控单元内的发动机转速与加速踏板位置这两个信号也需要传递给自动变速器的电控单元，然后自动变速器电控单元会据此来发出升挡和降挡的操作指令，那么两个控制单元之间又是如何进行通信的呢？

目前在车辆上应用的信息传递形式有两种。

第一种传递形式是每项信息都通过各自独立的数据线进行交换，如图 5-3 所示。比如两个控制单元间有 5 种信息需要传递，那么则需要 5 根独立的数据线。也就是说，信息的种类越多，数据线的数量和控制单元的针脚数也会相应增加，这些复杂繁多的线束无疑会增加车身重量，也为整车的布线带来一定困难。

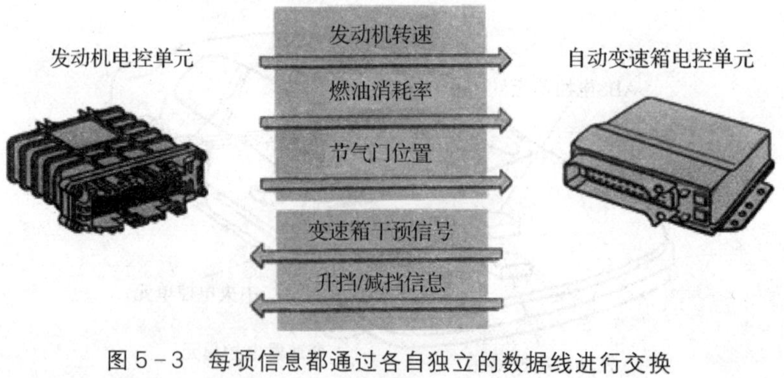

图 5-3　每项信息都通过各自独立的数据线进行交换

一辆高档汽车电器连接节点多达 1 500 个，采用传统布线法布线，电线长度可达 2km，而且该数字大约每 10 年增长 1 倍，从而加剧了粗大线束与汽车有限可用空间之间的矛盾，同时也增加了线束检测维修的难度。

第二种传递形式是控制单元之间的所有信息都通过两根数据线进行交换，这种数据线也叫 CAN 数据总线，如图 5-4 所示。通过该种方式，所有的信息，不管信息容量的大小，都通过这两条数据线进行传递。数据传输线为双绞线，两条线分别为 CAN 高线和 CAN 低线，如图 5-5 所示。为防止外界电磁波的干扰和向外辐射，CAN 总线将两条线缠绕在一起,扭绞长度一般为 20mm,截面积为 $0.35mm^2$ 或 $0.5mm^2$。这两条线的电位始终相反,如果一条是 5V,另一条就是 0V,始终保持电压总和为一常数。通过这种方法,CAN 总线得到了保护且免受外界的电磁场干扰,同时 CAN 总线向外辐射也保持中性,即无辐射。双绞线剪断重接时没有扭绞的线段长度不能超过 50mm,两根线的接合点间的距离至少要相隔 100mm,以避免干扰。

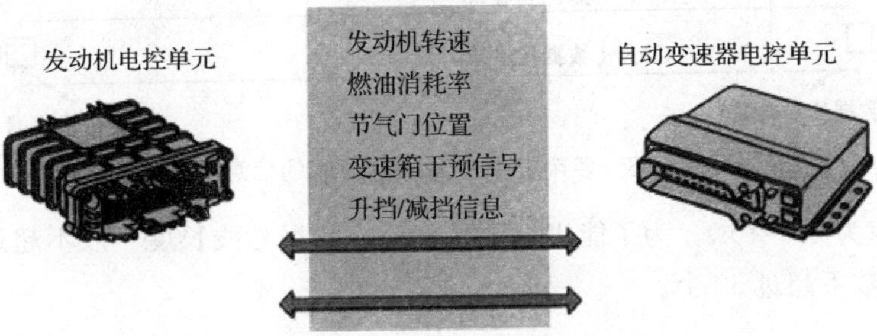

图 5-4 所有信息都通过两根数据线进行交换

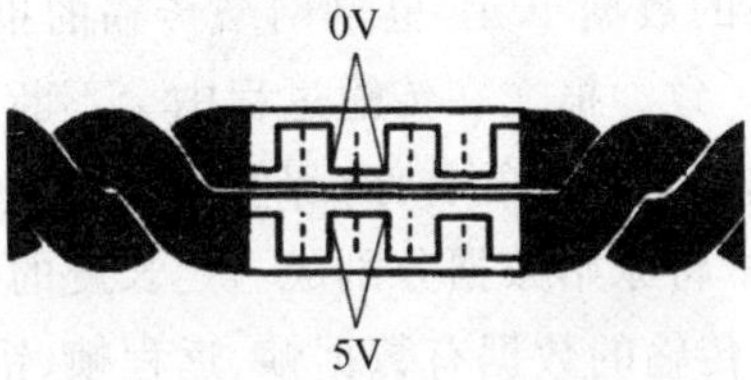

图 5-5 双绞线传输信号示意图

在了解到两个控制单元是通过两根数据线来进行信息交换的基础上,我们可以将其推而广之,多个控制单元之间的通信其实就是将每个控制单元都连接到这两条 CAN 总线上,从而实现多个控制单元(节点)间的信息共享。

二、CAN 总线系统的优点

(1) 比传统的布线方式要节省线束,降低了车身重量,同时优化了车身的布线方式。

(2) 比传统的布线方式数据传输速度更高。

(3) 以 CAN 总线方式连接的控制单元中有一个发生故障,其他控制单元仍可发送各自的数据,互不影响。

(4) CAN 数据总线为双线制,如果有一条发生故障,CAN 系统会转为单线运行模式,提高了整车的稳定性。

(5) CAN 系统的双线在实际中是像“麻花”一样缠绕在一起的,这样可以有效地防止电磁波的干扰和向外辐射。

三、基本传输电路

为防止数据在双绞线终端形成信号反射影响数据传输效果,在数据总线的两个末端各联有一个 120Ω 的“终端电阻”,而所有控制单元(节点)均可在数据总线上产生 5Ω 的“负载电阻”,如图 5-6 所示。将点火开关切断,可以用欧姆表测量 CAN-H 线和 CAN-L 线之间

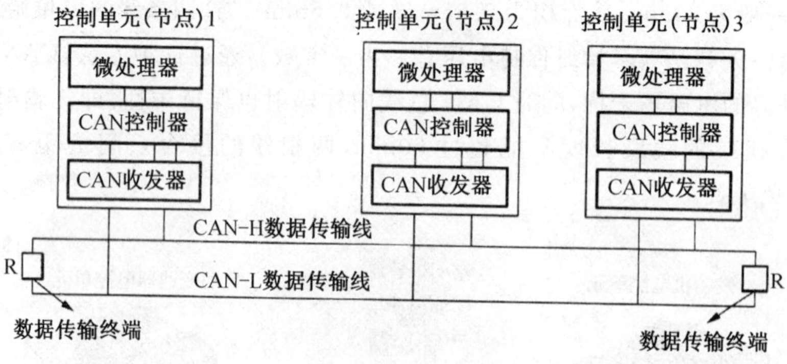

图 5-6　多个控制单元(节点)间的信息传递

的电阻,总阻值为 60～70Ω。为了能进行测量,CAN 数据总线长度一般不超过 5m,每条总线接入设备总数不超过 30 个。

四、报文结构

报文是网络中交换与传输的数据单元,也是网络传输的单元。报文包含了将要发送的完整数据信息,其长短不需要一致。报文在传输过程中会不断地封装成分组、包、帧来传输,封装的方式就是添加一些控制信息组成的首部,那些就是报文头。

为了可靠地传输数据,通常将原始数据分割成一定长度的数据单元,这就是数据传输单元,称为帧。CAN 数据总线所传输的数据有数据帧、远程帧、错误帧和过载帧四种类型。

1. 数据帧

根据帧的功能由数据帧将数据从发送器传到接收器(图 5-7),一条数据帧由七个区域组成,即开始域、状态域、检查域、数据域、安全域、确认域和结束域。数据帧中各区域的功能如下:

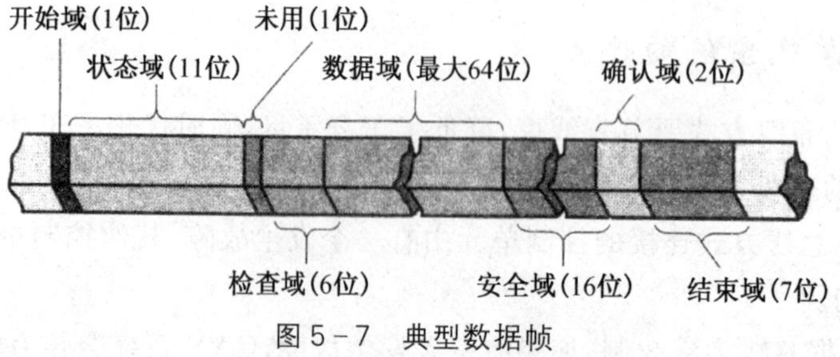

图 5-7　典型数据帧

(1) 开始域:标识数据开始。带有大约 5V 电压(由系统决定)的 1 位,被送入 CAN 高位传输线,带有 0V 电压的 1 位被送入 CAN 低位传输线。

(2) 状态域:判定数据中优先权。举例说明,如果两个控制单元都要同时发送各自的数据,那么具有较高优先权的控制单元优先发送。

(3) 检查域:显示数据域所包含的信息项目,在这里允许任何接收器检查是否已接收到所有信息。

(4) 数据域:信息被传递到其他控制单元。

(5) 安全域:检测传输数据中的错误。

(6) 确认域:在确认域中,由接收器发送信号通知发送器,已经正确接收到数据了。如果检查到错误,接收器会立刻通知发送器,然后发送器再发送一次数据。

(7) 结束域:标志着数据报告结束。在这里是显示错误并重复发送数据的最后一次机会。

2. 远程帧

远程帧的功能是将数据请求从发送器传到接收器。通过发送远程帧,作为某数据接收器的控制单元会对不同的数据传送进行初始化设置。远程帧由开始域、仲裁域、控制域、安全域、应答域和结束域 6 个不同的域组成。

3. 错误帧

错误帧的功能是对所发送的数据进行错误检测、错误标定及错误自检。错误帧由两个不同的域组成,第一个域为不同控制单元提供错误标志的叠加;第二个域是错误界定符。错误标志包括主动错误标志和被动错误标志两种形式。

4. 过载帧

接收器在电路尚未准备好或在间歇域期间检测到一个"显性"位时,会发送过载帧,以延迟数据的传送。过载帧包括过载标志和过载界定符两个域。

5. 帧间空间

无论其前面的帧是何种类型,数据帧或远程帧与其前面帧的隔离都是通过帧间空间实现的。所不同的是过载帧与错误帧之前没有帧间空间,多个过载帧之间也不是由帧间空间隔离的。帧间空间包括间歇域和总线空闲域。如果"被动错误"的控制单元已作为前一数据的发送器时,则其帧间空间除了间歇域、总线空闲域外,还包括挂起传送域。间歇域包括 3 个"隐性"位,间歇期间所有的控制单元均不允许传送数据帧或远程帧,唯一要做的是标志一个过载条件。

五、网速与网关

目前汽车上的 CAN 总线传输速率有多种方式,如图 5-8 所示。一种是用于驱动系统的高速 CAN 总线,速率可达到 500kb/s;另一种是用于车身系统的低速 CAN 总线,速率为 100kb/s。当然对于娱乐系统或智能通信系统的总线,它们的传输速率更高,可以超过 1Mb/s。高速 CAN 总线主要连接发动机电控单元、ABS 电控单元、安全气囊电控单元、组合仪表等这些与汽车行驶直接相关的系统。这些系统由于信息传递量较大而且对于信息传递的速度有很高的要求,所以需要高速 CAN 总线来满足其信息传递的需要。车身系统的 CAN 总线主要连接像中控锁、电动门窗、后视镜、车内照明灯等对数据传输速率要求不高的车身舒适系统上。

不同的系统采用不同速率的总线,这种根据各自需求来使用不同 CAN 总线的方式可以较好地优化资源,降低整车的成本。

除此之外,还有一种子总线系统,其主要连接电器开关与控制单元,或者连接传感器与控制单元之间。比如电动车窗的按键与相应控制单元间则采用子总线系统。这种子总线系统主要是传递系统内相对数据量较少的数据,当然它的数据传输速率更低,而且采用的是单线制传输的 LIN 总线。

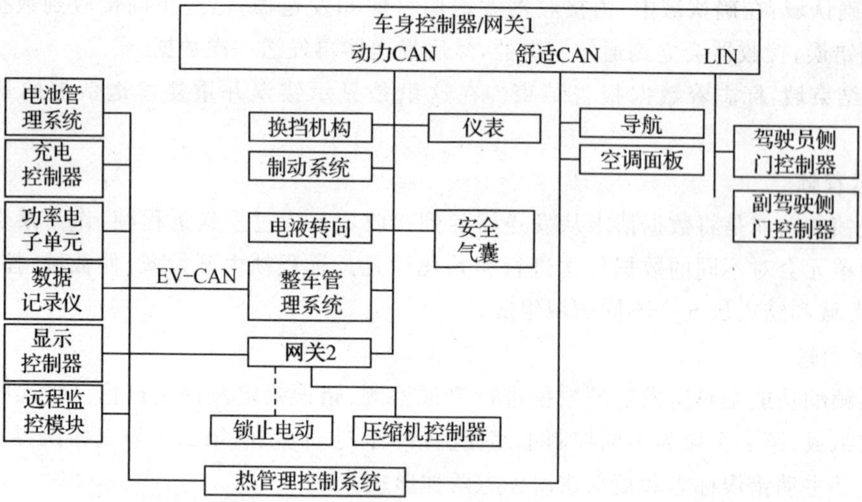

图 5-8　不同的总线系统通过网关来进行信息的交换与传递

不同的总线系统会有不同的传输速率，这就给不同总线系统间的通信造成了一定的麻烦。它就相当于联合国开大会，每个成员国都讲自己的本国语言，如果要想互相听懂，就必须有位能精通所有语言的翻译来进行信息的传递。车载网络系统中很重要的一个控制单元就是"网关"，它同时连接多种不同的 CAN 数据总线，并在传递数据时起翻译作用。例如，驱动总线系统的室外温度传感器将检测到的温度信号发送给仪表板电控单元，然后仪表板电控单元会将此信号发送到驱动总线系统上，该信号会被发动机电控单元采集到，同时会经过网关的"翻译"继续传递到车身总线系统上。而从属于车身总线系统上的自动空调电控单元会收到此信号，并据此做出加大制冷量或者减小吹风量等动作，这样的一个过程体现了整个车载网络的信息共享。

第二节　助力转向系统

一、电动助力转向系统结构组成

转向系统是指由汽车驾驶员操纵，能实现转向轮偏转和回位的一套机构，能按照驾驶员的意图改变汽车的行驶方向和保持汽车稳定的直线行驶状态。

新能源汽车电动助力转向系统又分为电控液压式助力转向系统（PPS）和电控电动式助力转向系统（EPS）两种类型。PPS 适用于油电混合动力汽车（轻度混合动力汽车）及需要较大转向助力的汽车上，EPS 适用于纯电动汽车和油电混合动力汽车（中度、重度混合动力汽车）。电控电动式助力转向系统是新能源汽车转向系统未来的发展方向，它随着计算机及电机控制技术的发展而成熟，与电控液压式助力转向系统相比，电控电动式助力转向系统有低噪声、节油、省空间及良好的直线行驶等特点。

电动助力转向系统由转向机、电动机、转矩传感器、EPS 控制器等部件组成，如图 5-9 所示。

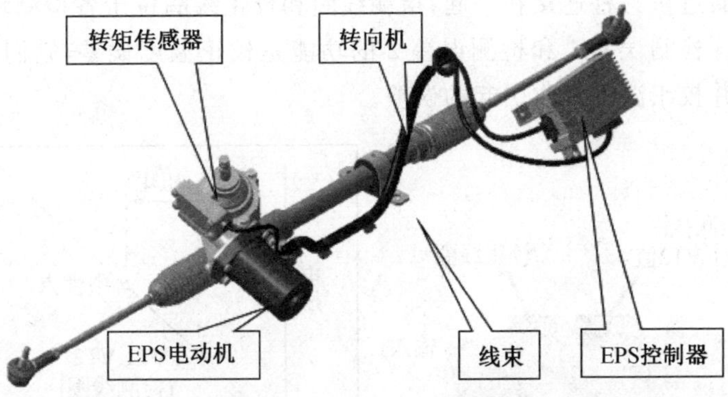

图 5-9　电动助力转向系统组成

1. 转向机

转向机与传统的机械转向相同，在转动转向盘的同时，帮助驾驶员用力，以减轻驾驶员转向时的用力程度，达到使驾驶员开车时轻松、方便的目的。

2. 电动机

EPS 系统采用的电动机是小型直流电动机，可以根据 EPS 控制器的信号产生转向助力。

直流电动机包括转子、定子和电动机轴，电动机产生的转矩通过联轴器传到蜗杆，转矩又通过涡轮传送到转向柱轴。

根据助力电机的安装位置不同，EPS 系统又可以分为转向管柱助力式、齿轮助力式、齿条助力式三种，如图 5-10 所示。转向管柱助力式 EPS 的电动机固定在转向轴一侧，通过减速机构与转向轴相连，直接驱动转向轴助力转向。齿轮助力式 EPS 的电动机和减速机构与小齿轮相连，直接驱动齿轮助力转向。齿条助力式 EPS 的电动机和减速机构则直接驱动齿条提供助力。

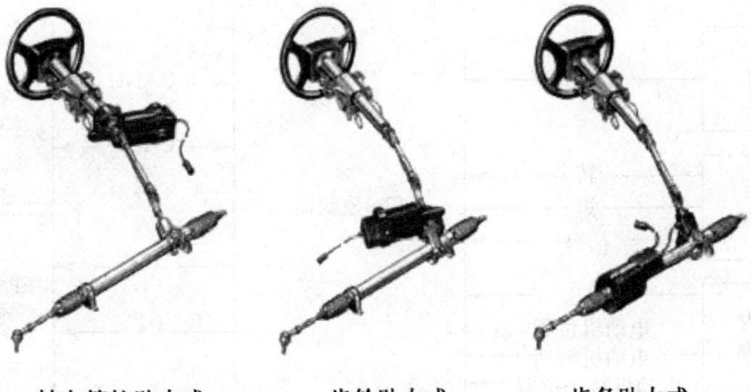

图 5-10　电动助力转向系统类型

3. 转矩传感器

转矩传感器检测扭力杠杆的扭曲程度，并转换为电信号来计算扭力杆上的转矩，将信号传输给 EPS 控制器。

如图 5-11 所示，在输入轴上安装有检测环 1 和检测环 2，而检测环 3 安装在输出轴上，输入轴和输出轴通过扭力杆连接在一起，检测线圈和校正线圈位于各检测环外侧，不经接触可形成励磁电路。检测误差1和检测误差2的功能是校正温度误差，它们可以检测校正线圈中的温度变化并校正温度变化引起的误差。

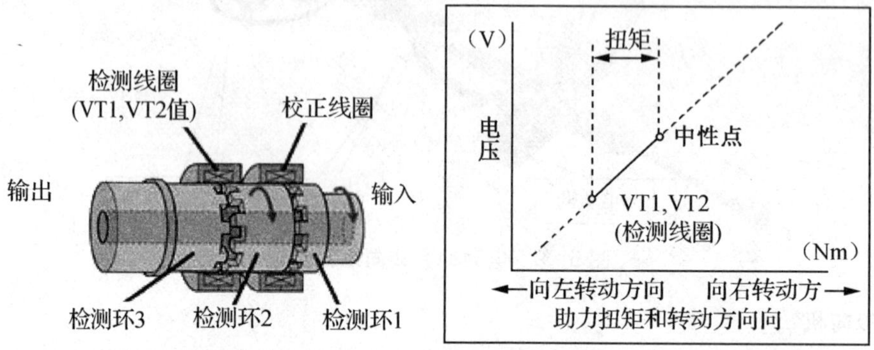

图5-11 转矩传感器输出电压与助力转矩关系

检测线圈通过对偶电路可以输出2个信号VT1(转矩传感器信号1)和VT2(转矩传感器信号2)。ECU根据这两个信号控制助力大小，同时检测传感器故障。

4. EPS控制器

EPS控制器根据各传感器(包括车速传感器)发出的信号，起动转向柱上的电动机，提供转向助力。

二、电动助力转向系统的工作原理

EPS控制器根据各传感器输出的信号计算所需的转向助力，并通过功率放大模块控制助力电动机的转动，电动机的输出经过减速机构减速增矩后，驱动齿轮齿条机构产生相应的转向助力。电动助力转向电子控制系统工作原理流程图如图5-12，转向传动机构工作原理示意图如图5-13所示。

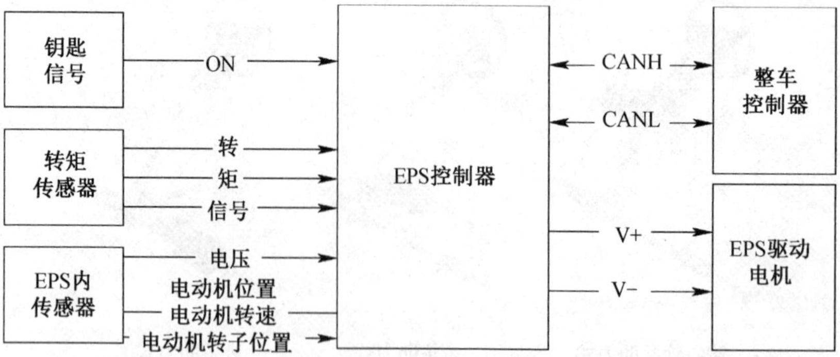

图5-12 电动助力转向电子控制系统工作原理流程图

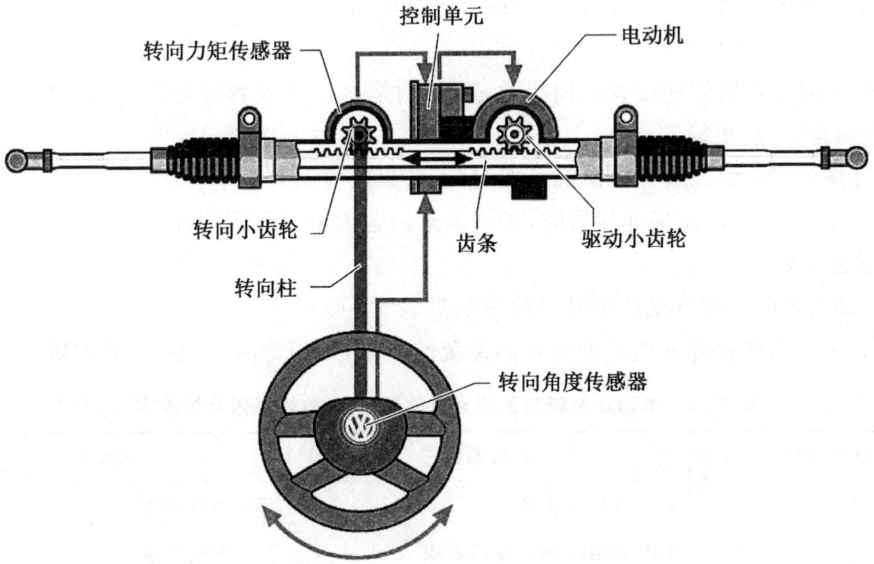

图 5-13　电动助力转向传动机构工作原理示意图

(1) 当整车处于停车断电状态时,EPS 不工作(EPS 不进行自检、不与整车控制器 VCU 通信、EPS 驱动电机不工作);当钥匙开关处于“ON”挡,ON 挡继电器吸合后 EPS 开始工作。

(2) EPS 正常工作时,EPS 根据接收来自 VCU 的车速信号、唤醒信号及来自转矩传感器的转矩信号和 EPS 助力电机的位置、转速、转子位置、电流、电压信号等进行综合判断,以控制 EPS 助力电机的转矩、转速和方向。

(3) 转向控制器在通电 200ms 内完成自检,通电 200ms 后可以与 CAN 总线交互信息,通电 300ms 后输出 470 帧(转向故障和转向状态上报帧),通电 1 200ms 后输出 471 帧(版本信息帧)。

(4) 当 EPS 检测到故障时,通过 CAN 总线向 VCU 发送故障信息,并采取相应的处理措施。

三、电动助力转向系统检修

1. 转向力的检查

通过转向力的检查有助于判断电动助力转向系统的工作情况。

(1) 汽车停放在水平路面上,转向盘放置在平直向前位置。

(2) 检查轮胎充气压力是否符合规定的要求。

(3) 起动车辆。

(4) 通过相切方向钩住转向盘上的弹簧秤测量转向力。转向力标准:至少 35N。

2. 操作注意事项

(1) 当处理电子部件时:

① 避免撞击电子部件,如 EPS 控制器和 EPS 电动机。如果这些部件跌落或遭受严重撞击,则应该更换。

② 不要将任何电子部件暴露在高温或者潮湿的环境中。

③ 不要触碰连接器端子，以防变形或者因静电引起故障。

(2) 当处理机械总成时：

① 避免撞击转向管柱或者转向机总成，特别是电动机或者转矩传感器，如果这些部件遭受严重撞击，则应更换。

② 当移动转向管柱或者转向机总成时，不要提拉线束。

(3) 当断开或重新连接连接器时，必须确认钥匙置于“OFF”位置。

3. 故障诊断

电动助力转向系统常见故障及排除方法见表 5-1。

提示：务必首先排除非电动助力转向系统的原因，如四轮定位、悬架、轮胎等。

表 5-1 电动助力转向系统常见故障现象、故障原因及排除方法

故障现象	故障原因	排除方法
转向沉重	(1) 接插件未插好	(1) 插好插头
	(2) 线束接触不良或破损	(2) 更换线束
	(3) 转向盘安装不正确(扭曲)	(3) 正确安装转向盘
	(4) 转矩传感器性能不良	(4) 更换转向器
	(5) 转向器故障	(5) 更换转向器
	(6) 电动机转速传感器故障	(6) 更换电动机转速传感器
	(7) 车速传感器性能不良	(7) 更换车速传感器
	(8) 主熔断丝和线路熔断丝烧坏	(8) 更换熔断丝
	(9) EPS 控制器故障	(9) 更换 EPS 控制器
在直行时车总是偏向一侧	转矩传感器性能不良	更换转矩传感器
转向力不平顺	转矩传感器性能不良	更换转矩传感器

第三节 制动系统

汽车制动系统的作用是使行驶中的汽车按照驾驶员的要求进行适时的减速、停车或驻车。新能源汽车的制动系统由液压机构、制动盘、制动活塞、制动钳、制动摩擦片等组成，采用电动真空泵作为制动助力的来源。当传感器监测到制动助力器真空度不足时，电动真空泵就开始工作并维持真空状态。另外，电动汽车一般采用线控制动系统(ECB)，系统能根据驾驶员踩制动踏板的位置程度和所施加的力所产生的液压大小计算所需的制动力。

一、新能源汽车制动系统的组成

新能源汽车制动系统主要由制动器、制动压力调节装置、电动真空助力系统等部分组成，如图 5-14 所示。

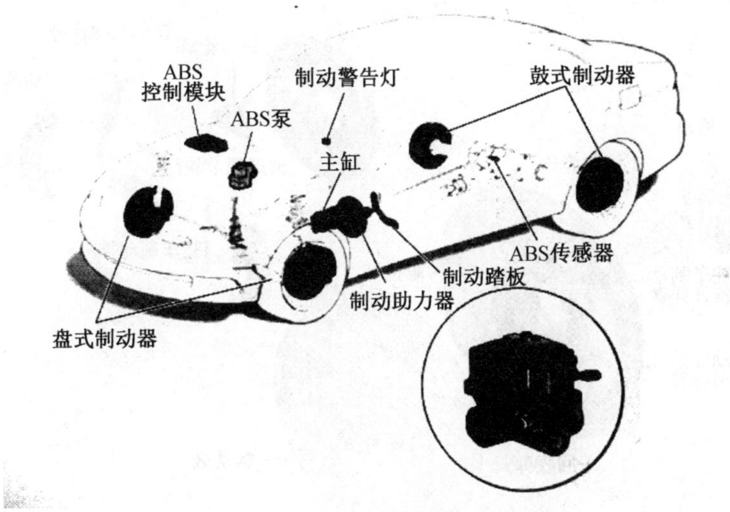

图 5-14 新能源汽车制动系统的组成

1. 制动器

制动器是产生阻碍车辆的运动或运动趋势的力(制动力)的部件。汽车所用的制动器几乎都是摩擦式的,目前可分为鼓式和盘式两大类。鼓式制动器摩擦副中的旋转元件为制动鼓,其工作表面为圆柱面;盘式制动器的旋转元件则为旋转的制动盘,以端面为工作表面。电动汽车所用的制动器主要有前盘后鼓和前后均为盘式制动器两种形式。

盘式制动器效率比鼓式制动器高,但价格比较贵,现在使用的盘式制动器主要为浮钳盘式制动器(图 5-15),制动钳体是浮动的,制动液压缸一般为单侧的,且与液压缸同侧的制动块总成是活动的,而另一侧制动块总成固定在钳体上。鼓式制动器用在后轮上的比较多,兼驻车制动的功能。内张型鼓式制动是利用制动鼓的圆柱内表面与制动蹄摩擦片的外表面作为一对摩擦表面在制动鼓上产生摩擦力矩,如图 5-16 所示。

图 5-15 盘式制动器

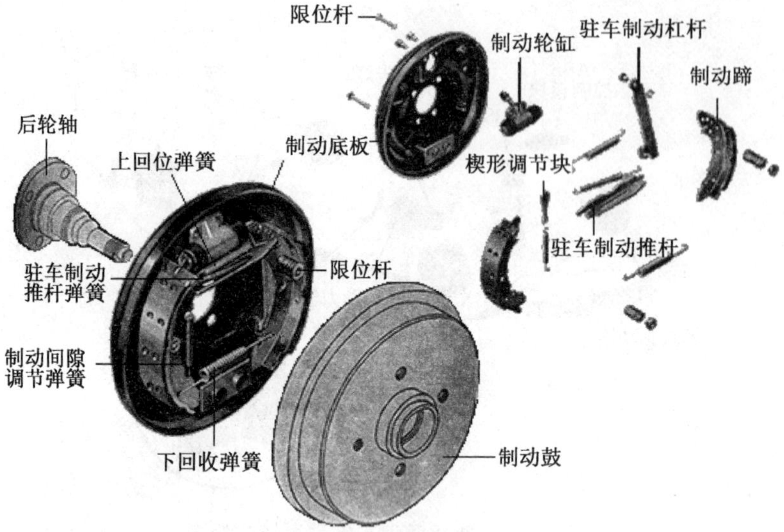

图 5-16　鼓式制动器

2. 制动压力调节装置

现代汽车所使用的制动压力调节装置主要是防抱死制动系统(Anti-locked Braking System,ABS),是一种安全控制制动系统。ABS 能防止车轮制动抱死,保证汽车的制动方向稳定性,防止产生侧滑和跑偏。ABS 通常由轮速传感器、制动压力调节器、电控单元(ECU)和 ABS 警示装置等组成,如图 5-17 所示。

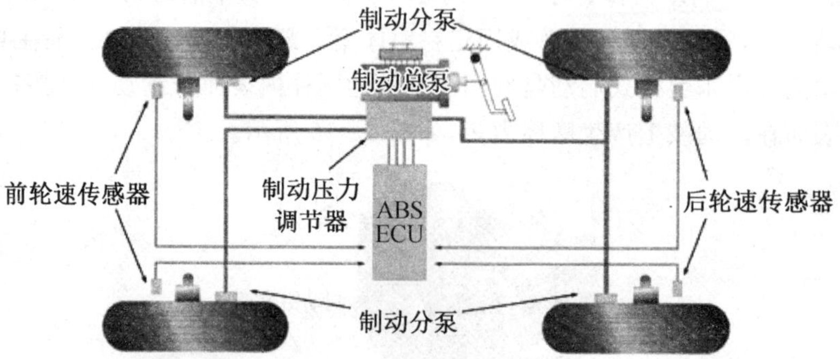

图 5-17　ABS 组成

3. 电动真空助力系统

电动真空助力系统,即 EVP(Electric Vacuum Pump)系统,由真空泵、真空罐、真空泵控制器(有些已集成到 VCU 整车控制器里)以及真空助力器、12V 电源组成,如图 5-18 所示。

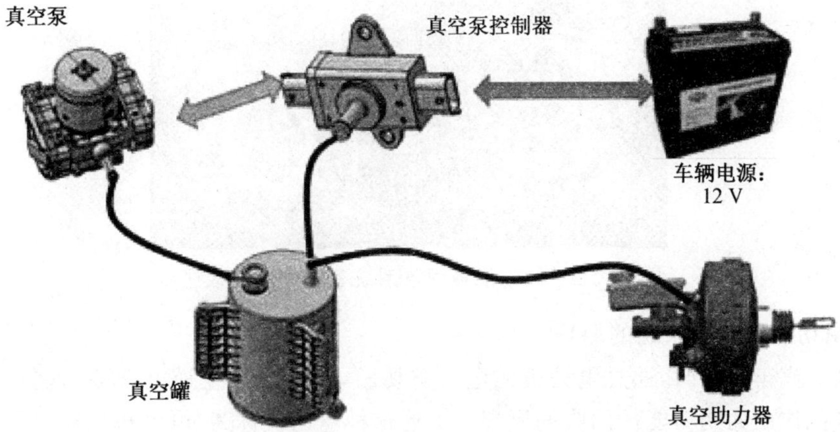

图 5－18　电动真空助力系统组成

二、真空泵的工作原理

当传感器监测到真空助力器的真空度不够时，真空泵（图 5－19）开始工作，以维持真空环境，通过这样的方式确保真空助力器能够像原先一样为驾驶员提供辅助作用。

图 5－19　真空泵

当驾驶员起动汽车时，车辆 12V 电源接通，真空泵控制器开始进行系统自检，如果真空罐内的真空度小于设定值（50kPa），真空罐内的真空压力传感器输出相应电压信号至真空泵控制器，此时真空泵控制器控制真空泵开始工作；如果真空度达到设定值（80kPa），真空压力传感器输出相应电压信号至真空泵控制器，此时真空泵控制器控制真空泵停止工作。当真空罐内的真空度因制动消耗，真空度小于设定值（50kPa）时，真空泵再次开始工作，如此循环。

三、制动能量回收系统

电动汽车之所以称为节能环保汽车，不仅是指它的排放物没有污染，更重要的是它配有能量回收系统，可以将汽车的制动力和惯性力转换为电能并储存于蓄电池中，从而继续作为驱动汽车的动力。能量回收时车辆的仪表板会显示回收状态，如图 5－20 所示。

图 5-20　制动能量回收系统车辆的仪表板显示

1. 制动能量回收系统的原理

当电动汽车制动时,通过电动机的电流被切断,代之而发生逆电动势,这就是使电动机起到发电机作用的制动能量回收的原理。上述这种电动机称为“电动机发电机”。

然而,当制动能量回收制动实施时,如何处理行车制动?行车制动时,制动踏板行程(或强度)如何与制动能量回收系统保持协调关系?这是因为起到制动能量回收作用的制动部分会引起减少行车制动的制动力。

对于行车制动来说,从制动能量回收中所起的作用考虑,必须在减少行车制动的制动力方面配合相应的措施。也就是在制动力减少的同时,制动踏板的踏板力要求与踏板行程相对应。关键是:无论发生或不发生制动能量回收,与通常车辆一样,制动踏板的作用依然存在,为此,人们开发了一种称为行程模拟器(Stroke Simulator)的装置。

2. 制动能量回收系统的能量回收模式

根据车辆运行状况,制动能量回收系统的能量回收具有不同的模式。

(1) 发动机熄火时滑行/制动状态下的能量回收模式。在发动机熄火时滑行/制动状态下的能量回收模式如图 5-21 所示。

在发动机熄火时滑行/制动状态下,发动机与电动机离合器打开,电动机/发电机离合器闭合,能量仅通过电动机/发电机回收。

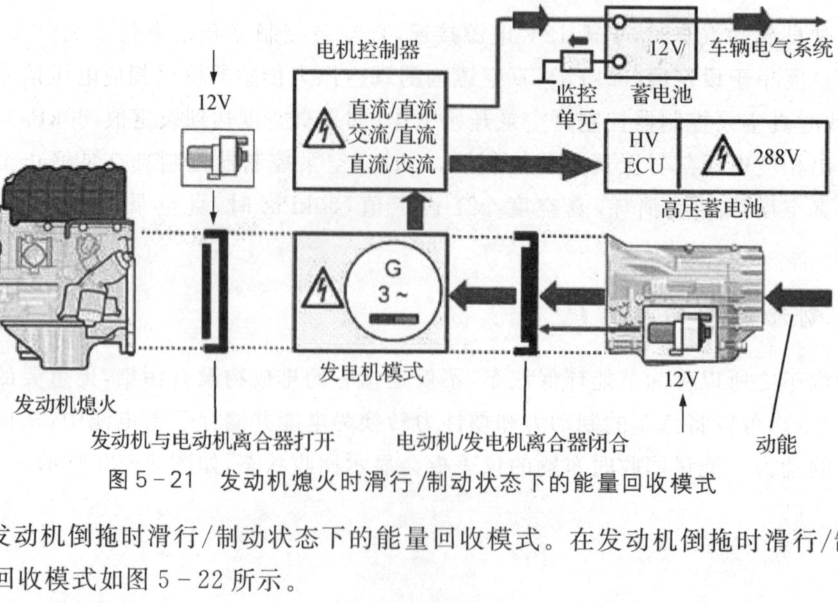

图 5-21　发动机熄火时滑行/制动状态下的能量回收模式

(2) 发动机倒拖时滑行/制动状态下的能量回收模式。在发动机倒拖时滑行/制动状态下的能量回收模式如图 5-22 所示。

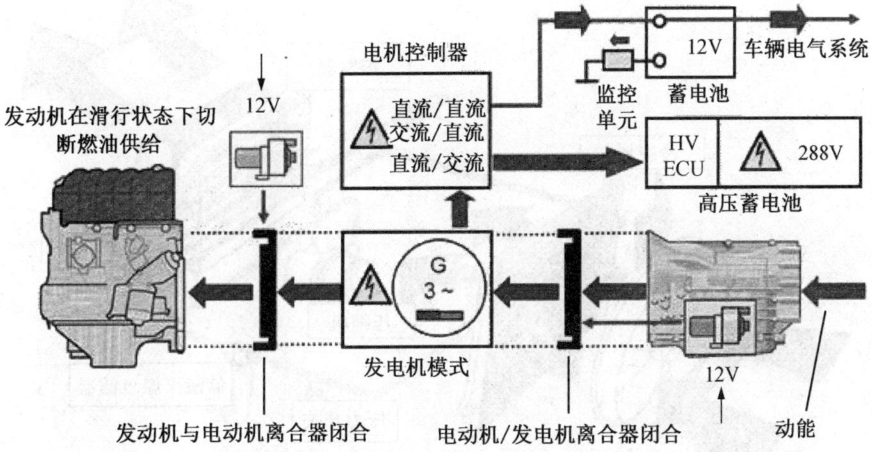

图 5-22　发动机倒拖时滑行/制动状态下的能量回收模式

在发动机倒拖时滑行/制动状态下，发动机与电动机离合器闭合，电动机/发电机离合器闭合，能量除通过电动机/发电机回收外，一部分用于发动机制动(此时发动机切断燃油供给)。

(3) 发动机起动时滑行/制动状态下的能量回收模式。在发动机起动时滑行/制动状态下的能量回收模式如图 5-23 所示。

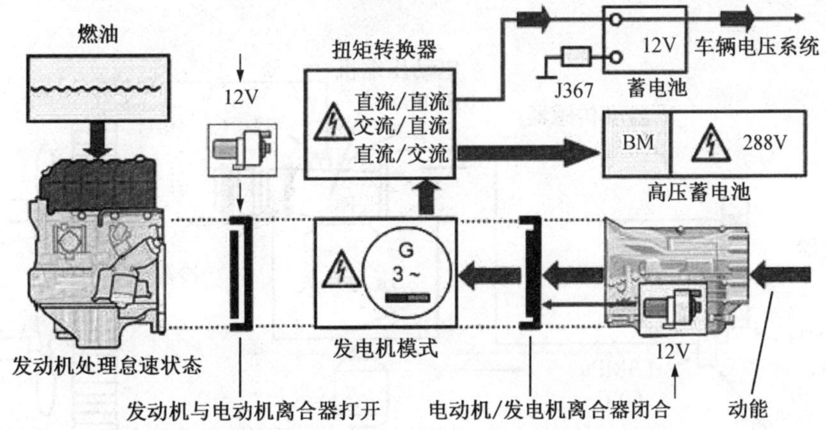

图 5-23　发动机起动时滑行/制动状态下的能量回收模式

在发动机起动时滑行/制动状态下，发动机与电动机离合器打开，电动机/发电机离合器闭合，能量仅通过电动机/发电机回收。

第四节　空调与暖风系统

一、新能源汽车空调制冷系统

1. 新能源汽车空调制冷系统结构组成

新能源汽车空调制冷系统主要由电动压缩机、蒸发器、冷凝器、膨胀阀、压力开关、储液干燥过滤器等组成。制冷系统结构示意图如图 5-24 所示。

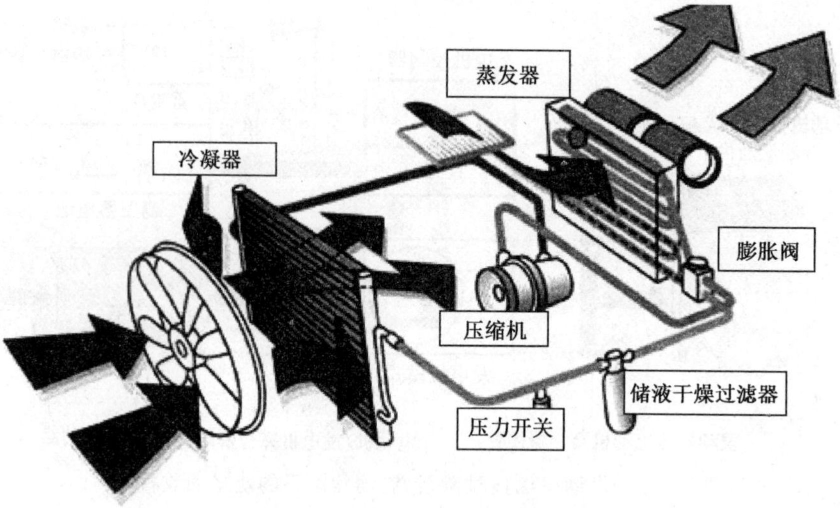

图 5-24 制冷系统结构示意图

2. 新能源汽车制冷系统工作参数

新能源汽车制冷系统的主要工作参数如图 5-25 所示。低压一般在 0.25～0.3MPa，平衡压力一般为 0.6MPa 左右，因受环境温度及加注量共同影响，不可作为主要依据，仅为参考数值。

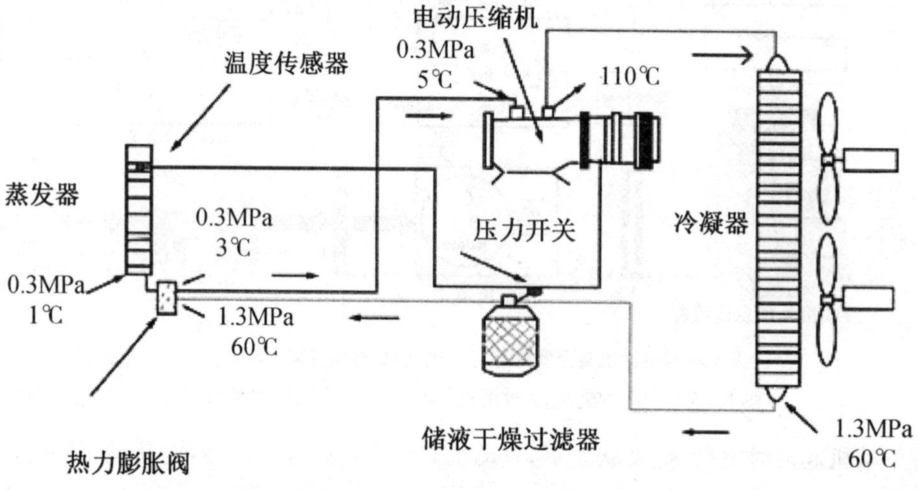

图 5-25 制冷系统的工作参数

3. 新能源汽车制冷剂的工作特性

新能源汽车制冷剂的工作特性与传统车辆相同：高压液态散热，低压气态吸热，如图 5-26所示。

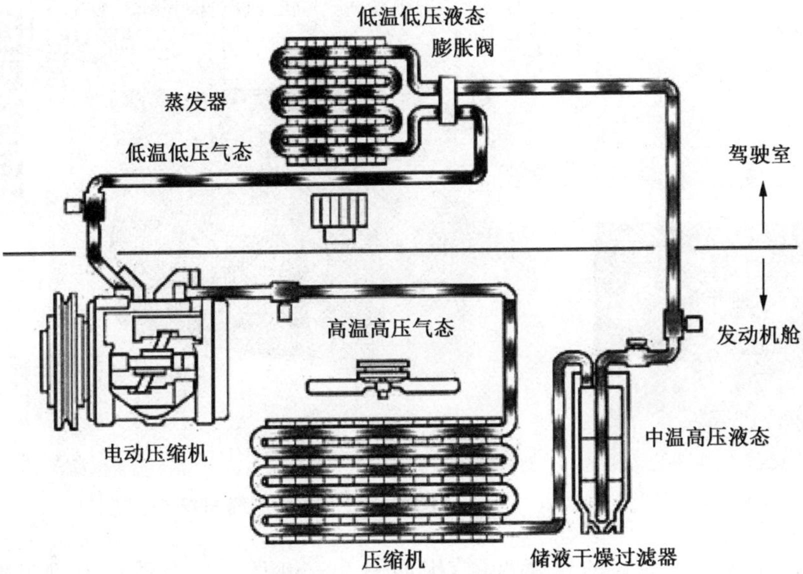

图 5-26　制冷剂的工作特性

4. 新能源汽车制冷系统的控制原理

新能源汽车制冷系统控制原理示意图如图 5-27 所示(以北汽 EV 系列电动汽车为例)。

空调控制面板根据驾驶员的操作需求,发送 AC 信号、冷暖选择信号、鼓风机信号到整车控制器,整车控制器同时接受空调压力开关、温度信号,通过 CAN 传输系统给压缩机控制器驱动压缩机工作,同时整车控制器控制冷凝风扇运转。

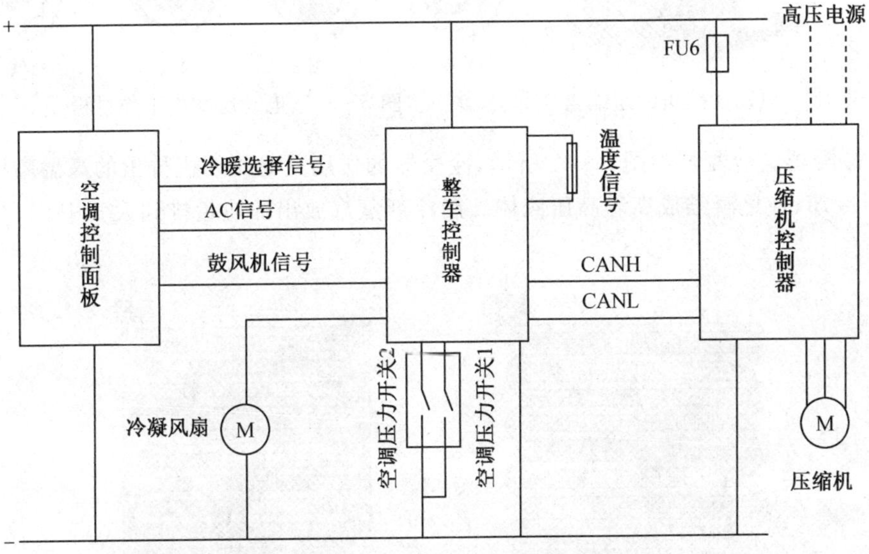

图 5-27　制冷系统控制原理示意图

5. 新能源汽车制冷系统主要部件

(1) 电动压缩机。电动压缩机外形如图 5-28 所示,电动压缩机结构如图 5-29 所示。电动机与压缩机为整体式密闭结构,电动机线圈是浸泡在 R134a 制冷剂和冷冻油中实现散热的。

图 5-28 电动压缩机外形

图 5-29 电动压缩机结构

电动压缩机采用螺旋式的压缩盘，结构如图 5-30 所示。电动压缩机工作过程如图 5-31所示。

图 5-30 电动压缩机的压缩盘

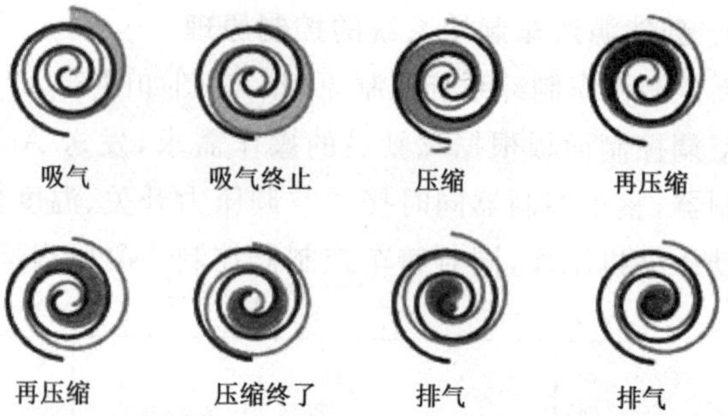

图 5-31 电动压缩机工作过程

(2) 冷凝器。冷凝器如图 5-32 所示，冷凝器的作用是对压缩机排出的高温高压制冷剂蒸气进行冷却，使之凝结成高温高压液体。制冷剂蒸汽放出的热量排到大气中。

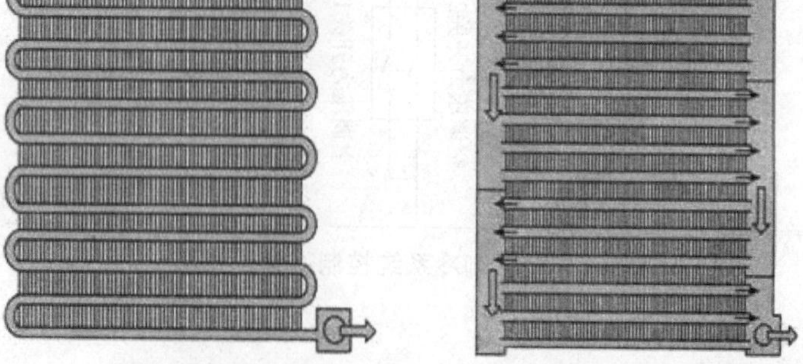

(a) 管带式冷凝器　(b) 平行流式冷凝器

图 5-32 冷凝器

(3) 储液干燥过滤器。储液干燥过滤器如图 5－33 所示，其作用如下：

① 储存制冷剂：接收从冷凝器来的液体并加以储存，根据蒸发器的需要提供所需的制冷剂量。

② 过滤：将系统中经常会出现的杂质和其他脏物，如锈蚀、污垢、金属微粒等过滤掉，这些杂质会损伤压缩机轴承，还会堵塞过滤网和膨胀阀。

③ 吸收系统中的湿气：汽车空调系统中要求湿气越少越好，因为湿气会造成“冰塞”并腐蚀系统管道等，使制冷系统不能正常工作。

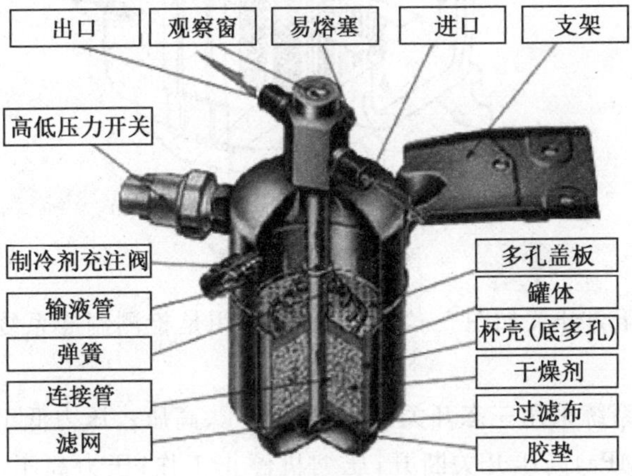

图 5－33 储液干燥过滤器

(4) 膨胀阀。膨胀阀的结构及工作过程如图 5－34 所示，其作用如下：

① 节流降压：使从冷凝器过来的高温高压液体制冷剂节流降压成为容易蒸发的低温低压雾状制冷剂进入蒸发器，即分开了制冷剂的高压侧和低压侧。

② 自动调节制冷剂流量：根据制冷负荷的改变和压缩机转速的变化，自动调节制冷剂进入蒸发器的流量以满足制冷循环的需要。

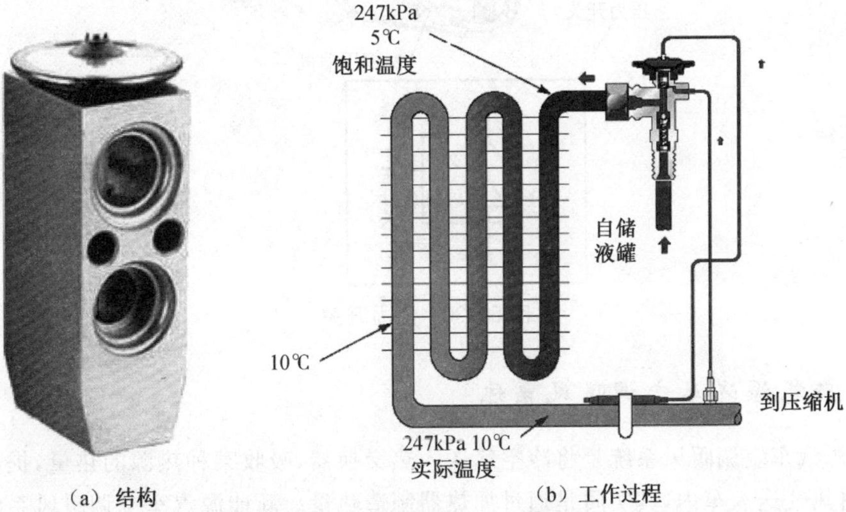

(a) 结构　(b) 工作过程

图 5－34 膨胀阀及其工作过程

(5) 蒸发器。蒸发器如图 5-35 所示，是汽车空调制冷系统中的另一个热交换器。其作用与冷凝器相反，它是将经过节流降压后的液态制冷剂在蒸发器内沸腾汽化，吸收蒸发器表面周围空气的热量而使之降温，风机将冷风吹到车室内达到降温的目的。

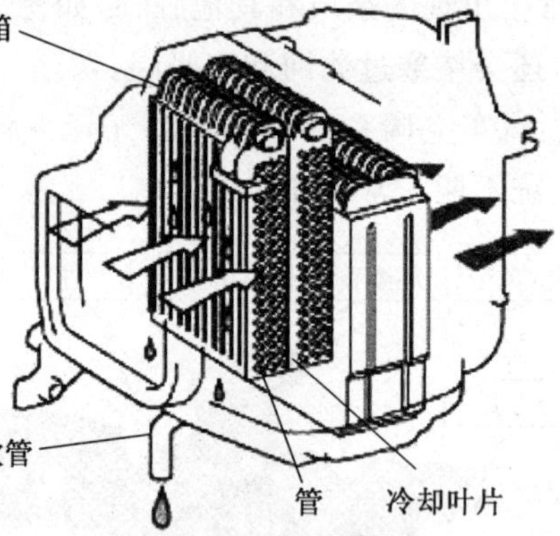

图 5-35 蒸发器

(6) 压力开关。压力开关如图 5-36 所示，其作用是检测制冷系统内部压力，保护制冷系统。

新能源汽车空调系统采用三态开关，即低压、中压、高压。压力低于 0.18MPa，低压开关断开；压力高于 3.14MPa，高压开关断开，压缩机停止工作；压力高于 1.5MPa 中压开关闭合，冷凝风扇高速旋转。

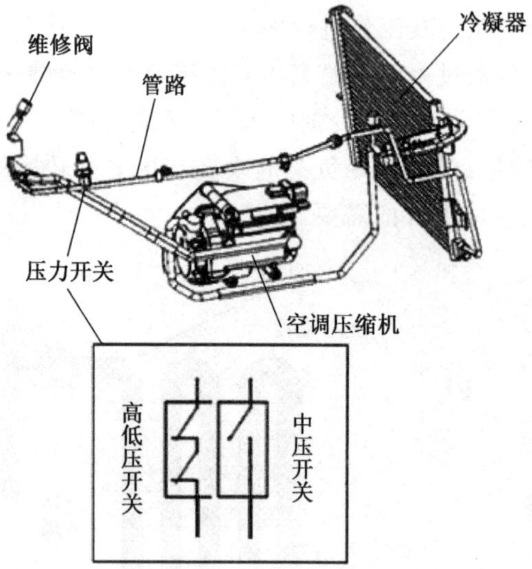

图 5-36 压力开关

二、新能源汽车空调暖风系统

新能源汽车空调暖风系统是将冷空气送入热交换器，吸收某种热源的热量，提高空气的温度，并将热气送入车内，其实质是通过加热器制造热量。新能源汽车空调暖风系统加热器类别见表 5-2。

表 5-2　新能源汽车空调暖风系统加热器类别

产热方式	优势	不足
散热部件余热	无能源损失，不影响动力电池	散热部件工作后才能产生热量，电动汽车散热部件温度相对较低，不能满足制暖需求
燃油加热器	不影响动力电池	由于消耗燃料，加热时间受限制，有燃烧废弃排放。明火燃烧，安全防护措施必须到位
PTC 电加热（包括 PTC 加热水）	发热速度快，温度高（可控）	耗电功率大，需 2kW 以上，对车辆续驶能力有较大影响。PTC 本体由于温度相对较高，需与周边结构件相隔一定空间，以防止结构件受热变形，同时暖风空调系统内海绵及润滑脂因高温会产生异味

新能源汽车的暖风系统通常是利用电加热的方式来产生暖风。电加热的方式有两种：一种是通过加热冷却液，再经过循环为暖风水箱提供热量，另一种是直接加热经过蒸发箱的空气实现暖风。

1. 汽车暖风系统作用

汽车暖风系统的作用如下：

(1) 与蒸发器一起将空气调节至使人感到舒适的温度。

(2) 在寒冷的冬季向车内供暖，提高车内空气的温度。

(3) 当车窗结霜影响司机和乘客的视线，不利于行车安全时，可通过采暖装置吹出热风来除霜。

2. 新能源汽车送风系统的组成

新能源汽车送风系统与传统汽车基本相似，空气通过蒸发器和热交换器形成冷风或暖风和风速，根据驾驶员的需要输送到指定出风口。新能源汽车送风系统由鼓风机、风道、风门和出风口等组成，如图 5-37 所示。

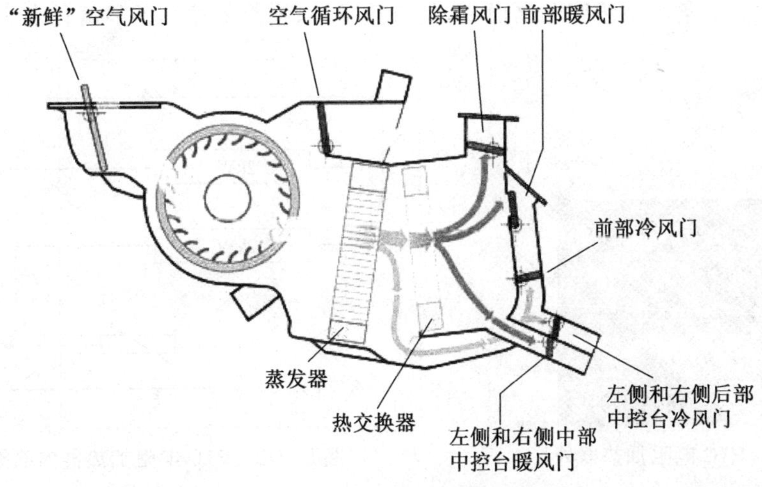

图 5-37　汽车送风系统组成

新能源汽车暖风系统如图 5-38 所示，由风机调速电阻、电子开关模块、风机、轮式换风器（Positive Temperature Coefficient，PTC）、电阻加热器、温度传感器，出风风道、出风口等元件构成,电子开关模块包括场效应管(MOSFET)光电耦合器等部件。PTC 加热器作为加热元件,通过动力电池为其供电,由电子开关模块控制其通电发热,风机和轮式换风器实现暖风的输送及风向的改变。暖风热源采用 PTC 电阻加热器,安全可靠,能自行调整驾驶室内温度。

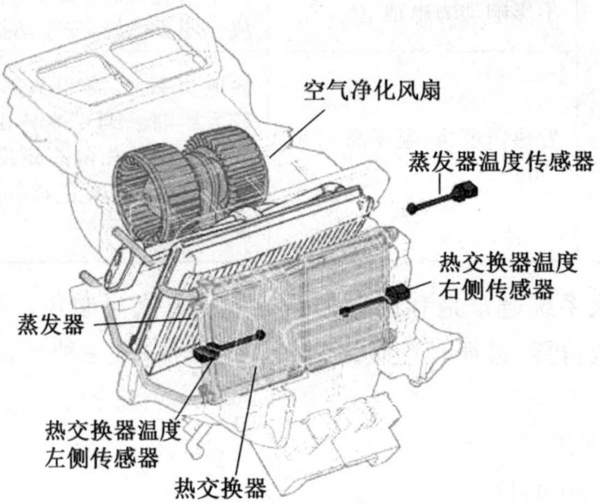

图 5-38　汽车暖风系统组成

3. PTC 电阻加热器加热方式

新能源汽车暖风系统与传统汽车主要区别在于加热方式不同,以北汽 EV 系列电动汽车为例,介绍新能源汽车暖风的加热方式(还有一种用加热丝加热冷却液来取暖的方式本教材不作介绍)。

由于电动汽车空调系统改由高压电带动工作,因此现在的纯电动汽车的空调采用 PTC 电阻元件加热来提供暖风。PTC 是一种直热式电阻材料,通电时将会产生热量。PTC 电阻加热器外形及内容电路如图 5-39 和图 5-40 所示,采用 PTC 热敏陶瓷元件,由若干单片组合后与波纹散热铝条经高温胶黏结而成,具有热阻小、换热效率高的显著优点。

图 5-39　PTC 电阻加热器外形

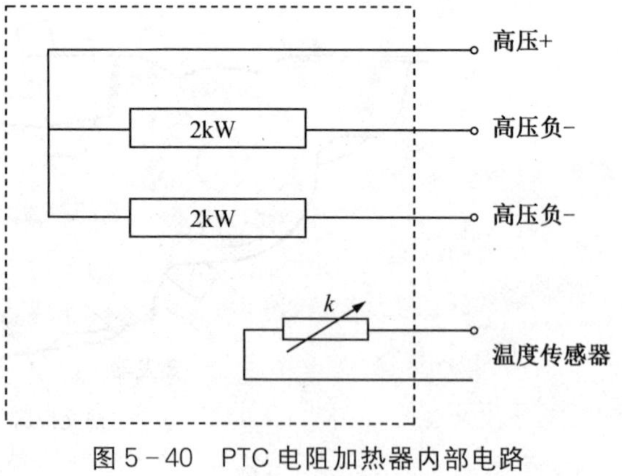

图 5-40　PTC 电阻加热器内部电路

PTC 具有恒温发热特性(图 5-41),其原理是 PTC 电阻通电后自热升温使阻值进入跃变区,恒温加热 PTC 电阻,其表面温度将保持恒定值,该温度只与 PTC 电阻的居里温度 T_c 和外加电压有关,而与环境温度基本无关。

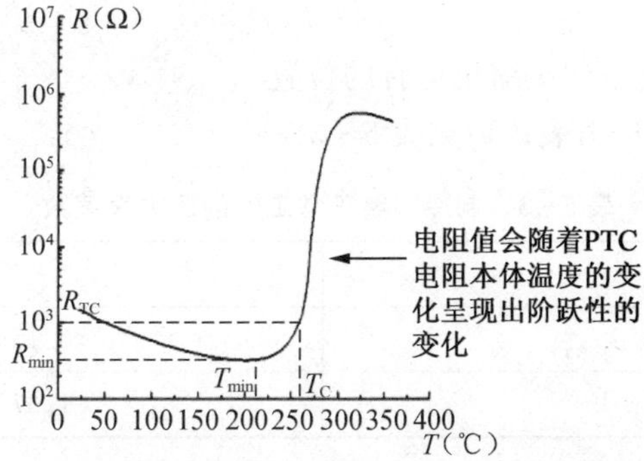

图 5-41 PTC 电阻与温度变化关系图

居里温度 T_C:是 PTC 特性描述主要参数之一。定义在温度曲线上升段,其阻值为最低阻值 2 倍时所对应的温度。物理意义可理解为 PTC 电阻急剧上升的突变点。

其工作原理:接通电源主开关后,空调继电器为压缩机控制器、PTC 控制器和 PTC 提供电源。PTC 控制器根据来自空调面板的暖风请求信号(CAN-H 和 CAN-L)以及温度传感器信号,控制 PTC 加热器工作。PTC 元件通电后加热周围空气,风扇把 PTC 元件周围的热空气吹入驾驶室。

新能源汽车上 PTC 元件加热方式的优势是发热速度快、温度高并且方便调控。不足之处是:耗电功率大,需 2kW 以上,对车辆驶航能力有较大影响。PTC 元件本体由于温度相对较高,需与周边结构件相隔一定空间,防止结构件受热变形,同时暖风空调系统内海绵及润滑脂因高温会产生异味。

三、新能源汽车空调检修

1. 维修注意事项

(1) 压缩机绝缘电阻应为 20MΩ 以上。

(2) 遵守高压部件的安全操作规程。

(3) 拆解后应及时密封各管路开口,防止水或湿空气进入系统。

(4) 冷冻油(压缩机润滑油)为具有高压绝缘性能的专用润滑油,与传统汽车不同,勿混用。

(5) 连接安装各管路接口时注意管口清洁,O 形圈需涂抹冷冻油。

(6) 制冷剂的加注量按要求执行。

(7) 制冷剂喷出时注意个人防护,避免接触冻伤、吸入及误入眼睛。

2. 电动压缩机常见故障诊断

电动压缩机的故障一般采用检查系统压力的方法进行诊断。

(1) 压力测量。在满足下列条件后读取歧管压力表压力,测试条件为:

① 起动车辆。

② 鼓风机转速控制开关置于“HI”位置。

③ 温度调节旋钮置于“COOL”位置。

④ 打开空调开关。

⑤ 车门全开。

⑥ 点火开关置于可使空调压缩机运转的位置。

正常工作的制冷系统压力表读数见表 5－3。

表 5－3　制冷系统正常工作的压力表读数

压力	读数
低压	0.15～0.25MPa
高压	1.37～1.57MPa

压缩机压缩量不足时，制冷系统压力表读数见表 5－4。

表 5－4　系统压力故障的压力表读数

压力	读数	可能原因	诊断	纠正措施
低压	高	压缩机内部泄漏	压缩能力过低，阀门损坏引起泄漏，或零件可能断裂	更换压缩机
高压	低			

导致汽车空调制冷不足的故障原因很多，在诊断时应熟练掌握制冷系统的工作原理，利用系统的高、低压力，并配合各部位的温度变化，根据不同元件故障的特征，进行确认与排除。

(2) 空调电动压缩机故障。压缩机不转的原因，首先看空调制冷请求信号发送的条件是否满足。

① A/C 按键是否有效。

② 空调系统压力处于非高压、非低压状态。

③ 压缩机起停时间间隔≥10s。

④ 蒸发器温度≥4℃。

⑤ 鼓风机运转。

在满足空调上述制冷条件的前提下，如果压缩机仍不运转，应检查压缩机电路和压缩机总成。

第五节　充电系统

一、新能源汽车充电系统的组成

充电系统是为电动汽车提供电能的补给系统。其充电设施直接接入电网，是电网的组成部分。充电系统主要由充电桩、充电线束、车载充电机、高压控制盒、动力电池、DC/DC 转换器、低压蓄电池以及各种高压线束和低压控制线束等组成。

1. 充电桩

充电桩可分为直流充电桩和交流充电桩，通常电动汽车充满电需要 6～8h。智能交流充电桩与直流充电桩作为电动汽车充电的辅助设备，提供充电接口、人机接口等功能，对电动汽车的充电进行控制。充电桩由经过二次开发后的嵌入式单片机作为主控制器，包括 IC 卡管理、充电接口管理、凭据打印、联网监控等功能，是充电操作人员进行操作的人机界面。电动汽车充电桩如图 5－42 所示。

图 5－42　电动汽车充电桩

2. 车载充电机

电动汽车车载充电机从供电电源获得能量，经过转换和整理后，以合适的方式传递给动力电池，从而建立了供电电源和动力电池之间的功率转换接口。目前我国的电能主要以交流电的方式供给，但随着能源方式的变化以及各类储能设备的出现，特别是多种储能设备的投入使用，直流电的应用有所拓展。将交流电转换为直流电对电池组进行充电的设备叫交流充电机；将直流电按照需求进行整流变压之后直接对电池进行充电的设备叫直流充电机。车载充电机如图 5－43 所示。

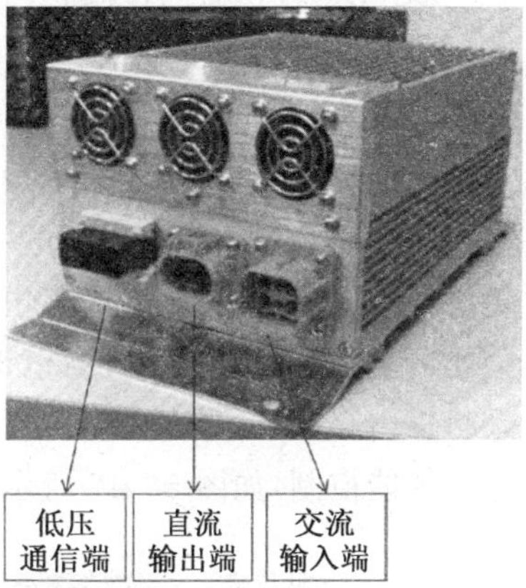

图 5－43　车载充电机

3. 高压控制盒

高压控制盒的作用是完成动力电池的输出及分配，实现对支路用电器的保护及切断。高压控制盒如图 5－44 所示。

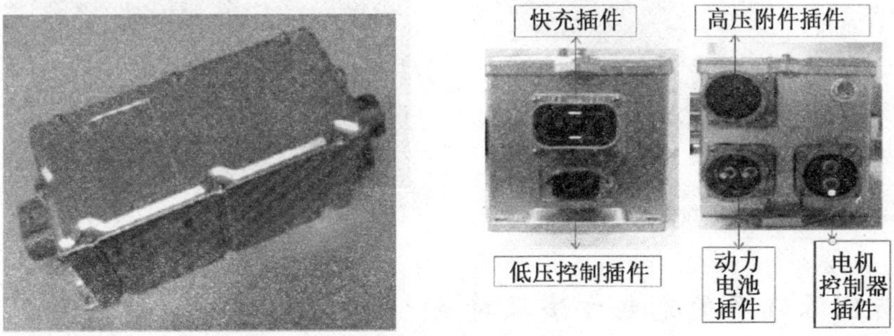

图 5－44　高压控制盒

4. 动力电池

动力电池作为新能源汽车三大关键技术之一，各大车企和研究机构都不遗余力地投入了大量资源进行研发。中国动力电池市场以本土企业占主导，比亚迪和宁德时代技术领先，规模效应导致成本下降明显，在竞争中占据绝对优势。三元锂电池和磷酸铁锂电池在乘用车和商用车领域都为主导应用，目前乘用车电池以三元锂电池为主，商用车电池以磷酸铁锂电池为主，如图 5－45 所示。

图 5－45　动力电池

动力电池为电动汽车提供高压直流电，主要由正极、负极、电解液、隔膜等组成，要求高能量密度、长寿命、可靠安全。其工作原理是通过正负极材料及电解液之间的化学反应产生电子的移动从而产生电流。

5. DC/DC 转换器

DC/DC 转换器的作用相当于传统汽车的发电机，将动力电池的高压电转化为低压电给蓄电池及低压系统供电，如图 5－46 所示。

6. 低压蓄电池

无论是传统汽车、混合动力汽车，还是纯电动汽车，都离不开低压蓄电池。低压蓄电池是将化学能直接转化成电能的一种装置，并且可通过可逆的化学反应再充电。常见的 12V 蓄电池主要分为四类：普通蓄电池、干荷蓄电池、湿荷蓄电池和免维护蓄电池。目前汽车上使用的基本上都是免维护蓄电池。新能源汽车，特别是纯电动汽车，12V 蓄电池不需要给起动机提供起动时的大电流，容量变小，另外，内部结构一般具有智能控制模块，用于对蓄电池进行智能控制，如图 5－47 所示。例如，蓄电池电源低时，关闭多媒体系统的电源。

图 5－46　DC/DC 转换器

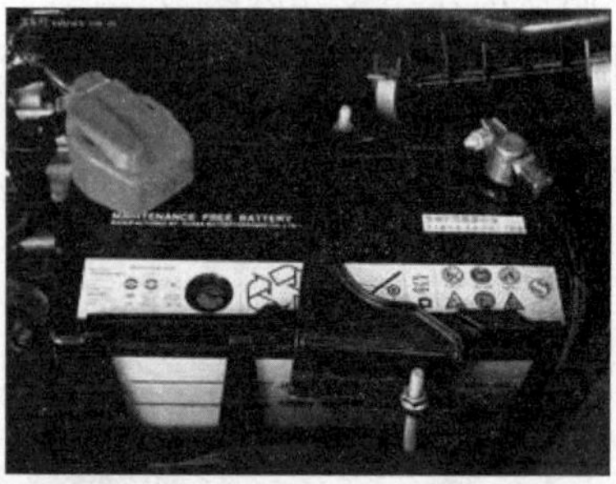

图 5－47　车用 12V 蓄电池

二、新能源汽车的充电方法及特点

对于为动力电池充电而言，往往关注的是充电时间。对于不同类型或不同材料的动力电池，充电时间自然会有所不同。但对于同一种电池，充电的时间也往往与充电方案有关，充电方案不同，又称为电池的充电模式不同。

对于动力电池而言，充电模式通常可分为三类，即正常充电模式（慢充）、快速充电模式

(快充)和更换电池模式等。快充和慢充的区别是：快充主要是通过充电站的充电桩将直流高压电直接通过直流充电口给动力电池充电；慢充主要是通过家用电源插头和交流充电桩接入交流充电口，通过车载充电机将220V交流电转为和车载高压相匹配的直流电给动力电池进行充电。

1. 正常充电模式

正常充电模式的选取是在保证电池使用寿命的情况下，参考电池的性能和结构等因素，所设定的一个充电范围。在这个范围下充电，既能够确保电池达到所设定的电池使用性能和容量，又能确保动力电池长期使用时的寿命。对于不同的电池，其正常充电模式也不一样。对于不同容量的电池，其充电电流也不相同。对于同一类电池，充电电流的大小与容量相适应。正常充电模式充电电流相当低，约为15A，这种充电称为常规充电，或交流慢充或慢速充电。常规蓄电池的充电方法都采用小电流的恒压或恒流充电，一般充电时间为5～8h，甚至长达10～20h。这种充电方式利用车载充电机进行充电，接220V交流电即可。

常规充电模式的优点如下：

(1) 尽管充电时间较长，由于所用功率和电流的额定值并不是关键问题，因此充电器价格和安装成本比较低。图5-48所示为壁挂式交流充电桩，可安装在车库内使用。

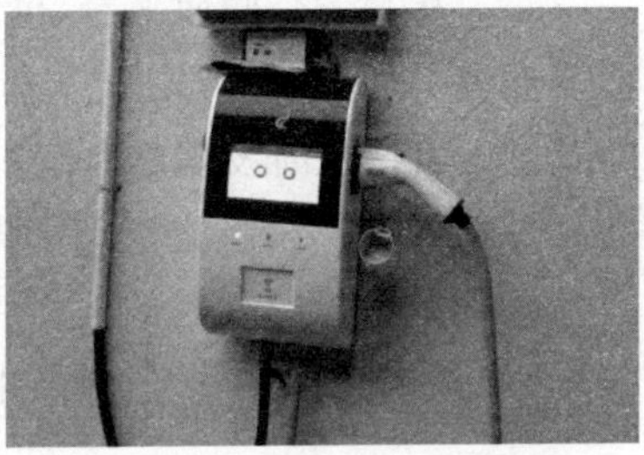

图5-48　壁挂式交流充电桩

(2) 可充分利用电力低谷时段进行充电，降低充电成本。电动汽车依靠充电桩在夜间低谷充电，有利于改善电网运行质量，减少电网为平衡峰谷差投入的费用，可以说基本上不增加电网的负荷。

(3) 可提高充电效率和延长电池的使用寿命。与快速充电相反，常规充电的充电电流小，有利于提高充电效率和延长电池的使用寿命。常规充电模式的主要缺点是充电时间过长，难以满足车辆紧急运行的需求。此外，我国城市的建筑密度也无法满足电动汽车对充电桩的需求，因我国城市的建筑结构以高楼为主，地面停车场数量有限，这样会造成有的车充不上电。这种充电模式通常适用于续驶里程大的电动汽车且利用晚间停运时间进行充电，可满足车辆第二天运营需要的情况。

2. 快速充电模式

快速充电模式是指对电池充电的过程通过较大电流，实现对电池快速补充电能。快速充电又称直流快充或应急充电。对于动力电池而言，快速充电必须在满足电池的基本性能及安全前提下，对电池不能造成损伤的最大允许充电电流。为了实现较大充电电流，通常都是通过提高充电压差来实现的。在快速充电过程中，电池和充电机的压差增大，电流加大，同时造成电池的充电热量增加。虽然很多动力电池厂家提供了快充标准，但是相对于动力电池来讲，若不是情况特殊，且要在规定时间内能够充满电能，通常不允许快速充电。需要说明的是，动力电池偶尔快速充电，对使用寿命影响不显著，但长时间快速充电，会影响动力电池的使用寿命，缩短循环次数，降低容量，而且容易发生安全事故。

快速充电不但受电池性能影响，还和充电机的性能有关。快速充电需要充电机提供更大的电流来满足充电要求，充电机就会处于高负荷运转，甚至容易造成超负荷运转，导致充电机的毁坏。所以,在选择快速充电时必须要慎重。

快速充电模式的优点是充电时间短。但是,相对常规充电模式,快速充电也存在一定的缺点,如充电站建设及运营成本过高。

3. 更换电池模式

利用加油站场地资源建设更换电池组的站点,在北京电动出租车行业率先推出。直接更换电动汽车的电池组时需要考虑的是:由于电池组质量较大,更换时的专业化要求较高,故需配备专业人员借助专业机械来快速完成电池的更换、充电和维护。采用这种模式,具有以下优点:

(1) 电动汽车用户可租用充满电的蓄电池,来更换需要充电的蓄电池,有利于提高车辆使用效率,也提高了用户使用的方便性和快捷性。

(2) 对更换下来的蓄电池,可以利用低谷时段进行充电,既降低了充电成本,又提高了车辆运行的经济性。

(3) 从另一个侧面来看,也解决了充电时间乃至蓄存电荷量、电池质量、续驶里程不足及价格高等难题。

(4) 可以及时发现电池组中单元电池的故障,对于电池的维护工作具有积极意义,且电池组放电深度的降低也有利于提高电池的使用寿命。

应用这种模式面临的几个主要问题是:电池与电动汽车的标准化,电动汽车的设计改进、充电站的建设和管理,以及电池的流通管理等。

三、新能源汽车充电系统的工作原理

以北汽新能源 EV 系列电动汽车为例,介绍充电系统的结构组成与工作原理。

1. 充电系统低压设计的功能

纯电动汽车充电系统低压部分主要用于低压供电及控制信号。

(1) 车载充电机相关低压部分。12V 电源(低压蓄电池)供电:供充电过程中 BMS、VCU、仪表等用电;CAN 通信:BMS 通过 CAN 通信控制车载充电器工作状态;CAN 网络系统,如图 5-49 所示。

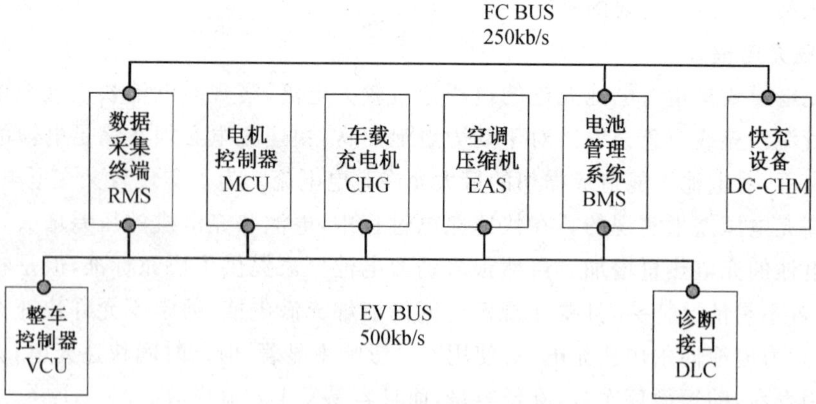

图 5-49 充电系统相关的 CAN 网络结构示意图

(2) DC/DC 转换器低压部分。通过控制 DC/DC 转换器的开关机,电源提供整车低压系统的 12V 用电。低压充电系统控制方式如图 5-50 所示。

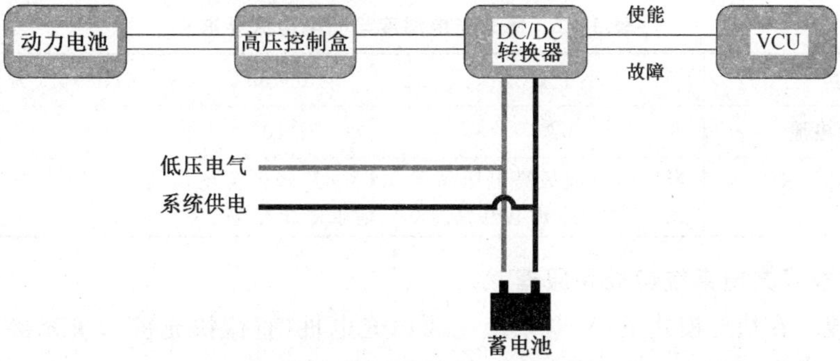

图 5-50 低压充电系统控制方式

(3) 其他相关的低压部分。比如充电接口相关低压部分等。

2. 慢充和快充控制策略

(1) 充电系统控制过程。作为纯电动汽车的核心,动力电池的充电过程由 BMS 进行控制及保护。

车载充电机工作状态及指令均由 BMS 发出的指令进行控制,包括工作模式指令、动力电池允许最大电压、充电允许最大电流、加热状态的电流。

快充和慢充的流程均为:采用恒流—恒压充电方法,先在不同温度范围内以恒定电流充电至动力电池组,当总电压达到或最高单体电压达到此温度条件下的规定电压时,再以恒定电压充电至电流小于 0.8A 后停止充电。

慢充控制顺序见表 5-5。

表 5-5 慢充控制顺序表

车载充电器	动力电池及 BMS	VCU、仪表及数据采集终端
220V 通电	待机	待机
12V 低压供电等待指令	唤醒	唤醒
接收指令并执行加热流程	BMS 检测电池状态并发送加热指令	
接收指令并停止工作	BMS 监控电池温度并发送停止指令	
接收指令并执行充电流程	BMS 待充电器反馈后发送充电指令	
接收指令并停止工作	BMS 监控电池状态并发送完成指令	
完成后 1min 控制充电桩结算	待机	待机

(2) 充电温度与充电电流的要求。快充采用地面充电桩充电,快充充电温度与充电电流要求(非车载充电机模式下充电要求)见表 5-6。

表 5-6 快充充电温度与充电电流要求

温度	小于 5℃	5～15℃	15～45℃	大于 45℃
可充电电流	0A	20A	50A	0A
备注	恒流充电至 343V/3.5V 以后转为恒压充电方式			

慢充充电温度与充电电流要求(车载充电机模式下充电要求)见表 5-7。

表 5-7 慢充充电温度与充电电流要求

温度	小于 0℃	0～55℃	大于 55℃
可充电电流	0A	10A	0A
备注	当单体电池最高电压高于 3.6V 时,降低充电电流到 5A;当单体电池电压达到 3.7V 时,充电电流为 0A,请求停止充电		

3. 快充模式充电系统组成和原理

(1) 组成。在快充模式下,充电系统主要由充电桩(直流快充桩)、快充接口、高压控制盒、动力电池、整车控制器、高压线束和低压控制线束等组成。

(2) 快充模式充电系统结构原理图。快充模式充电系统结构原理图如图 5-51 所示。

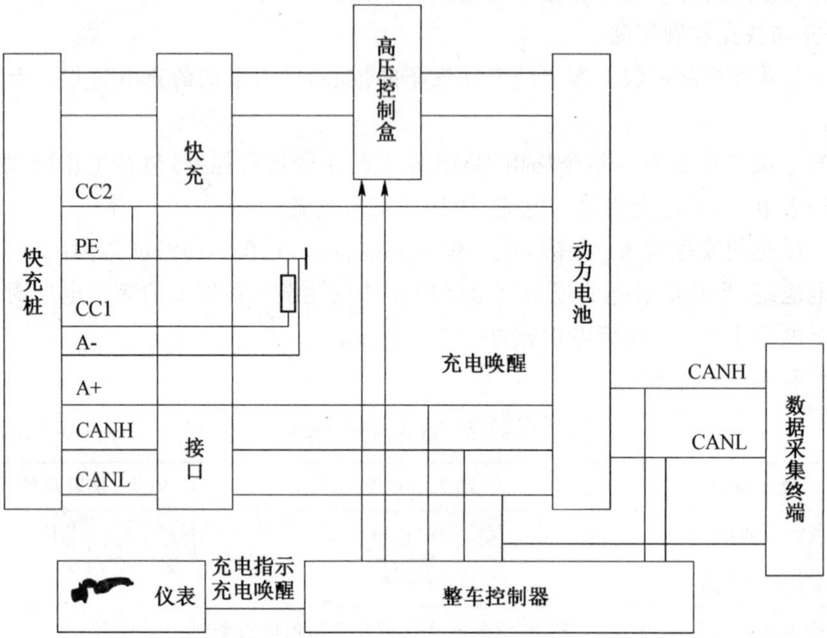

图 5-51 快充模式充电系统结构原理图

整车控制器是快速充电功能的主控模块。将快速充电接口由充电桩连接至车辆快充接口以后,整车控制器通过 CC 线判断充电接口已经正确连接,并启用唤醒线路唤醒车辆内部充电系统电路及部件。整车控制器通过输出高压接触器接通指令至高压控制盒,实现快速充电桩与动力电池之间高压电路的接通,当接通并实现充电时,整车控制器向仪表输出正在充电的显示信息。

(3) 快充模式充电条件。

① 充电线连接确认信号正常。

② BMS 供电电源正常(12V)。

③ 充电唤醒信号输出正常(12V)。

④ 充电桩、VCU、BMS 之间通信正常(主继电器闭合、发送电流强度需求)。

⑤ 动力电池单体电池温度>5℃/<45℃。

⑥ 单体电池最高电压与最低电压差＜0.3V(300mV)。

⑦ 单体电池最高温度与最低温度差＜15℃。

⑧ 绝缘性能＞20MΩ。

⑨ 实际单体最高电压不大于额定单体电压0.4V。

⑩ 高、低压电路连接正常(远程开关处于关闭状态)。

4. 慢充模式充电系统组成和原理

(1) 组成。在慢充模式下,充电系统主要由供电设备(充电桩)、慢充接口、车载充电机、高压控制盒、动力电池、整车控制器(VCU)、高压线束和低压控制线束等组成。

(2) 慢充模式充电系统结构原理图。慢充模式充电系统结构原理图如图5-52所示。

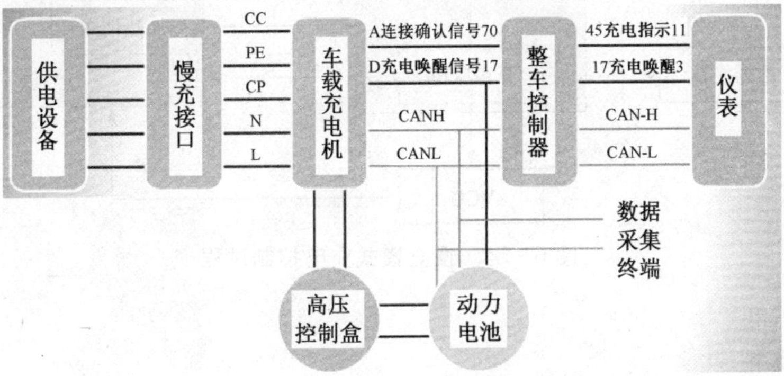

图5-52 慢充模式充电系统结构原理图

连接充电枪,通过车载充电机反馈到整车控制器,唤醒仪表显示连接状态(负触发);车载充电机同时唤醒整车控制器和动力电池管理模块(正触发),整车控制器唤醒仪表起动显示充电状态(负触发);正、负主继电器由整车控制器发出指令,并由动力电池管理模块控制闭合。

慢充模式充电系统工作电路(图5-53),充电桩通过CC连接确认信号后,把S1开关从12V端切换到PWM端;当检测点1电压降到6V时,充电桩K1/K2开关闭合输出电流。

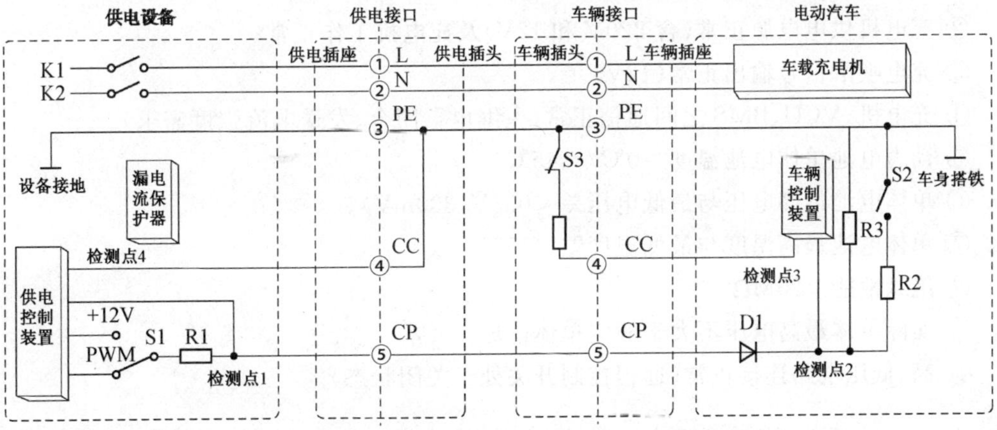

图5-53 慢充模式充电系统工作电路图

（3）慢充模式控制充电流程。慢充模式充电控制过程如图 5-54 所示。

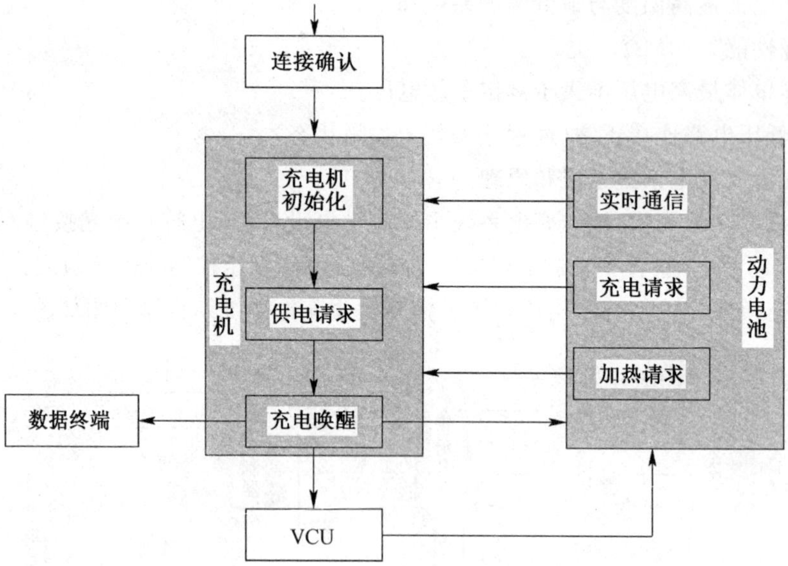

图 5-54　慢充模式充电控制过程

① 交流供电。

② 充电唤醒。

③ BMS 检测充电需求。

④ BMS 给车载充电机发送工作指令并闭合继电器。

⑤ 车载充电机开始工作，进行充电。

⑥ 电池检测充电完成后，给车载充电机发送停止指令。

⑦ 车载充电机停止工作。

⑧ 电池断开继电器。

（4）慢充模式充电条件。

① 充电线连接确认信号正常。

② 充电机供电电源正常（含 220V 和 12V）及充电机工作正常。

③ 充电唤醒信号输出正常（12V）。

④ 充电机、VCU、BMS 之间通信正常（主继电器闭合、发送电流强度需求）。

⑤ 动力电池单体电池温度＞0℃/＜45℃。

⑥ 单体电池最高电压与最低电压差＜0.3V（300mV）。

⑦ 单体电池最高温度与最低温度差＜15℃。

⑧ 绝缘性能＞20MΩ。

⑨ 实际单体最高电压不大于额定单体电压 0.4V。

⑩ 高、低压电路连接正常（远程控制开关处于关闭状态）。

第六章　北汽纯电动汽车检修

第一节　北汽新能源电动汽车概况

一、北汽新能源电动汽车典型车型

目前，北京新能源汽车股份有限公司主要推出的车型有 EC180、EV160/200、EX200、EU260、EH300、物流车等。

1. EC180 型

2017 年 2 月，北汽新能源旗下全新纯电动车 EC180 型在北京怀柔正式上市。此次共推出灵动版和灵秀版两款纯电动微型车。

北汽 EC180 型如图 6－1 所示，搭载了一台最大功率为 41PS(PS 是马力的单位名称，1 PS＝735.499W)、峰值扭矩为 140Nm 的电动机，电力来自于一套容量为 20.3kWh的电池组。电池组为高性能三元锂动力电池，同时自带低温预加热功能，冬季充电无障碍。

图 6－1　北汽 EC180 型

EC180 型的最大续驶里程为 180km，新欧洲行驶(NEDC)工况下续驶里程则为 156km，最高车速超过 100km/h。

2. EV160/200 型

北汽新能源 EV160/200 型是北京新能源汽车股份有限公司于 2014 年年底推出的一款纯电动汽车。

北汽 EV160 型如图 6－2 所示，选用普莱德磷酸铁锂电池，电池蓄电压为 25.6V，综合工况下续驶里程超过 160km，经济时速下续驶里程可达到 200km。搭载北汽自主研发的高性能轻量化永磁同步电机，最大功率为 53kW，0～50km/h 加速时间仅为 5.3s，最高车速达 125km/h，性能相当于 2.0L 排量传统燃油发动机。

EV200 型作为 EV160 型的改款，具有动感时尚、超强性能、科技配置、全面安全、健康环保等特点，综合路况下续驶可超 200km，经济时速下续驶可达 260km，外观如图 6－3 所示。

2016 年，北汽新能源汽车股份有限公司在 EV160/200 型 2014 款的基础上推出了 2016 全新款，新款车辆基本保留了老款车型的技术参数，仅在机舱布置、遥控钥匙、中控台、轮毂及前格栅等做出改变，北汽 EV160/200 型新旧两款对比见表 6－1。

图 6-2　北汽 EV160 型

图 6-3　北汽 EV200 型

表 6-1　北汽 EV160/200 型新旧两款对比

不同之处	2014 款	2016 款	注释
机舱布置			集成式 PDU
遥控钥匙	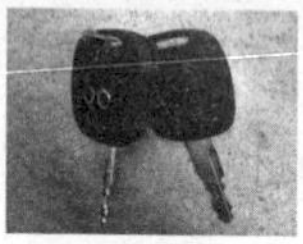		折叠遥控钥匙，增加了后备厢遥控开启功能
中控台			10.4in 中控触屏
轮毂			双色铝轮辋
前格栅			优化前格栅色彩方案，由原来的哑光色改为亮色

3. EX200 型

北汽 EX200 型如图 6-4 所示，是北汽新能源旗下首款纯电动 SUV 车型，北汽 EX200 型是基于绅宝 X25 型打造的。EX200 型通过纯电动智能科技、专业 SUV 底盘，再加上新车所搭载的北汽新能源 e-Motion Drive 超级电驱动技术。EX200 型在快充模式下只需 30min 就可以充至 80%的电量，能够达到 160km 的续驶里程，在慢充模式下也仅需 4～5h 即可充满，保证了车辆的高利用性。

图 6-4　北汽 EX200 型

4. EU260 型

北汽 EU260 型采用锂离子动力电池，车辆综合续驶里程长达 260km，永磁同步电机最大扭矩为 260Nm，从起步加速到 50km/h 仅需要 4s，在 9s 内即可完成 0～100km/h 加速。借助快充技术，EU260 型可在 30min 内补充 80％的电量，出众的性能足以满足日常出行需求。

二、纯电动汽车的结构及主要部件功能

1. 纯电动汽车结构

纯电动汽车主要由驱动电机、底盘、车身和电气设备四大部分组成。电力驱动控制系统的组成与工作原理如图 1－9 所示，它由电力驱动主模块、车载电源模块和辅助模块三大部分组成。

(1) 电力驱动主模块。电力驱动主模块由中央控制单元(整车控制器)、电机驱动控制器(功率转换器)、电动机、机械传动装置和驱动车轮等部分组成。

电动机在电动汽车中被要求承担电动机和发电机的双重功能，即在正常行驶时发挥其主要的电动机功能，将电能转化为机械能；在减速和下坡滑行时又被要求进行发电，将车轮的惯性动能转化为电能。

整车控制器根据从制动踏板、挡位和加速踏板输入的信号，发出相应的控制指令，对电动机的转速和转矩进行控制。同时又对整车能量管理和功率转换进行协调控制，实现能量回收和能量匹配。

电机驱动控制器是按中央控制单元的指令和电动机的速度、电流反馈信号，对电动机的速度、驱动转矩和旋转方向进行控制。驱动控制器必须和电动机配套使用。

机械传动装置是将电动机的驱动转矩传输给汽车的驱动轴，从而带动汽车车轮行驶。

(2) 车载电源模块。车载电源模块主要包括动力电池、能量管理系统和充电控制器等。它的功用是向电动机提供驱动电能、监测电源使用情况以及控制充电机向蓄电池充电。

纯电动汽车的能量管理主要是指电池管理系统(BMS)，它的主要功用是对电动汽车用电池单体及整组进行实时监控、充放电、巡检、温度监测等。

充电控制器是把交流电转化为相应电压的直流电，并按要求控制其电流。

(3) 辅助模块。辅助模块主要包括辅助动力源、动力转向系统、驾驶室显示操纵台和各种辅助装置等。辅助模块除辅助动力源外，依据不同车型而有所不同。

辅助动力源主要由辅助电源和 DC/DC 功率转换器组成，其功用是供给电动汽车其他各种辅助装置所需要的动力电源，一般为 12V 的直流低压电源，主要给动力转向、制动力调节控制、照明、空调、电动窗门等各种辅助装置提供所需的能源。

2. 纯电动汽车高压系统的结构及功能介绍

在纯电动汽车上，使用高压动力电池和一些高电压部件。如图 6－5 所示，在 EV160/200 型(2014 款)的前机舱布置着电机控制器、高压控制盒、DC/DC 变换器、车载充电机、整车控制器等高压部件。

图 6-5 EV160/200 型前机舱高压电器布置

其整车高压系统组成及连接关系如图 6-6 所示。

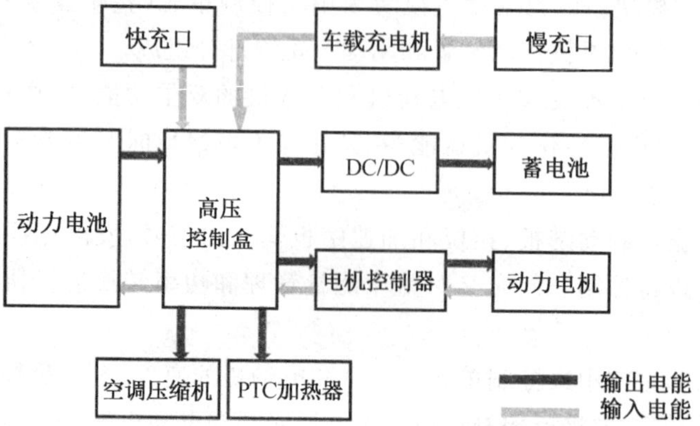

图 6-6 高压系统组成框图

(1) 集成式控制器。北汽很多款电动车辆前机舱高压电器为分散式布置,但也有一些电动汽车将一些高压部件集成在一起,有"三合一"和"四合一"。

"三合一":即车载充电机、DC/DC 变换器及高压控制盒集成在一个壳体内,电机控制器(变频器)为单独一部分,如图 6-7 所示。

"四合一",简称 PDU,即车载充电机、DC/DC 变换器、高压控制盒及电机控制器集成在一个壳体内,如图 6-8 所示。

图 6-7 "三合一"集成式控制器

图 6-8 "四合一"集成式控制器

(2) 动力电池系统。动力电池系统主要由动力电池模组、电池管理系统、动力电池箱及辅助元器件等四部分组成。内部设置有动力电池管理器和温度、电压传感器。因为电池有温度和电压的限制要求，所以动力电池里需要有温度和电压传感器对其进行数据采集，然后将数据传给动力电池管理器进行判断，如图 6－9 所示。

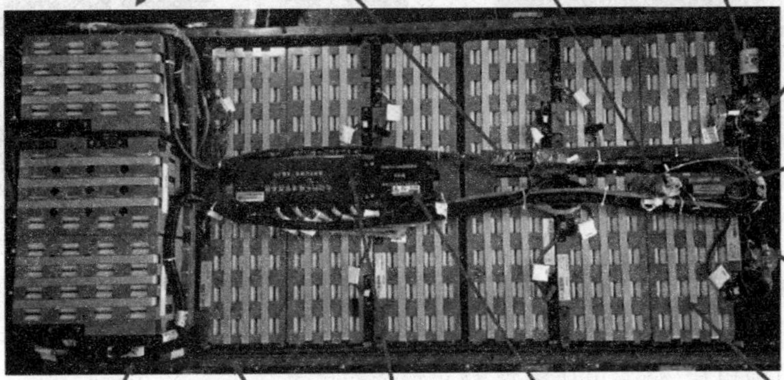

图 6－9 动力电池系统

电池包的主要动能如下：

① 提供高压直流能量。

② 计算电量。

③ 检测温度、电压、湿度。

④ 漏电检测、异常情况报警。

⑤ 充放电控制、预充电控制。

⑥ 检测电池一致性。

⑦ 系统自检等。

(3) 动力电机及控制系统。电机控制器控制电力电机（图 6－10）根据驾驶人发出的汽车行驶需求将电能转化为机械能，驱动整车行驶。通过动力电机的正转来实现整车加速、减速；通过动力电机反转来实现倒车。动力电机还要实现能量回收功能。在车辆滑行或制动时，车轮反拖动力电机转动，在这个工况下，动力电机可进行发电并将电能回收到电池中，以此延长车辆的续驶里程。

图 6－10 动力电机总成

电机控制器是电机系统的控制中心，它对整车控制器发出的信息和动力电机内部转角和温度传感器等输入信号进行处理，按照预定策略做出对动力电机 U、V、W 三个定子线圈通电顺序和脉宽（占空比）的控制，达到控制动力电机的正反转和转矩的要求。通过有效的控制策略，控制动力总成以最佳方式协调工作。电机控制器对所有的输入信号进行处理，并将动力电机控制系统运行状态的信息发送给整车控制器。电机控制器如图 6－11 所示。

(4) 高压控制盒。高压控制盒的功能是完成动力电池电源的输出及分配，实现对支路用电器的保护及切断。有些电动汽车将高压控制盒的功能集成到电机控制器中。高压控制盒中一般会有高压部件的保险丝，如空调、DC/DC 或 PTC 加热电阻的保险丝，如图 6－12 所示。

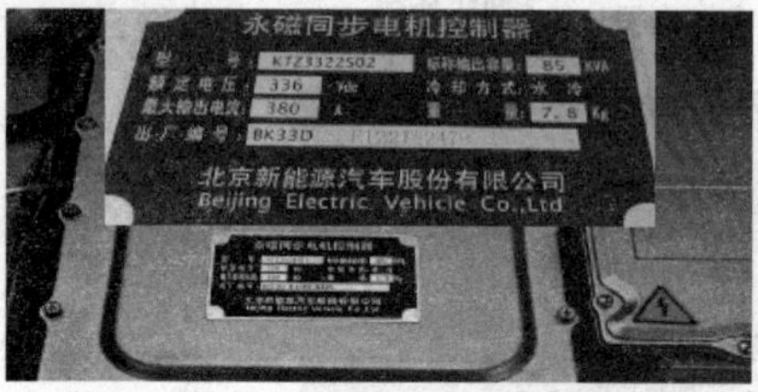

图 6－11　电机控制器

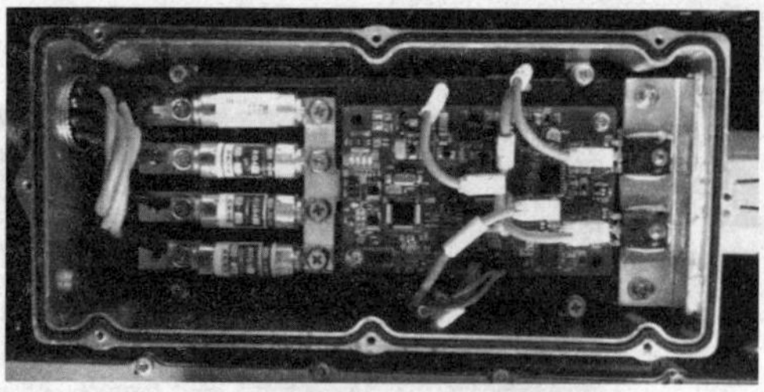

图 6－12　高压控制盒

(5) DC/DC 转换器。DC/DC 转换器(图 6－13)将动力电池的高压直流转换为整车低压 12V 直流，给整车低压用电设备供电及辅助电池充电。它的功率一般在 1～2kW 范围内，输入电压为动力电池电压，输出电压多为 14V 恒压输出。

(6) 车载充电机。车载充电机连接车辆的交流充电口(慢充口)，通过整流变换将 220V 单相交流变换成高压直流给动力电池充电，如图 6－14 所示。

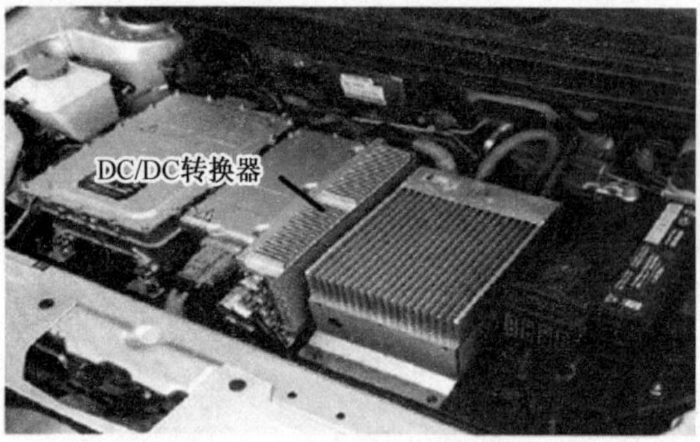

图 6－13　DC/DC 转换器

图 6－14　车载充电机

第二节　整车控制系统结构原理与检修

一、整车控制系统概述

1. 整车控制系统的组成

整车控制系统是电动汽车的神经，承担着能量与信息传递的功能。它判断操纵者的意愿，根据车辆行驶状态和电池、电机系统的状态及各系统传感器传出的信息，依据内存的程序和数据，进行运算、处理和判断，然后输出指令到电机控制器，控制动力电机的转向、转速和扭矩，同时也控制电动空调系统以及其他外围系统的工作。

北汽新能源电动汽车的整车控制系统通常包含低压电器控制系统、高压电器控制系统和整车网络化控制系统三部分，如图 6－15 所示。

(1) 低压电器控制系统。低压电器控制系统由低压辅助蓄电池和若干低压电器设备组成，采用直流 12V 电源，一方面为灯光、刮水器等车辆的常规低压电器供电，另一方面为整车控制器、高压电器设备的控制电路和辅助部件供电。

(2) 高压电器控制系统。高压电器控制系统由动力电池、动力电机和功率转换器等大功率、高压的电器设备组成，根据车辆行驶的功率需求完成从动力电池到动力电机的能量变换与传输过程。

(3) 整车网络化控制系统。整车网络化控制系统包括整车控制器、电机控制器，BMS、车身控制管理系统、信息显示系统和通信系统等。整车控制器是整车控制系统的核心，承担了数据交换与管理、故障诊断、安全监控、驾驶人意图感知等功能。整车控制器和车辆其他系统的控制单元，如动力电池控制单元、电机控制单元、外围驱动模块等，通过 CAN 总线联系起来。整车网络主要控制器名称及微缩词见表 6-2。

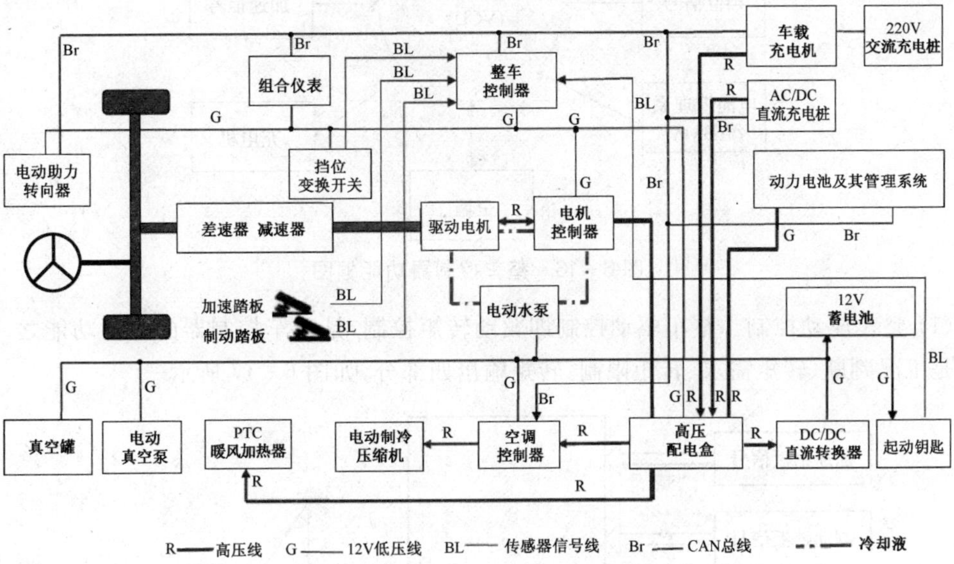

图 6-15　整车控制系统结构框图

表 6-2　整车网络控制器名称及动能

名　称	英文缩写	描　述
整车控制器	VCU	实现纯电动汽车整车控制管理
电池管理系统	BMS	高压电池包内高压板、低压板、单体采集板的总称，实现高压电池管理
电机控制器	INV 或 MCU	将直流电压逆变为三相交流电，驱动电动机
空调压缩机控制器	HVAC	驱动和控制空调压缩机工作
电动助力转向控制器	EPS	实现转向时电动助力
组合仪表	ICM	系统显示功能
数据采集终端	RMS	后台记录 CAN 总线数据
空调控制面板	AC 或 ECC	空调开关、鼓风机风量调节、混合风门位置调节等

2. 整车控制器的主要功能

整车控制器(VCU)的主要功能包括整车驱动控制、整车故障的判别及处理、整车能量优化管理、制动能量回馈控制、车辆状态的实时监测和显示以及辅助系统控制等。整车控制器功能框图如图 6-16 所示。

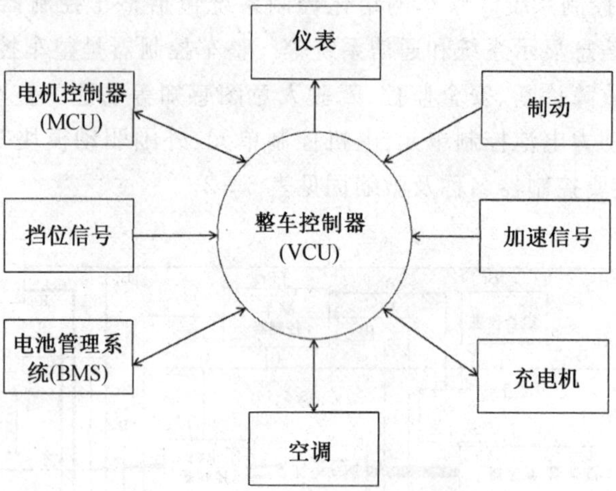

图 6-16 整车控制器功能框图

(1) 整车驱动控制。整车驱动控制即驱动转矩控制,是整车控制器的主要功能之一,其核心是工况判断、转矩需求、转矩限制、转矩输出四部分,如图 6-17 所示。

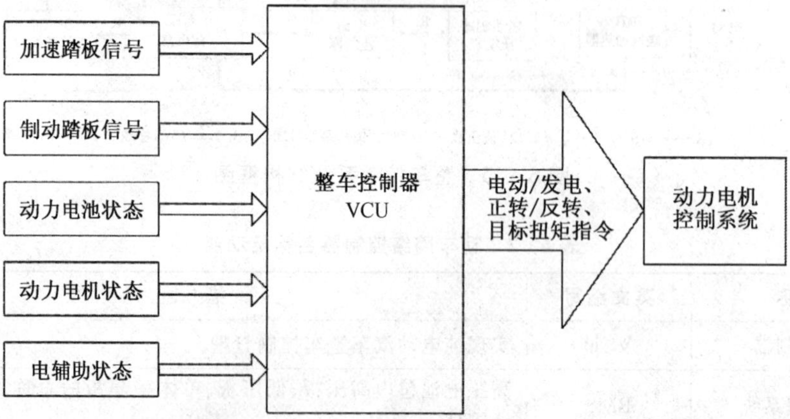

图 6-17 整车驱动控制

整车控制器通过车速传感器、挡位信号传感器等,在采用不同的采样周期时检测整车的运行状态,并通过 CAN 总线获得原车功能模块、动力电池系统、电机驱动系统等状态信息,结合当前车速和整车是否有故障等信息,来判断出当前需要的整车驾驶的工况,如起步、加速、减速、匀速行驶、跛行、限车速、紧急断高压等。为了驾驶的舒适性,每一工况都要进行详细的标定。根据判断得出的整车工作模式、动力电池系统和电机驱动系统状态计算出当前车辆需要的转矩。根据当前的参数和状态及前一段时间的参数及状态,算出当前车辆的转矩能力,并根据当前车辆需要的转矩,计算出合理的最终需要实现的转矩。

(2) 整车故障的判别及处理。整车控制器判断整车的各个传感器、执行机构的状态,进行故障诊断，并及时进行相应安全保护处理。根据传感器的输入及其他通过 CAN 总线通信得到的电动机、电池、充电机等的信息，对各种故障进行判断、等级分类、报警显示；存储故障码，供维修时查看；故障指示灯指示出故障类型和部分故障码。对于不太严重的故障，能做到“跛行回家”。

(3) 整车能量优化管理。整车控制器通过对电动汽车的电机驱动系统、电池管理系统、传动系统以及其他车载能源动力系统（如空调压缩机、PTC 控制器等）的协调和管理，提高整车能量利用效率，延长续驶里程。

(4) 制动能量回馈控制。整车控制器根据加速踏板和制动踏板的行程、车辆行驶状态信息以及动力电池的状态信息（如 SOC 值）来判断某一时刻能否进行制动能量回馈，在满足安全性能、制动性能以及驾驶员舒适性的前提下，回收部分能量。另外，还包括滑行制动和刹车制动过程中的电动机制动转矩控制。

(5) 车辆状态的实时监测和显示。整车控制器应该对车辆的状态进行实时检测，并且将各个子系统的信息发送给车载信息显示系统。其过程是通过传感器和 CAN 总线，检测车辆状态及其动力系统及相关电器附件各子系统状态信息，驱动显示仪表，将状态信息和故障诊断信息通过数字仪表显示出来。

(6) 电动汽车辅助系统的控制。相关的辅助系统有助力转向、DC/DC、水泵、空调、暖风以及休闲娱乐辅助设备 DVD 等。

3. 整车控制器的 CAN 总线

在整车的网络管理中，整车控制器是信息控制的中心，负责信息的组织与传输、网络状态的监控、网络节点的管理、信息优先权的动态分配以及网络故障的诊断与处理等功能。通过 CAN(EVCUS)总线协调电池管理系统、电机控制器、空调系统等模块相互通信，如图 6－18所示。

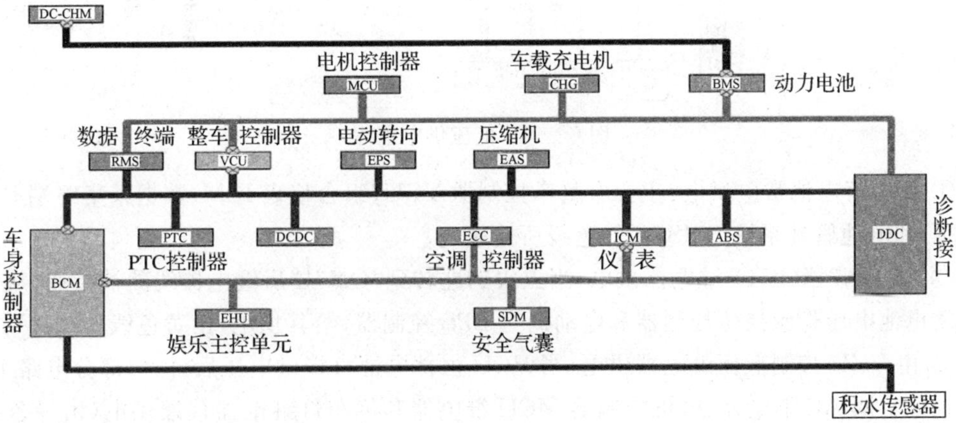

图 6－18　整车网络管理系统

二、整车控制器对上下电的控制

整车上下电包括低压供电与断电、唤醒与取消唤醒，高压上电与下电。对上下电控制由 VCU 协调各个控制器，使各控制器按顺序合理地接通或断开低压控制电源和高压动力电源，使得车辆能够正确完成“起动”和“关闭”动作，并进行信息传递和故障检测。整个过程必须保证逻辑正确、顺序正确、故障检测合理有效。具体的上下电时序服从STATE机制北汽纯电动汽车上下电控制策略约束，各控制器根据STATE机制约束在不同STATE状态时执行规定动作，并将各自系统状态通过CAN总线上报VCU，VCU根据各控制器状态引导整车上下电过程。

1. 整车低压供电及唤醒原理

电动汽车要能正常起动，动力电池就需要对外供电。供电电源正常的条件下属于待机状态，该状态下接收到唤醒信号，整车控制器进入初始化和自检工作状态，并对各子系统进行一系列唤醒，检测正常后才会使动力电池的正负极继电器闭合而对外供电。唤醒方式通常有四种，即点火开关唤醒、快充唤醒、慢充唤醒和远程唤醒。

(1) 整车低压供电原理。整车低压控制器的供电途径有三种，如图6－19所示。

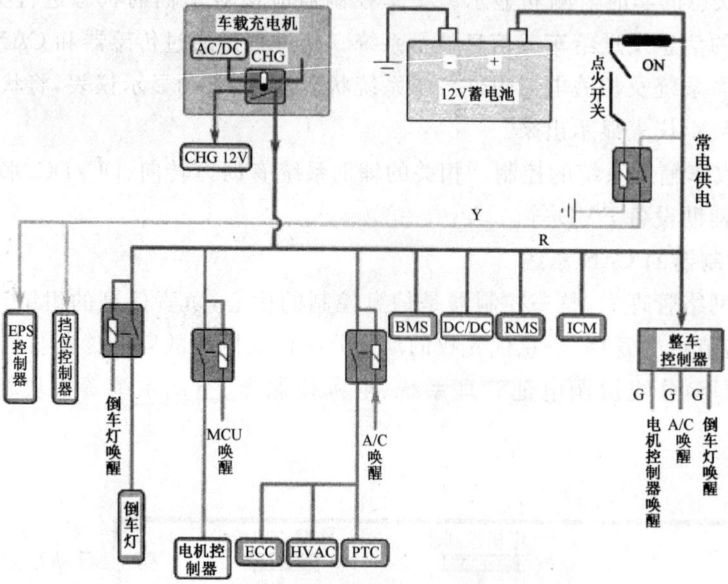

图6－19 低压供电原理

① 低压蓄电池常电供电：主要有整车控制器VCU、组合仪表ICM、数据采集终端RMS、DC/DC和电池管理系统BMS(由红色线所连接)。

② 由“ON”挡(IG1)继电器供电：当点火钥匙转到“ON”挡后继电器线圈被接通，从而将12V蓄电池电压送到挡位控制器和电动助力EPS控制器，给其供电(由黄色线所连接)。

③ 由VCU控制低压继电器供电：当VCU由蓄电池直接供电压后，内部部分电路工作，从而控制空调AC继电器、电机控制器MCU继电器和倒车灯继电器接通供电(由绿色线所连接)的控制器。

(2) 非充电模式下各控制器唤醒原理。非充电模式下控制器唤醒主要有“ON”挡电(继电器)唤醒和VCU唤醒，如图6－20所示。

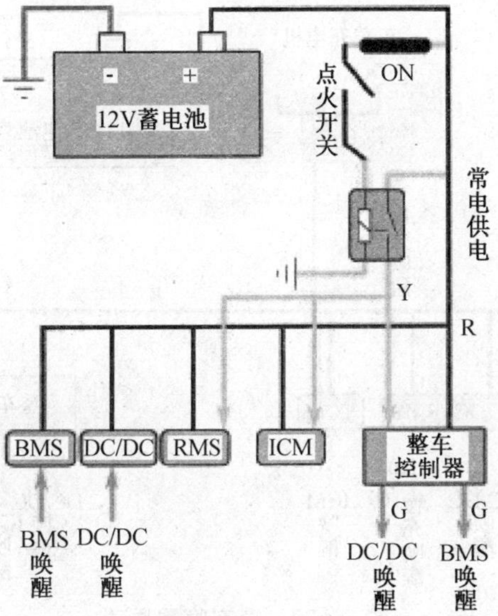

图 6-20 非充电模式下各控制器唤醒原理

① 由"ON"挡(IG1) 继电器唤醒的控制器有:整车控制器 VCU、组合仪表 ICM 和数据采集终端 RMS(由黄色线所连接)。

② 由 VCU 唤醒:当 VCU 被唤醒后将送出唤醒信号电压给电池管理系统 BMS 和 DC/DC(由绿色线所连接)。

北汽 EV200 型整车控制器"ON"挡唤醒原理如图 6-21 所示。

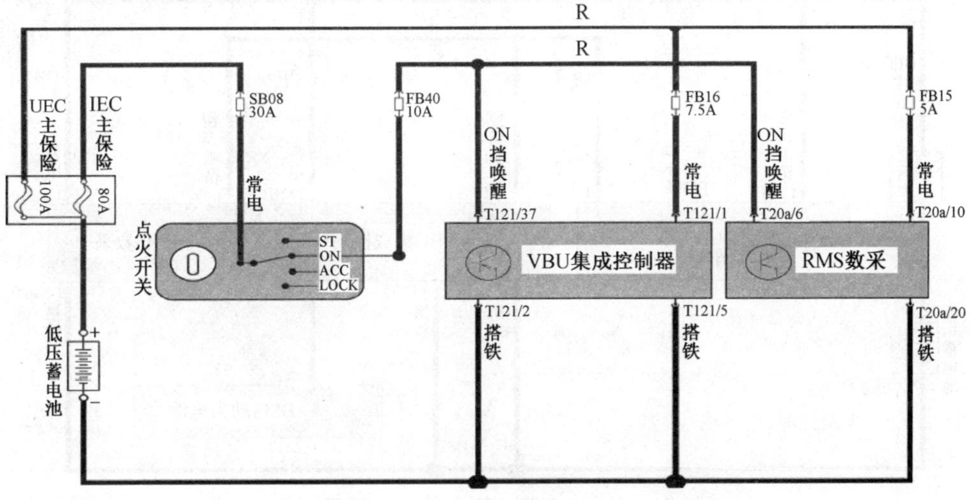

图 6-21 EV200 型整车控制器"ON"挡唤醒原理图

(3) 慢充唤醒原理。慢充电模式下控制器唤醒主要有慢充唤醒(CHG 通过控制继电器输出的 12V 唤醒信号)和 VCU 唤醒,如图 6-22 所示。

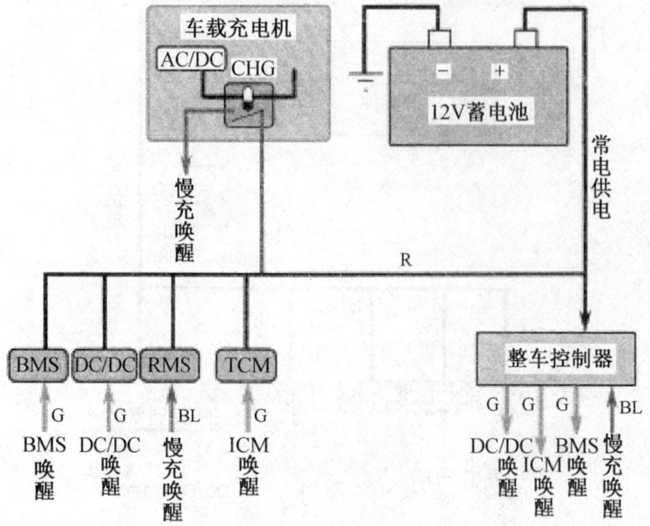

图 6-22　慢充唤醒原理

① 慢充(CHG12V)唤醒信号:当充电桩与车载充电机建立充电关系后,车载充电机控制内部继电器接通后,分别送给整车控制器 VCU 和数据采集终端 RMS(由蓝色线所连接)。

② 由 VCU 唤醒:当 VCU 被唤醒后将送出唤醒信号电压给电池管理系统 BMS 和 DC/DC(由绿色线所连接)。

北汽 EV200 型慢充唤醒原理如图 6-23 所示。

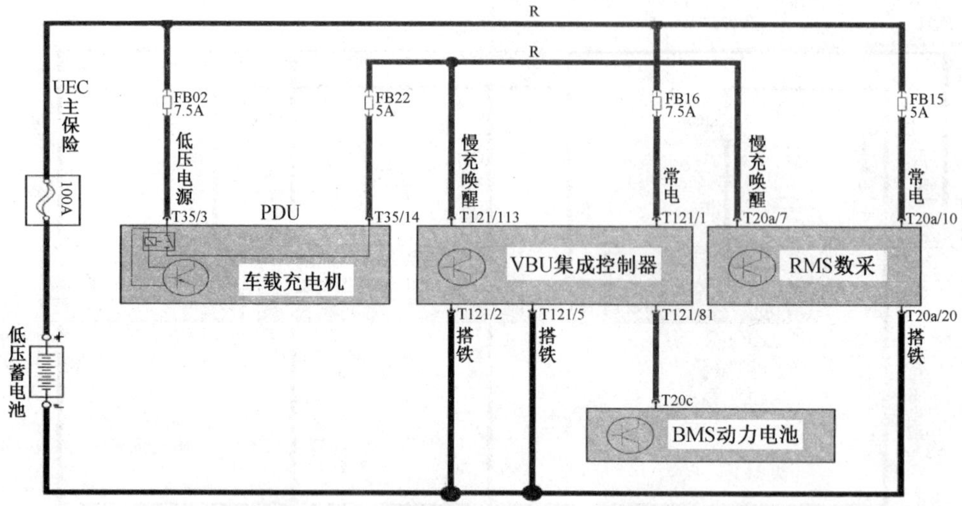

图 6-23　北汽 EV200 型慢充唤醒原理图

(4) 快充唤醒原理。快充电模式下控制器唤醒主要有快充唤醒(直流充电桩直接输出)和 VCU 唤醒,如图 6-24 所示。

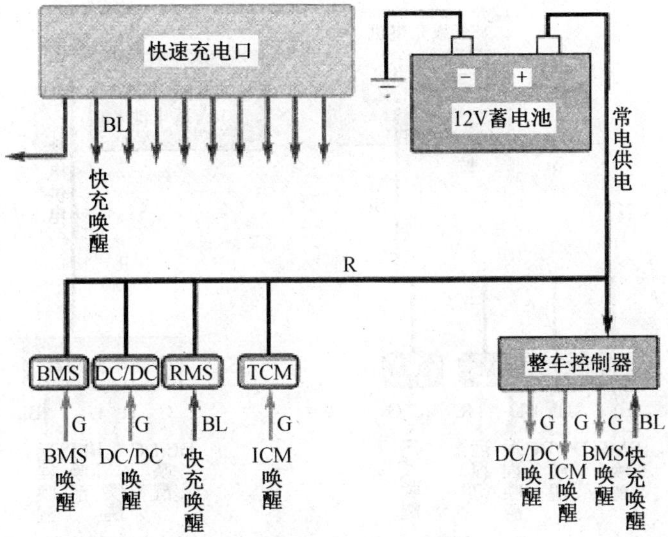

图 6-24　快充唤醒原理

① 快充唤醒信号：当快充桩与车辆建立充电关系后，快充桩送出快充唤醒信号给整车控制器 VCU 和数据采集终端 RMS(由蓝色线所连接)。

② 由 VCU 唤醒：当 VCU 被唤醒后将送出唤醒信号电压给电池管理系统 BMS 和 DC/DC(由绿色线所连接)。

北汽 EV200 型快充唤醒原理如图 6-25 所示。

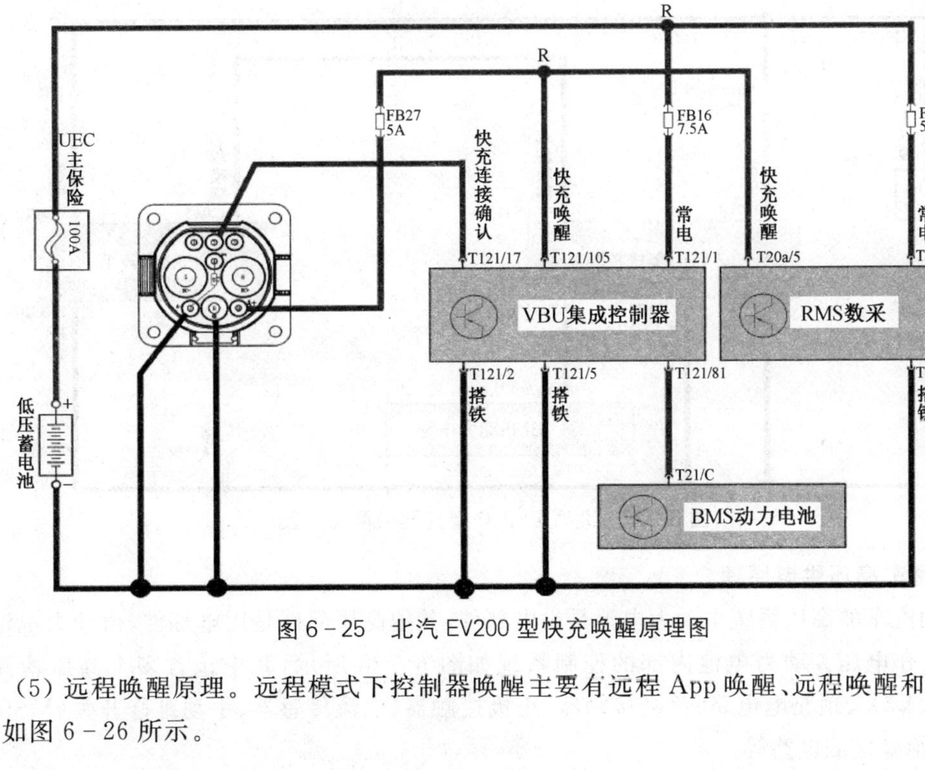

图 6-25　北汽 EV200 型快充唤醒原理图

(5) 远程唤醒原理。远程模式下控制器唤醒主要有远程 App 唤醒、远程唤醒和 VCU 唤醒，如图 6-26 所示。

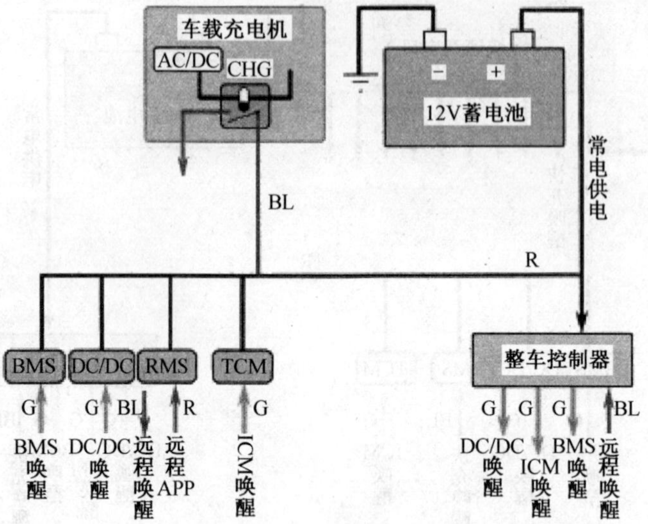

图 6-26 远程唤醒原理图

① 远程 APP 唤醒信号送给数据采集终端 RMS(红色线所连接)。

② 数据采集终端被唤醒后将送出唤醒信号唤醒整车控制器 VCU(蓝色线所连接)。

③ VCU 送出信号唤醒组合仪表 ICM、DC/DC、电池管理系统 BMS(绿色线所连接)。

④ 远程慢充模式下,CHG 通过 BMS 向总线发送报文的形式唤醒。

北汽 EV200 型远程唤醒原理如图 6-27 所示。

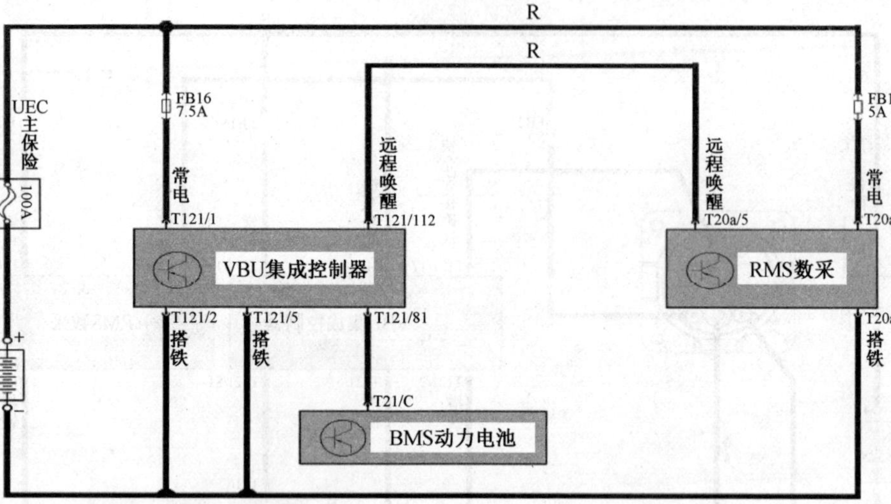

图 6-27 北汽 EV200 型远程唤醒原理图

2. 整车高压供电原理

电动汽车的高压系统中动力电池是供电部件,其他高压部件是用电部件,由动力电池为其提供工作电压。动力电池内部的控制系统如图 6-28 所示,其中包含多个高压检测点(V1、V2、V3)、预充电电路、负极接触器、正极接触器、电流传感器、手动维修开关(MSD 熔断器)和绝缘检测电路等。

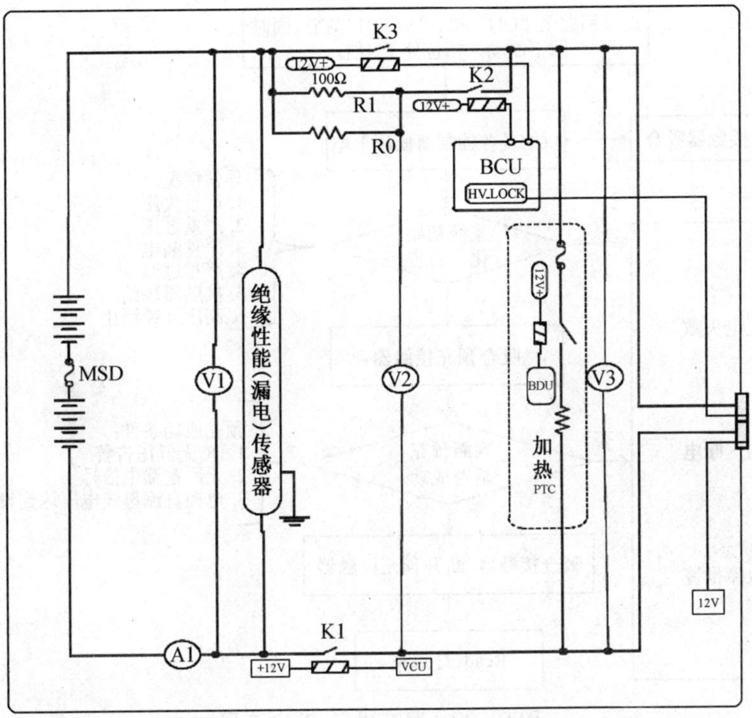

图 6-28 动力电池内部控制系统

(1) 电压检测。

① 高压检测点 1(V1):正极接触器 K3、负极接触器 K1 电池侧,测量动力电池包总电压,用于判定 MSD 断路故障。

② 高压检测点 2(V2):位于负极接触器 K1 外侧,另一点位于预充电电阻和预充接触器 K2 之间,用于判定预充接触器粘连、负极接触器断路、预充电阻(R1、R2)断路、预充接触器断路等。

③ 高压检测点 3(V3):位于电池直流母线输出两端,用于判定正极接触器 K3 粘连故障以及测量预充电压。

(2) 预充电电路作用及高压接触器工作顺序。预充电电路模块的作用是为了防止在高压接触器闭合瞬间形成的强电流和高电压对动力电机驱动系统高压器件形成冲击,导致接通高压电路瞬间造成的器件损毁。预充电电路模块通过 VCU 在上电过程中控制相应高压接触器通断时序,达到高压系统安全上电的目的。

整车控制器 VCU 首先控制负极接触器 K1 接通后,再由电池管理系统 BMS 控制预充接触器 K2 闭合,当预充结束后,再由 BMS 控制正极接触器 K3 闭合,同时预充接触器 K2 断开,从而完成动力电池高压供电。

3. 整车供电、断电流程

整车控制器 VCU 有 4 种唤醒方式,但唤醒后的控制过程则近似。下面仅以点火钥匙唤醒整车控制器 VCU 的方式来介绍整车供电、断电流程,如图 6-29 所示。

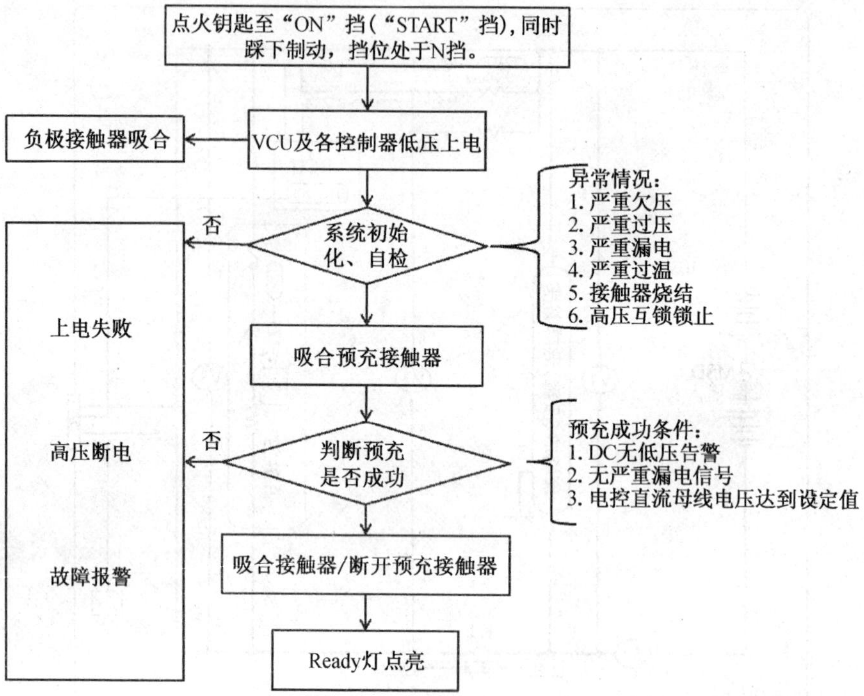

图6-29 整车供电、断电流程

(1) 供电顺序。北汽新能源纯电动汽车的点火钥匙采用 OFF、ACC、ON、START(Ready)四个状态。有些电动汽车在正常情况下(高压系统无故障)无“ON”挡,可直接由“ACC”变为“START”挡。

① 低压上电。当起动钥匙在“OFF”挡时,低压蓄电池常火线对各个控制器维持供电;当点火钥匙在“OFF-ACC”时部分低压电器上电;当点火钥匙在“ACC-ON”时,起动钥匙置于“ON”挡,整车控制器 VCU、电机控制器 MCU、动力电池控制器 BMS、DC/DC 控制器和空调控制器低压上电,各个控制器唤醒、初始化和自检,没有问题则分别上报 VCU。

② 高压上电。当踩下制动踏板,点火钥匙旋转至“START”挡,松开后回到“ON”挡,且挡位处于“N”挡时,整车开始高压供电。首先 VCU 初始化并进行整车模式判断,若判定为运行模式,VCU 及各个控制器完成初始化及自检(高压互锁检测),判断负极继电器是否粘连,均正常后 VCU 闭合动力电池负极继电器,然后动力电池管理系统对高压回路做绝缘监测,对各个电池串电压、最高电压、最低电压、温度进行检测计算,以及对电池 SOC 计算,判断正极继电器和预充继电器是否粘连,合格后闭合预充继电器。

动力电池通过预充继电器和预充电阻对车辆负载端的电容充电,BMS(有的车为 MCU)检测到预充电压达到 95%的电池包电压时,闭合主正继电器。主正继电器闭合 10ms 后,断开预充继电器,此时仪表上 Ready 灯点亮。

(2) 供电异常情况。点火钥匙置于“ON”或“START”挡时,高压不能正常上电,需注意观察以下仪表信息:

① 充电指示灯亮——关好充电门板,重新“ON”上电。

② 动力电池故障灯亮——重新“ON”上电后,如仍亮,表明电池有故障。

③ 动力电池绝缘电阻低——检查动力电池的高压线连接情况。

④ 挡位显示状态闪烁——挡位换到"N"挡。

⑤ 系统故障灯亮，且无以上情况——需先检查蓄电池电量，VCU、MCU 和 BMS 的低压供电情况，用诊断仪读取当前故障码。

（3）断电顺序。纯电动汽车断电只需点火钥匙打到"OFF"挡，即可实现高压、低压的正常下电。另外整车控制器在下电前会存储行车过程中发生的故障信息。

① 点火钥匙打到"OFF"挡，正极继电器断开，正极继电器粘连情况，MCU 低压下电。

② 辅助系统停止工作，包括 DC/DC、水泵、空调和暖风。

③ 高压回路放电完毕，BMS 断开电池负极继电器，检测检测正极继电器粘连情况。

④ 整车控制器下电。

三、整车控制系统故障诊断及检修

1. 故障分级

整车控制器根据电动机、电池、EPS、DC/DC 等零部件故障、整车 CAN 网络故障及 VCU 硬件故障进行综合判断，确定整车的故障等级，并进行相应的控制处理。

现对整车的故障等级进行 4 级划分，见表 6-3。

表 6-3 故障分级及处理

等级	名称	故障后处理	故障列表
一级	致命故障	紧急断开高压	MCU 直流母线过压故障、BMS 一级故障
二级	严重故障	零转矩	MCU 相电流过流、智能功率模块（IGBT）、旋转变压器等故障，电机节点丢失故障，挡位信号故障
三级	一般故障	（1）跛行 （2）降功率 （3）限功率＜7kW （4）限速＜15km/h	（1）加速踏板信号故障 （2）MCU 电机超速保护 （3）跛行故障、SOC＜1%、BMS 单体欠压、内部通信、硬件等二级故障 （4）低压欠压故障、制动故障
四级	轻微故障	仪表显示报警；四级能量回收故障，仅停止能量回收，行驶不受影响	MCU 电机系统温度传感器、直流欠压、VCU 硬件、DC/DC 异常等故障

2. OBDⅡ接口含义

车载诊断（OBD）系统，指排放控制用车载诊断（OBD）系统。它必须具有识别可能存在故障区域的功能，并以故障代码的方式将该信息储存在电控单元存储器内。根据故障码的提示，维修人员能迅速准确地确定故障的性质和部位。OBD 诊断插口及各端子电器连接分别如图 6-30 所示。

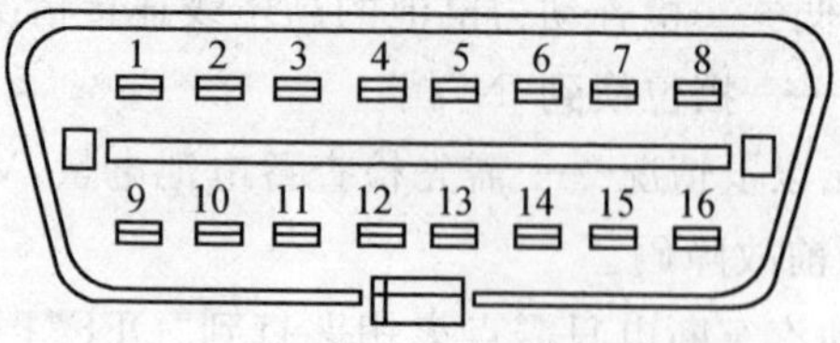

图 6-30　OBD 诊断插口及各端子

OBD 接口线束定义：

端子 1/9：新能源 CAN 高/低。

端子 6/14：原车 CAN 高/低。

端子 3/11：动力电池 CAN 高/低。

端子 2/10：快充 CAN 高/低。

端子 16：常电(BAT+)。

端子 4、5：信号地线。

3. 整车控制器故障诊断及检修流程

(1) 整车控制器无法通信故障诊断。VCU 正常通信是整车故障诊断以及车辆与诊断仪连接的前提，如果出现 VCU 无法正常通信的现象，可按以下顺序首先排查：

① VCU 没有电或诊断口故障：若车辆能正常上电，仅无法连接诊断仪，则故障在维修诊断口，用万用表检查诊断插口端子 1/2/3/4/5 号；若车辆无法上电，且无法连接诊断仪，则检查 VCU 的供电情况：使用万用表，检查 VCU 的供电是否正常，包括"ON"挡电、12V 常火线，同时需要检查低压电气盒中 VCU 的各个供电保险是否正常。

② 仪表与 VCU 通信故障：使用万用表检查 OBD 诊断口与 VCU 的 CAN 总线线束连接是否牢固、正常，诊断口为"端子 8/9"。

③ 如果以上都正常，则说明整车控制器电脑损坏，检查 VCU 的零件号，直接更换可用的正确车型的 VCU 即可。

排查结束后，故障诊断仪将可以顺利地与整车控制器 VCU 建立 CAN 总线通信连接。

(2) 仪表显示整车故障时正确的诊断流程。当车辆可以与诊断仪相连，且仪表显示有整车故障时，应按照以下流程进行，如图 6-31 所示。

① 读取故障码。使用北汽新能源专用解码器读取故障码，通过查阅维修手册，获取故障码 DTC 含义，确定故障大致范围。故障码 DTC 的检测步骤如下：

a. 在进行读取故障码之前，确保低压蓄电池电压为正常电压。

b. 将车钥匙至于"OFF"挡。

c. 将北汽新能源专用诊断仪连接至车辆诊断接口上。

d. 将车钥匙置于"ON"挡。

e. 用诊断仪读取和清除 DTC。

f. 将车钥匙置于"OFF"挡，3～5s 后重新置于"ON"挡。

g. 重新读取 DTC。

如果检测到 DTC，则按照故障代码指示的范围检修；如果没有 DTC，则说明故障不在电控系统中，也可能是偶发性故障。

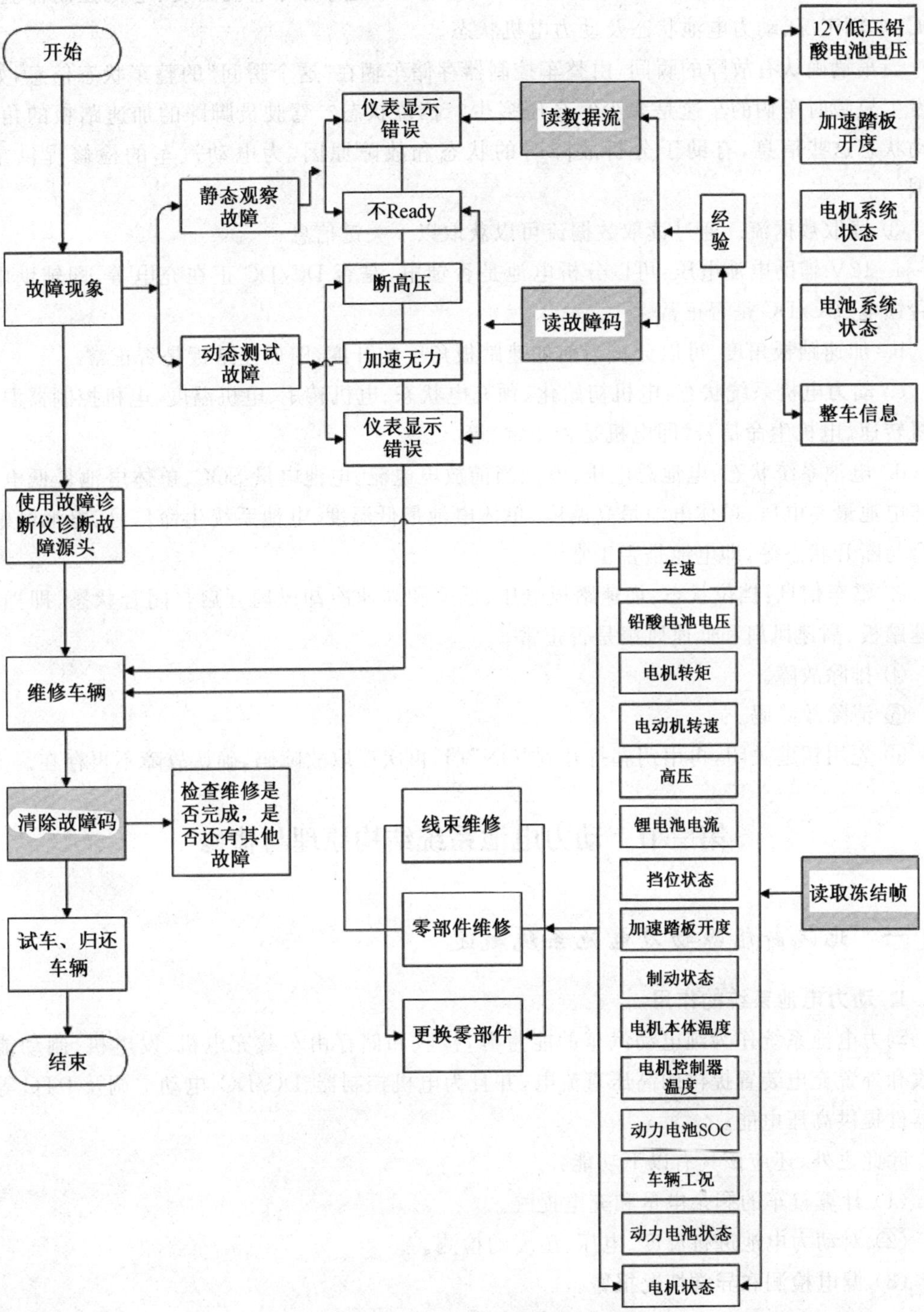

图6-31 整车故障诊断流程

② 读取冻结帧。冻结帧是OBDⅡ的一个术语，指第一个故障出现时所存储下来的一组关键数据。如果后面出现的故障码具有更高优先权，前一幅冻结就会被覆盖。目前北汽新能源整车控制器存储记录了15个变量：车速、12V电池电压、动力电机扭矩、动力电机转速、

高压、动力电池电流、挡位状态、加速踏板开度、制动状态、动力电机温度、电机控制器温度、SOC、车辆工况、动力电池状态及动力电机状态。

当车辆确认有故障的瞬间，由整车控制器存储车辆在“这个瞬间”的整车状态信息，如车辆发生故障时车辆的车速是多少？高压多少？挡位状态？驾驶员脚踩的加速踏板的角度？制动状态这些信息，有助于分析故障时的状态和故障原因，为电动汽车的检修提供重要依据。

③ 读取数据流。通过读取数据流可以获取以下关键信息：

a. 12V 辅助电池电压：可以分析电池是否馈电、是否 DC/DC 正在充电等，即辅助电池是否馈电、DC/DC 是否正常。

b. 加速踏板角度：可以分析当前加速踏板角度的开度，即加速踏板是否正常。

c. 动力电机系统状态：电机初始化、预充电状态、电机转矩、电机温度、电机控制器温度、电机转速、电机生命信号(即电机是否正常)等。

d. 电池系统状态：电池总电压、电池当前放电电流、电池电量 SOC、单体电池最低电压、单体电池最高电压、单体电池最高温度、单体电池最低温度、电池系统生命信号、电池继电器闭合与断开状态等，即电池是否正常。

e. 整车信息：挡位状态、加速踏板电压、低速和高速冷却风扇开启与闭合状态，即挡位、加速踏板、高速风扇和低速风扇是否正常。

④ 排除故障。

⑤ 清除故障码。

⑥ 先用钥匙关闭，再用钥匙打开到“ON”挡，再次读取故障码，确认故障不再存在。

第三节　动力电池系统结构原理与检修

一、北汽新能源动力电池系统概述

1. 动力电池系统的作用

动力电池系统作为纯电动汽车的能量源，接收和储存由车载充电机、发电机、制动能量回收和外置充电装置提供的高压直流电，并且为电机控制器、DC/DC、电动空调及 PTC 等高压器件提供高压电能。

除此之外，还应该具有以下功能：

(1) 计算整车的剩余电量和充电提醒。

(2) 对动力电池进行温度、电压、湿度的检测。

(3) 漏电检测和异常情况报警。

(4) 充放电控制和预充电控制。

(5) 电池一致性的检测。

(6) 电池管理系统自检。

另外，车辆行驶过程中，随着电量的消耗，SOC 表上指针指示的数值会逐渐减小。当 SOC 减小到 30% 以下时，SOC 表上的电量不足指示灯会点亮，提示尽快对车辆进行充电。

2. 动力电池系统的组成

北汽新能源汽车采用的动力电池系统有两种：磷酸铁锂电池（普莱德）和三元锂电池（SK），这两种动力电池系统均由动力电池模组、动力电池箱、电池管理系统（BMS）及辅助元器件四部分组成，如图 6－32 所示。

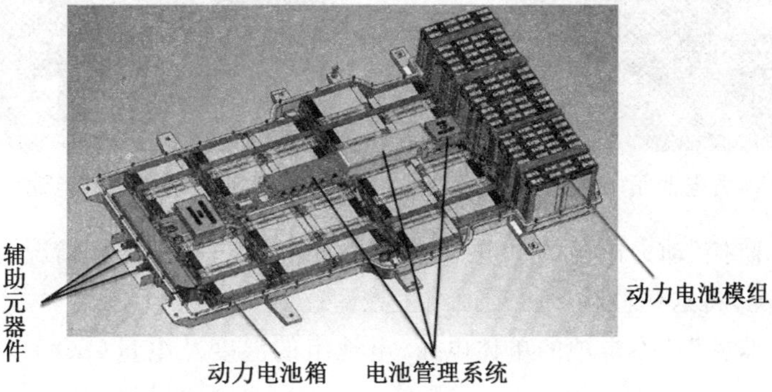

图 6－32　动力电池系统

（1）动力电池模组。一个动力电池包由多个电池模组组成的，而一个电池模组由多个单体电池（电芯）或电池模块组成，如图 6－33 所示。

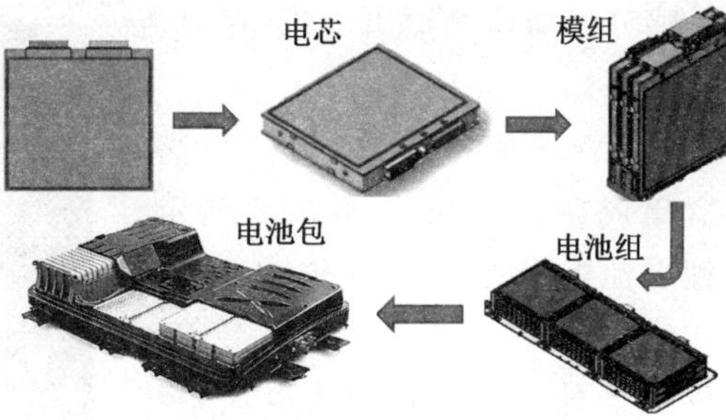

图 6－33　北汽动力电池模组

磷酸铁锂动力电池的连接方式为 1P100S，即 100 个单体电池串联组成一个电池组，单体额定电压为 3.2V；三元锂电池的连接方式为 3P91S，具体为：3 个电芯并联成 1 个独立电池模组，再由 91 个独立电池模组串联，单体电芯额定电压约为 3.7V。

（2）动力电池箱。动力电池箱是支撑、固定、包围电池系统的组件。它主要包含上盖和下托盘，还有辅助元器件，如过渡件、护板、螺栓等，起承载及保护动力电池组及电气元件的作用，如图 6－34 所示。

电池箱体用螺栓连接在车身地板下方，其防护等级为 IP67，螺栓拧紧力矩为 80～100Nm。整车维护时需观察电池箱体螺栓是否有松动，电池箱体是否有破损严重变形，密封法兰是否完整，确保动力电池可以正常工作。

电池箱体外表面颜色要求为银灰或黑色，亚光；电池箱体表面不得有划痕、尖角、毛刺、焊缝及残余油迹等外观缺陷，焊接处必须打磨圆滑。

（3）电池管理系统 BMS。在磷酸铁锂电池中，BMS 由高压盒、从控盒、主控盒以及采集电压线、电流、温度等数据的电子器件组成，如图 6－35 所示。BMS 还应具有高压回路绝缘检测和温度控制功能，检测电池组与箱体、车体等之间的绝缘状况，并通过温度检测实现对动力电池过高温和过低温的保护，具有控制动力电池的加热功能。

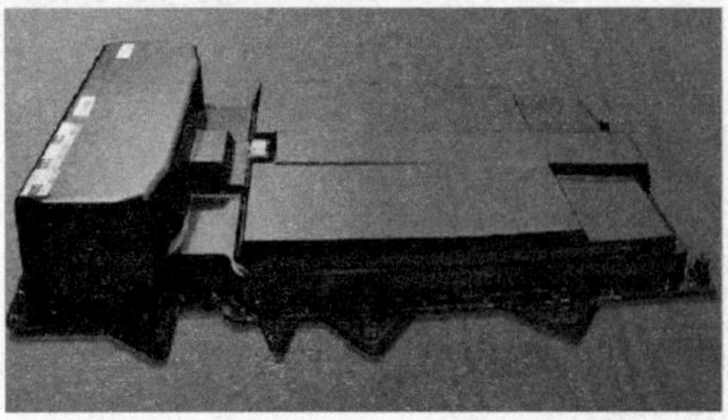

图 6-34　动力电池箱

图 6-35　磷酸铁锂电池管理系统(BMS)

① 高压盒："监控"动力电池的总电压、电流、绝缘性能、高压连接情况、主继电器和预充继电器的粘连情况，将这些监控数据反馈给主控盒。

② 从控盒："监控"动力电池的单体电压、电池组的温度及电量(SOC)，将这些监控数据反馈给主控盒。

③ 主控盒：接收从控盒反馈的实时温度和单体电压(并计算最大值和最小值)，接收高压盒反馈的总电压和电流情况，控制与整车控制器的通信，控制主继电器、动力电池加热、充放电电流及电池均衡。

④ 电流传感器：采用无感分流器检测输出电流，将电流数据反馈给高压盒。

在三元锂电池中，动力电池管理系统集成化程度较高，将高压盒、主控盒与从控盒集成在一起，如图 6-36 所示。其余部分与普莱德磷酸铁锂电池类似，只是电流传感器采用霍尔式。

图 6-36　三元锂电池管理系统

(4) 辅助元器件。辅助元器件主要包括动力电池系统内部的电子电器元件，如熔断器、主接触器、预充接触器、预充电阻、接插件、紧急开关、烟雾传感器等、手动维修开关以及电子电器元件以外的辅助元器件，如密封条、绝缘材料等。

① 主接触器：主要包含"正极"接触器和"负极"接触器。它的作用是控制回路的通断。在磷酸铁锂电池中，"正极"接触器由 BMS 控制，"负极"接触器由 VCU 控制。

② 预充接触器和预充电阻：预充流程在充、放电初期闭合预充接触器进行预充电，预充电完成后断开预充接触器。由 BMS 控制预充接触器的闭合或断开，在充电模式下给各单体电池进行预充电，确定单体电池无短路后才闭合总"正极"接触器；在放电模式下低电压、小电流给各控制器电容充电，当电容两端电压接近电池总电压时，才闭合总"正极"接触器。

三元锂电池将主接触器、预充接触器及预充电阻集成在一起，功能与磷酸铁锂电池相同。另外，磷酸铁锂电池低温性能较差，因此设有电池加热装置，而三元锂电池的低温性能好，密度大，因此减少了加热片、加热继电器及加热保险。

3. 磷酸铁锂电池与三元锂电池的区别

北汽新能源纯电动汽车的动力电池大多采用磷酸铁锂电池，而在 EV200 型及其他部分车型上则采用三元锂电池。两种电池的性能特点及参数对比见表 6-4。

表 6-4 两种锂电池对照表

电池种类	三元锂电池	磷酸铁锂电池
额定电压	332V	320V
电池单体标称电压	3.8V	3.2V
单体电池(电芯)容量	91.5Ah	80Ah
额定能量	30.4kWh	25.6kWh
连接方式	3P91S	1P100S
电池系统供应商	BESK	PPST
电芯供应商	SKI	ATL
BMS 供应商	SKlnnovation	E-power
总质量	291kg	295kg
总体积	240L	240L
工作电压范围	250～382V	250～365V
能量密度	104Wh/kg	86Wh/kg
体积比能量	127Wh/L	107Wh/L
重量能量密度	200Wh/kg	100～110Wh/kg
有无加热片	无	有
电流传感器类型	无感分流器	霍尔式
安全性(相对两款电池)	低	高
抗衰退能力(寿命)	低	高
应用成本(我国)	高	低
抗低温衰减能力	强	弱

(1) 动力方面，三元锂电池的能量密度大，电压更高，所以同样重量的电池组电池容量更大，车子跑的距离也就更远，速度也能更快。但是，由于三元锂电池需要用大量的单个电池组合起来，所以电池组的体积十分庞大，相比磷酸铁锂电池相对紧凑的体积，虽然在动力输出方面略胜一筹，但是也不得不承受对于车内空间影响的副作用。

(2) 安全性方面，三元锂电池如果内部短路或正极材料遇水，都会有明火产生，不稳定。而磷酸铁锂电池则要稳定许多，电池板就算是穿刺、短路也不会爆炸燃烧，遭到350℃的高温也不会起火(三元锂电池起火温度为180～250℃)，所以在安全性能上，磷酸铁锂电池略胜一筹。

(3) 电池寿命方面，虽然三元锂电池的理论寿命是 2 000 次充放电循环，但在实际使用中，当进行 900 次的充放电循环后，电池容量就基本衰减到 55%，也就是说，充满电只能跑原来里程的一半；而磷酸铁锂电池即便经过 3 000 次 0%～100%的充放电使用，容量也才会衰减到 80%。磷酸铁锂电池的电池管理系统比较简单，成本较低。

总体来说，三元锂电池在电池比能量、比功率、大倍率充电、低温性能等方面有优势，循环性能方面与磷酸铁锂电池相比无明显优势，在安全方面磷酸铁锂电池优于三元锂电池。

4. 动力电池内部充放电原理

动力电池模组放置在一个密封并且屏蔽的动力电池箱内，动力电池系统使用可靠的高低压接插件与整车进行连接。系统内的 BMS 实时采集各单体电池的电压、各温度传感器的温度、电池系统的总电压、总电流和绝缘电阻等数据，同时根据 BMS 中设定的阀值判定电池系统工作是否正常，并对故障进行实时监控。动力电池系统通过 BMS 使用 CAN 与 VCU 或充电机之间进行通信，对动力电池系统进行充放电等综合管理，如图 6－37 所示。

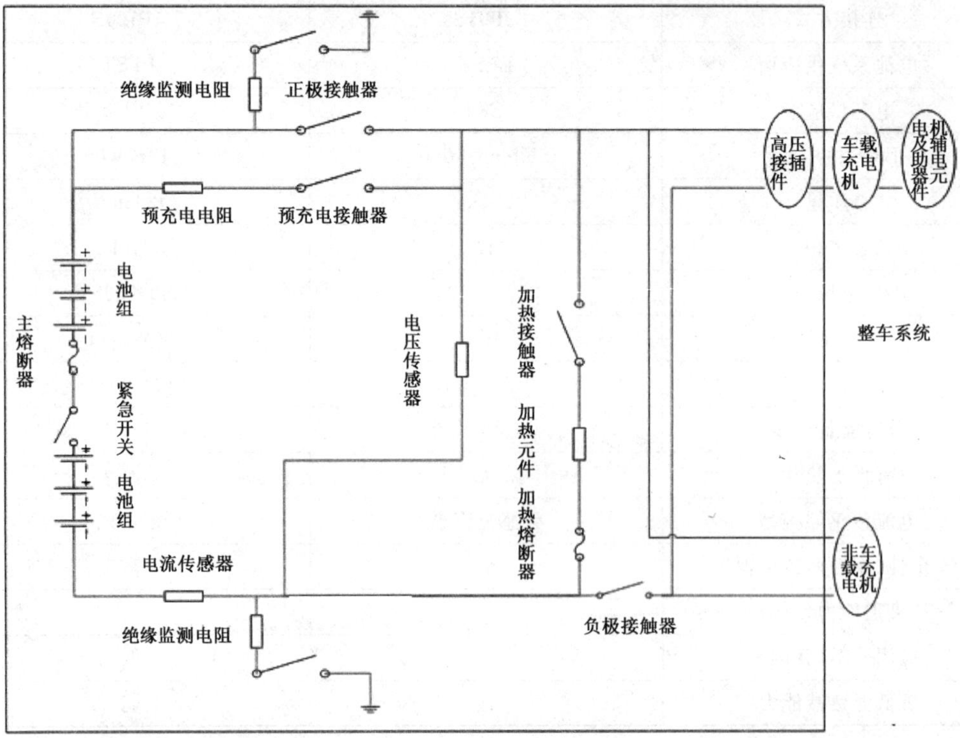

图 6－37　动力电池内部原理图

(1) 动力电池内部充放电过程。驾驶员发出“上电”命令后，整车控制器(VCU)、全车高压部分的控制器，如动力电池包、电机控制器、空调控制器等被唤醒，各控制器初始化，自检(包括高压互锁)通过，若无严重故障，上报 VCU，VCU 控制负极接触器闭合，BMS 系统再次检查绝缘的情况，上报 VCU，VCU 发出高压供电命令，BMS 控制预充接触器闭合，待预充电压达到规定值后，BMS 控制正极接触器闭合，断开预充接触器，开始充电。高压电池通过闭合的正极接触器向驱动力电机等部件放电。

下电时，BMS 先控制“正极”接触器断开，待整车高压系统放电完成后，断开“负极”接触器，整车完成下电。

(2) 动力电池预热原理。由于磷酸铁锂电池低温性能较差，因此在它的电池管理系统中增设电池加热元件，由 BMS 系统中的主控盒根据单体电池的温度来控制加热接触器的闭合，完成预热。

(3) 动力电池内部充电原理。动力电池系统充电分为快充、慢充和制动能量回收三种方式。无论是快充还是慢充，在充电前期要先经过预充接触器和预充电阻对动力电池进行预充电，因为单体电池相当于电容，当动力电池过放电以后直接充电，可能会导致电池内部短路，因此需要预充，待预充成功后，再闭合正极接触器充电，电流方向与动力电池放电相反。

在充电过程中的几点说明：

① 慢充状态说明。充电时采用慢充（即车载充电）方式为宜。当单体电池的温度范围为0～55℃才可以充电，当某温度检测点>55℃或<0℃时，电池管理系统将自动切断充电回路，此时将无法充电。充电前检测箱体内部温度，若有<0℃的温度点，会起动加热模式，闭合加热片进行加热内循环，待所有电芯温度点>5℃时停止加热，才起动充电程序。若过程中出现加热片温度差>20℃，则间歇停止加热，待加热片温度差<15℃，又重启加热片。加热过程中，正常情况下充电桩电流显示为4～6A，充电过程中充电桩电流显示为12～13A。如果单体压差大于300mV，则停止充电，报充电故障。慢充温度与充电电流要求见表6－5。

表6－5　慢充温度与充电电流要求

温度	小于0℃	0～55℃	>55℃
可充电电流	0A	10A	0A
备注	当单体电池最高电压高于4V时，降低充电电流到5A；当单体电池电压达到4.1V时，充电电流为0A，请求停止充电		

② 快充状态说明。快充采用地面充电机充电，快充温度与充电电流要求见表6－6。

表6－6　快充温度与充电电流要求

温度	小于5℃	5～15℃	16～45℃	>45℃
可充电电流	0A	20A	50A	0A
备注	恒流充电至343V/3.5V以后转为恒压充电方式			

快充充电前检测箱体内部温度，若有≤5℃的温度点，起动加热模式，闭合加热片，加热内循环，待所有温度点≥5℃时停止加热，起动充电程序。若过程中出现加热片温度差≥25℃，则间歇停止加热，待加热片温度差≤15℃，则重启加热片。如果充电过程中最低温度≤5℃，则停止充电模式，也不起动加热模式。快充中，充电机电流显示为13.2～46.2A，快充充电的电流受动力电池内部温度影响而变化。

③ 动能回收状态说明。可接受最大回馈电压要求：动力电池可以承受由电动机产生的最大365V的感应电动势；可接受回馈电流SOC范围要求：动力电池可以接受回馈电流的SOC范围为0%～90%。

5. 安全防护

安全防护是BMS的最重要功能，具备的功能有过流保护、过充过放保护、过温保护、漏电保护及电池均衡控制。

(1) 过流保护。由于电池都有一定的内阻，电池在工作时电流过大会引起电池内部发热，热量积累增加会造成电池温度上升，从而导致电池的热稳定性下降。对于锂离子电池来说，正负极材料的脱嵌锂离子能力是一定的，当充放电电流大于其脱嵌能力时，将导致电池的极化电压增加，导致电池的实际容量减小，影响电池的使用寿命，严重时会影响电池的安全性。BMS会判断电流是否超过安全范围，一旦超过，则会采取相应的安全保护措施。

(2) 过充过放保护。锂离子电池的充放电过程:当对电池进行充电时,电池的正极上有锂离子脱出,脱出的锂离子经过电解液运动到负极。而作为负极的碳是层状结构,它有很多微孔,到达负极的锂离子就嵌入到碳层的微孔中,嵌入的锂离子越多,充电容量越高,放电则正好相反。

放电时锂离子不能完全移向正极,必须保留一部分锂离子在负极,以保证下次充电时的锂离子畅通嵌入通道,否则,电池寿命就相当短。为了保证碳层中放电后留有部分锂离子,也就是锂离子电池不能过放电,这就要严格限制放电终止的最低电压。同时,根据锂离子工作原理最高充电终止应为4.2V(不能过充),否则,会因正极材料中的锂离子游离过多,造成晶型坍塌,而使电池表现出寿命终结状态。由此可见,锂离子充放电控制精度要求相当高,既不能过充,也不能过放,否则都将影响电池寿命。因此,当电压超过充电限制电压时,BMS会断开充电回路来保护电池系统;当电压超过放电限制电压时,BMS会断开放电回路来保护电池系统。

(3) 过温保护。对于过温保护,需要结合上面的热管理功能进行,因电池活性在不同温度下有所不同。长时间处于高温环境下,电池材料的结构稳定性会变差,从而缩短电池的使用寿命;长时间处于低温环境下,电池活性受限会造成可用容量减小,尤其是电池的充电容量将变得很低,同时可能产生安全隐患。BMS能够在电池温度超过高温限值或者低于低温限值时,禁止进行充放电。

(4) 漏电保护。漏电保护分为高压互锁及绝缘监测。高压互锁分为结构互锁及软件互锁,一旦发现高压元器件互锁故障,VCU会采取故障报警、高压断电(静止)和限功率行驶(高速行驶状态)。绝缘监测功能也是保证电池系统安全的重要功能之一。电池系统电压通常有几百伏,一旦出现漏电将会对人员形成危险,所以绝缘监测功能就显得相当重要。BMS会实时监测总正极和总极负对车身搭铁的绝缘电阻,如果出现绝缘电阻低于安全范围,则会上报故障并断开高压电路。动力电池系统绝缘监测回路如图6-38所示。

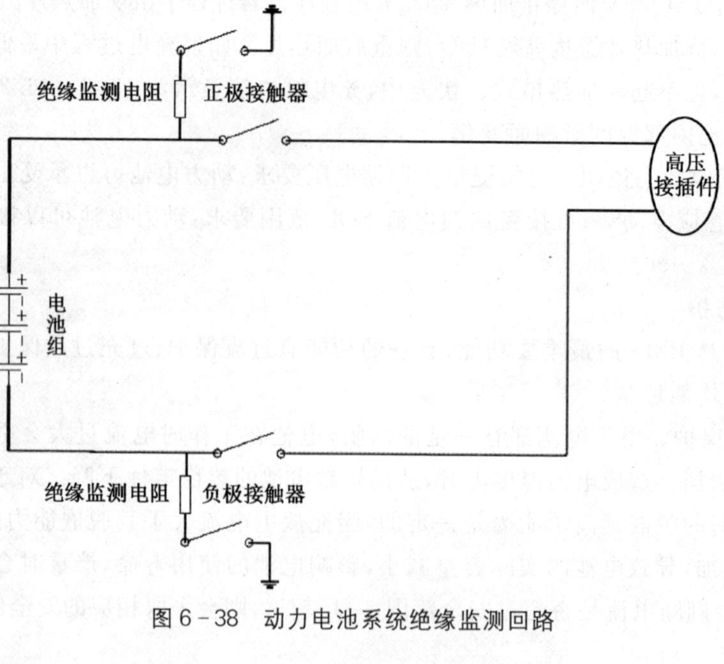

图6-38 动力电池系统绝缘监测回路

(5) 电池均衡控制。由于生产制造和工作环境的影响会造成电池单体的不一致性，在电压、容量和内阻等性质上出现差别，导致每个单体电池在实际使用过程中有效容量和充放电电量不一样。因此，为保证电池系统的整体性能和延长使用寿命，为减少单体电池之间的差异性而对电池进行均衡控制是十分必要的。

均衡管理有助于电池容量的保持和放电深度的控制。如果没有对电池进行均衡控制，由于 BMS 的保护功能设置，就会出现某个电池单体充满电时，其他电池单体没有充满，或者某个最小电量的单体电池放电截止时，其他电池还没有达到放电截止限制的现象。

目前 BMS 电池均衡技术大多采用被动均衡和主动均衡两种。被动均衡又称为耗散型均衡，利用并联电阻等方式将能量高的单体电池的能量消耗至与其他单体电池均衡的状态，就是通过放电均衡的办法让电池组内的电池电压趋于一致。这种方式成本低，容易实现，但是能量浪费。主动均衡又称为非耗散型均衡，形象地说就是进行电池单体之间的能量转移，将能量高的电池单体中的能量转移到能量低的单体上，以达到能量均衡目的。主动式均衡方式效率高，能量转移并被消耗，但结构复杂、成本高。

二、动力电池系统常见故障检修

1. 动力电池系统故障等级

北汽新能源纯电动汽车动力电池系统故障等级共分三级。关于动力电池的故障信息，仪表上只显示动力电池故障、动力电池绝缘故障及动力电池系统断开三种故障信息。

(1) 三级故障。指轻微故障，表明动力电池性能下降，电池管理系统降低最大允许充/放电电流。动力电池上报该故障，对整车无影响或不同程度地造成整车进入限功率行驶状态，动力电池处于正常工作状态。

BMS 一旦上报该故障，表明动力电池处于极限环境温度下或单体电池一致性出现一定劣化等。电力电池系统三级故障情况见表 6－7，相同的故障名称，根据故障程度级别不同，以不同故障码区分。

表 6－7　动力电池系统三级故障

故障名称	故障码	对整车影响	恢复条件
温度过高故障	P1043	行车模式：放电功率降为当前状态的 50％	重新上电
绝缘电阻过低	P1047	上报不处理	
电压不均衡	P1046	行车模式：放电功率降为当前状态的 40％	
单体电压欠压	P1040		
温度不均衡	P1045	上报不处理	
放电过流	P1042	行车模式：放电功率降为当前状态的 50％	

(2) 二级故障。指严重故障，表明动力电池在此状态下功能已经丧失，请求其他控制器停止充电或放电。其他控制器响应动力电池二级故障的延时时间建议少于 60s，否则会引发动力电池上报一级故障。动力电池上报该故障会造成整车进入跛行、暂时停止能量回馈、停止充电。动力电池正常工作情况下不会上报该故障，BMS 一旦上报该故障，表明动力电池

某些硬件出现故障或动力电池处于非正常工作条件。根据故障程度级别不同，以不同故障码区分，动力电池系统二级故障情况见表 6-8 所示。

表 6-8　动力电池系统二级故障

<table>
<tr><th>故障名称</th><th>故障码</th><th>对整车影响</th></tr>
<tr><td>单体电压欠压</td><td>P0269</td><td>行车模式：限功率至放电电流 25A</td></tr>
<tr><td>BMS 内部通信故障</td><td>P0279</td><td rowspan="2">行车模式：限功率至放电电流 25A，最大允许充电电流调整为 0
充电模式：发送请求停止充电，如果上报故障后 2s 钟内未收到响应，BMS 主动断开高压继电器或加热继电器</td></tr>
<tr><td>BMS 硬件故障</td><td>P0284</td></tr>
<tr><td>BMS 与车载充电机通信故障</td><td>P0283</td><td>车载充电模式：请求停止充电，或请求停止加热，如果上报故障后 2s 内未收到响应，BMS 主动断开高压继电器或加热继电器</td></tr>
<tr><td>温度过高</td><td>P0258</td><td>行车模式：限功率至放电电流 25A，最大允许充电电流调整为 0</td></tr>
<tr><td>绝缘电阻过低</td><td>P0276</td><td>行车模式：限功率至放电电流 25A，最大允许充电电流调整为 0
充电模式：发送请求停止充电，如果上报故障后 2s 内未收到响应，BMS 主动断开高压继电器或加热继电器</td></tr>
<tr><td>加热元件故障</td><td>P0281-1</td><td>充电模式：请求停止加热，如果上报故障后 2s 内未收到响应，BMS 主动断开加热继电器</td></tr>
</table>

（3）一级故障。指非常严重故障，表明动力电池在此状态下功能已经丧失，请求其他控制器立即停止充电或放电，如果其他控制器未在指定时间内做出响应，电池管理系统将在 2s 后主动停止充电或放电。

动力电池上报该故障一段时间后会造成整车出现安全事故，如起火、爆炸、触电等。动力电池在正常工作下不会上报该故障，BMS 一旦上报该故障，表明动力电池处于严重故障状态。动力电池系统一级故障情况见表 6-9，根据故障程度级别不同，以不同故障代码区分。

表 6-9　动力电池系统一级故障

<table>
<tr><th>故障名称</th><th>故障编码</th><th>对整车的影响</th></tr>
<tr><td>单体电池电压过压</td><td>P0004</td><td rowspan="4">行车模式：电池放电电流降为 0，切断高压，无法行车
车载充电：请求停止充电/停止加热，正负接触器断开
直流快充：发送 BMS 终止充电，正负极接触器断开</td></tr>
<tr><td>电池外部短路（放电过流）</td><td>P0006</td></tr>
<tr><td>温度过高</td><td>P0007</td></tr>
<tr><td>电池内部短路</td><td>P0014</td></tr>
</table>

2. 动力电池系统常见故障

动力电池系统常见故障见表 6-10。

表 6-10　动力电池系统常见故障

序号	故障现象	故障排除(按照序号进行操作)
1	SOC 异常：如无显示，数值明显不符合逻辑	(1) 停车或者整车用钥匙关闭后重新起动 (2) 检查仪表显示其他故障报警有无点亮，并做好现象记录 (3) 联系专业售后人员进行复查，维修人员确认无误后正常使用
2	续驶里程低于经验值	联系维护人员，检查充放电过程，动力电池容量是否衰减，BMS 控制是否正常
3	电池过热报警/保护	(1) 10s 内减速，停车观察 (2) 检查报警是否消除，检查是否有其他故障，并做好记录 (3) 若报警或保护消除，可以继续驾驶；否则，联系检修 (4) 运行中若连续 3 次以上出现停车，减速后故障消除时联系检修
4	SOC 过低报警/保护	(1) SOC 低于 30%报警出现时减速行驶，寻找最近的充电站进行充电 (2) 停车休息 3～5min 后行驶，检查故障是否能自动消除 (3) 若故障不能自行解除，且仍未驶达充电站的即联系检修
5	电压/电流明显异常	(1) 将钥匙开关转至“OFF”挡，迅速下车并保存适当距离 (2) 联系专业技术人员检修
6	钥匙打“ON/START”后不工作	(1) 检查并维护低压电源 (2) 若打至“ON”后能工作，检查仪表盘上故障显示并记录 (3) 若打至“START”后仍不能工作，联系检修
7	不能充电	(1) 检查 SOC 当前数值 (2) 检查充电线缆是否按照正确方法连接 (3) 若环境温度超出使用范围，则终止使用 (4) 联系检修
8	运行时高压短时间丢失	检查系统屏蔽层是否有效、继电器是否能正常动作、主回路是否接触良好
9	电池外箱磨损破坏	联系检修

三、典型故障诊断案例

1. 动力电池高压母线连接故障诊断

故障现象　北汽 EV200 型无法上电，故障码显示动力电池正负电缆(母线)连接故障。

故障原因

① 动力电池正负电缆插头连接松动。

② 动力电池正负电缆高低压互锁故障。

③ BMS 或 VCU 故障(误报)。

故障诊断

① 按照规定进行高压安全防护操作，首先高低压断电，拆下低压蓄电池的负极接线，取下车钥匙及手动高压维修开关。

② 用举升器举起汽车，检查动力电池包正负极高压电缆的连接情况，看有无松动。

③ 若插接器连接正常，检查高低压互锁线路，用万用表检测互锁信号端有无 12V 电压(打开点火开关至“ON”挡)。若无 12V，检查互锁信号线及 VCU。

④ 若有 12V 电压，检查手动高压维修开关(MSD)有无损坏或松动。重新插拔，若故障

依然存在，检测正负极电缆高低压插接器互锁连线是否导通，若不通，则为 BMS 或 VCU 电脑故障。

根据统计，此故障除了电脑误报以外，手动维修开关(MSD)没插到位引起的故障占到 70%，高压电缆端子问题占到 20%，电池内部线束连接出问题的概率非常小。

2. 绝缘故障诊断

故障现象 北汽 EV160 型无法上电，仪表报绝缘故障，系统故障报警灯亮。

故障原因

① 动力电池内部绝缘故障。

② 动力电池外部高压系统、高压电缆绝缘故障。

③ BMS 或 VCU 故障(误报)。

故障诊断 当仪表报高压绝缘故障后，要做高压系统绝缘检测。由于全车绝缘检测都在 BMS 电池管理系统中，因此无论是电池自身还是电池外电路的高压回路上存在绝缘故障，电池都会上报。首先应区分判断是动力电池的绝缘故障还是负载侧绝缘故障，可一次检查高压盒、电机控制器、空调压缩机、PTC 或 PDU(新款)。

① 按照规定进行高压安全防护操作，首先高低压断电，拆下低压蓄电池负极电缆，取下车钥匙及手动高压维修开关。

② 举升汽车，拔下动力电池正负电缆，重新上电，查看是否报绝缘故障，若故障依旧，说明绝缘故障在电池包内部；若无绝缘故障，说明绝缘故障可能在负载侧。

③ 插好插接器，降下汽车，断开高压控制盒动力电池高压电缆插接器，测量动力电池输出电压。

④ 分别对动力电池正负极端子进行绝缘检测，若均正常，则故障在负载侧。

⑤ 拆卸快充连接电缆，进行绝缘检测。

⑥ 拆卸空调压缩机及 PTC 连接电缆，进行绝缘检测。

⑦ 拆卸慢充连接线，进行绝缘检测。

⑧ 拆卸电机控制器电缆，进行绝缘检测。

⑨ 拆卸 DC/DC 电缆，进行绝缘检测。

⑩ 若以上检查均正常，则怀疑 BMS 或 VCU 误报。

3. 高压断开故障诊断

故障现象 北汽 EV200 型无法上电，整车控制器报高压断开故障。

故障原因

① 动力电池内部高压故障。

② 动力电池低压控制故障。

故障诊断 控制动力电池高压放电的有正极接触器、负极接触器和手动高压维修开关。其中任意一个发生故障，则动力电池都无法进行高压输出。因此，首先对这三个部件进行排查。若均正常，则检查控制正负极接触器的低压控制电路以及整车控制器和 BMS 唤醒连接线；若线路均正常，则为 VCU 或 BMS 电脑故障。

第四节　高压线束及高压部件检修

一、高压线束

1. 高压线束分布

EV200 型整车所有橙色线束都是高压电缆，高压电缆可以分成五部分，即动力电池高压电缆、电机控制器高压电缆、快充电缆、慢充电缆及高压附件电缆（高压线束总成）。图 6－39 所示为 EV200 型的高压电路连接原理图，实车的线束分布如图 6－40 所示。

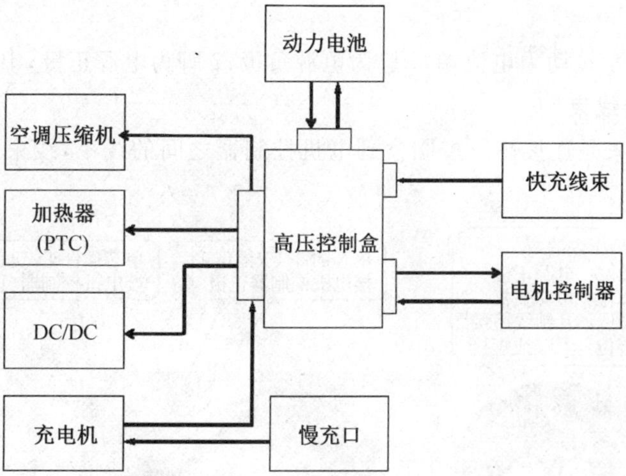

图 6－39　EV200 型高压电路连接原理

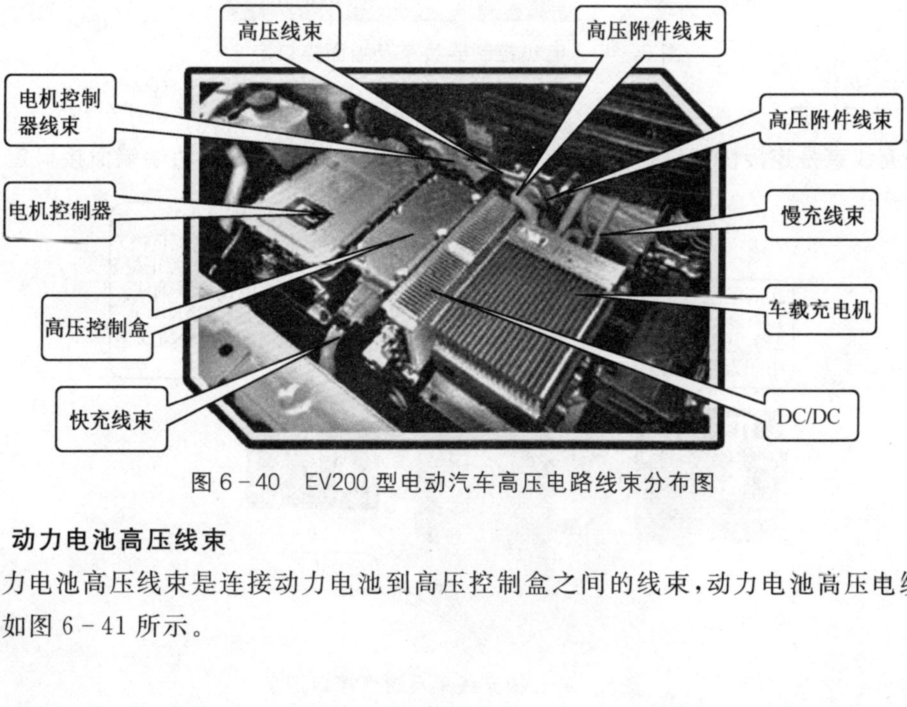

图 6－40　EV200 型电动汽车高压电路线束分布图

2. 动力电池高压线束

动力电池高压线束是连接动力电池到高压控制盒之间的线束，动力电池高压电缆及两端端面如图 6－41 所示。

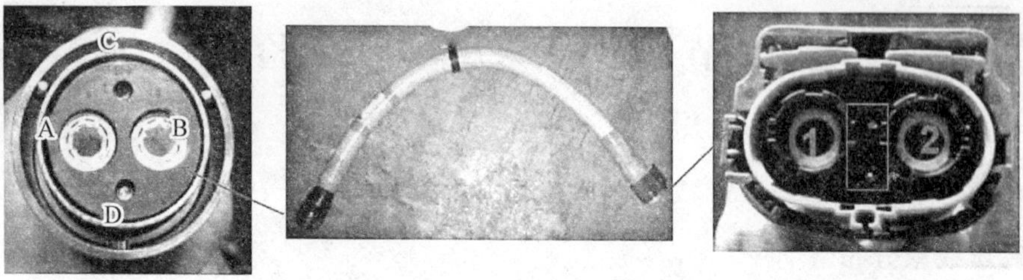

（a）端面1　（b）高压电缆　（c）端面2

图6-41　动力电池高压电缆及两端端面

图6-41(a)所示接高压控制盒端，B脚为电源正极，A脚为电源负极，C脚、D脚为互锁线短接端子。

图6-41(c)所示接动力电池端，1脚为电源负极，2脚为电源正极，中间为互锁端子。

3. 电机控制器线束

电机控制器线束是连接高压控制盒到电机控制器之间的线束，线束及两端端面接口定义如图6-42所示。

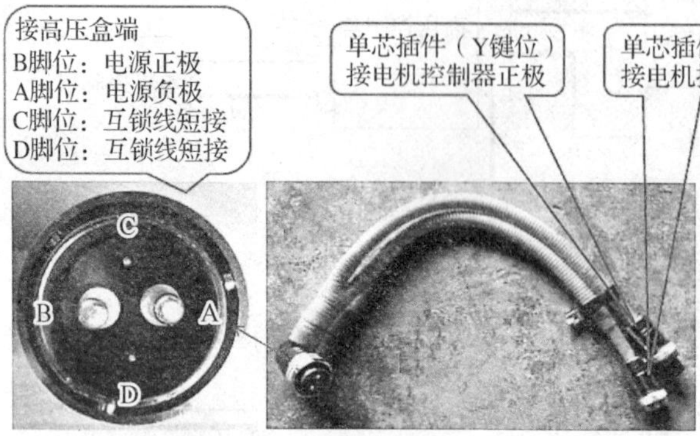

图6-42　电机控制器线束及端面接口定义

4. 快充线束

快充线束是连接快充口到高压控制盒之间的线束，快充线束及两端端面接口定义如图6-43所示。

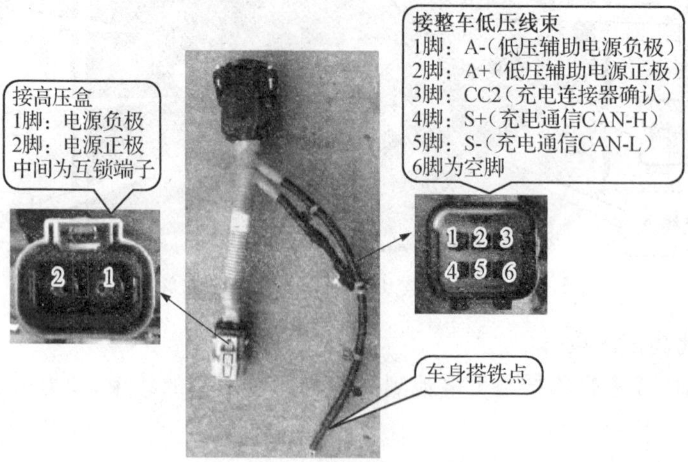

图6-43　快充线束及端面接口定义

快充口在车辆的最前端，如图 6-44 所示。快充口端子的定义如下：

DC－：直流电源负极。

DC＋：直流电源正极。

PE：车身地（搭铁）。

A－：低压辅助电源负极。

A＋：低压辅助电源正极。

CC1：充电连接确认。

CC2：充电连接确认。

S＋：充电通信 CAN-H。

S－：充电通信 CAN-L。

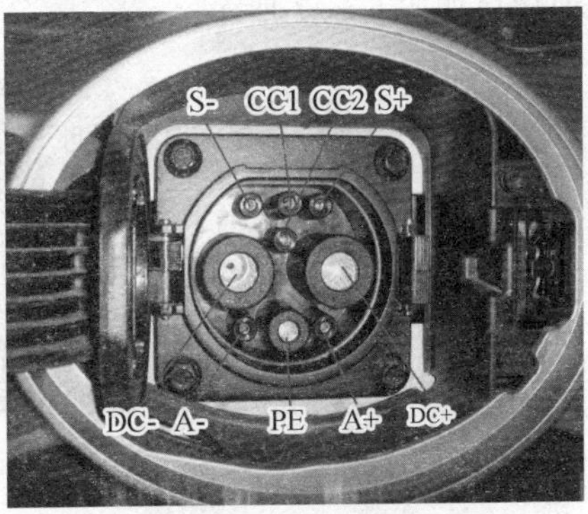

图 6-44　快充口端子定义

5. 慢充线束

慢充线束是连接慢充口到车载充电机之间的线束，线束及两端端面接口定义如图 6-45 所示。

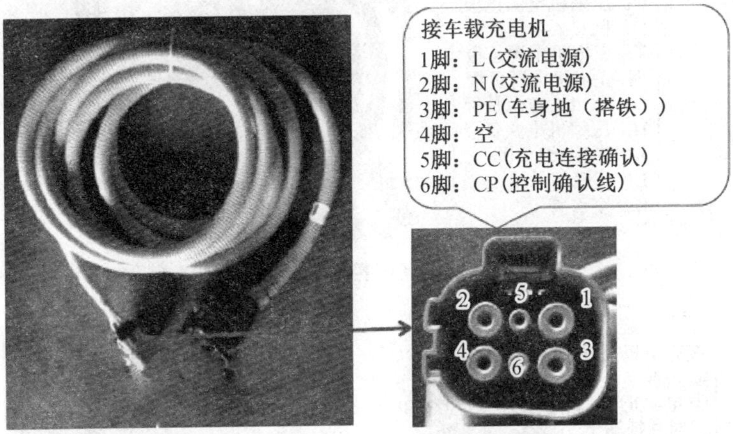

图 6-45　慢充线束及端面接口定义

慢充口在车辆的右后端，如图 6-46 所示。慢充口端子的定义如下：

CP：控制确认线。

CC：充电连接确认。

N：交流电源。

L：交流电源。

PE：车身地（搭铁）。

NC2：备用。

NC1：备用。

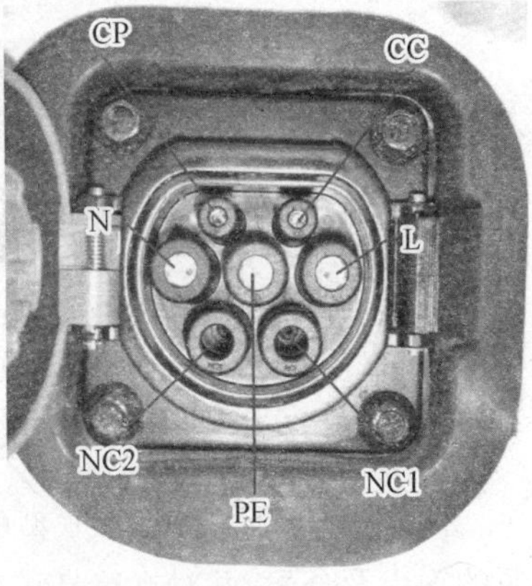

图 6-46　慢充口端子定义

6. 高压附件线束（高压线束总成）

高压附件线束是连接高压控制盒到 DC/DC、车载充电机、空调压缩机、空调 PTC 之间的线束，线束及两端端面接口如图 6-47 所示。

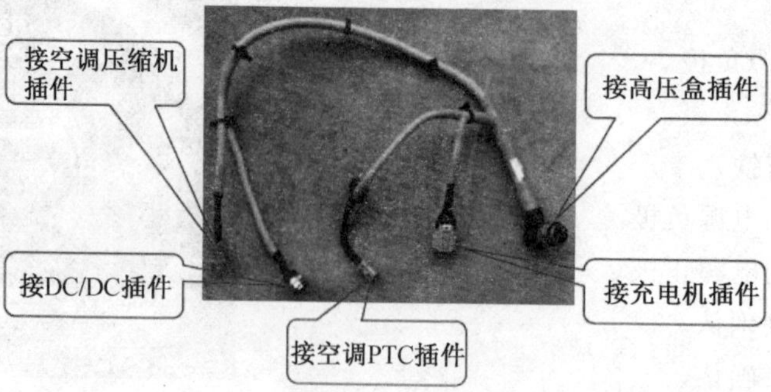

图 6-47　高压附件线束及端面接口

高压附件线束接口定义如图 6-48、图 6-49 所示。

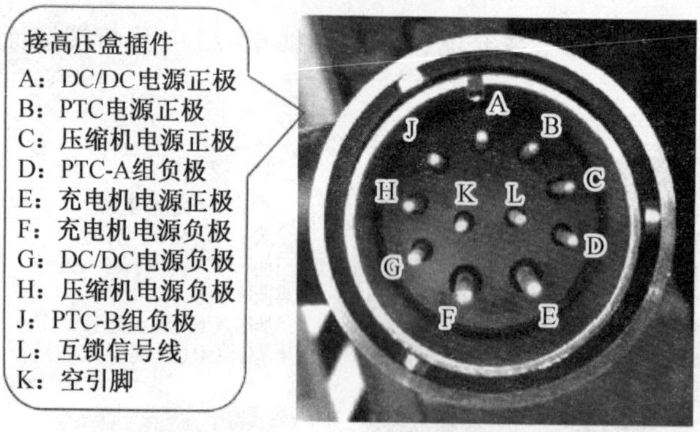

图 6-48　接高压控制盒端面及定义

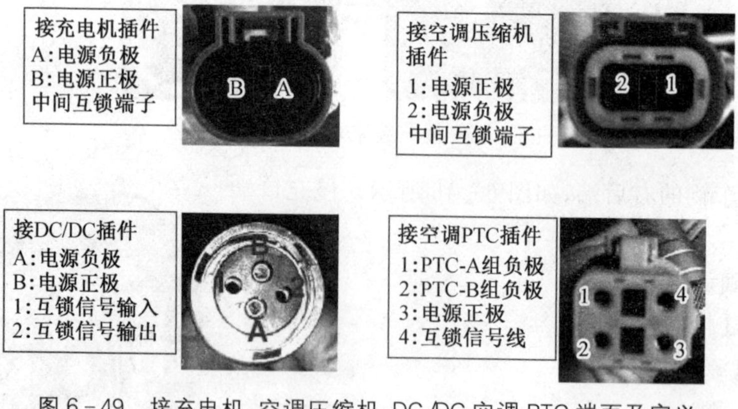

图 6-49　接充电机、空调压缩机、DC/DC 空调 PTC 端面及定义

二、高压控制盒（高压盒）

图 6-50 所示是 EV200 型的高压控制盒外观及外部接口。其功用是控制动力电池电源的输出及分配，并对支路高压部件进行保护及切断。

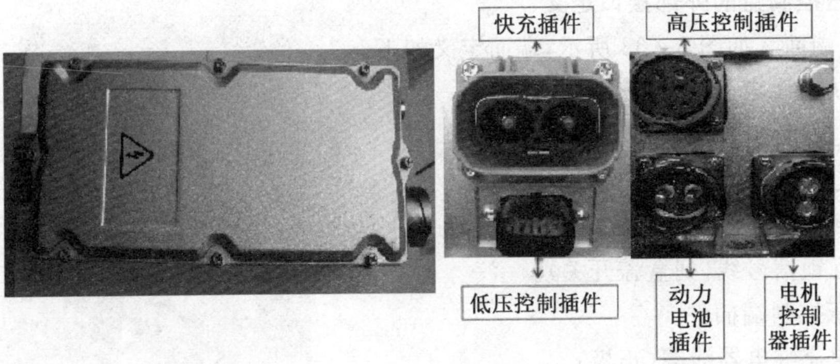

（a）外观　　（b）外部接口

图 6-50　高压控制盒及端面

1. 高压控制盒的内部结构

高压控制盒的内部结构如图 6-51 和图 6-52 所示，有 PTC 控制板、四个熔断器及快充继电器等。四个熔断器分别接 PTC、空调压缩机、DC/DC、车载充电机。

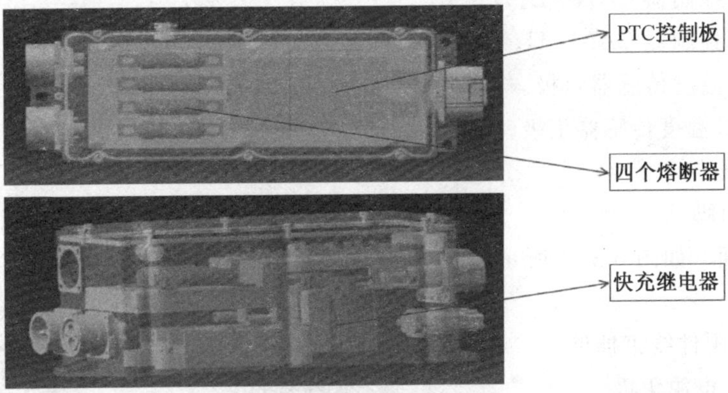

图 6-51　高压盒内部结构

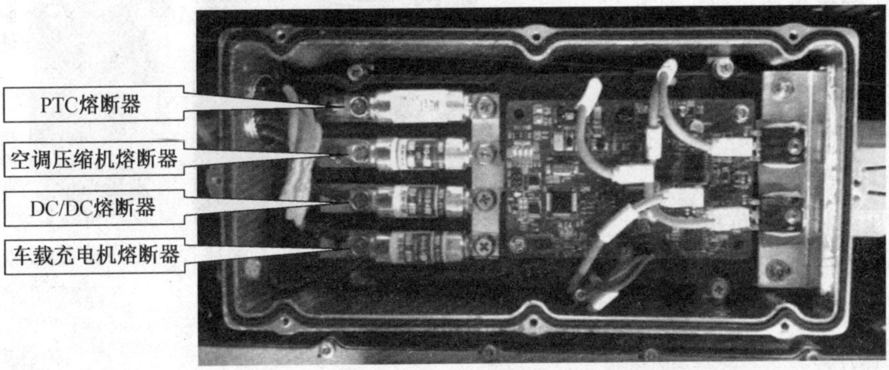

图 6-52　高压盒内部结构实物

2. 高压控制盒的外部接口定义

(1) 前端面。如图 6 - 53 所示,端面定义如下:

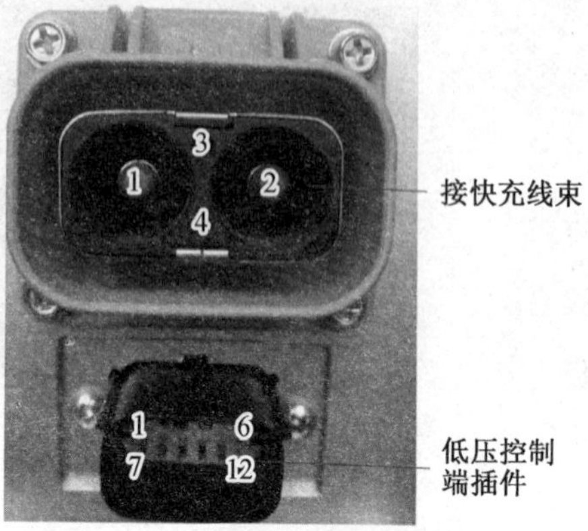

图 6 - 53 高压控制盒前端面

① 接快充线束。

1 脚:电源负极。

2 脚:电源正极。

3 脚:互锁信号线。

4 脚:互锁信号线(到盒盖开关)。

② 低压控制端插件。

1 脚:快充继电器线圈(正极)。

2 脚:快充负接触器线圈(控制端)。

3 脚:快充正接触器线圈(控制端)。

4 脚:空调继电器线圈(正极)。

5 脚:空调继电器线圈(控制端)。

6 脚: PTC 控制器- GND。

7 脚:PTC 控制器 CAN - L。

8 脚:PTC 控制器 CAN - H。

9 脚:PTC 温度传感器负极。

10 脚:PTC 温度传感器正极。

11 脚:互锁连接。

12 脚:空引脚。

(2) 后端面。如图 6 - 54 所示,端面定义如下:

图 6 - 54 高压控制盒后端面

① 接高压附件线束插件。

A:DC/DC 电源正极。

B:PTC 电源正极。

C:压缩机电源正极。

D:PTC - A 组负极。

E:充电机电源正极。

F:充电机电源负极。

G:DC/DC 电源负极。

H:压缩机电源负极。

J :PTC - B 组负极。

L:互锁信号线。

K:空引脚。

② 接电机控制器线束插件。

B 脚位:电源正极。

A 脚位:电源负极。

C 脚位:互锁信号线。

D 脚位：互锁信号线。

③ 接动力电池线束插件。

B 脚位：电源正极。

A 脚位：电源负极。

C 脚位：互锁信号线。

D 脚位：互锁信号线。

三、DC / DC

图 6－55 所示为 DC/DC，将动力电池的高压直流转换为整车低压 12V 直流，给整车低压用电系统供电并对低压电池进行充电。它具有效率高、体积小、耐受恶劣工作环境等特点。

图 6－55 DC/DC

1. DC/DC 的接口

DC/DC 的端面如图 6－56 所示，接口定义如下：

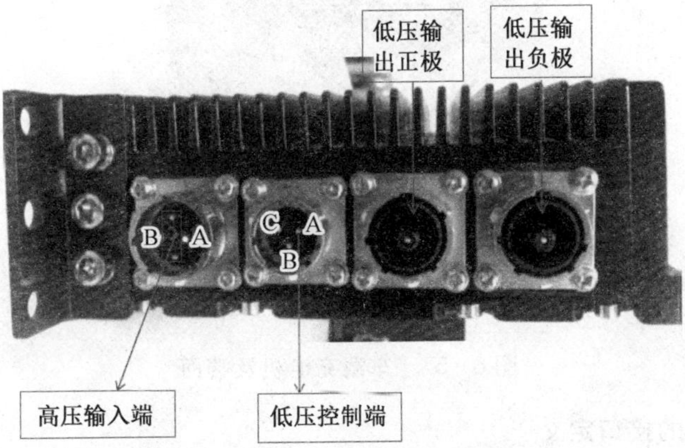

图 6－56 DC/DC 的端口及接口定义

(1) 高压输入端。

A 脚：电源负极。

B 脚：电源正极。

中间为高压互锁短接端子。

(2) 低压控制端。

A 脚：控制电路电源正。

B 脚：电源状态信号输出。

C 脚:控制电路电源负极。

2. DC/DC 的工作条件及检查方法

(1) 工作条件:

① 高压输入范围为 DC 290～420V。

② 低压输出范围为 DC 9～14V。

(2) DC/DC 的检查方法:

① 点火开关置于"OFF"挡,使用万用表测量辅助电池端电压,并记录。

② 点火开关置于"ON"挡,万用表读取辅助电池端电压,如果数值在 13.8～14V 之间,则 DC/DC 工作正常。

3. DC/DC 的工作流程

(1) 整车"ON"挡上电或充电唤醒上电。

(2) 动力电池完成高压系统预充电流程。

(3) VCU 发给 DC/DC 控制信号。

(4) DC/DC 正常工作。

四、车载充电机

图 6-57 所示是 EV200 型的车载充电机,其功用是将 220V 交流转换为大于动力电池电压的直流,并对动力电池进行补充充电。

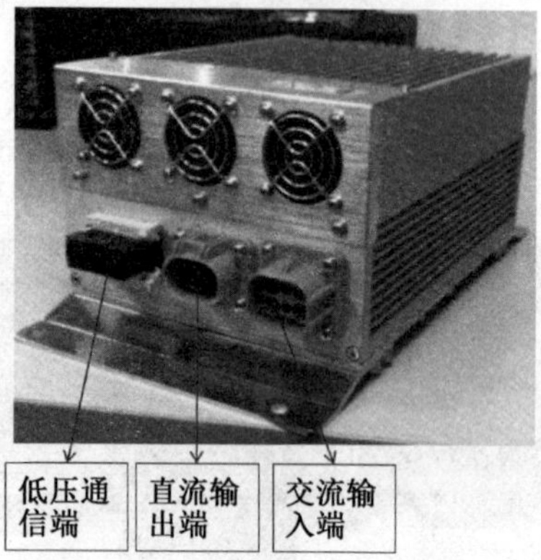

图 6-57 车载充电机及端面

1. 车载充电机的接口定义

(1) 交流输入端如图 6-58 所示。

1 脚:L(交流电源)。 2 脚:N(交流电源)。

3 脚: PE(车身地,即搭铁端)。 4 脚:空脚。

5 脚:CC(充电连接确认)。 6 脚:CP(控制确认线)。

(2) 直流输出端如图 6-59 所示。

A 脚:电源负极。 B 脚:电源正极。

(3) 低压通信端如图 6-60 所示。

1 脚:新能源 CAN-L。 2 脚:新能源 CAN-GND。

5 脚:互锁输出(到高压控制盒低压插件)。 8 脚:GND。

9 脚:新能源 CAN-H。 11 脚:CC 信号输出。

13 脚:互锁输入(到空调压缩机低压插件)。 15 脚:12V+ OUT。

16 脚:12V+ IN。

图 6-58 交流输入端

图 6-59 直流输出端

图 6-60 低压通信端

2. 车载充电机的检查方法

对车辆进行充电,查看指示灯是否正常。车载充电机指示灯如图 6-61 所示,定义如下:

图 6-61 车载充电机指示灯

POWER 灯:电源指示灯,当接通交流电后,电源指示灯亮起。

RUN 灯:当充电机接通电池进入充电状态后,充电指示灯亮起。

FAULT 灯:报警指示灯,当充电机内部有故障时亮起。

如果充电正常,POWER 灯和 RUN 灯均点亮;如果起动 0.5min 后仍只有 POWER 灯亮时,有可能为电池无充电请求或已充满;如果 FAULT 灯点亮时,则说明充电系统出现异常;如果充电灯都不亮时,检查充电桩以及充电线束及接插件。

3. 车载充电机的工作流程

(1) 交流供电。

(2) 低压唤醒整车控制系统。

(3) BMS 检测充电需求。

(4) BMS 给车载充电机发送工作指令并闭合继电器。

(5) 车载充电机开始工作,接通电池进行充电。

(6) 检测电池充电完成后,给车载充电机发送停止指令。

(7) 车载充电机停止工作。

(8) 电池断开继电器。

五、高压互锁回路

高压互锁回路(High Voltage Interlock Loop)简称 HVIL,主要作用是监测高压线束与高压部件的连接情况,当某个高压插件未插到位,动力电池则切断高压电源。高压互锁回路相当于是 VCU 用来检测高压回路是否连接好的一个传感器,其主要的功能如下:

(1) 整车在高压上电前确保整个高压系统的完整性,使高压处于一个封闭回路中工作,以提高安全性。

(2) 当整车在运行过程中高压系统回路断开或者完整性受到破坏的时候,起动安全防护。

(3) 防止带电插拔高压连接器给高压端子造成的拉弧损坏。

高压互锁回路从 VCU 出发,经过各高压线束与高压部件的接口后接地,如果 VCU 收到接地信号,说明各接口插接到位;反之,则可能接口没有接好,会有危险,则不能上电。

如果整车报高压故障,则有可能是某个高压插件未插或未插到位造成高压互锁回路故障,可以按相关的规范进行检修。

六、绝缘故障

因纯电动汽车动力电池的电压很高,为了确保驾驶员和乘员的安全,必须保证其电路在封闭回路中运行,要求高压线束和高压部件与车身的绝缘性良好。

如果整车报绝缘故障,则可能是某个高压线束、部件或插件引起绝缘电阻达不到要求而有安全隐患,必须对车辆进行检修,排除故障。绝缘故障检修方法和绝缘电阻标准见表 6-11。

表 6-11 绝缘故障检修方法和绝缘电阻标准

高压零部件	所需检测项目	检测所需工具	检测方法	绝缘电阻标准
动力电池	动力电池正负极与车身(外壳)绝缘电阻的检测	兆欧表 FLUKE1587C	(1) 拔掉高压盒端动力电池输入线 (2) 将钥匙转到“ON”挡 (3) 将兆欧表黑表笔接于车身,红表笔逐个测量动力电池正负极端子	动力电池正极绝缘电阻为≥1.4MΩ,负极绝缘电阻为≥1.0MΩ
	管理系统绝缘监控电路检查	绝缘表	将车辆电源关闭,打开高压盒输入插头,用兆欧表检测(1 000V)合格值 总正:1.5MΩ 总负:>1.0MΩ	
车载充电机	车载充电机正负极绝缘电阻的检测	兆欧表 FLUKE1587C	(1) 将低压蓄电池负极断开 (2) 拔掉高压控制盒高压附件线束插件 (3) 将兆欧表黑表笔接于车身,红表笔逐个测量车载充电机正负极输出端子	车载充电机的绝缘电阻在环境温度为 23±2℃ 和相对湿度为 45%~75% 时,车载充电机正负极输出与车身(外壳)之间的绝缘电阻≥1 000MΩ;在环境温度为 23±2℃ 和相对湿度为 90%~95% 时,车载充电机正负极输出与车身(外壳)之间的绝缘电阻≥20MΩ

续表

高压零部件	所需检测项目	检测所需工具	检测方法	绝缘电阻标准
DC/DC	DC/DC 正负极绝缘电阻的检测	兆欧表 FLUKE1587C	(1) 将低压蓄电池负极断开 (2) 拔掉高压盒八芯插头 (3) 将兆欧表黑表笔接于车身，红表笔逐个测量 A(正极) G(负极)	DC/DC 绝缘电阻在环境温度为 23±2℃ 和相对湿度为 80%～90%时高压输入与车身(外壳)绝缘电阻≥1 000MΩ；在工作温度为 −20～65℃ 和相对湿度为 5%～85%环境下高压输入与车身(外壳)绝缘电阻≥20MΩ
空调压缩机	空调压缩机正负极绝缘电阻的检测	兆欧表 FLUKE1587C	(1) 将低压蓄电池负极断开 (2) 拔掉高压盒八芯插头 (3) 将兆欧表黑表笔接于车身，红表笔逐个测量 C(正极) F(负极)	向空调压缩机内充入 50±1cm³ 的冷冻机油和 63±1g 的 HFC－134a 制冷剂后，空调压缩机正负极对车身(外壳)的绝缘电阻≥5MΩ 清空空调压缩机内部的冷冻机油后，空调压缩机正负极对车身外壳的绝缘电阻≥50MΩ
PTC	PTC 正负极绝缘电阻的测量	兆欧表 FLUKE1587C	(1) 将低压蓄电池负极断开 (2) 拔掉高压盒八芯插头 (3) 将兆欧表黑表笔接于车身，红表笔逐个测量 D(正极) E(负极)	PTC 正负极与车身(外壳)绝缘阻值≥500MΩ
电机控制器、动力电机	电机控制器、动力电机正负极输入绝缘阻值的测量	兆欧表 FLUKE1587C	(1) 将低压蓄电池负极断开 (2) 拔掉高压盒电机控制器输入插头 (3) 将兆欧表黑表笔接于车身，红表笔逐个测量正负极端子	(1) 电机控制器正负极输入端子与车身(外壳)绝缘电阻≥100MΩ (2) 动力电机三相接头与车身(外壳)绝缘电阻值≥100MΩ
熔断器盒	高压盒正负极绝缘电阻的测量	兆欧表 FLUKE1587C	(1) 将低压蓄电池负极断开 (2) 拔掉高压盒八芯插头、动力电池输入插头、动力电机控制器输出插头 (3) 将兆欧表黑表笔接于车身，红表笔逐个测量高压盒端(动力电池输入，动力电机控制器输出)	高压盒端(动力电池输入，动力电机控制器输出)与车身(外壳)绝缘阻值为无穷大

注意事项：

(1) 在测量动力电池正负极与车身(外壳)绝缘电阻时，除点火开关置于“ON”外，还要想办法让动力电池的正负输出接触器闭合，因有高压输出，特别要注意安全及操作规范。

(2) 在测量高压部件绝缘电阻前先将低压蓄电池负极断开(即：让系统自动切断动力电池高压)，用万用表测量所测部位确认无高压后再进行测量。

第五节　动力电机及控制系统结构原理与检修

一、动力电机及控制系统概述

动力电机系统是纯电动汽车三大核心部件之一，是车辆行驶的主要执行机构，其特性决定了车辆的主要性能指标，直接影响车辆的动力性、经济性和舒适性。

动力电机系统由电动机(DM)、电机控制器(MCU)构成，通过高低压线束、冷却管路与车辆其他系统进行连接，如图 6-62 所示。

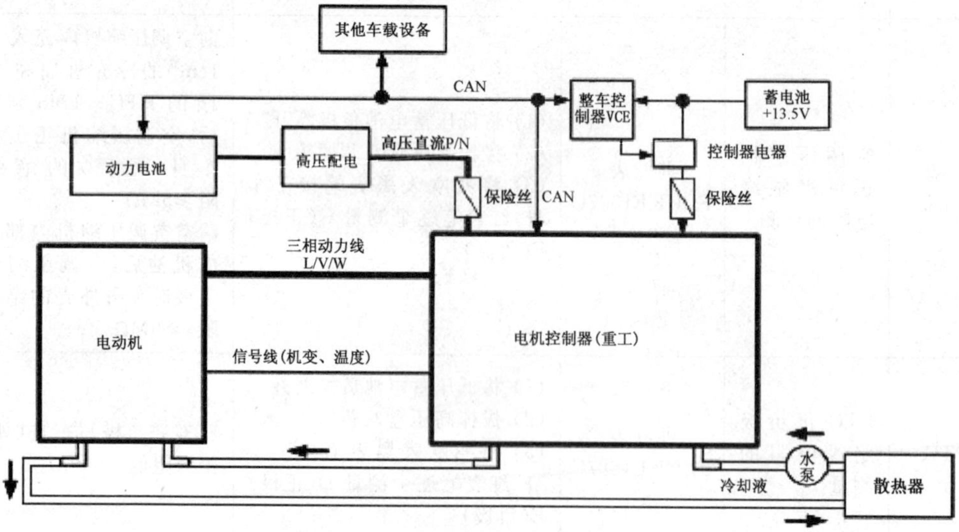

图 6-62　动力电机系统组成

整车控制器(VCU)根据驾驶员意图发出各种指令，电机控制器响应并反馈，实时调整动力电机输出，以实现整车的怠速、前行、倒车、停车、能量回收以及坡道驻车等功能。电机控制器另一个重要功能是通信和保护，实时进行状态和故障检测，保护动力电机系统和整车安全可靠运行。

二、动力电机系统工作模式

1. 动力电机系统驱动模式

整车控制器根据车辆运行的不同情况，包括车速、挡位、电池 SOC 值来决定动力电机的输出扭矩/功率。当电机控制器从整车控制器处得到扭矩输出命令时，将动力电池提供的直流电转化成三相正弦交流电，驱动动力电机输出扭矩，通过机械传输来驱动车辆，如图 6-63 所示。

2. 动力电机系统发电模式

当车辆在滑行或制动的时候，整车控制器检测到满足以下条件则发出能量回收指令，IGBT 模块输出为 0，电动机停止工作，驱动车轮通过传动系统使电动机转子旋转，此时电动机就成了发电机输出三相正弦交流电，通过 IGBT 模块转换成直流电向动力电池充电，如图 6-64 所示。

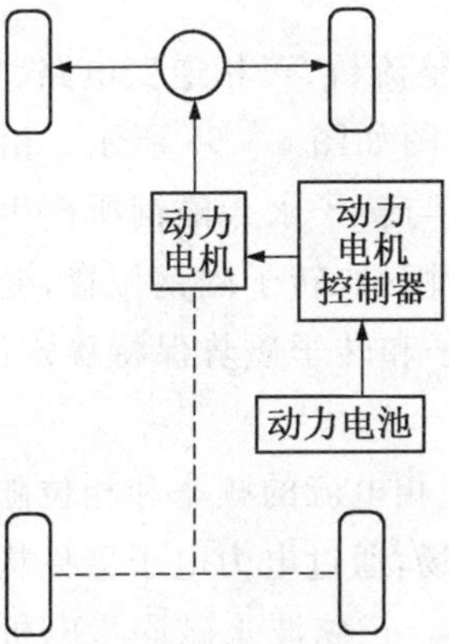

图 6－63　动力电机系统驱动模式

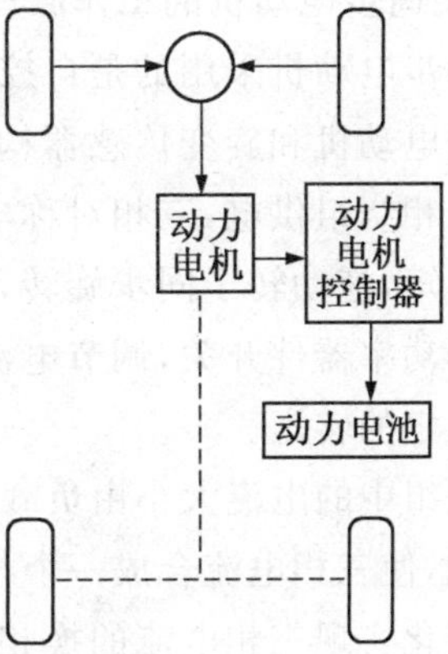

图 6－64　动力电机系统发电模式

三、永磁同步电动机的结构及工作原理

1. 永磁同步电动机的基本组成

永磁同步电动机主要由定子及转子两大部件构成。定子绕组一般制成多组（三、四、五相不等），通常为三相绕组。三相绕组沿定子中心对称分布，在空间互差 120°电角度。通入三相交流电时，产生旋转磁场。转子采用永磁体，目前主要以钕铁硼作为永磁材料。采用永磁体简化了电动机的结构，提高了可靠性，又没有转子铜耗，提高了电动机的效率。

北汽 EV200 型动力电机采用永磁同步电动机，其结构如图 6－65 所示。它具有效率高、体积小、重量轻及可靠性高等优点，是动力系统的重要执行机构，是电能与机械能转化部件，且自身的运行状态等信息可以被采集到电机控制器中。同时依靠内置传感器来提供永磁同步电机的工作信息，其中的传感器包括：

（1）旋转变压器（简称“旋变”）：用以检测永磁同步电动机转子的位置，由电机控制器解码后可以获知其转速。

（2）温度传感器：用以检测永磁同步电动机定子绕组的温度，电机控制器可以保护其避免过热。

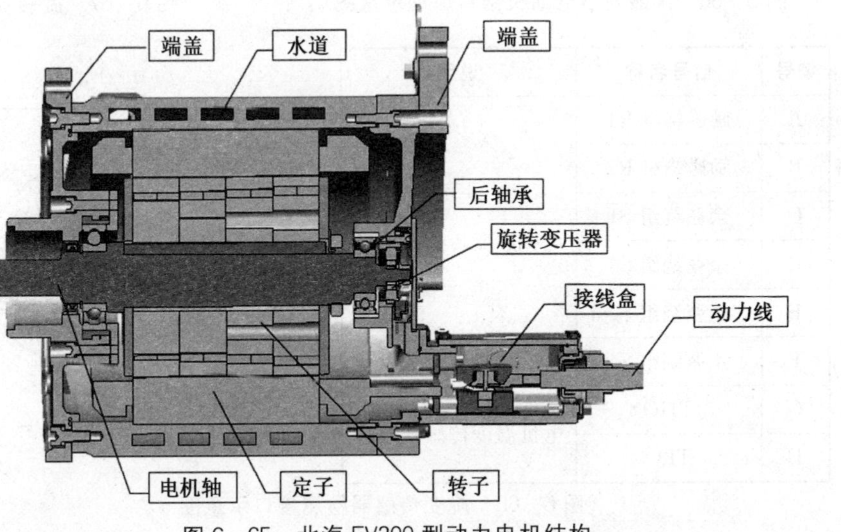

图 6－65　北汽 EV200 型动力电机结构

2. 永磁同步电动机的工作原理

永磁同步电动机采用的是自控式电机控制方式，由整流桥、三相逆变电路、控制电路、三相交流永磁电动机和旋变传感器构成，其结构原理示意图如图 6－66 所示。由三相逆变器给电机的三相绕组供电，三相对称电流合成的旋转磁场与转子永久磁钢所产生的磁场相互作用产生转矩，拖动转子同步旋转，通过位置传感器实时读取转子磁钢位置，变换成电信号控制逆变器功率器件开关，调节电流频率和相位，使定子和转子磁势保持稳定的位置关系，才能产生恒定的转矩。

定子绕组中的电流大小由负载决定。定子绕组中三相电流的频率和相位随转子位置的变化而变化，使三相电流合成一个与转子同步的旋转磁场，通过电力电子器件构成的逆变电路的开关变化实现三相电流的换相，代替了机械换向器。正弦波永磁同步电机属于自控式电机，只是电动机的定子反电势和电流波形均为正弦波，并且保持同相，可以获得与直流电机相同的转矩特性，而且具有恒转矩的调速特性。

3. 旋变传感器

在永磁同步电动机中，旋变传感器是有励磁、正弦、余弦三组线圈组成一个传感器。通常旋变传感器线圈固定在壳体上，信号齿圈固定在转子上与电机轴连在一起，主要将监测的电机转子转速和位置反馈给电机控制器，电机控制器解码后，获知电机转速和位置，如图 6－67所示。旋变传感器检测接口示意图如图 6－68 所示。

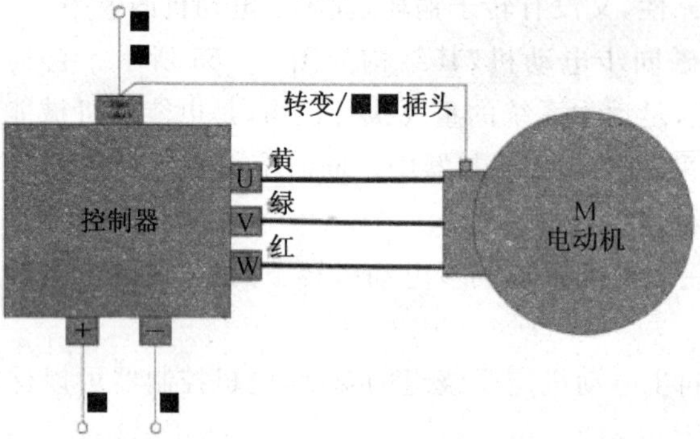

图 6－66　永磁同步电动机结构原理示意图

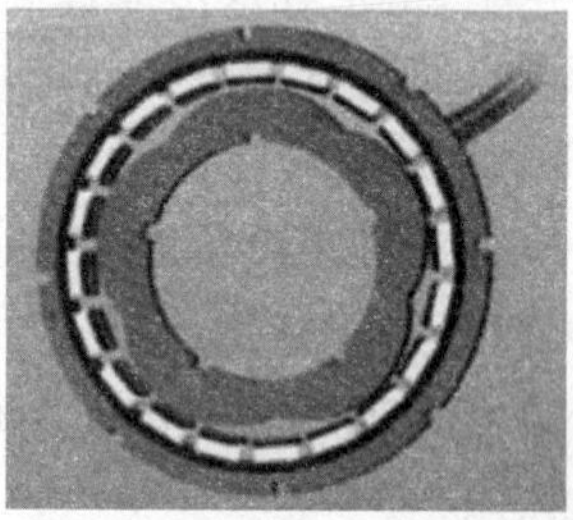

图 6－67　旋转变压器

编号	信号名称	说明
A	励磁绕组 R1	电机旋变传感器接口
B	励磁绕组 R2	
C	余弦绕组 S1	
D	余弦绕组 S3	
E	正弦绕组 S2	
F	正弦绕组 S4	
G	THO	电机温度传感器接口
H	TLO	

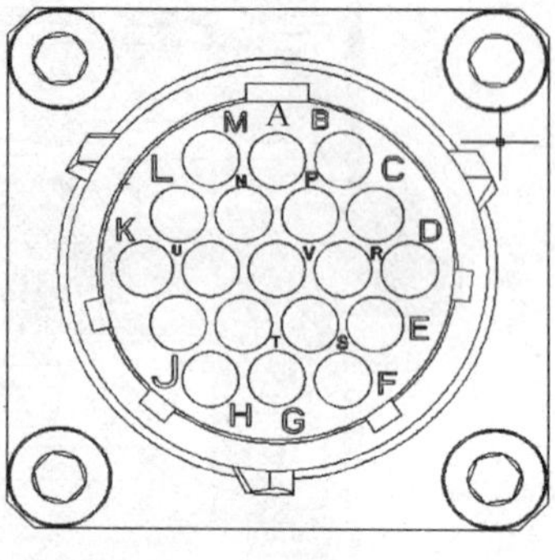

图 6－68　旋变传感器检测接口示意图

（1）励磁绕组参考电压：点火开关置于“ON”挡，测量插件端电压应有 3～3.5V。

（2）正弦绕组阻值：拔下插件，测量传感器端子电阻应有 60±10Ω。

（3）余弦绕组阻值：拔下插件，测量传感器端子电阻应有 60±10Ω。

（4）励磁绕组阻值：拔下插件，测量传感器端子电阻应有 30±10Ω。

4. 温度传感器

温度传感器（图 6-69）采用正温度系数的热敏电阻，其功能是检测永磁同步电机定子绕组的温度，并提供散热风扇起动的信号。当 45℃≤T<50℃时冷却风扇低速起动；温度≥50℃时，冷却风扇高速起动；温度降至 40℃时，冷却风扇停止工作。

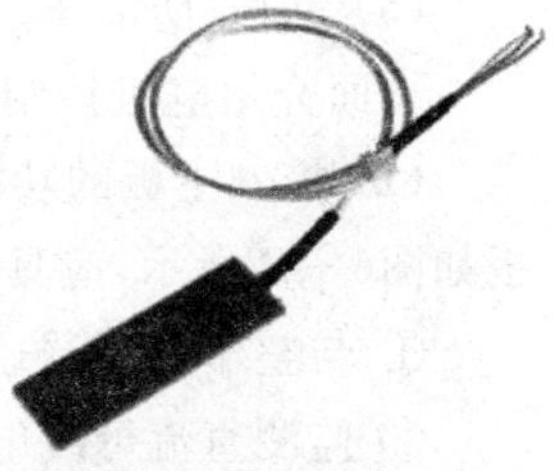

图 6-69　温度传感器

四、电机控制器的结构及工作原理

1. 电机控制器的结构

电机控制器主要由接口电路、控制主板、IGBT 模块 、超级电容、放电电阻、电流感应器、壳体水道等组成，如图 6-70 所示。

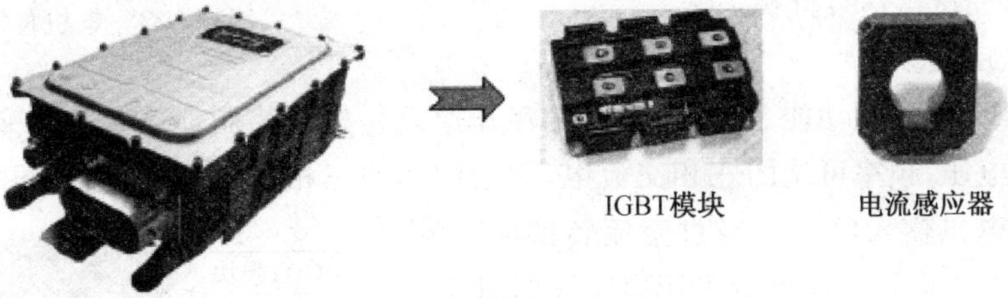

图 6-70　电机控制器的结构

2. 电机控制器工作原理

电机控制器工作原理示意图如图 6-71 所示，由三相两电平电压源型逆变器整车控制器（VCU）发出指令，通过 CAN 线传输到电机控制器主板，电机控制器主板经过逻辑换算和确定旋变传感器的转子位置，再发信号驱动 IGBT 模块，IGBT 输出三相交流电使电动机旋转。控制器主板对所有的输入信号进行处理，并将电力电机控制系统运行状态的信息通过 CAN2.0 网络反馈给整车控制器。电机控制器内含故障诊断电路，当诊断出异常时，它将会激活一个错误代码，同时存储该故障码和数据或发送给整车控制器。

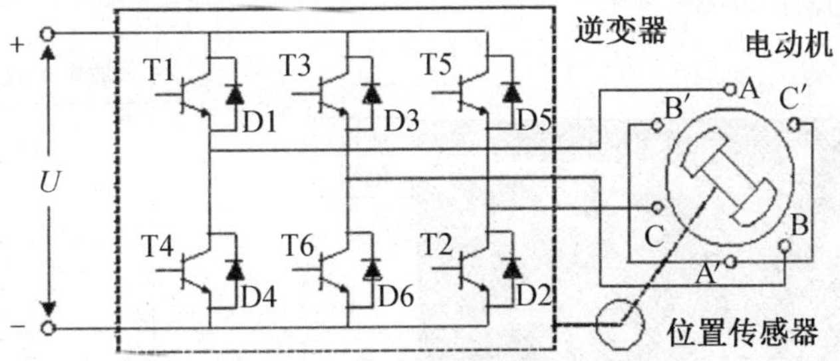

图 6-71　电机控制器工作原理示意图

3. 电机控制器主要功能

电机控制器具有以下功能：

(1) 怠速控制(爬行)。

(2) 控制电机正转(前进)。

(3) 控制电机反转(倒车)。

(4) 能量回收(交流转换直流)。

(5) 驻坡(防溜车)。

下面介绍电机控制器内部各元件功能。

(1) 控制主板的功能。电机控制器的控制主板如图6-72所示,应具有以下功能:

① 与整车控制器通信。

② 监测直流母线电流。

③ 控制 IGBT 模块。

④ 监控高压线束连接情况。

⑤ 反馈 IGBT 模块温度。

⑥ 旋变传感器励磁供电。

⑦ 旋转变压器信号分析。

⑧ 信息反馈。

图 6-72 电机控制器的控制主板

(2) IGBT 模块的功能。IGBT 模块的工作原理是根据控制器主板的指令,将输入的直流电逆变成电压、频率可调的三相交流电,供给配套的三相永磁同步电机使用;在能量回收工况下将发电机输入的交流经过整流转换成直流给动力电池充电。电机控制器的 IGBT 模块如图 6-73 所示,应具有以下功能:

① 信号反馈给电机控制器控制主板。

② 监测直流母线电压。

③ 直流转换交流及变频。

④ 监测相电流的大小。

⑤ 监测 IGBT 模块温度。

⑥ 三相整流。

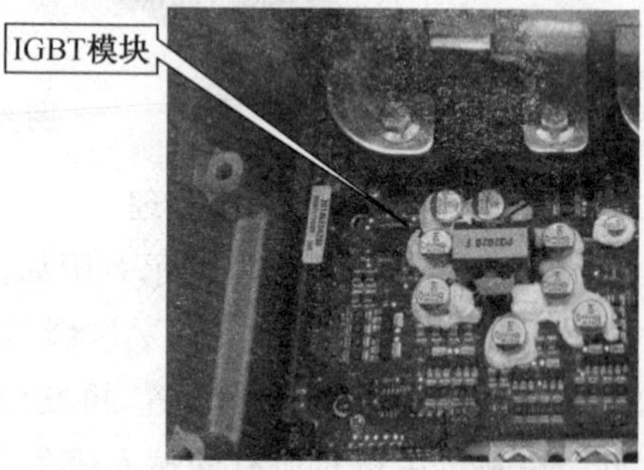

图 6-73 电机控制器的 IGBT 模块

(3) 超级电容和放电电阻的功能。电机控制器中超级电容、放电电阻及放电电路如图 6-74所示,应具有以下功能:

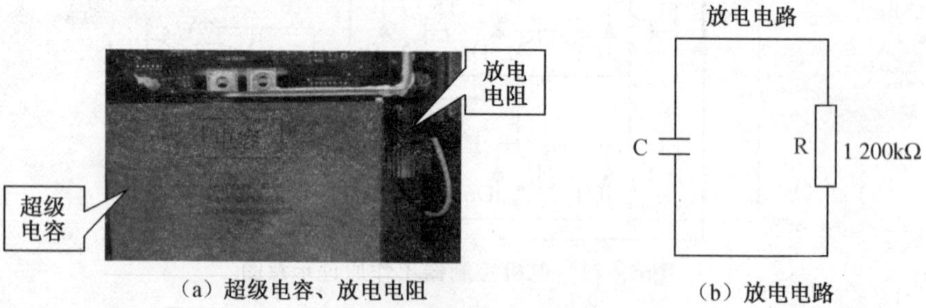

(a) 超级电容、放电电阻　　(b) 放电电路

图 6-74 超级电容、放电电阻及放电电路

① 超级电容:接通高压电路时给电容充电,使电机起动时保持电压的稳定。

② 放电电阻:断开高压电路时,通过电阻给电容放电。

③ 若放电电路发生故障,会报放电超时故障,同时自动切断高压。

(4) 传感器。电机控制器中传感器包括电流传感器、电压传感器和温度传感器,应具有以下功能:

① 电流传感器:用以检测电机工作的实际电流(包括母线电流、三相交流电流)。

② 电压传感器:用以检测供给电机控制器工作的实际电压(包括动力电池电压、12V 蓄电池电压)。

③ 温度传感器:用以检测电机控制系统的工作温度(包括 IGBT 模块温度、电机控制器板载温度)。

五、动力电机及控制系统工作条件

动力电机及控制系统正常工作要满足以下条件:

(1) 高压电源输入正常(绝缘性能>20MΩ)。

(2) 低压 12V 电源供电正常(电压范围为 9～16V)。

(3) 与整车控制器通信正常。

(4) 电容放电正常。

(5) 旋变传感器信号正常。

(6) 三相交流输出电路正常。

(7) 电机及电机控制器温度正常。

(8) 开盖保持开关信号正常。

六、动力电机及控制系统故障诊断

1. 旋变传感器故障诊断与排除

出现旋变传感器故障时(动力电机与电机控制器旋变连接正确),一般分为两种情况:一种电机旋变传感器故障,另一种为控制器旋变传感器解码电路故障。不管哪一种故障,都将会导致动力电机系统无法起动及转矩输出偏小等现象。

若出现以上情况,首先检查电机旋变传感器是否损坏,检测步骤如下:根据电气接口表定义,采用万用表欧姆挡检查 S1/S3(60±10%Ω)、S2/S4 (60±10%Ω) 、R1/R2(33±10%Ω)绕组阻值,若为无穷大,表示损坏,需更换旋变传感器;若显示正常,则表示控制器内部旋变传感器解码电路故障,需更换控制器主控板。

2. 动力电机系统故障诊断与排除

在检修动力电机系统的故障时,首先使用诊断仪检查故障码,根据故障码的提示分析故障可能原因并进行线路和电气元件的检查。动力电机系统常见故障及排除方案见表 6 - 12。

表 6－12　动力电机系统常见故障及排除方法

序号	故障名称	故障代码	故障原因	排除方法
1	MCU 直流母线过压故障	P114017	(1) 电机系统突然大功率充电 (2) 高压回路非正常断开	分析整车数据，如果 CAN 总线电压报文与实际电压不相符，则需要检查高压供电回路
2	MCU 相电流过流故障	P113119 P113519 P113619 P113719	(1) 负载突然变化、旋变传感器信号故障等导致电流畸变，如电池或主接触器频繁通断	检查高压回路
			(2) 电机控制器损坏(硬件故障)	更换电机控制器
			(3) 电机控制器采集电压与实际电压不一致	标定电压，刷写电机控制器程序
3	电动机超速故障	P0A4400	(1) 整车负荷突然降低，电机扭矩控制失效	如重新上电不复现，不用处理
			(2) 电机低压信号线插头连接松动或者接触不良	检查信号线插头
			(3) 电机控制器损坏(硬件故障)	更换电机控制器
4	电动机过热故障	P0A2F98	(1) 电动机低压信号线插头连接松动或者接触不良	检查信号线插头
			(2) 冷却系统工作异常	检查冷却液是否充足，水泵是否正常工作，冷却管路是否堵塞
			(3) 电动机损坏(长时间过载运行)	更换电动机
5	MCUIGBT 过热故障	P117F98 P117098 P117198 P117298	同电动机过热故障	同电动机过热故障
6	MCU 低压电源欠压故障	U300316	12V 蓄电池电压过低，或者由于 35 端子线束原因，电机控制器低压接口电压过低	检查蓄电池电压，给蓄电池充电；检查电机控制器低压接口，测量 35 端子插件第 24 脚和 1 脚电压是否低于 9V
7	与 VCU 通信丢失故障	U010087	(1) 未收到整车控制器信号 (2) 网络干扰严重 (3) 线束问题	检查 35 端子线束连接是否正常，检查 CAN 网络是否 BUS OFF，或者更换整车控制器
8	电机系统高压暴露故障	P0A0A94	(1) MCU 电源模块硬件损坏 (2) 软件与硬件不匹配 (3) 网络上有部件报出高低压互锁故障引起	刷程序或更换电机控制器
9	电机(噪声)异响		(1) 电磁噪声(高频较尖锐) (2) 机械噪声，可能是来自减速器悬置、电动机(轴承)	(1) 电磁噪声属正常 (2) 排查以确定电动机的损坏，更换电动机

第六节　纯电动汽车的故障诊断案例

一、纯电动汽车不能慢充故障检修

案例现象　北汽 EV200 型纯电动汽车行驶里程 5 600km，车主反映，开车时发现仪表显示电量为 40%，使用家用充电桩进行充电，插上充电枪后，系统提示车载充电机与充电桩连接故障，重复操作几次，均存在同样的情况。

资料与器材　北汽 EV200 型纯电动汽车维修手册，北汽 EV200 型纯电动汽车维修专用工具，安全工具。

故障诊断与排除

(1) 常见故障。

① 充电桩显示车辆未连接的主要原因有充电枪安装不到位，车辆与充电桩两端枪接反。

② 动力电池接触器未闭合的主要原因有插接器连接不正常，车载充电机无输出唤醒信号。

③ 动力电池接触器正常闭合，但充电机无输出电流的主要原因有车端充电枪连接不到位、高压熔丝故障、高压插接器及线束连接不正确。

④ 车载充电机故障。

(2) 故障诊断思路。

① 检查线路连接情况：充电线、慢充口、慢充线束、车载充电机、高压控制盒、动力电池之间的线路连接是否良好。

② 检查低压供电及唤醒信号是否正常，检查车载充电机指示灯状态。比如三个灯都不亮，表示没有电源输入，分别检查熔丝、充电线、慢充口，慢充线束是否正常，若正常，更换车载充电机；检查车载充电机的 12V 电源及慢充唤醒信号是否正常，高压控制盒内的车载充电机熔断器是否损坏，动力电池的唤醒信号是否正常，整车控制器、动力电池等部件的新能源 CAN 总线是否正常；动力电池低压控制端搭铁及整车控制器搭铁是否正常。

③ 检查高压电路是否正常，如果低压电路正常，充电仍无法完成，逐步检查充电线、慢充线束、车载充电机、高压控制盒、动力电池的高压是否正常，分析并确定故障的部位在线束还是在部件。

④ 使用故障诊断仪分别检查动力电池及车载充电机的工作状态，对数据进行分析，找出故障所在。

(3) 检修车载充电机与充电桩连接故障。

① 检查慢充桩与慢充口连接是否良好，检查车载充电机，发现三个指示灯都不亮，分别测量充电线桩端充电枪的 N、L、PE、CP、CC 脚和车辆端的 N、L、PE、CP、CC 是否导通，均导通正常；测量充电线车辆端充电枪的 CC 脚和 PE 脚的电阻，16A 充电线电阻应为 680Ω，32A 充电线电阻应为 220Ω，上述电阻与标准值均相符。

② 检查慢充桩与慢充口连接是否良好，排除慢充桩和充电线的连接问题后，起动充电，

车载充电机指示灯仍旧不亮的，检查慢充线束及车载充电机；检查插件端子无烧蚀、虚接的现象，分别测量充电口 L、N、PE、CC、CP 脚与充电线束充电机插件 1、2、3、5、6 脚均导通；慢充线束检查完毕，进行充电测试，车载充电机的指示灯还是不亮，判定车载充电机故障。

③ 更换车载充电机后，充电正常，故障排除。

二、纯电动汽车充电警告灯点亮故障检修

案例现象 北汽 EV200 型纯电动汽车行驶里程 7 500km，车主开车时发现仪表报蓄电池故障，汽车无法正常行驶，重复操作了几次，故障依然存在。

资料与器材 北汽 EV200 型纯电动汽车维修手册，北汽 EV200 型纯电动汽车维修专用工具，安全工具。

故障诊断与排除

(1) 常见故障。车辆行驶中报蓄电池故障，主要原因有插接器是否正常连接，高压熔断丝是否熔断，使能信号是否输入正常，DC/DC 是否正常。

(2) 故障诊断思路。

① DC/DC 高压系统检测。检查高压控制盒 DC/DC 熔断器是否正常，接触面是否烧蚀、锈蚀，螺钉是否松动；检查高压控制盒、高压附件线束、DC/DC 转换器之间的高压输入电路是否正常。

② DC/DC 低压系统检测。检测 DC/DC 低压输出负极和搭铁点之间是否导通，DC/DC 低压输出正极和总熔丝 MF01 之间是否导通以及主熔丝状况；检查使能信号线状况，DC/DC 低压控制插脚 A 脚和整车控制器 V62 脚是否导通；检测故障信号线状况，DC/DC 低压控制插脚 B 脚和整车控制器 V23 脚是否导通，DC/DC 低压控制插脚 C 脚和整车控制器 V23 脚是否导通；检测使能信号状况，车辆正常上电后，检查 DC/DC 低压控制插脚 A 脚电压应为 12V，如没有电压，检查整车控制器，必要时更换。

③ 通过诊断系统检测连接诊断仪，进入整车控制器界面，查看蓄电池故障码，并查看故障码对应的冻结帧，分析冻结数据对应的实际工况。读取数据流，选择供电电压进行路试，分析路试结果，找到准确的故障点。

(3)“仪表报蓄电池故障”的检修。

① DC/DC 高压系统检测：检查高压控制盒 DC/DC 熔断器正常；检查高压控制盒、高压附件线束、DC/DC 转换器之间的高压输入电路正常。

② DC/DC 低压系统检测：检测 DC/DC 低压搭铁、熔丝、使能信号、故障信号等线路及部件均正常。

③ 通过诊断系统检测连接诊断仪，读取数据流，选择供电电压进行路试。车辆开启全部用电设备，原地测试 10min，电压为 13.5V(正常)；挂挡行车路试，当车速提高时，供电电压波动也随之增大，波动最高时＞2V，最低电压为 11.6V，而整车报警值是 12V，分析该故障与动力系统干扰有关。更换动力电机后再路试，输出电压正常，基本稳定在 13.6V，则故障排除。

第七章 普锐斯混合动力汽车检修

第一节 普锐斯混合动力系统(THS)的概念

一、普锐斯混合动力汽车简介

丰田普锐斯(PRIUS)混合动力汽车采用“汽油-电动机混合动力”系统，该系统是采用发动机作为动力和电池电机作为动力，这两种动力既可以单独驱动车辆，也可以同时提供动力驱动车辆。混合动力汽车不需要对现有的加油站进行升级，这大大降低了普及的难度，而更重要的是，用户不需要改变使用习惯，只需要和普通汽油发动机汽车一样为车辆补充汽油。

1. 第一代普锐斯

第一代普锐斯诞生于1997年，代号为XW10，采用混联方式输出动力。

该车配备了1.5L 1NZ－FXE四缸发动机，最大功率有58Ps(1Ps＝746W)，峰值扭矩达102Nm，电动机功率有40Ps，扭矩达305Nm。其电力储备采用288V的镍-氢电池。混合动力系统的英文缩写为THS(Toyota Hybrid System)。由于第一代车型处于试验阶段，只在日本本土有售，直到2000年经过改进后全面推向欧洲、美国为主的国际市场，发动机在原有的基础上加入了VVT－i可变正时气门技术，动力提升至70Ps，扭矩提高到110Nm；电动机功率达到了44Ps，扭矩提升至350Nm。第一代普瑞斯凭借着油电混合动力技术将油耗降至5.7L/100km的超低水平。第一代普锐斯如图7－1所示。

图7－1 第一代普锐斯

2. 第二代普锐斯

第二代普锐斯于2003年问世，代号为XW20。

第二代油电混合动力系统称“THS II”，将1.5L 1NZ－FXE VVT－i发动机动力小幅提升至76Ps，扭矩上涨到115Nm；电动机部分最大功率为67Ps，峰值扭矩为400Nm，更通过对镍-氢电池的小型化和轻量化，成功地将系统能耗降低，综合油耗降低至5.2L/100km。第二代普锐斯如图7－2所示。

图7－2 第二代普锐斯

3. 第三代普锐斯

2009 年,丰田展示了第三代普锐斯(XW30),最为重大的改变是将发动机更换为 1.8L2ZR - FXE 直列四缸阿特金森循环技术发动机,其最大功率升至 99Ps,最大扭矩达 142Nm,大幅提升了高速行驶时的燃油效率;同时电动机的功率提升到 80Ps,扭矩提升至 207Nm,而两者同时工作最大可输出 134Ps。这种组合在为整车提供更强动力的同时,实现了 4.3L/100km 的超低综合油耗,达到节省燃油效果。第三代普锐斯如图 7 - 3 所示。

图 7 - 3　第三代普锐斯

4. 第四代普锐斯

第四代普锐斯在 2015 年投产上市。新一代普锐斯拥有更低的重心和油耗,并有四驱系统作为辅助,油耗仅为 3.2L/100km,CO_2 排放为 70g/km。前轮仍然由 1.8L 自然吸气直列四缸发动机驱动,电动机更加紧凑,最重要的变化是后轮也获得电动机的辅助,从而实现四轮驱动。这套被称为 e - 4WD 的电力辅助四驱系统只能在车速不高于 60km/h 时运作,主要作用是提升在恶劣天气状况下的循迹性,如湿滑的冰雪路面。它可以通过家用电源插头对蓄电池进行充电,第四代普锐斯如图 7 - 4 所示。

图 7 - 4　第四代普锐斯

二、普锐斯混合动力系统 THS 的概念

1. THS 概述

THS 优先考虑降低环境负荷,实现了电源系统的高电压化,控制系统将电动机和发动机工效协同作用达到最佳动力传动的效果。

普锐斯使用的 THS II 更有效地组合了串联式和并联式传动,发挥了两者的优势。发动机的动力由动力分配机构分配,一部分直接驱动车轮,另一部分被用于发电,相互比例可自由控制。由所产生的电能驱动电动机,电动机的使用比例比并联式更大。

2. THS 组成和工作原理

(1) 基本组成。主要由发动机、发电机、电动机、行星齿轮机构和蓄电池组等部件组成。如图 7 - 5 所示。

(2) 工作原理。低速工作时动力传递以串联式为主,高速工作时则以并联式为主。

(3) 特点。内燃机系统和电机驱动系统各有一套机械变速机构,两套机构或通过齿轮系,或采用行星轮式结构结合在一起,从而综合调节内燃机与电动机之间的转速关系。

① 优点:

a. 低排放性。应对复杂的运行工况,混联式混合动力具有多种驱动模式,能保证发动机在最佳工作区域工作,最大限度地降低有害气体排放。

b. 低油耗性。在低速运行时,电机驱动系统主要以串联模式运行,能够很好地降低

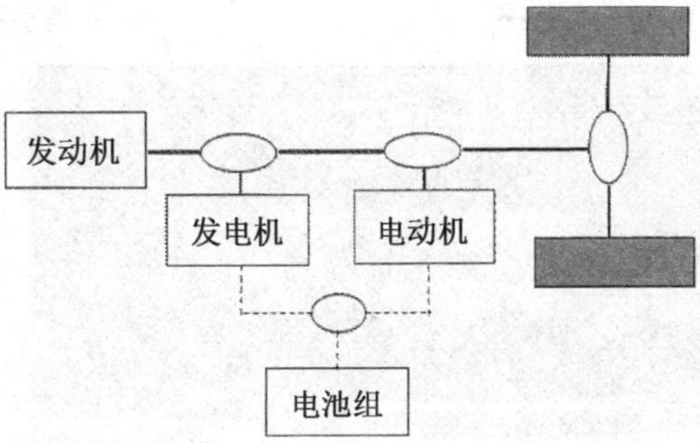

图 7-5 THS 组成

油耗。

c. 较强的动力性。在加速或高速运行时，电机驱动系统主要以并联模式运行，发动机和电动机同时提供驱动力，为汽车运行提供较强动力。

d. 较好的舒适性。起动以及中速以下行驶时，电动机独立驱动车辆行驶，减少了噪声，提高了舒适性。

(2) 缺点：

a. 控制策略较复杂。多种驱动模式之间的切换以及两种动力的耦合控制比较复杂。

b. 整车布置复杂。由于存在两套电机驱动系统，并且内燃机和驱动轴之间存在机械连接，以及考虑两种动力的耦合，使底盘的布置比较复杂。

c. 制造及维修技术难度大、成本高。

三、普锐斯混合动力汽车 THS 结构组成

1. 普锐斯 THS II 结构

普锐斯 THS II 结构如图 7-6 所示。

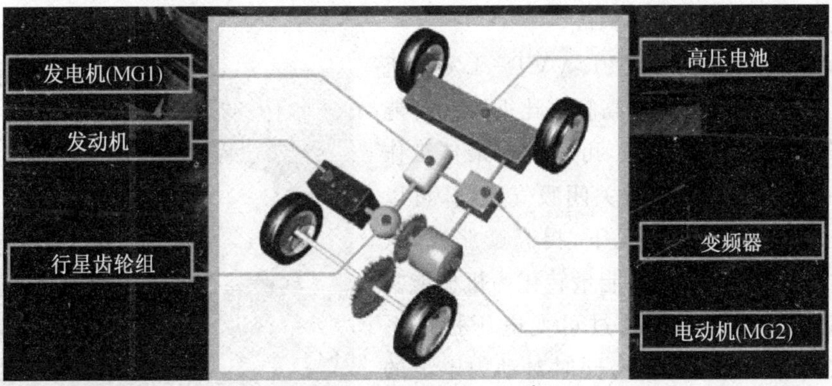

图 7-6 普锐斯 THS II 结构

(1) 动力电池。动力电池位于后备厢内，如图 7-7 所示。采用 201.6V(1.2V×6 格×28 块) 动力电池。动力电池总成包括电池单元、电池单元 ECU、高压系统总继电器。其内部还有手动高压维修开关(俗称“检修塞”或“服务插销连接器”)、冷却系统等，如图 7-8 所示。

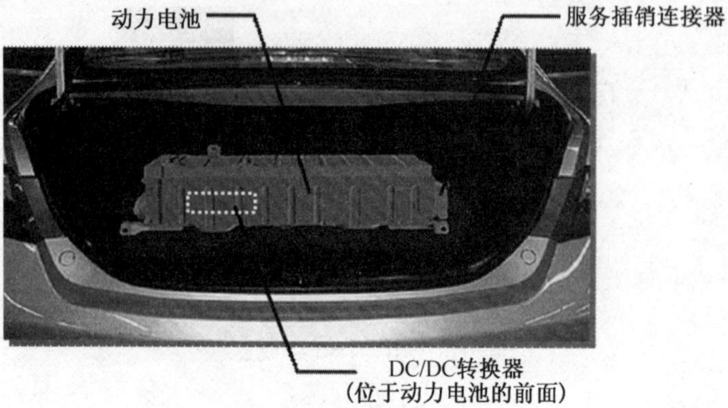

图 7-7　动力电池安装位置

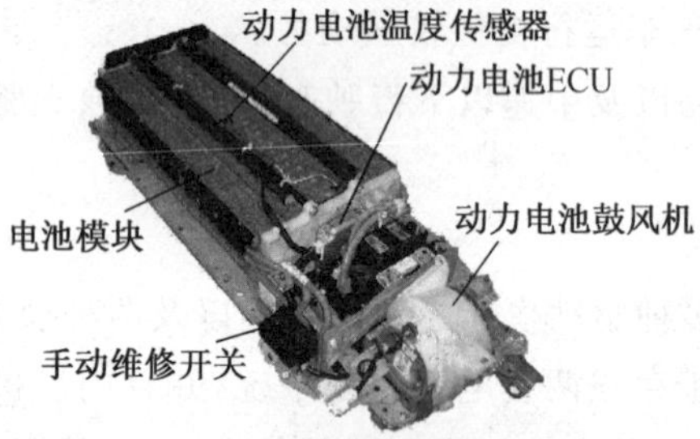

图 7-8　HV 蓄电池

手动高压维修开关用于切断动力电池中的高压电路，维修期间可以保证人员安全。充放电时，动力电池会产生热量，为此动力电池配备了专用的冷却系统。在驾驶过程中，蓄电池总成加速时放电，而在减速或制动时被充电，蓄电池 ECU 根据单体电池的电压、电流和温度测算动力电池的荷电状态，然后将结果输送给整车控制单元 VCU。

(2) 无级变速系统。指可以实现传动比连续改变的动力传递系统。由动力分离装置、发电机、电动机、减速装置等构成。

(3) 发动机。普锐斯 1.8L VVT-I 发动机如图 7-9 所示，采用高热效高膨胀比循环和智能正时可变气门系统 VVT-1，可保持在最佳工作状态。这一发动机通过延时关闭吸气阀门，可以在不提高实际压缩比的情况下，提高膨胀比，从而高效地把做功行程产生的能量转化为机械能。

(4) 动力控制单元。通过可变电压控制系统，最高电压可提高到 500V，同时对动力电池的直流电流和电动机、发电机的交流电流进行最佳控制，并实现能量电路的小型化。动力控制单元主要包括变压器、转换器、交直变换升压电路系统。

图 7-9　普锐斯发动机

2. 动力系统主要部件(图 7-10)

(1) 发电机(MG1)。发电机(MG1)由发动机带动旋转产生高压以驱动电动机(MG2)或为动力电池充电。同时,它还可以作为起动机带动发动机起动。

(2) 电动机(MG2)。由发电机(MG1)或动力电池的电能驱动,产生汽车动力。制动期间或制动踏板未被踩下时,它产生电能为动力电池再次充电。

(3) 动力电池。

(4) 蓄电池 ECU。监控动力电池的充电状态,并根据动力电池总成的温度,决定并控制蓄电池鼓风机总成的操作模式。

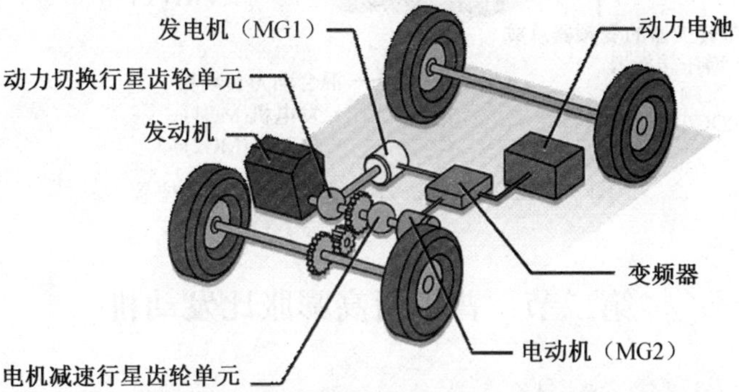

图 7-10 混合动力系统主要部件

(5) 变频器总成。普锐斯汽车变频器总成(图 7-11)位于发动机舱内。混合动力系统主要部件如图 7-12 所示。它由变压转换器、DC/DC 转换器、空调变频器组合而成。

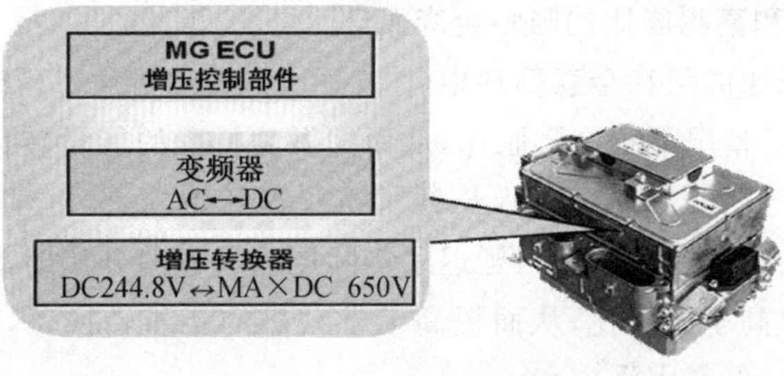

图 7-11 变频器总成

(6) HV ECU。接收每个传感器及 ECU(发动机 ECU、蓄电池 ECU、制动防滑控制 ECU、和 EPSECU)的信息,根据此信息计算所需的转矩和输出功率。IIV ECU 将计算结果发送给发动机 ECU、变频器总成、蓄电池 ECU 和制动防滑控制 ECU。

(7) 发动机 ECU。根据接受来自 HV ECU 的目标发动机转速和所需的发动机动力,起动 ETCS-I(智能电子节气门控制系统)。

(8) 断路器传感器。检测到车辆发生碰撞时,立即切断高压电路。

(9) 系统主继电器,也称主接触器 SMR。用来自 HV ECU 的信号连接或断开动力电池和变频器总成间的高压电路。

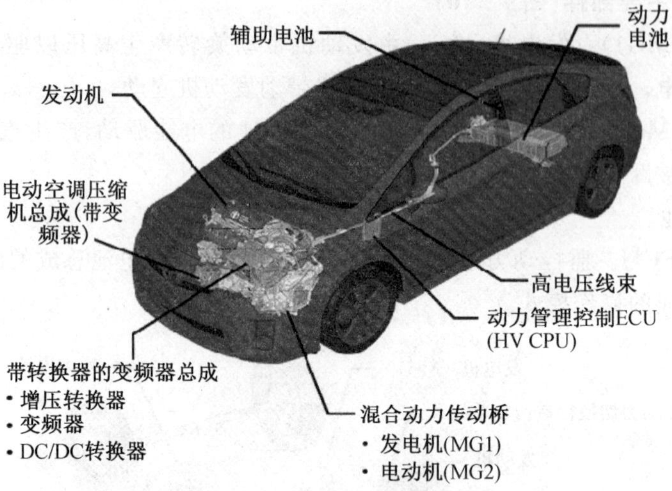

图 7－12 混合动力系统变频器安装位置

第二节 普锐斯高膨胀比发动机

一、普锐斯发动机结构特点

1NZ－FXE 发动机(图 7－13)中的"X"表示采用了阿特金森循环。阿特金森循环膨胀率大,热效率高。发动机主要结构特点如下:

1. 采用 VVT－I 和高膨胀比的阿特金森循环

在高效率、高膨胀比的阿特金森循环中(图 7－14),发动机通过延时关闭吸气阀门,可以在不提高实际压缩比的情况下提高膨胀比,从而把做功行程的能量转化为机械能,实现了热效的最大化。即将进气门开启的时间延长到压缩行程开始之后,使气缸中一部分混合气在活塞开始上升时被压回到进气管中去,延迟了实际压缩行程的开始时间,这样在没有提高实际压缩比的情况下,提高了膨胀比,从而提高了发动机的能量转换率,使得混合动力系统的油耗达到 3.6L/100km 的高水平。

图 7－13 普锐斯发动机

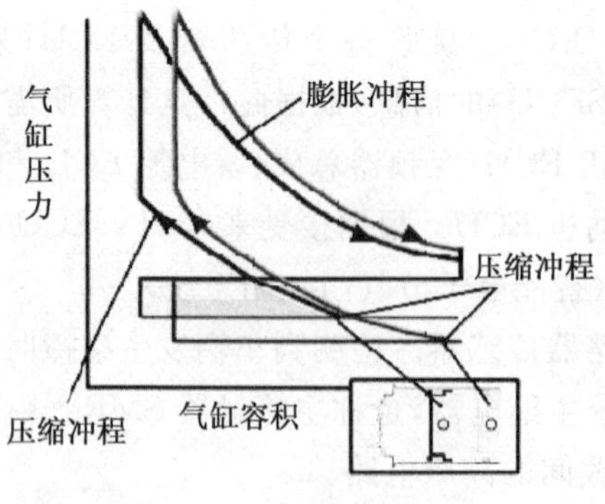

图 7－14 阿特金森循环

2. 采用先进的控制技术

发动机采取了由中央控制器按开关的控制模式进行控制，在汽车停车或低速行驶时，发动机能够自动关闭；在汽车速度超过一挡速度时，发动机能够自动起动。在混合动力控制系统的控制下，预先设置发动机最佳工作运转范围，发动机只能在这个运转范围内工作，其效率比传统发动机的效率高80%。

3. 采用先进的发动机构造

(1) 缸体：缸膛内有设计紧凑的拉模铸铁薄缸套，因此不需要钻孔膛缸，如图7-15所示。

(2) 偏置曲轴：减少了活塞的侧推力(图7-16)，同时也可改良在低速/低载情况下的燃烧，提高热效率。

图7-15 缸体的拉模铸铁薄缸套

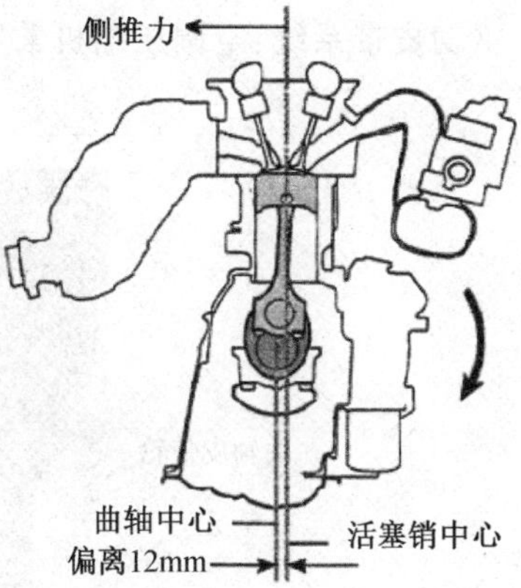

图7-16 偏置曲轴

(3) 活塞的变化：如图7-17所示，减少了重量和摩擦；采用新的树脂涂层，提高了树脂涂层的抗磨能力；减少了的活塞裙部，摩擦力由225g降至194g。

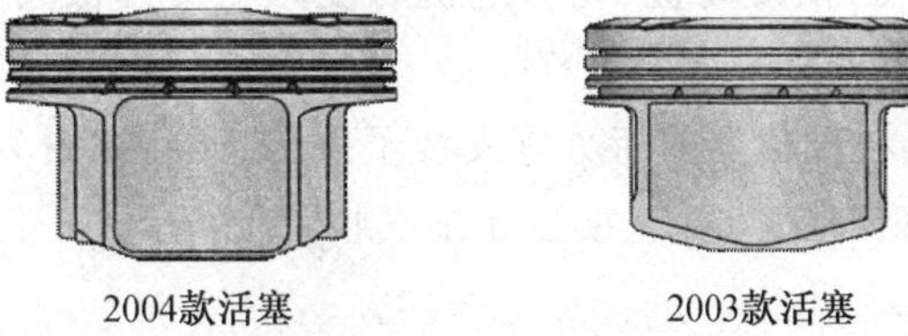

图7-17 活塞

(4) 活塞环：使用了低张紧力和更薄的活塞环，以减少摩擦。

(5) 发动机舱：采用散热器一体化，新款普锐斯冷却系统采用了高级长效冷却液，延长了维护周期。

(6) 燃油分配管：对燃油分配管上部、下部厚度做了改进，取消了脉冲衰减器，采用了12孔的喷嘴以提高燃油的雾化，还采用了铝制燃油分配管(图7-18)和净化管以减轻重量。

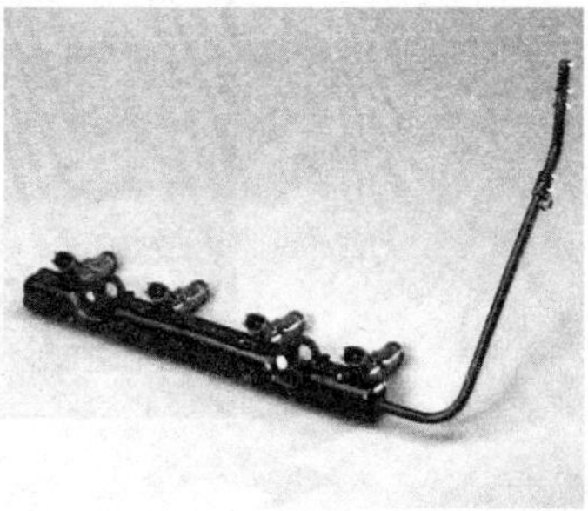

图7-18 铝制燃油分配管

(7) 节气门体(ETCS-I电子节气门智能控制)：节气门由直流电动机驱动，由HV电池ECU控制，如图7-19所示。在THS系统采用ETCS-i电子节气门智能控制系统，加速踏板踏下程度与节气门开度不一致，节气门初始张开角为3°，可预防当低温时节气门被冰黏住。

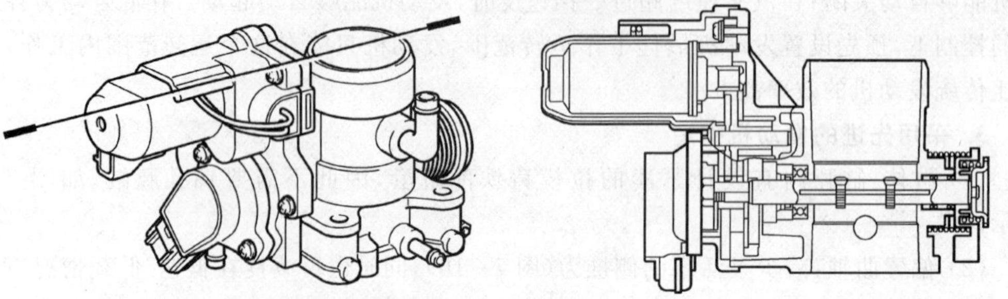

图7-19 直流电动机驱动的节气门

(8) 驱动皮带系统：空调压缩机采用电驱动，不再使用皮带轮，皮带布局设计简洁，如图7-20所示。

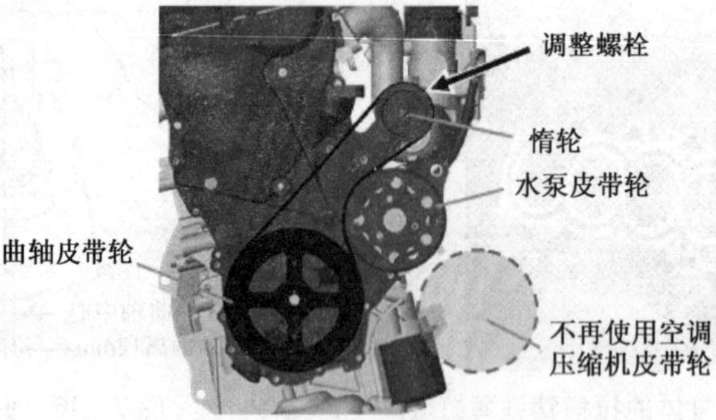

图7-20 驱动皮带系统

(9) 进气系统和排气系统：采用不锈钢排气歧管，使重量减轻。

(10)冷却系统：散热器(供发动机、动力电机和变频器冷却液共用)一体化，缩小了在发动机舱内所占的空间。

(11) 排气催化系统：在催化器前后分别安装了氧传感器，如图7-21所示。三元催化器内部结构采用了高密度蜂窝陶器层，直接装在排气歧管下部。

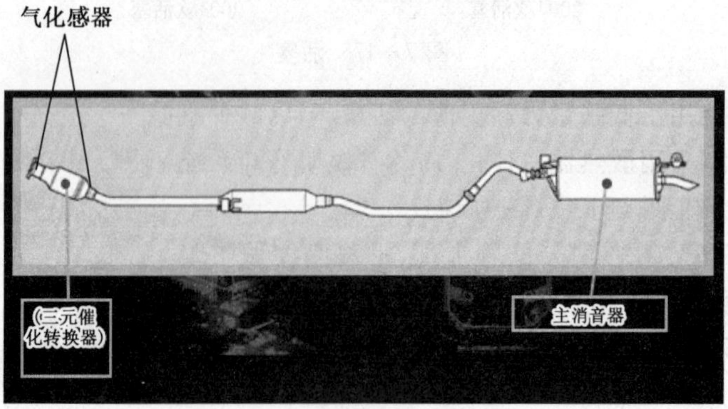

图7-21 催化系统

4. 采用特殊的冷却液热存储系统

将热冷却液存储在冷却液储热箱内，保温达3天之久，然后用电动泵在冷起动时将热冷却液送到发动机水套，以降低通常与冷起动相关的HC排放。

5. 普锐斯混合动力汽车发动机进气歧管

进气歧管有一个大的涌气管来存储额外的进气量，此外，缩短进气歧管的长度，以提高进气效率。

6. 其他

降低发动机转速、减少质量和体积，降低摩擦损耗。

二、普锐斯发动机控制系统

1. 普锐斯发动机控制系统

(1) 连续多点燃油喷射(EFI)控制。采用L型EFI系统，通过热线质量式空气流量计直接检测到进气质量。

(2) 电子点火提前(ESA)控制。发动机ECU根据来自各个传感器的信号控制点火正时，发动机ECU依据发动机爆震校正点火正时。

(3) 智能电子节气门控制。根据发动机状态和来自HV ECU的控制请求，发动机ECU有效地控制节气门开启。

(4) 智能可变气门正时(VVT－I)控制。根据发动机状态和来自HV ECU的控制请求，发动机ECU有效地控制气门开启。

(5) 燃油泵控制。燃油泵的运作来自发动机ECU的信号控制，在发生正面或侧面碰撞，气囊打开时，切断燃油以停止燃油泵运行。

(6) 动力电池停机控制。如果无效的点火钥匙起动混合动力系统，则触发动力电池停机控制，系统将禁止输油、点火和混合动力系统的起动。

2. 普锐斯发动机控制系统的诊断

发动机ECU检测到故障后，会做出诊断并存储故障码。此外，组合仪表内的检查发动机警告灯会点亮或闪烁以通知驾驶员，发动机ECU同样会存储故障码(DTC)。采用智能测试仪II可以读取发动机电控单元内的故障码。

三、普锐斯混合动力系统(THS)的控制系统

普锐斯混合动力汽车控制系统的功能主要有：动力电池ECU控制功能、发动机ECU控制功能、变频器控制功能、增压转换器控制功能、DC/DC转换器控制功能、空调变频器控制功能、发动机(MG1)和电动机(MG2)控制功能、制动防滑ECU控制功能、蓄电池ECU控制功能、换挡控制功能、碰撞控制功能、电动机驱动模式控制功能、巡航控制系统操作控制功能、指示灯和警告灯控制功能、诊断功能、安全保护功能。

1. 动力电池ECU控制

(1) 控制系统的工作情况。如图7－22所示，当驾驶员踩下加速踏板时，动力电池ECU根据加速踏板位置传感器发出的信号检测加速踏板上所施加力的大小。另一方面，动力电池ECU收到MG1和MG2的转速传感器发出的车速信号，并根据挡位传感器的信号来检

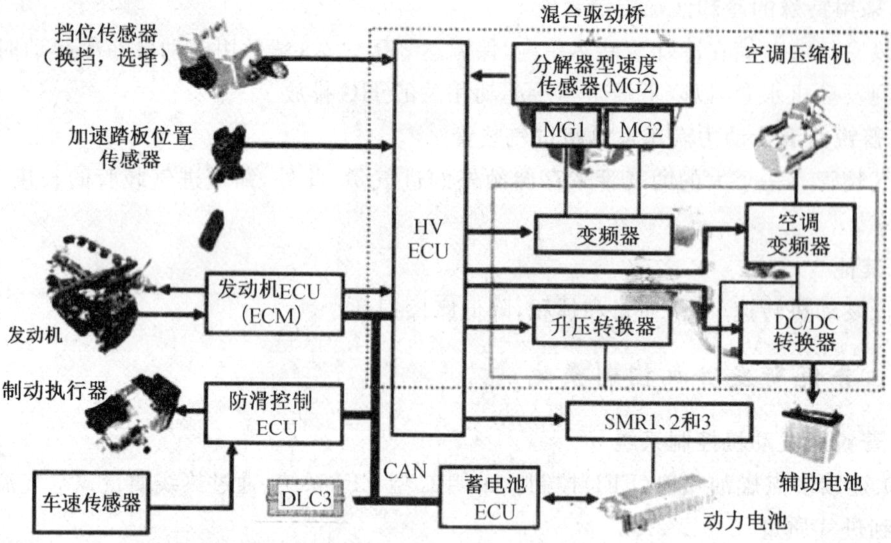

图 7－22　动力电池 ECU 控制

测挡位。动力电池 ECU 根据这些信息来确定车辆的行驶状态，对 MG1 和 MG2 与发动机的动力进行最优控制。此外，动力电池 ECU 对动力的扭矩和输出进行最佳控制，以实现低油耗和更清洁的目标排放。

(2) 动力电池 ECU 控制功能。

① 系统监视控制。蓄电池 ECU 始终控制动力电池的充电状态(SOC)，并将 SOC 发送到动力电池 ECU。动力电池 ECU 提高发动机的输出功率以驱动 MG1 给动力电池充电。当发动机停机时，MG1 工作起动发动机，然后发动机驱动 MG1 为动力电池充电。

当 SOC 较低或动力电池、MG1 和 MG2 的温度高于规定值时，动力电池 ECU 会限制驱动轮动力的大小，直到这些指标恢复到额定值，内置于 MG2 中的温度传感器直接检测 MG2 的温度，动力电池 ECU 计算 MG1 的温度。

② 关闭控制。当车辆处于"N"挡时，MG1 和 MG2 就会被关闭，这时由于 MG2 是通过机械机构与前轮相连，所以必须电动停止 MG1 和 MG2 来切断动力。

正常行驶时，踩下制动踏板，即使车辆处于"N"挡，系统也会取消关闭功能使车轮转动。这时驾驶员转到"N"挡时，在再生制动请求扭矩减少的同时，制动液增加以避免制动黏滞，在这以后系统实施关闭功能。当 MG1 和 MG2 以高于规定值的转速工作时，关闭功能取消。

③ 上坡辅助控制。车辆在陡坡上松开制动而起动时，经常出现下滑现象，上坡辅助控制可以有效防止车辆下滑。由于电动机具有高灵敏度的转速传感器，它可以感应出坡度和车辆下降角度，增大电动机的扭矩以确保安全。如果施加了上坡辅助控制，则制动会施加到车辆后轮，防止车辆向下滑，这时，动力电池 ECU 向制动防滑控制 ECU 发送后制动起动信号。

④ 电动机牵引力控制。当车辆在光滑路面上行驶时，体现车轮转速传感器信号发生突然变化，如只有一个驱动轮旋转过快，动力电池 ECU 确定 MG2 转速过大，并实施增加制动力来抑制转速，以保护行星齿轮组。此外，如有抑制车轮转速过快，动力电池 ECU 通过检测左右车轮转速传感器来检测转速差，发出信号给防滑控制 ECU 对转速过快的车轮实施制

动，如图 7－23 所示。

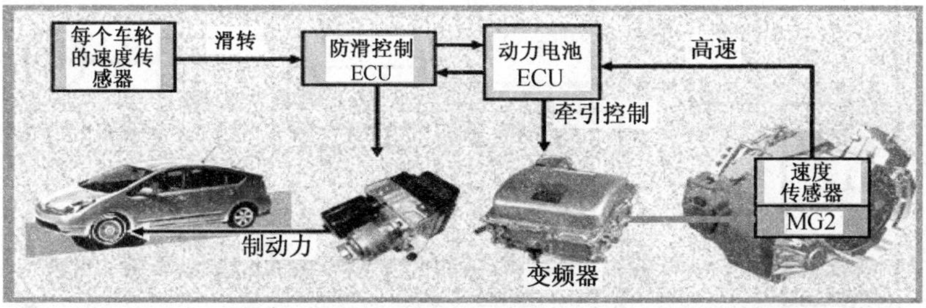

图 7－23 驱动力限制控制

⑤ 雪地起步时驱动轮转速控制。如果驱动轮的抓地力正常，那么 MG2 转速变化很小，与发动机间的速度差也很小，从而达到平衡，这样行星齿轮组的相对转速差会很小。如果驱动轮失去牵引力，MG2 的转速会有很大的变化，而此时转速变化量较小的发动机无法随 MG2 转动，导致相关的整个行星齿轮组的转速加大。

如图 7－24 所示，动力电池 ECU 通过 MG2 提供的转速传感器检测转速突变来计算驱动的打滑量，再根据计算的打滑量通过抑制 MG2 的旋转来控制制动力。

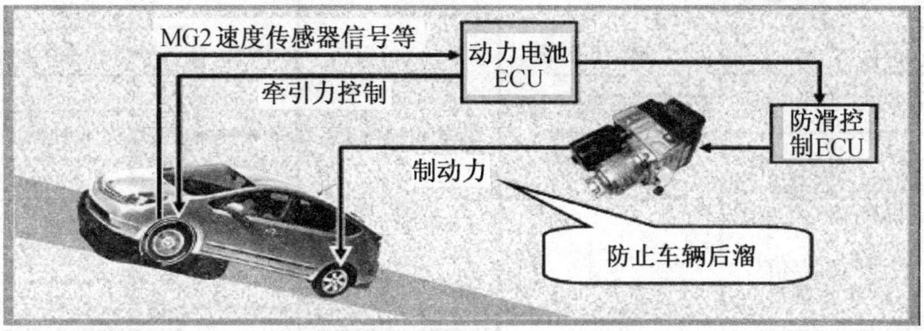

图 7－24 驱动力限制控制

⑥ 系统主继电器(也称“接触器”)(SMR)控制。如图 7－25 所示，SMR 是连接或断开高压电路电源的继电器，该继电器受动力电池 ECU 发出的指令控制。

主继电器有 1 个负极，2 个正极。接通电源，SMR1 和 SMR3 闭合，而后 SMG2 闭合，然后 SMR1 断开，这种控制可以保护电路中的触电，避免因强电流而造成伤害。电源切断，电路断开时，先断开 SMR2，再断开 SMR3，最后动力电池 ECU 确认各个继电器是否断开，这样动力电池 ECU 可确定 SMR2 是否卡住。

2. 发动机 ECU 控制

如图 7－26 所示，动力电池 ECU 提供的发动机转速和所需要的发动机动力信号输出给发动机 ECU，发动机 ECU 控制 ETCS－I 系统、燃油喷射系统、点火正时系统。此外，发动机 ECU 还将发动机状态信号发送给动力电池 ECU。按照 THS－II 控制，在收到动力电池 ECU 发送的发动机停止信号后，发动机 ECU 将使发动机停机。系统出现故障时，发动机 ECU 通过动力电池 ECU 的指令打开检查发动机警告灯。

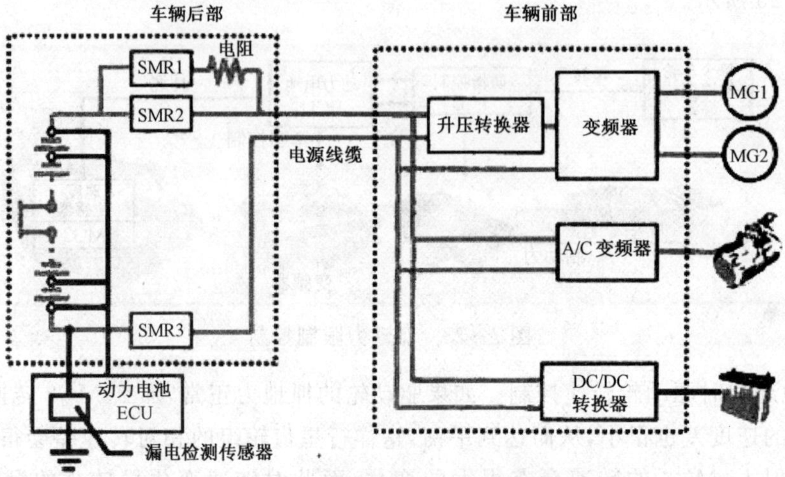

图 7-25　主继电器控制图

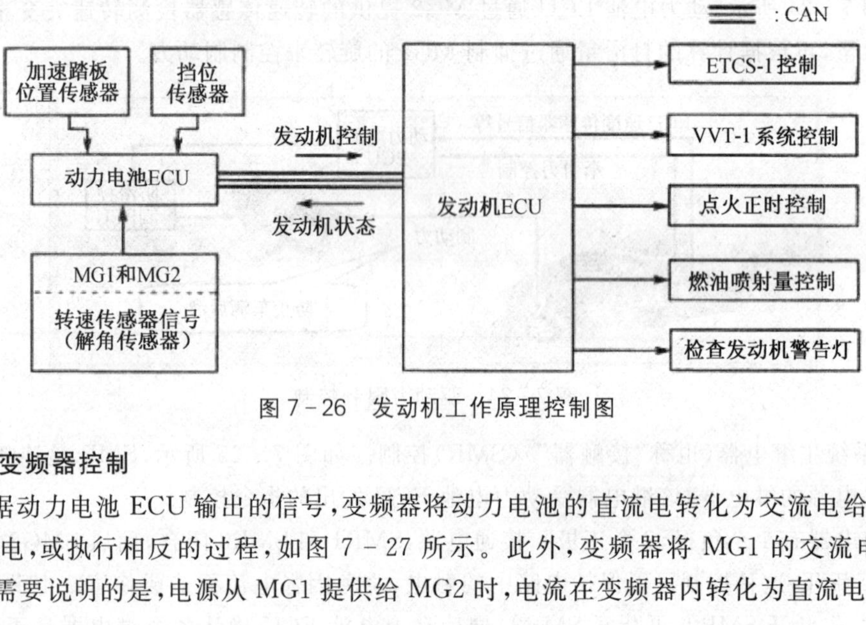

图 7-26　发动机工作原理控制图

3. 变频器控制

根据动力电池 ECU 输出的信号，变频器将动力电池的直流电转化为交流电给 MG1 和 MG2 供电，或执行相反的过程，如图 7-27 所示。此外，变频器将 MG1 的交流电提供给 MG2。需要说明的是，电源从 MG1 提供给 MG2 时，电流在变频器内转化为直流电。

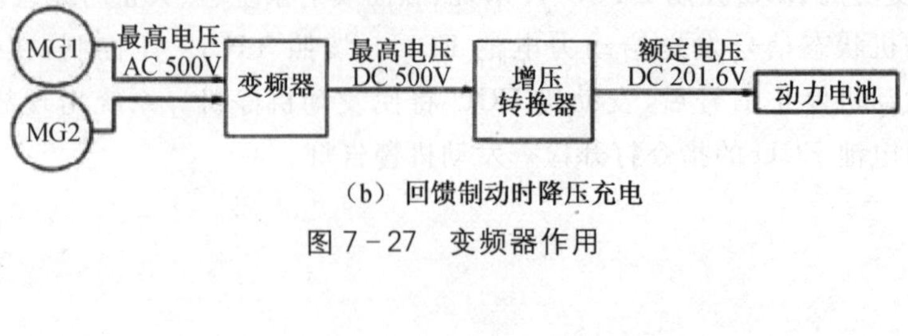

图 7-27　变频器作用

根据 MG1、MG2 发出的转子信息和从蓄电池 ECU 发出的动力电池 SOC 等信息，动力电池 ECU 将信号传送到变频器内部的功率晶体管来转换 MG1、MG2 定子线圈的 U 、V 和 W 相。在关闭 MG1 和 MG2 的供电时，动力电池 ECU 也发送信号到变频器。

4. 制动防滑 ECU 控制

在安装了车身稳定控制系统（VSC）的车型上，车辆在 VSC 控制下工作时，动力电池 ECU 根据制动防滑控制 ECU 发送的请求信号实施电动机牵引控制，即根据当前的车辆行驶状态控制 MG1 和 MG2。

5. 动力电池控制系统

蓄电池 ECU 对以下项目实时监控并将这些信息传递给动力电池 ECU，如图 7 - 28 所示。

(1) 通过动力电池内部的电压检测电路检测其电压。

(2) 通过动力电池内部的温度传感器检测动力电池温度。

(3) 通过动力电池内部的泄漏检测电路，检测其是否泄漏。

(4) 通过电流传感器检测电流，动力电池通过估计充电放电来计算 SOC。

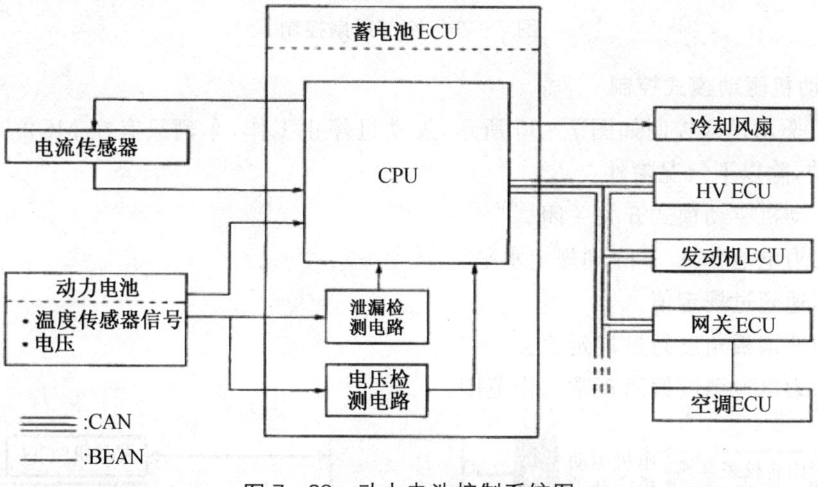

图 7 - 28 动力电池控制系统图

6. SOC 控制

在加速时动力电池向 MG2 供电，减速时利用再生制动给蓄电池充电。蓄电池 ECU 根据电流传感器检测平均 SOC 并将数值送给动力电池 ECU，由动力电池 ECU 来控制充放电，维持 SOC 的稳定水平。

7. 冷却风扇控制

当温度升高时，蓄电池 ECU 根据动力电池必需的 3 个温度传感器和 1 个进气温度传感器检测蓄电池温度，控制风扇是否工作。

当空调打开时，蓄电池 ECU 关闭冷却风扇或将其定在“LOW”挡，如图 7 - 29 所示。

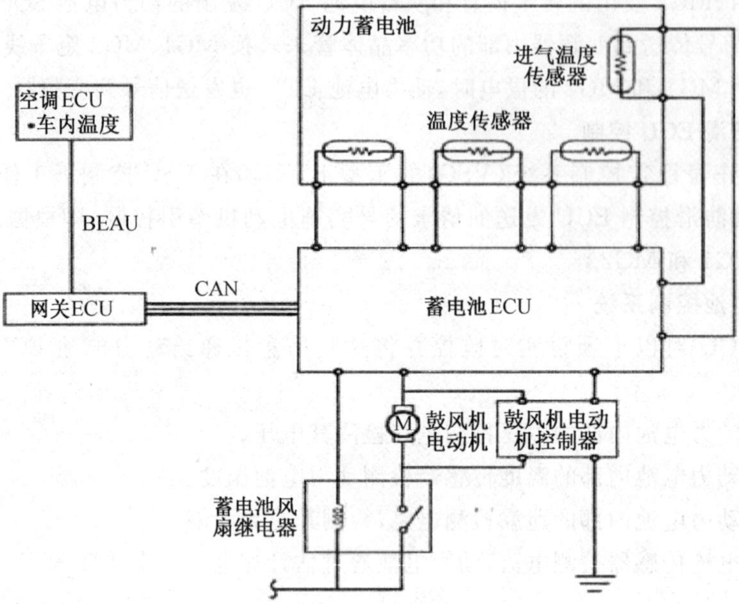

图 7-29　冷却风扇控制

8. 电动机驱动模式控制

电动机驱动模式控制如图 7-30 所示，发动机停止工作，车辆只有在 MG2 工作的状态下继续行驶，除以下情况除外：

（1）电动机驱动模式开关关闭。

（2）动力电池 SOC 下降到规定水平。

（3）车速超过规定值。

（4）加速踏板角度超过规定值。

（5）动力电池温度偏离正常工作范围。

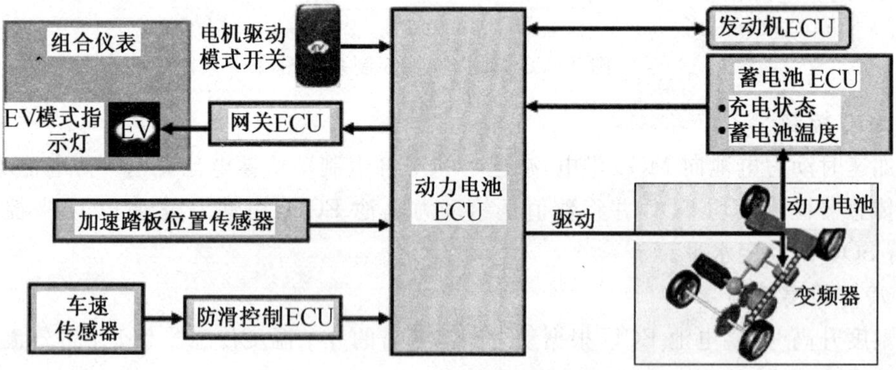

图 7-30　电动机驱动模式控制

EV 模式指示灯和蜂鸣器指示情况见表 7-1。

表 7-1　EV 模式指示灯和蜂鸣器指示情况

模式	EV 模式指示灯	蜂鸣器
正常模式	OFF	OFF
正常模式→EV 模式	ON	OFF
禁止"正常模式→EV 模式"	OFF	响三次
EV 模式→正常模式 （EV 模式在运行时被取消）	闪三次 → 熄灭	响三次

9. 指示灯和警告灯

(1) READY：车辆处于"P"挡时，如果驾驶员踩下制动踏板并同时按下起动按钮，此灯闪烁。

(2) 主报警灯：提示驾驶员已出现在 THS-II 系统中的故障或动力电池 SOC 低于标准值。

此外，此灯点亮且蜂鸣器鸣叫时通知驾驶员水温异常、油压异常、ESP 系统故障或变速器 ECU 故障。

10. 诊断

THS-II 如果动力电池 ECU、发动机 ECU 或蓄电池 ECU 检测到故障，则 ECU 对故障进行诊断并储存。此外，为了通知驾驶员故障发生，ECU 使发动机报警灯、主报警灯或对应 ECU 或动力电池报警灯点亮或闪烁。动力电池 ECU 、发动机 ECU 和蓄电池 ECU 将储存各自故障码外，还可以使用智能测试仪 II 读取故障码。

第三节　普锐斯混合动力系统(THS)系统运作

一、混合动力系统的基本组成

普锐斯混合动力系统主要有混合动力驱动桥、动力电池、变频器总成、HV-ECU、发动机 ECU、蓄电池 ECU、制动防滑 ECU、加速踏板位置传感器、挡位传感器、断路器传感器、SMR(系统主继电器)等部件组成，如图 7-31 所示。

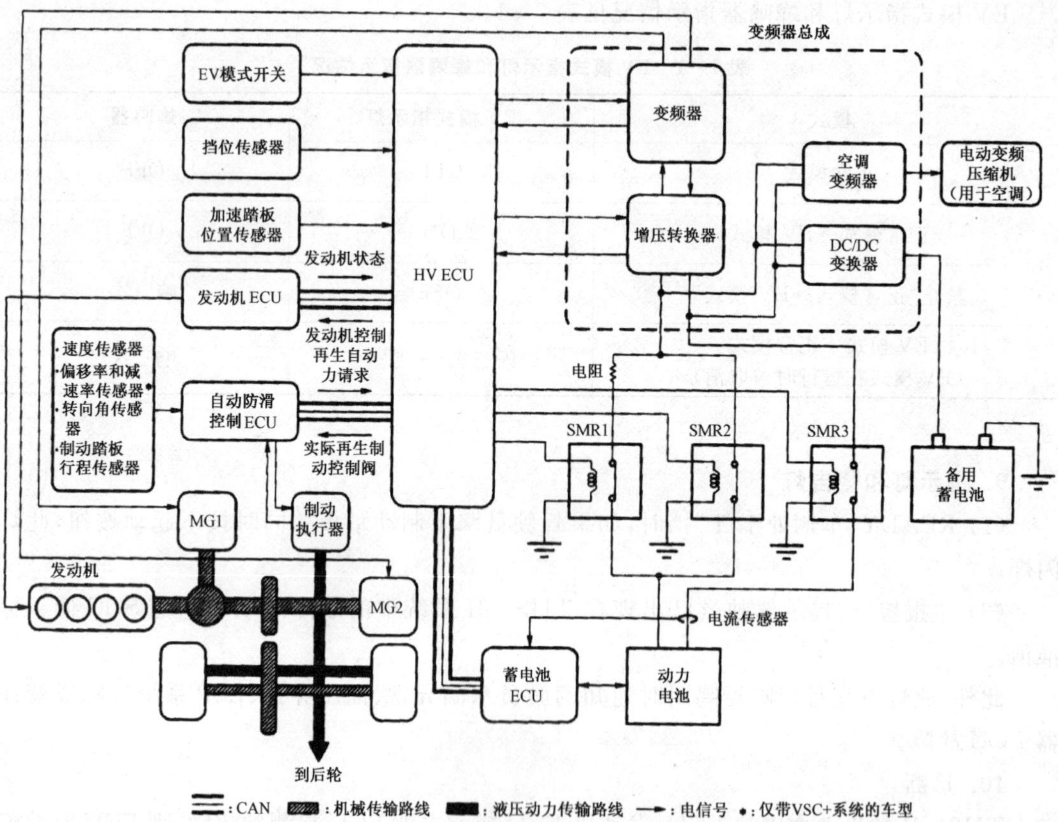

图 7－31　普锐斯混合动力系统组成

丰田普锐斯混合动力系统的布置如图 7－32、图 7－33 所示。

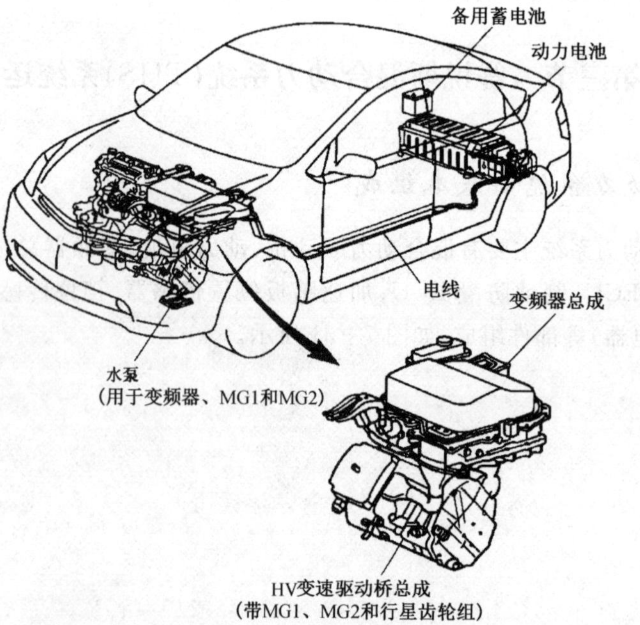

图 7－32　丰田混合动力系统主要部件(一)

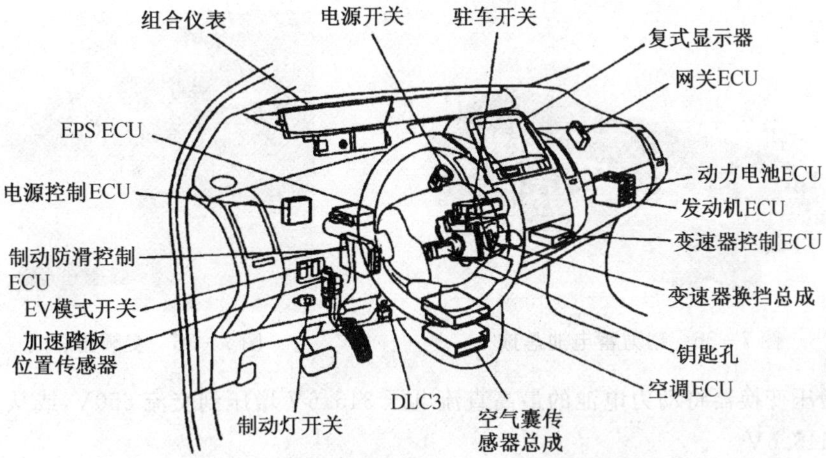

图 7-33 丰田混合动力系统主要部件(二)

1. 混合动力汽车变速驱动桥

混合动力汽车变速驱动桥由发电机(MG1)、电动机(MG2)和行星齿轮组组成,如图 7-34 所示。

(1) 发电机(MG1)。发电机(MG1)由发动机带动旋转产生高压电,为电动机(MG2)供电或为动力电池充电。同时,它还可以作为起动机带动发动机起动。

(2) 电动机(MG2)。电动机(MG2)由来自发电机(MG1)和动力电池的电能驱动,产生车辆行驶动力。当踩下制动踏板时,将电动机成为发电机将车辆的动能转化为电能,给动力电池充电,回收制动能量。

图 7-34 发电机(MG1)和电动机(MG2)

(3) 行星齿轮组。行星齿轮组以适当的比例分配发动机驱动力来直接驱动车辆行驶或发电机发电。

① 行星齿轮架不转动,相当于发动机不参与,车轮带动发电机转动发电,这就实现了动能回收的功能。

② 中间的太阳轮不转动,相当于发动机所有动力都将用于驱动车轮前进。

③ 外齿圈不转动,相当于车辆静止,发动机运转驱动发电机转动,为电池充电。

2. 动力电池

动力电池在车辆起步、加速和上坡时,将电能提供给电动机(MG2),或存储发动机工作时 MG1 产生的电能和存储汽车制动时汽车惯性产生的电能(再生制动控制)。插电式混合动力系统可直接通过市电电网充电。第二代、第三代普锐斯混合动力系统动力电池电压分别为 201.6V、345.6V,如图 7-35 所示。

3. 变频器总成

变频器总成包括增压变换器、DC/DC 变换器和空调变频器。可将高压直流电(动力电池)转换成交流电供给发电机(MG1)和电动机(MG2),或将 AC 转换成 DC,如图 7-36 所示。

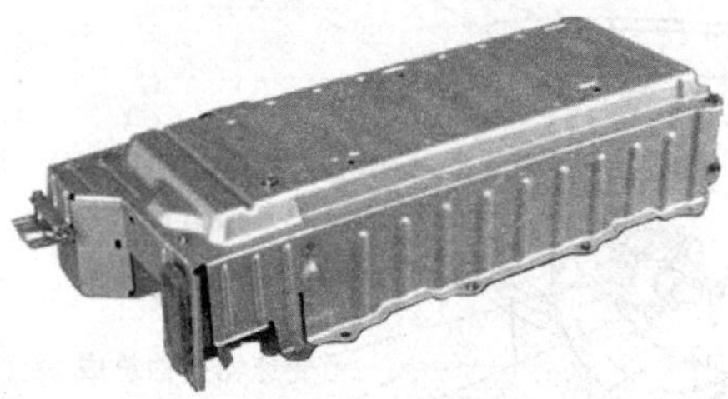

图 7-35　动力蓄电池总成

图 7-36　变频器总成

(1) 增压变换器将动力电池的最高直流电压 345.6V 增压到交流 650V，或从直流 650V 降到直流 345.6V。

(2) DC/DC 变换器将电压从直流 345.6V 降到直流 12V，为电气设备供电，以及为辅助蓄电池再次充电。

(3) 空调变频器将动力电池的额定电压由直流 345.6V 转换为交流 345.6V，为空调系统的电动变频压缩机供电。

4. ECU

(1) 动力电池 ECU。动力电池 ECU 采用 32 位计算机，接收来自传感器和有关 ECU(发动机 ECU、蓄电池 ECU、制动防滑控制 ECU、电动转向 ECU)的信息。根据此信息，计算车辆所需的扭矩和功率，将计算结果发送给发动机 ECU、变频器总成、蓄电池 ECU 和制动防滑控制 ECU。

(2) 发动机 ECU。发动机 ECU 根据接收来自动力电池 ECU 的目标发动机转速和所需的发动机动力，起动 ETCS-i(智能电子节气门控制系统)进行调整。

(3) 制动防滑控制 ECU。制动防滑控制 ECU 控制电动机(MG2)产生再生制动以及控制液压制动。

(4) 蓄电池 ECU。蓄电池 ECU 监控动力电池的充电状态。

5. 传感器

(1) 加速踏板位置传感器。加速踏板位置传感器(图7-37)将加速踏板角度转换为电信号输送到动力电池 ECU。

(2) 挡位传感器。挡位传感器将挡位转换为电信号并输送到动力电池 ECU。

(3) 断路器传感器。断路器传感器在检测到车辆发生碰撞时，切断高压电路，以提高安全性。

6. 系统主继电器(SMR)

SMR 接收来自动力电池 ECU 的信号，以连接或断开蓄电池和变频器总成间的高压电路。

7. 互锁开关

互锁开关用于确认变频器盖和检修塞均已安装完毕。

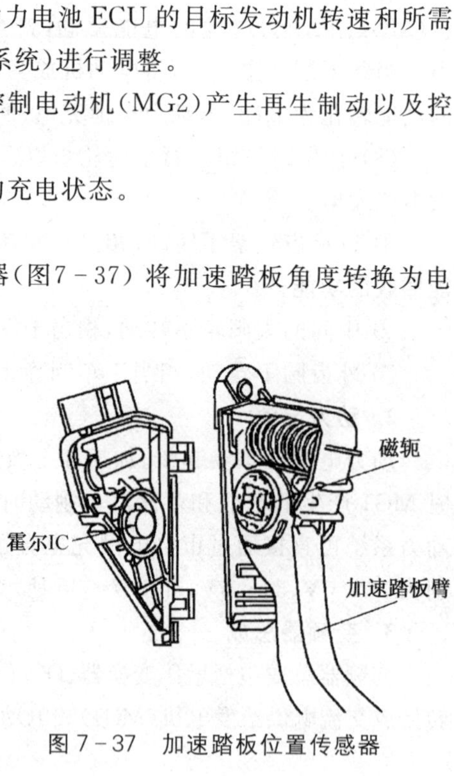

图 7-37　加速踏板位置传感器

8. 手动维修开关(检修塞)

在检查或维修车辆时,拆下手动维修开关检修塞,关闭动力电池高压电路。

二、混合动力系统的工作原理

1. 电动机驱动车辆行驶

动力电池向电动机(MG2)供电,电动机(MG2)驱动车辆行驶,此时发动机没有工作,车辆处于纯电动模式,如图 7-38 所示。

2. 发动机驱动车辆行驶

发动机通过行星齿轮机构驱动车辆的同时,发电机(MGl)由发动机通过行星齿轮机构带动旋转,为电动机(MG2)提供电能,电动机和发动机同时驱动车辆行驶,如图 7-39 所示。

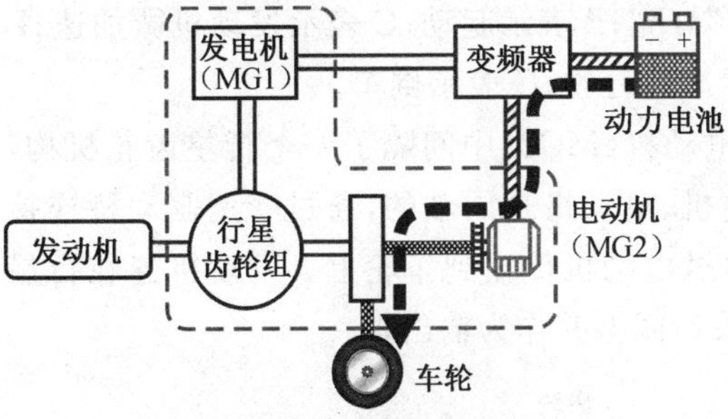

图 7-38　电动机驱动车辆行驶

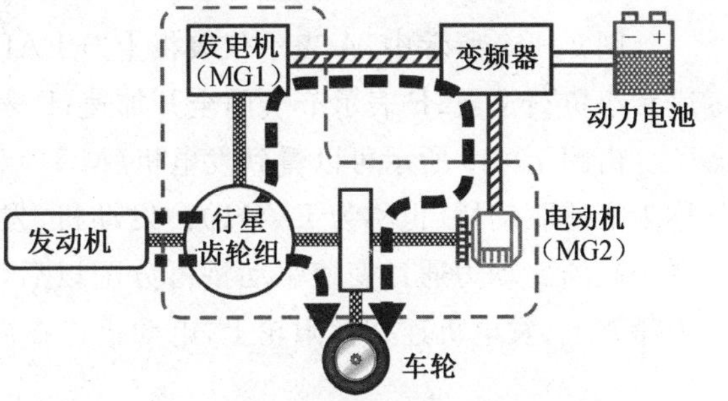

图 7-39　发动机驱动车辆行驶

3. 发电机为动力电池充电

发电机(MGl)由发动机通过行星齿轮机构带动旋转为动力电池充电,如图 7-40 所示。

4. 制动动能回收

车辆减速时,车轮的动能通过电动机(MG2)发电转化为电能,为动力电池再次充电,实现能量回收,如图 7-41 所示。

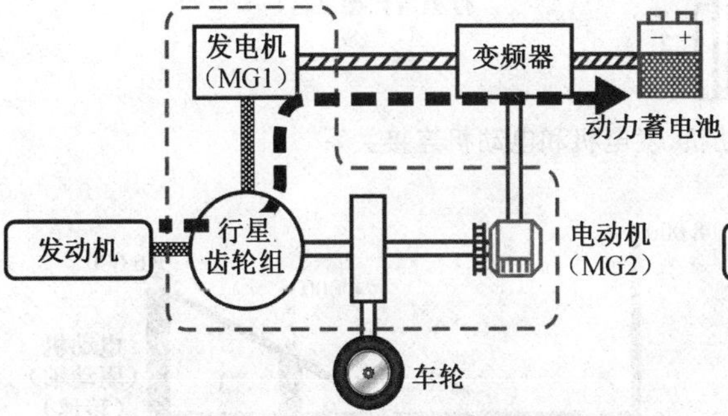

图 7-40　MG1 为动力电池充电

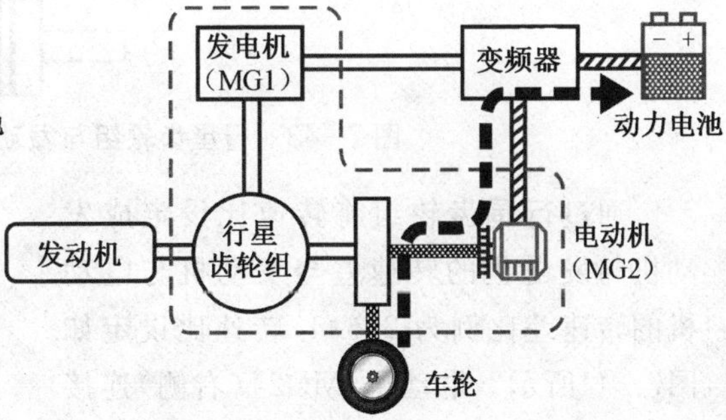

图 7-41　制动动能回收

三、混合动力系统的工作过程

丰田混合动力系统使用发动机和电动机(MG2)提供的两种动力,并使用 MG1 作为发电机。系统根据各种车辆行驶状况优化组合这两种动力。

图 7-42 所示为混合动力 THS-II 系统车辆行驶状况分析,来说明 THS-II 系统如何

控制发动机、发电机(MG1)和电动机(MG2)来驱动汽车。

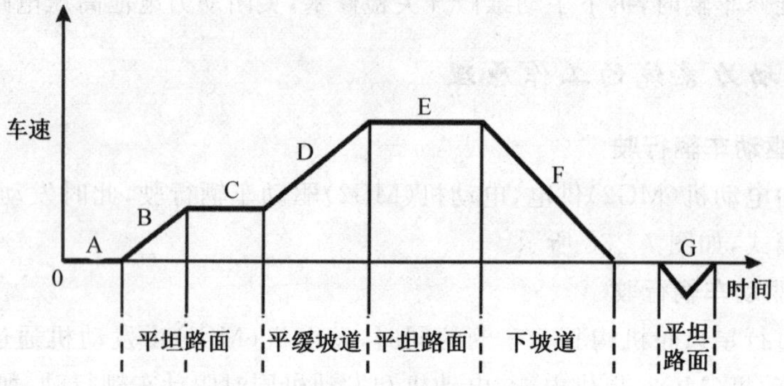

图 7-42　车辆行驶状况

图 7-42 所示中，A 表示仪表板上“READY”灯亮；B 表示起动；C 表示发动机微加速；D 表示小负荷巡航；E 表示节气门全开加速；F 表示减速行驶；G 表示倒车。

由图 7-43 所示可以看到发电机(MG1)和电动机(MG2)中间隔了一个行星齿轮机构，称为变速驱动桥(也称为 EVCT)。发动机、发电机、电动机是同轴的，通过变速驱动桥连接在一起的。动力通过变速驱动桥再分配以后，通过电动机传输到车轮上。发动机连在行星齿轮架上，发电机连在太阳轮上，电动机连在内齿齿圈上并作为输出轴。

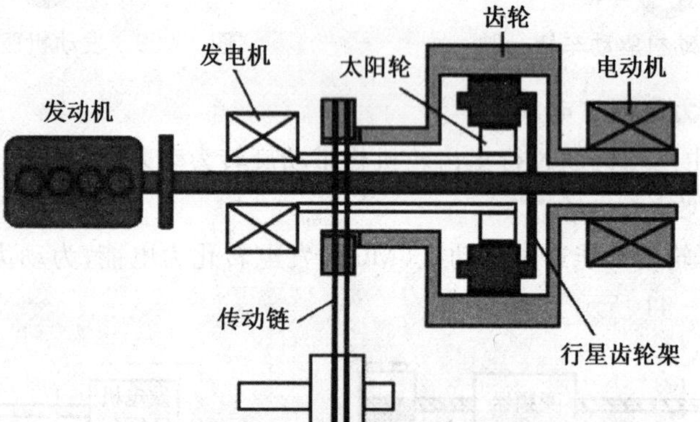

图 7-43　行星齿轮组与发动机、发电机和电动机连接关系

通过行星齿轮组将转速比设定成发动机与发电机的转速差与发动机与电动机的转速差比例为 2.6∶1，转速比设定如图7-44所示。电动机(MG2)(右侧)连接在输出轴上，可以在 1 500～6 500r/min 之间连续调节，对应车辆的实际行驶速度分别为−40km/h和 180km/h。而发动机(中间)在 1 000～4 500r/min 之间调节，为使发动机工作在高效状态，转速被设定在最高效率转速区间 2 000～3 000r/min

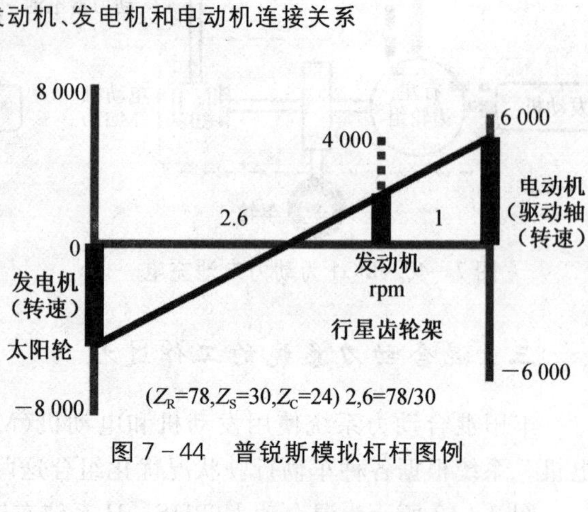

图 7-44　普锐斯模拟杠杆图例

运行。发电机(MG1)(左侧)被设定成可以在－6 500～6 500r/min连续可调,以配合发动机和电动机(MG2)(车速)的转速差。

由于系统并没有配置液力变矩器、离合器、制动器等部件,因此发动机并不能从传动系统中脱开。为了在纯电行驶的时候保持发动机静止,因此需要通过发电机(MG1)和电动机(MG2)分别呈相反方向旋转来使发动机静止(根据转速比,此时发电机的转速为电动机转速的2.6倍)。由于发电机转速范围的限制,如果前进车速需要大于40km则发动机就必须起动。

除了以上提到的转速关系以外,变速驱动桥还能够在不同的行驶模式下将动能通过机械方式和电子方式输送到需要车轮上或者存储到电池内。如图7-45所示的两种不同驱动模式,图7-45(a)和图7-45(b)左侧所示的发动机和两个电机的转速几乎是一样的。但是图7-45(a)所示工作在发动机驱动模式中,动力从发动机通过机械方式从变速驱动桥输送到车轮上,同时发动机的部分动力被用作发电机(MG1)发电并驱动电动机(MG2)给出动力输出到车轮上。而图7-45(b)所示为减速工况,车轮上的动力被电动机(MG2)产生的再生制动力回收发电充入电池中。同时车轮上的部分动力通过变速驱动桥输送到发动机上,维持发动机怠速工作。

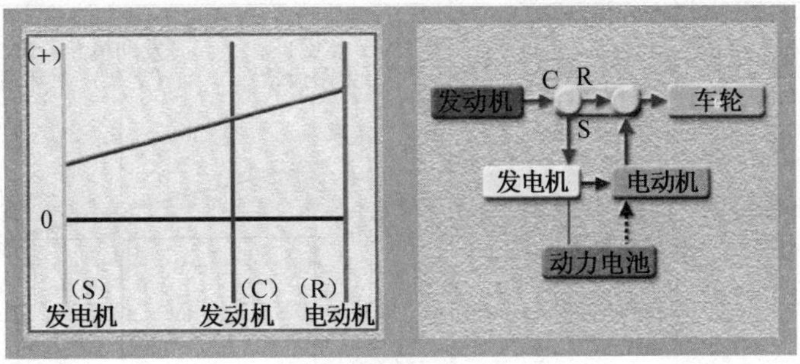

(a) 发动机驱动模式(加速工况)

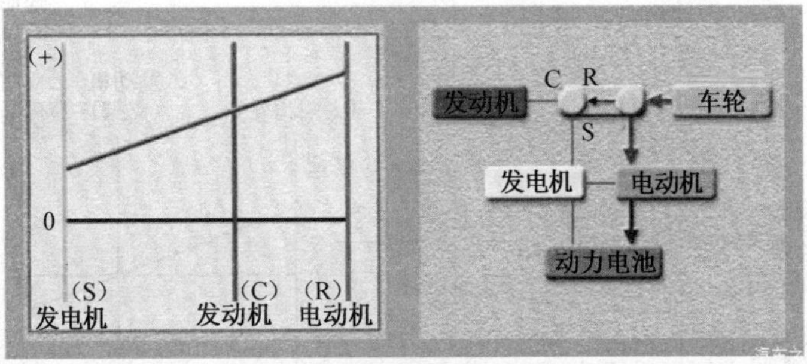

(b) 底盘动力回馈充电模式(减速工况)

图7-45 普锐斯两种不同驱动方式

根据相对运动关系,可以利用模拟杠杆图来表示行星齿轮组各部件的转速关系。如图7-46和图7-47所示,杠杆3个节点的相对位置由太阳轮和齿圈的齿数确定。相对水平位置,同侧表示运转方向相同,异侧表示运转方向相反,相对基准垂直位置转速相似。

表7-2对行星齿轮的旋转方向、转速和电源平衡进行了说明,并对发电机(MG1)和电动机(MG2)的充电或发电状态、旋转方向和转矩状态做了说明。

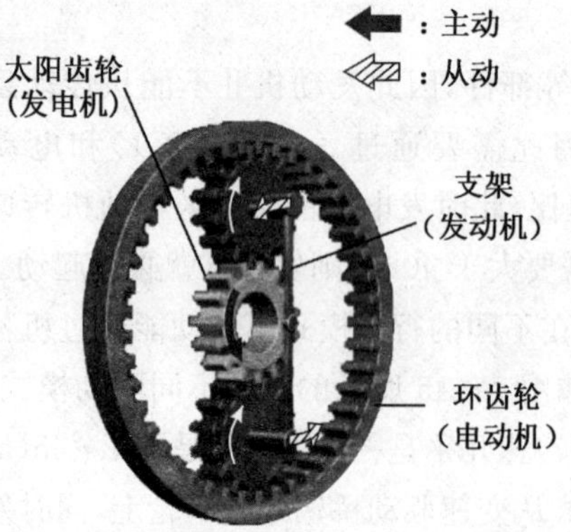

图 7-46　普锐斯用的行星齿轮机组

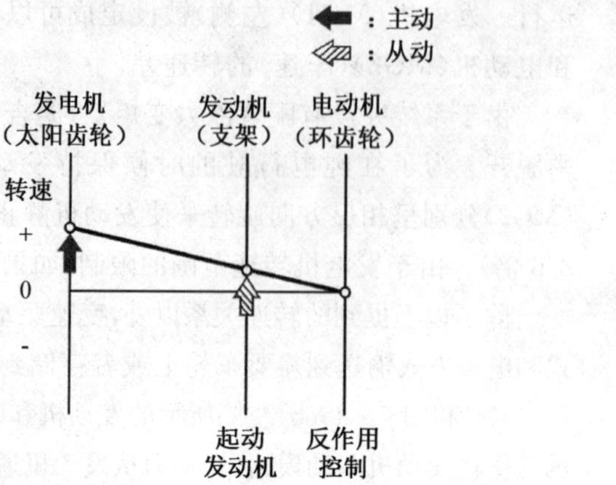

图 7-47　行星齿轮组各部件转速关系模拟杠杆图

表 7-2　模拟杠杆图

状态	旋转方向	转矩状态	模拟杠杆图例
充电	正转 ＋侧	＋转矩 箭头向上	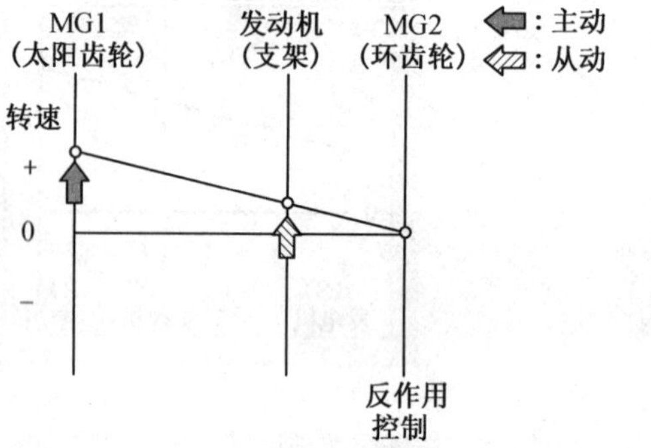
	反转 －侧	－转矩 箭头向下	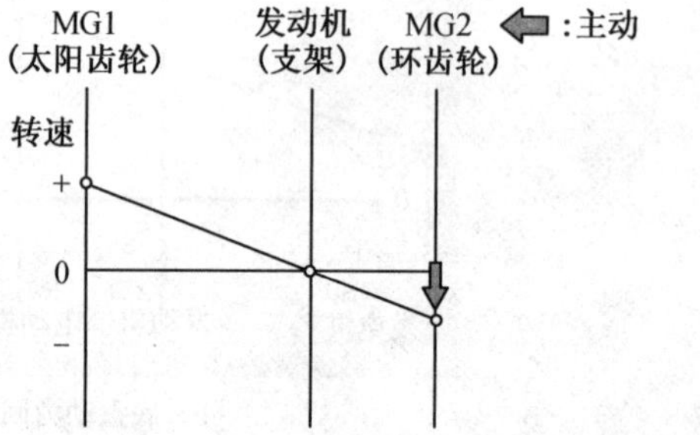
发电	正转 ＋侧	－转矩 箭头向下	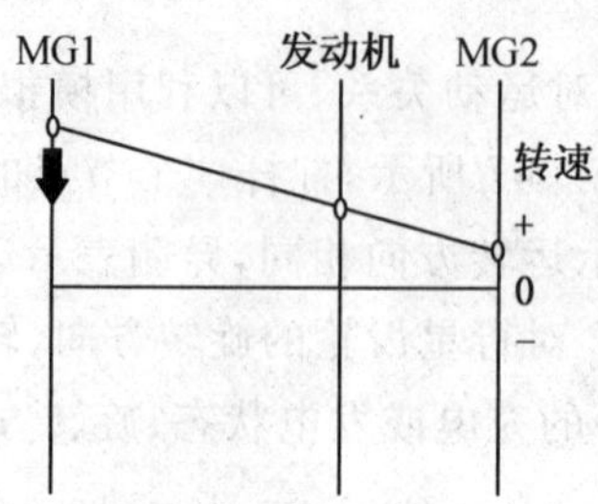

1. READY 灯打开状态

(1) 发动机停止。

① 如果冷却液温度、SOC 状态、蓄电池温度和电载荷状态不满足条件，即使驾驶员按下“POWER”开关、READY 灯打开，发动机也不会运转。在这种状态下，发动机、发电机和电动机均停止工作。

② 若要使车辆停止并换到“P”挡，如果冷却液温度、SOC 状态、蓄电池温度和电载荷状态满足条件，则动力电池 ECU 将继续使发动机在预定时间段内运行，然后使发动机停机。

(2) 起动发动机。

① READY 灯打开，车辆处于“P”挡或者倒车时，动力电池 ECU 监视的任何项目不满足条件，动力电池 ECU 起动发电机(太阳齿轮带动支架运转)，从而起动发动机，如图 7－48 所示。

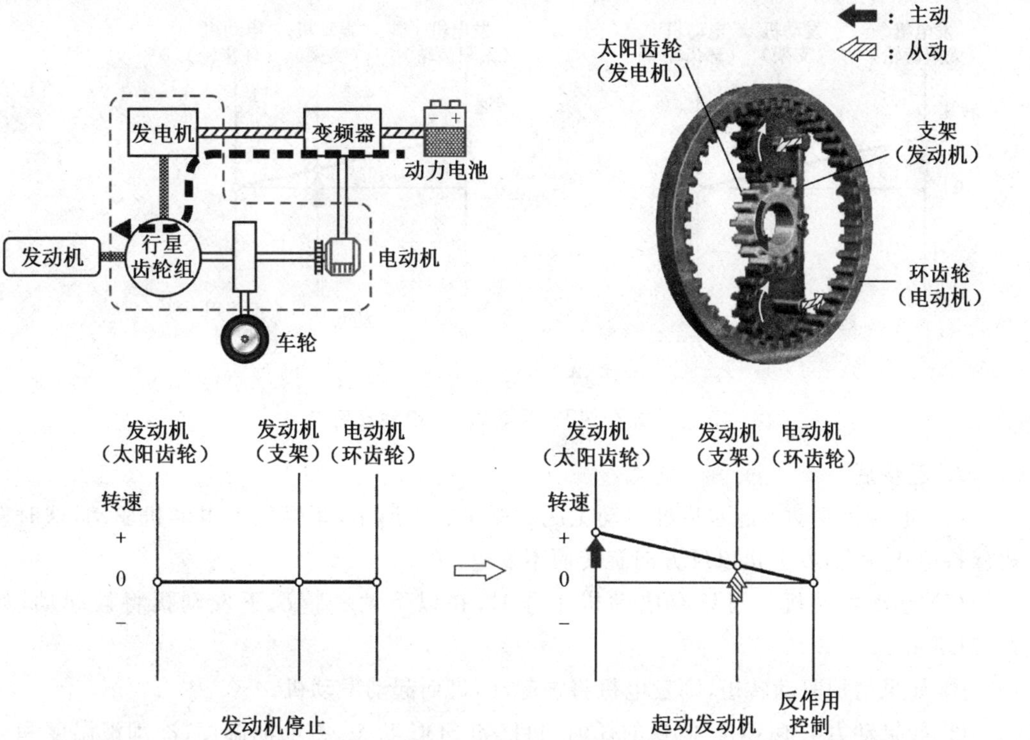

图 7－48　准备起动状态

② 运行期间，为了防止发电机的太阳齿轮的反作用力，使电动机的环齿轮转动并驱动驱动轮，电动机接收电流以施加制动，这个功能叫做反作用控制。

③ 在下一状态中，运转中的发动机起动，带动发电机发电，为 HV 电池充电，如图 7－49所示。

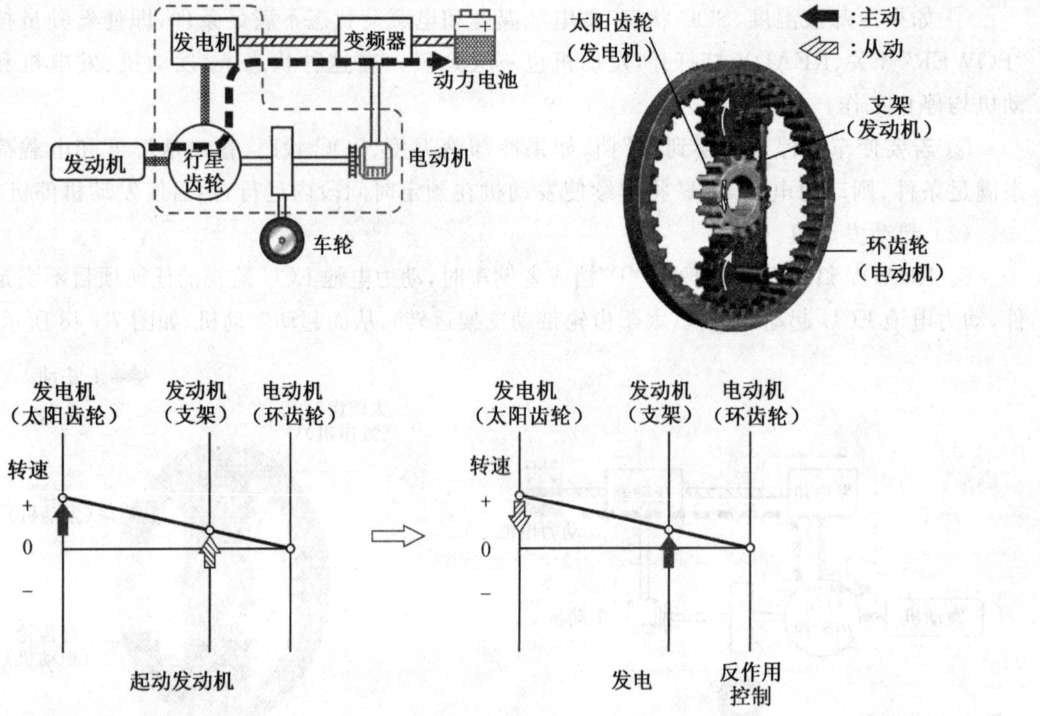

图 7－49 起动后 HV 电池充电

2. 起步后

(1) 电动机驱动。起步后纯电动工况如图 7－50 所示，车辆仅由电动机驱动，这时发动机保持停止状态，发电机以反方向旋转而不发电。

(2) 起动发动机。当只有电动机工作时，在以下两种情况下发动机将被起动，如图 7－51所示。

① 如果增加驱动转矩，则发电机将被起动，进而起动发动机。

② 如果动力电池 ECU 监视的任何项目(如 SOC 状态、蓄电池温度、冷却液温度和电载荷状态)与规定值有偏差，则发电机将被起动，进而起动发动机。

在下一状态中，已经起动的发动机将使发电机为动力电池充电。如果需要增加驱动转矩。发动机起动后，驾驶员通过踩下加速踏板进入稍加速模式，如图 7－52 所示。

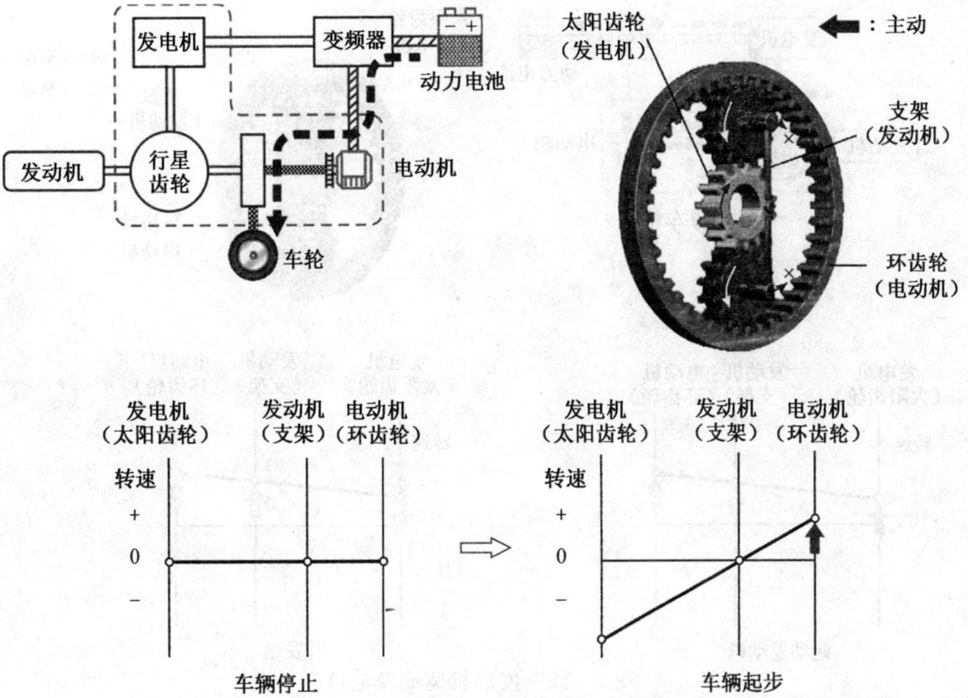

图 7－50 起步工况

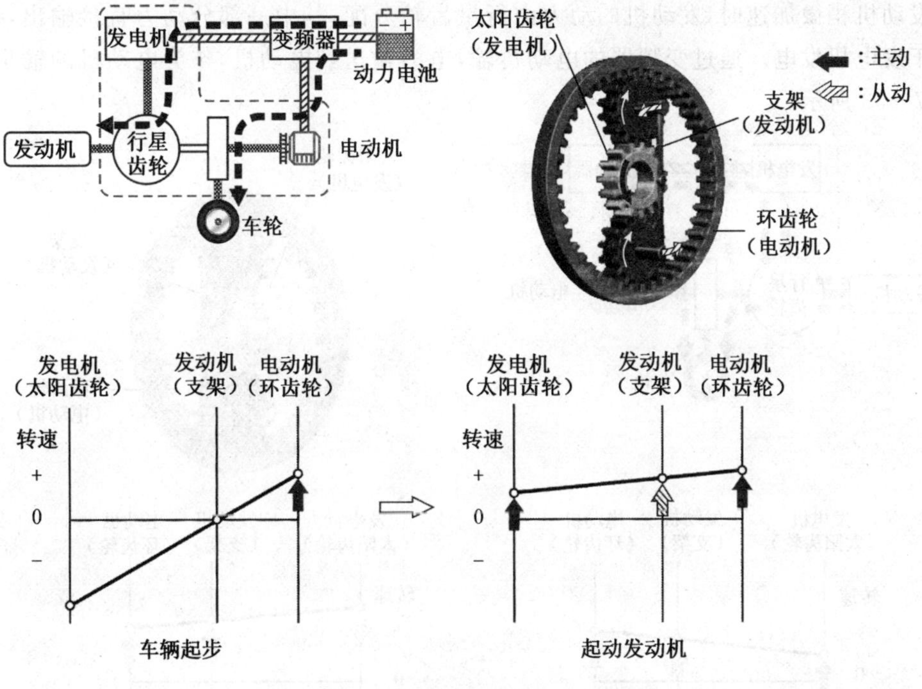

图 7－51 汽车起步后发动机起动

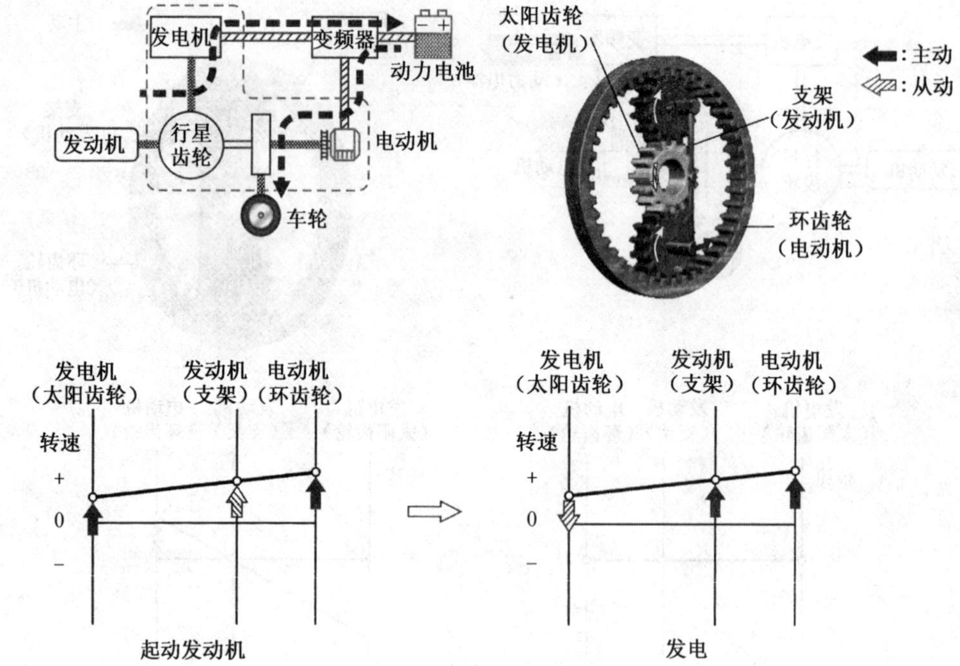

图 7－52　发动机驱动发电机

3. 发动机稍微加速

发动机稍微加速时，发动机的动力由行星齿轮分配，其中一部分动力直接输出，剩余动力用于发电机发电。通过变频器的电动传输，电力输送到电动机，作为电动机的输出动力，如图 7－53 所示。

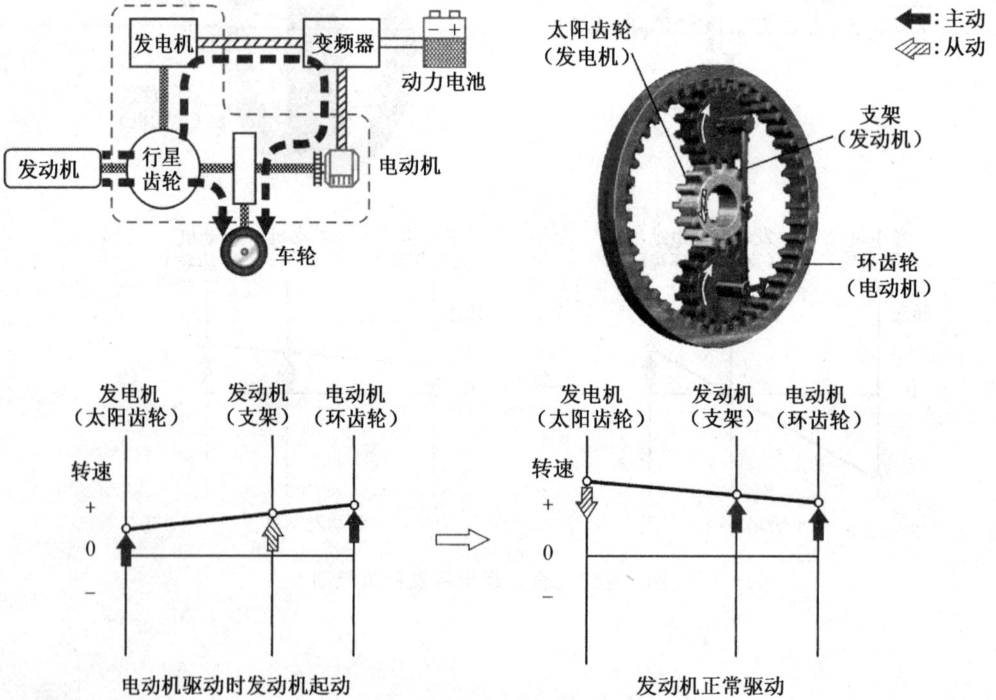

图 7－53　发动机微加速工况

4. 低速巡航

车辆以低载荷巡航时(图 7－54),发动机在巡航系统控制下自动小载荷区运转,其动力由行星齿轮分配,其中一部分动力直接输出,剩余动力用于发电机发电。通过变频器的电动传输,电力输送到电动机,作为电动机的输出动力。

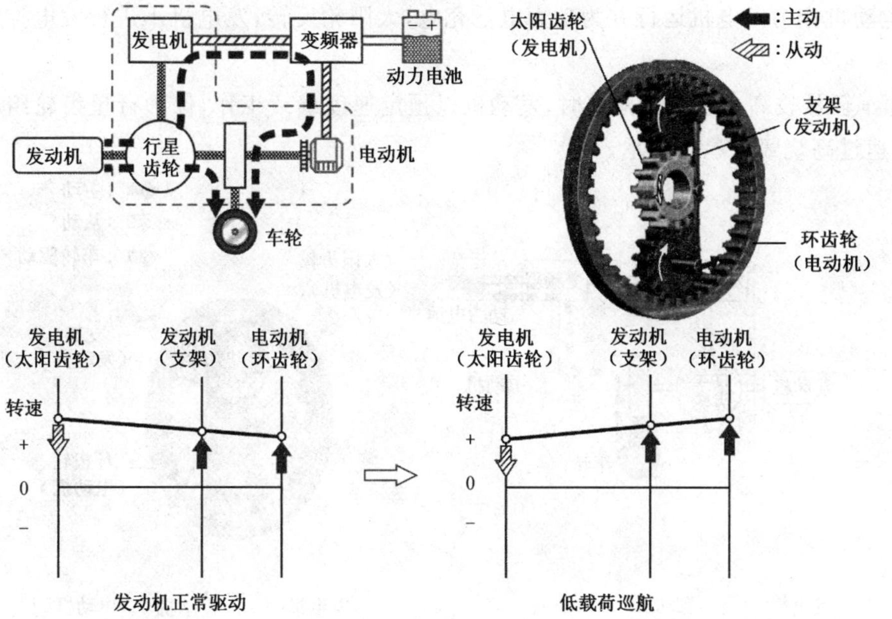

图 7－54　低速巡航

5. 节气门全开加速

车辆从低载荷巡航转换为节气门全开加速时(图 7－55),系统将在保持电动机动力的基础上,增加动力电池的电动力,此时发动机、发电机和电动机全部给汽车加力以产生加速扭矩。

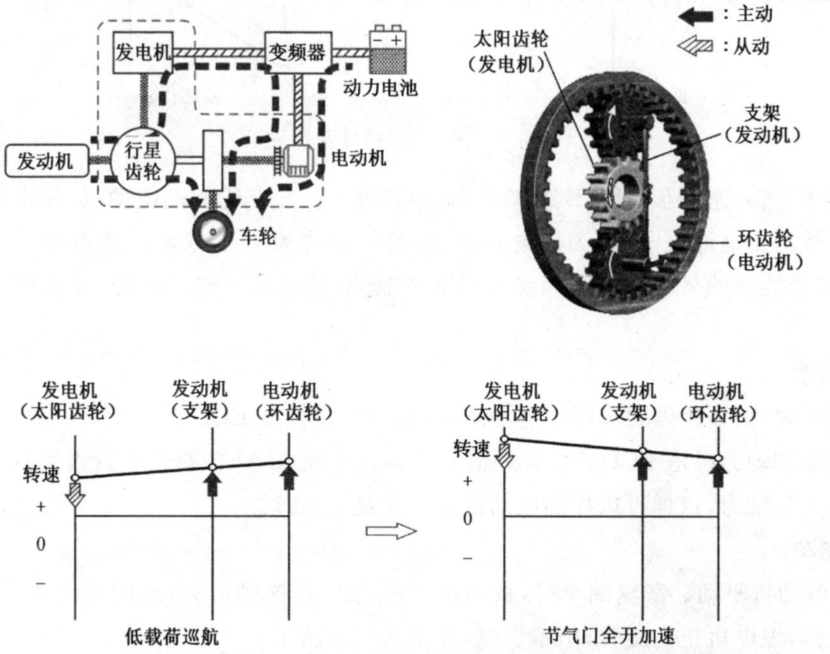

图 7－55　节气门全开加速工况

6. 减速行驶

减速行驶时，分为"D"挡减速和"B"挡减速行驶两种情况。

(1) "D"挡减速。

① 车辆以"D"挡减速行驶时(图 7-56)，发动机停止工作，动力为零，这时车轮驱动电动机，使电动机作为发电机运行并为动力电池充电，太阳轮反转，发电机不进行发电控制，从而不发电。

② 车辆从较高速度开始减速时，发动机以预定速度继续工作，保护行星齿轮组，防止行星轮转速过高烧毁行星轮轴承。

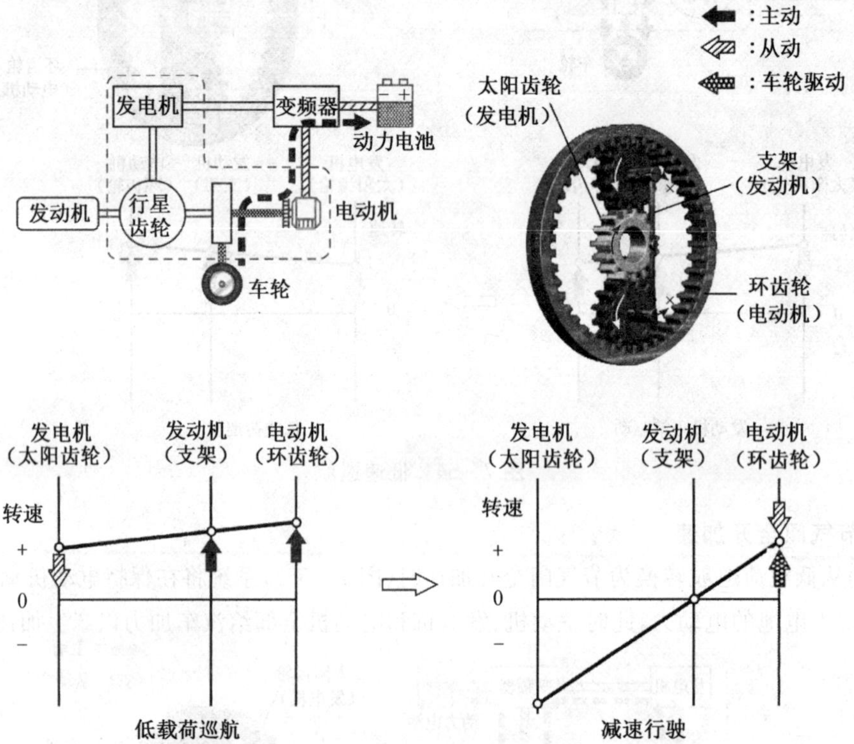

图 7-56 "D"挡减速行驶

(2) "B"挡减速。车辆以"B"挡减速行驶(图 7-57)，车轮驱动电动机，使电动机作为发电机运行并为蓄电池充电，也为发电机供电，这样发电机处于电动机状态而带动太阳轮正转，齿圈转动能量的另一部分经发动机转速并施加发动机制动。这时，发动机燃油供给被切断。

7. 制动

车辆减速时，如果驾驶员踩下制动踏板，制动防滑控制 ECU 计算所需的再生制动力，并将信号发送到动力电池 ECU。接收到信号后动力电池 ECU 在符合所需再生制动力的范围内增加再生制动力，这样可以控制电动机产生充足的电能。

8. 倒车

(1) 电动机驱动。车辆倒车时，仅由电动机为车辆提供动力，此时电动机反向旋转，发动机不工作，发电机正向旋转，但不发电，如图 7-58 所示。

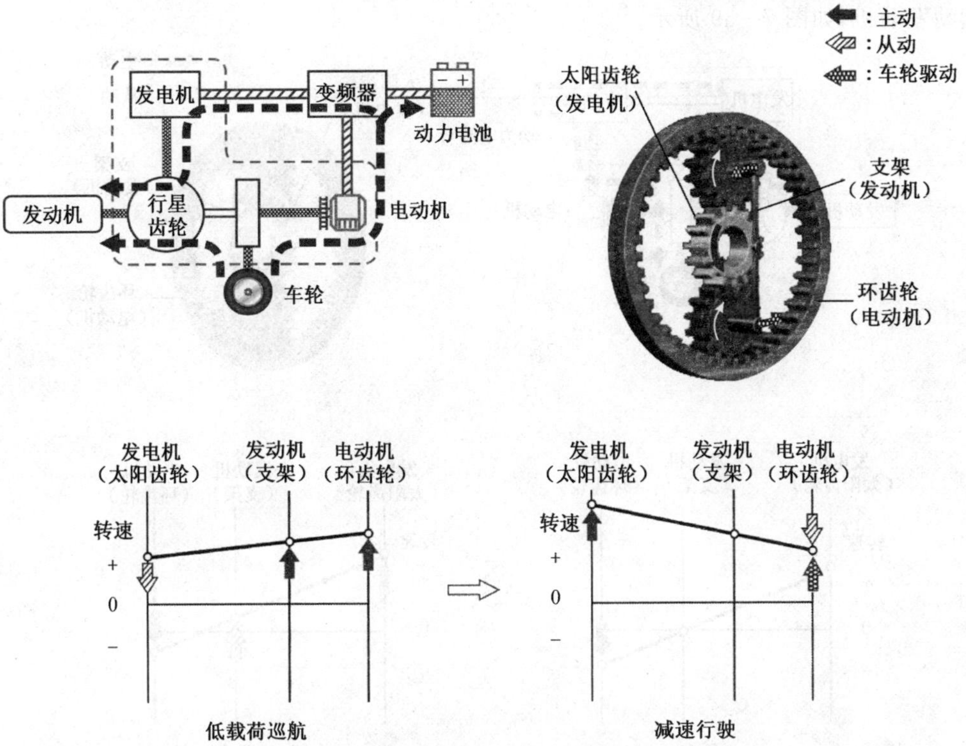

图 7－57　“B”挡减速行驶

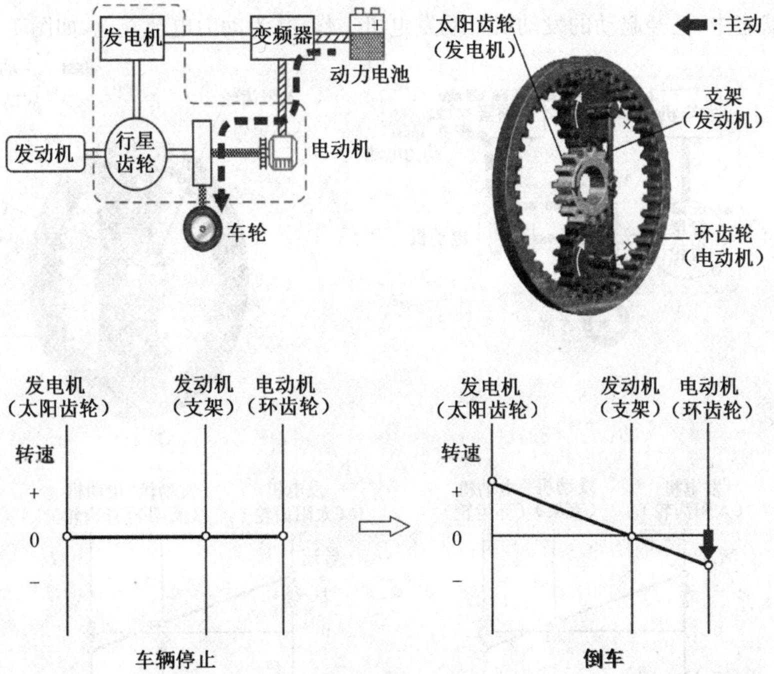

图 7－58　倒车时电动机驱动

(2) 起动发动机。只有电动机驱动车辆时，如果动力电池 ECU 监视的任何项目（如 SOC 状态、蓄电池温度、冷却液温度和电载荷状态）与规定值有偏差，则 MG1 将被起动，进而起动发动机，如图 7－59 所示。

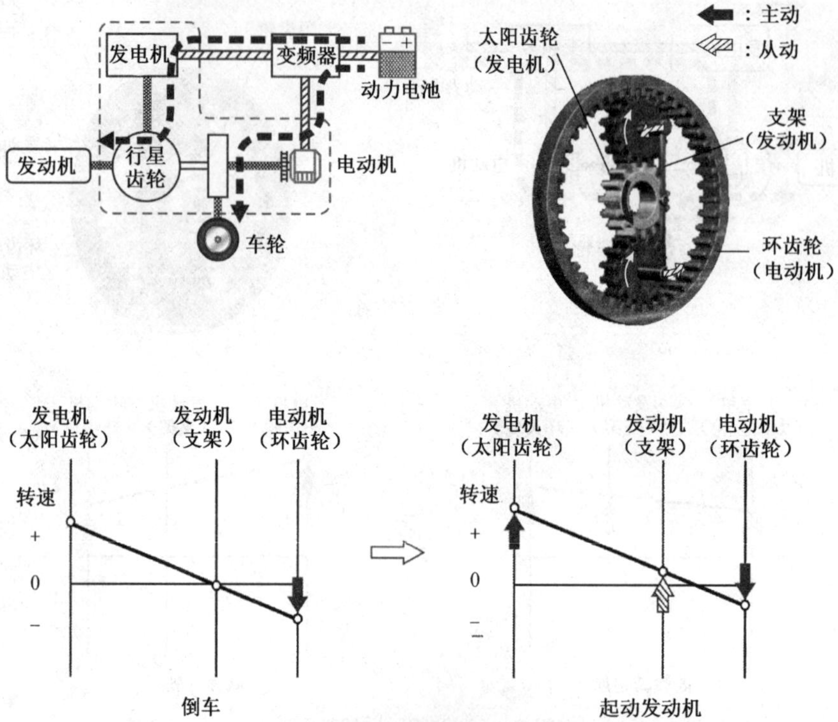

图 7－59　倒车起动发动机

在下一状态中，已经起动的发动机带动发电机工作，并为动力电池充电，如图 7－60 所示。

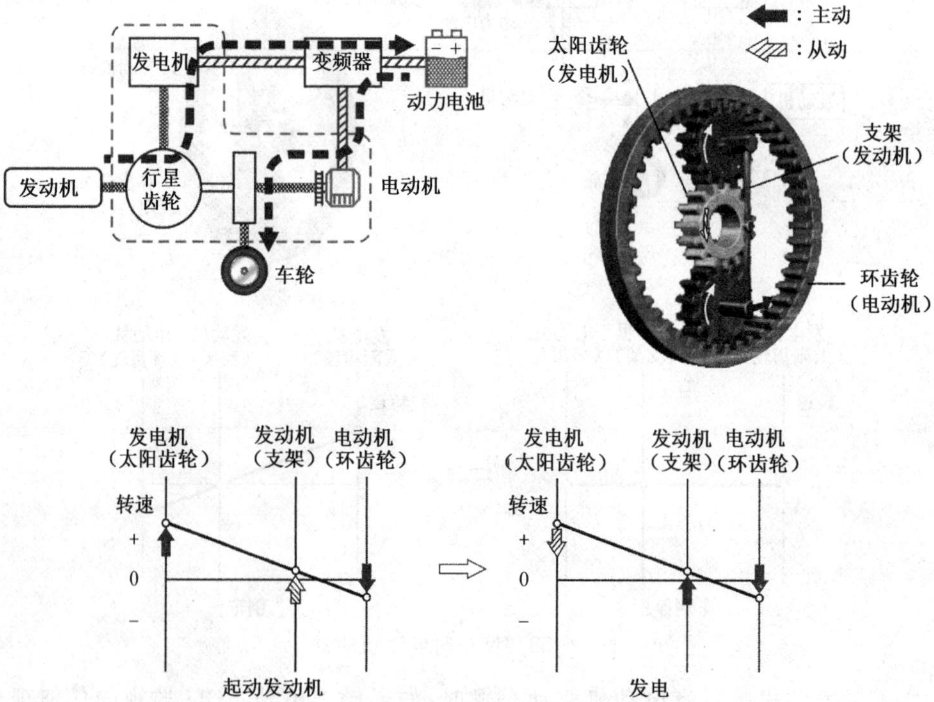

图 7－60　发动机起动发电机并为动力电池充电

第四节　普锐斯混合动力系统(THS)高压系统

在电动机和发电机之间采用AC 650V高压电路传输,可以极大地降低动力传输中电能损耗,实现高效动力传输;采用大功率电动机输出,提高电动机的利用率。当发动机工作效率低时,系统将发动机停机,车辆依靠电动机驱动行驶,能实现减速和制动过程中的能量回收,提高能量的利用率。同时,能通过外接电源对系统充电。

一、动力电池

1. 电池箱内部件

THS－Ⅲ电池箱内元件主要包括电池组单元、电池单元ECU、3个系统主继电器。普锐斯电池箱内部件如图7－61所示,单体电池电压为3.6V,由96个单格锂电池串联而成(3.6V×96个单体电池)电池组,电池组额定电压为DC 345.6V。为提高容量,电池箱内有3个相互并联的电池组。电池箱安装在车辆后备厢内。在车辆起步、加速和上坡时,动力电池将电能提供给驱动电动机。不同型号的普锐斯所包含的电池模块数量不尽相同。动力电池箱内部布置有动力电池、蓄电池风扇、蓄电池充电监控系统、充电监控器。

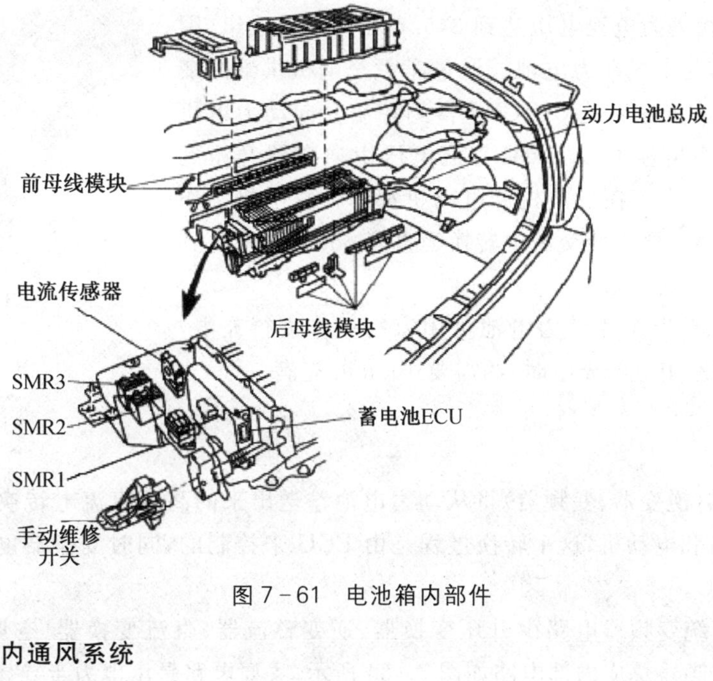

图7－61　电池箱内部件

2. 电池箱内通风系统

电池箱内通风系统如图7－62所示。电池组充放电过程中都会产生热量,热量不及时散去会影响电池组的正常工作和使用寿命,因此动力电池组都配备电池散热系统,采用循环冷却水和散热片的形式辅助电池箱内冷却。当ECU检测到电池组过热时就会起动冷却系统,对电池组进行冷却散热,以保证电池组处于正常工作状态。

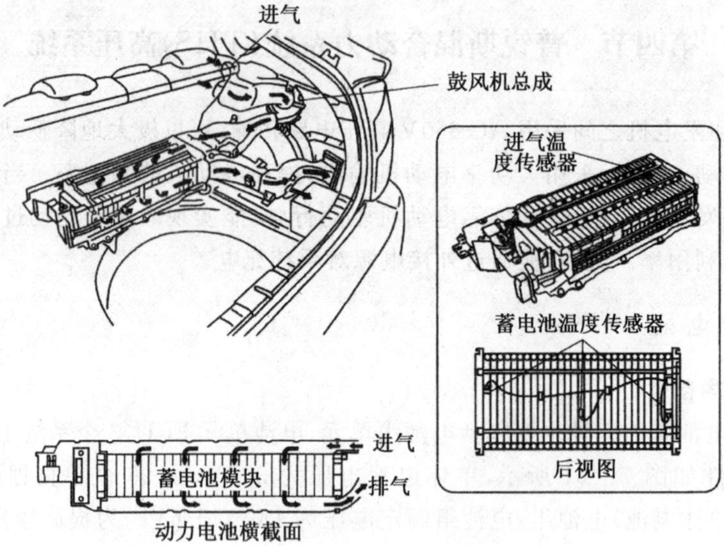

图 7-62　电池箱内通风系统

3. 电池电压

单体电池电压为 3.6V，通过模块化构造（由 96 个单体电池串联而成）确保动力电池电压达到 345.6V，并以电池组（图 7-63）的形式作为车载动力电池。通过车载充电机供给的最大电力的 80%，在充电状态（SOC）下得到控制并向动力电机供电时，来自动力电池的 345.6V 直流电压由逆变器升压到 650V，供电动机工作。在发电机和电动机都作为发电机工作时，通过逆变器将发电机的交流电转换为直流 650V 并降压到 345.6V，再向动力电池充电。

图 7-63　电池组

插电式混合动力车辆动力电池可用家庭插座进行充电，在采用 220V 家庭用电源充电时，约需要 100min 充满。

二、变频器

功率变换器（逆变器、变频器）将从动力电池输送出来的高压直流电转换成三相交流电并传送给发电机和电动机，这个转换过程是由 ECU 来控制的，同时变换器也会反馈电流与电压信号给 ECU。

THS-Ⅱ系统变频器电路由升压变换器、逆变整流器、直流变换器、空调变频器组成。THS-Ⅱ系统变频器总成内部电路如图 7-64 所示，主要电路是由电力半导体功率器件和绝缘栅双极型晶体管（IGBT）模块组成。变频器总成内的升压变换器、逆变/整流器担负着提供电动机、发电机的电能转换与调控任务，具有升压、逆变、整流三项功能。

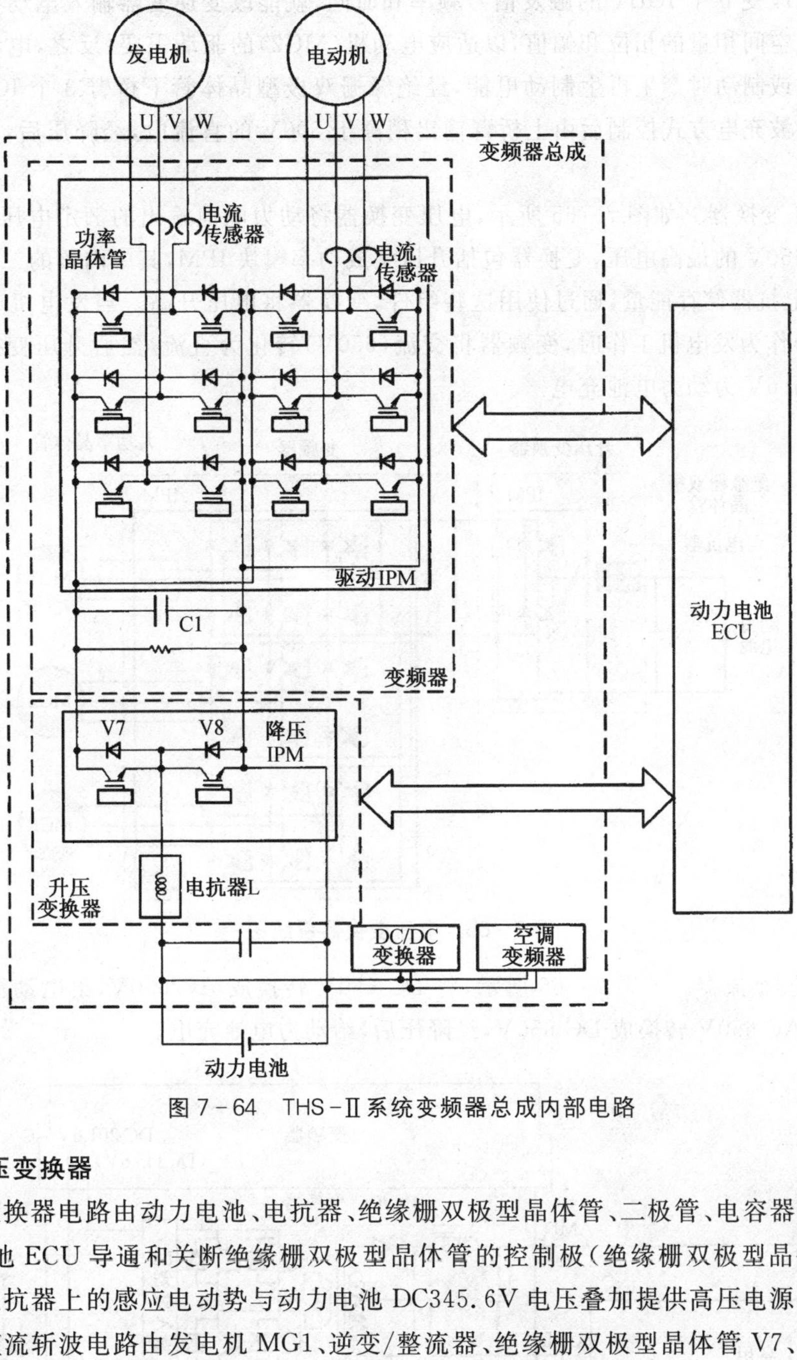

图 7－64　THS－Ⅱ系统变频器总成内部电路

1. 升压变换器

升压变换器电路由动力电池、电抗器、绝缘栅双极型晶体管、二极管、电容器组成。升压时，动力电池 ECU 导通和关断绝缘栅双极型晶体管的控制极（绝缘栅双极型晶体管起开关作用），使电抗器上的感应电动势与动力电池 DC345.6V 电压叠加提供高压电源。

降压直流斩波电路由发电机 MG1、逆变/整流器、绝缘栅双极型晶体管 V7、二极管 D8、电抗器 L、电容器 Cl 组成。降压时，动力电池 ECU 利用绝缘栅双极型晶体管 V7 导通，把 DC650V 降压为平均值 DC345.6V，向动力电池充电。

2. 逆变/整流器

逆变电路（以供给电动机电源为例）由 6 个 IGBT、6 个续流二极管（与绝缘栅双极型晶体管并联的二极管）和电容器组成电压型三相桥式逆变电路。由动力电池 ECU 触发绝缘栅双极型晶体管控制极，使 6 个 IGBT 快速导通和关断，将 DC650V 电流换流成三相 AC 650V

电流。如果改变 6 个 IGBT 的触发信号频率和时间，就能改变逆变器输入电动机（MG2）定子绕组电流空间相量的相位和幅值，以适应电动机（MG2）的驱动需要；反之，电动机（MG2）在车辆减速或制动时产生再生制动电能，经绝缘栅双极型晶体管下桥臂 3 个 IGBT 并联的二极管的斩波充电方式控制后由上桥臂输出稍高于 500V 的直流电，经降压后，向动力电池充电。

① 电压变换器。如图 7－65 所示，电压变换器将动力电池输出的额定电压 DC345.6V 升压到 DC650V 的最高电压，变换器包括升压集成功率模块 IPM，其中内置的二极管进行转换控制，而电抗器储存能量，通过使用这些组件，变换器将电压升高。当发电机（MG1）或电动机（MG2）作为发电机工作时，变频器将交流（650V）转化为直流，然后升压变换器将其降低到 DC345.6V 为动力电池充电。

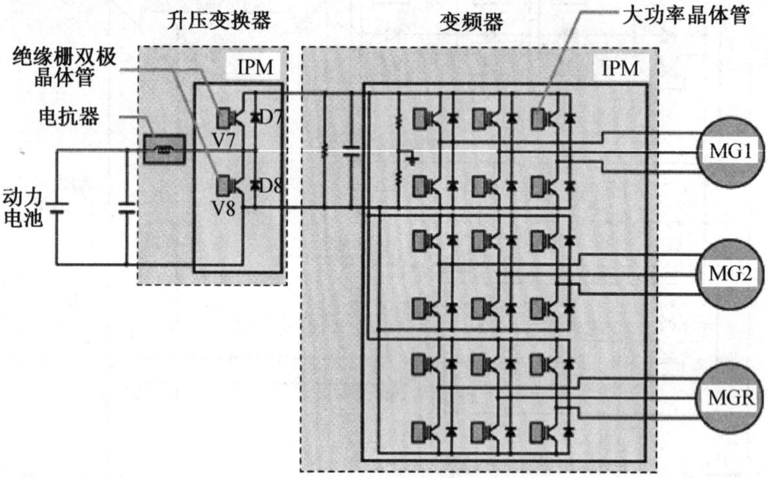

图 7－65　电压变换器系统图

② 逆变/整流器。如图 7－66 所示，将 DC 650V 转换成 AC 650V，给电动机（MG2）供电；反之将 AC 650V 转换成 DC 650V，经降压后，给动力电池充电。

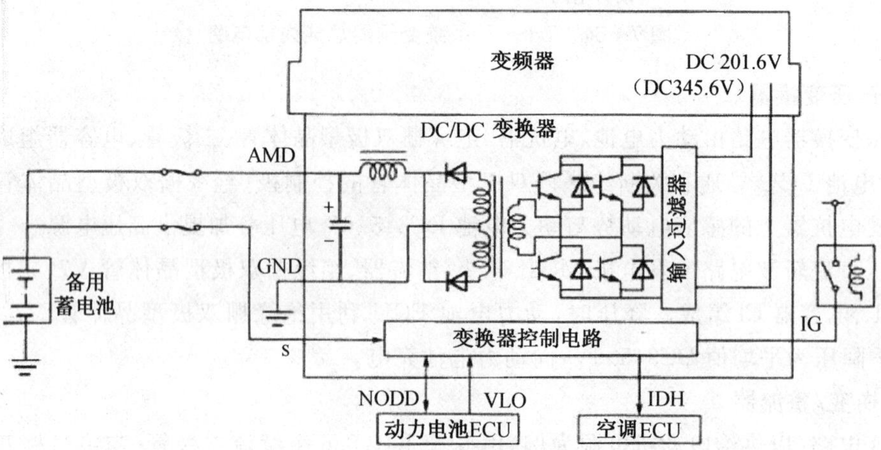

图 7－66　逆变/整流器

③ 直流变换器（DC/DC）。如图 7－67 所示，将动力电池 DC 345.6V 降为 DC 12V，为

车身电器供电，同时为备用蓄电池充电。车辆辅助设备，如车灯、音响系统、空调系统（空调压缩机单独采用高压电驱动）和 ECU 等，这些都由 DC12V 的供电系统供电。这个变换器安装于变频器的下部。

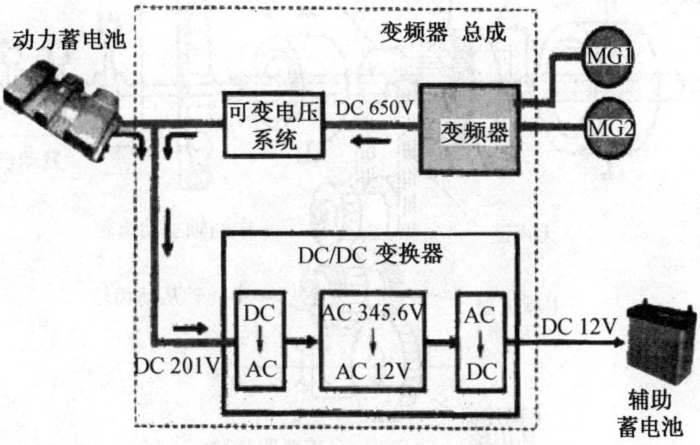

图 7-67 直流变换器(DC/DC)

④ 空调变频器。将动力电池 DC 345.6V 转换成 AC345.6V，为空调系统中电动变频压缩机供电。空调变频器的电路简图如 7-68 所示。

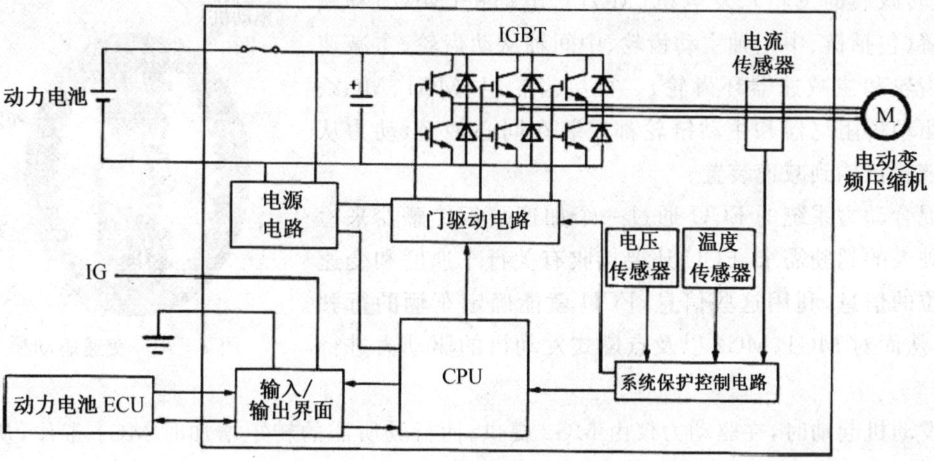

图 7-68 空调变频器

三、发电机与电动机

混合动力变速驱动桥由发电机(MG1)、电动机(MG2)和行星齿轮组成。普锐斯混联混合动力系统如图 7-69 所示，混联式是串并联相结合的系统，这种混合动力系统是由点燃式发动机和两台采用永久磁铁的三相交流异步电动机组成。内燃机与两台电动机通过行星齿轮机构相互连接。电动机和驱动轮的差速器通过传动链条和齿轮连接在一起。发动机的动力传给行星齿轮架，之后分成两部分，一部分由太阳齿轮传给发电机(MG1)，另一部分由环齿轮传给电动机(MG2)。

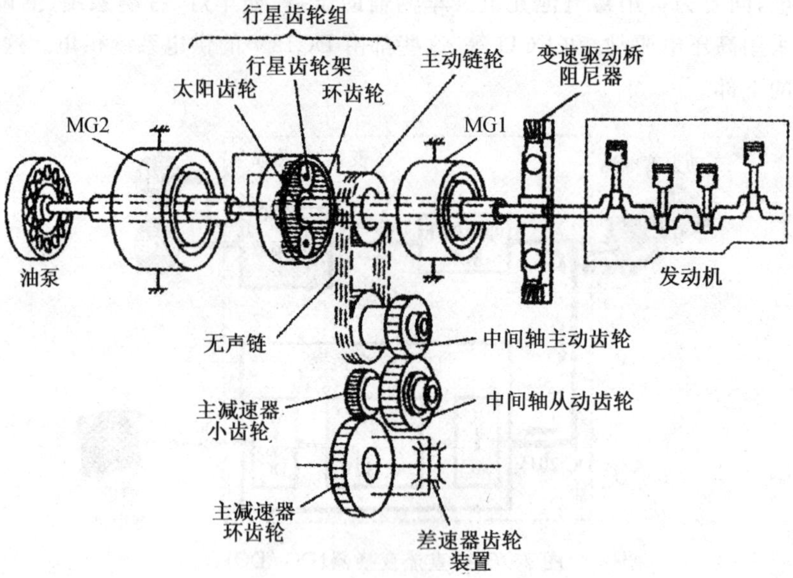

图 7－69　普锐斯混联混合动力系统

变速驱动桥(图 7－70)主要包括变速驱动桥阻尼器(带扭转减震的飞轮)、发电机(MG1)、电动机(MG2)和减速装置(包括链、中间轴主动齿轮、中间轴从动齿轮、主减速器小齿轮和主减速器环齿轮)。行星齿轮组、MG1、MG2、变速驱动桥阻尼器和主动链轮都安装在同心轴上,动力从主动链轮传输到减速装置。

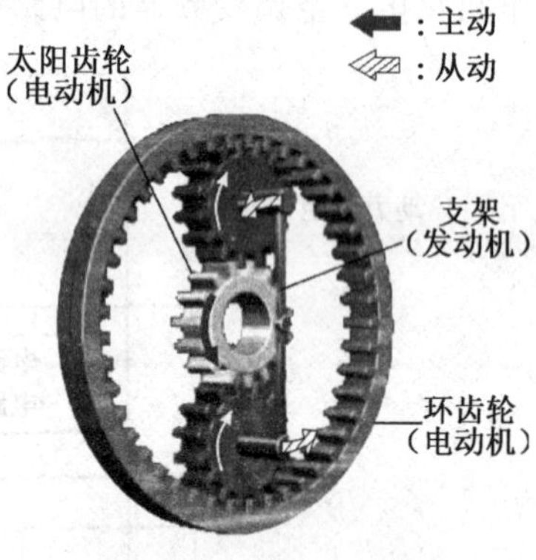

图 7－70　变速驱动桥

混合动力系统的 ECU 通过一个加速踏板传感器来检测驾驶人的驾驶需求,ECU 还要接收有关行车速度和变速器挡位的信息,利用这些信息,ECU 就能确定车辆的行驶状况,从而对 MG1、MG2 以及点燃式发动机的驱动力进行调节。

发动机起动时,在驱动力仅由 MG2 提供,而行驶所需的转矩增加时 MG1 工作,从而将发动机起动起来。当蓄电池的充电电流或蓄电池温度偏离预定值时,发动机也要起动。在发动机起动之后,MG1 作为一台发电机工作,MG1 通过变频器给动力电池提供所需电能。

当汽车起步时,驱动力完全由 MG2 提供。发动机保持关机状态,MG1 反向旋转,不产生电能。

低速行驶时,行星齿轮机构将发动机的功率进行分流,部分功率输送给驱动轮,其余部分输送给 MG1 用来发电。当汽车需要很大的驱动力时,系统就会额外消耗动力电池的电能,通过 MG2 增加驱动力。

汽车制动时,发动机关闭,驱动轮带动 MG2 转动。此时,MG2 作为一台发电机运转,为动力电池充电。

当汽车从较高的行驶速度减速时,发动机要维持一个预定的高转速,以便保护行星齿轮机构。

当汽车以倒挡行驶时，驱动力全部由 MG2 提供。

两个既可做发电机又可做电动机的电动机通过行星齿轮与无极变速器结合，以达到混合动力的目的。在变速系统中，动力分离装置用一个行星齿轮将发动机输出轴、两个电动机/发电机连接起来。其中一个电动机/发电机作为整个动力分配行星齿轮组的控制单元(称为电动机/发电机)，与太阳轮相连。行星架与发动机输出轴相连，当动力通过行星架传递到太阳轮上，扭矩减小、速度加快，带动该电动机产生电压，用以驱动另外一个电动机/发电机或向蓄电池充电。当车辆由纯电动状态转入混合动力状态，需要起动发动机时，MG2 输出的动能将通过行星架减速增矩起动内燃机。与电动机/发电机 MG1 一样，电动机/发电机 MG2 也具有双重身份，它与行星齿轮的齿圈以及发动机输出轴相连，由电动机/发电机 MG1 或电池输出的电能驱动，在低速时驱动车辆或在高速时提供辅助动力。而当车辆减速时，发动机停止工作，车轮带动 MG2 作为发电机为动力电池充电。有时候，MG2 还会为 MG1 供电，在内燃机油路切断的情况下保持其被动运转，以提供发动机制动效果。

四、THS-Ⅱ电机驱动系统的控制

THS-Ⅱ电机驱动系统的控制核心组件是动力电池 ECU。在动力电池 ECU 中，采用 32 位计算机，接收来自传感器和 ECU(发动机 ECU、动力电池 ECU、制动防滑控制 ECU、电动转向 ECU)信息。根据此信息，计算车辆所需的扭矩和功率，将计算结果发送给发动机 ECU、变频器总成、蓄电池 ECU 和制动防滑控制 ECU。ECU 是整车的控制单元，其接收来自各个传感器的信息，进行分析转换，并将分析后得到的最佳动作分配给执行单元，控制整车的运行状况，使其始终在最佳状态运行。例如，可以控制发电机(MG1)和电动机(MG2)的运行，控制 SOC，从而控制电池的温度。

MG1 主要用于起动发动机，对电池充电，当 MG2 工作时为其提供电力，此外，还可以通过控制转矩保持传动系统的正常工作。MG2 主要用于在低速时提供牵引力，在高速时又可以补充动力，让发动机与汽车协调运作，发挥最优越的性能，并可以在制动时储存电能，使其更加环保、节能。MG2 在高压运行中起关键作用，因此对其性能也要求更加严格。对比 2003 款和 2004 款的普锐斯，两者的 MG2 就有所不同，2004 款的电磁线圈排列做出了一定的调整，由传统的圆柱形排列调整为 V 形排列，这样就大大增加了磁力转矩(可以增加 50%)。MG1、MG2 定子绕组采用三相 Y 形连接，每相由 4 个绕组并联，可以给电动机输入较大电流情况下，获得最大转矩和最小转矩脉动(如图 7-71 所示)。转子采用稀土永磁材料作为永磁铁，安装在转子铁芯内部(内埋式永磁转子)。转子内的永磁铁为 V 形，如图 7-72所示。这样永磁体既有径向充磁，又有横向充磁，有效集中了磁通量，提高了电动机的扭矩。内埋式永磁转子结构改变了电动机交、直轴磁路，可以改善电动机的调速特性，拓宽速度范围。在新款普锐斯中，经优化结构，MG2 转子内的永磁铁变为 V 形结构，使扭矩和输出功率增大。这样在功率输出方面，比旧款普锐斯提高 50%。

为了达到电动机静止起动和全转速范围内转矩波动的控制目的，需要利用解角传感器精确地测量 MG1、MG2 永磁转子磁极位置和速度。解角传感器是采用电磁感应原理制成的旋转型感应传感器，它由定子和转子组成。椭圆形转子与 MG1、MG2 的永磁转子相连接，且同步转动。椭圆形转子外圆曲线代表着永磁转子的磁极位置。

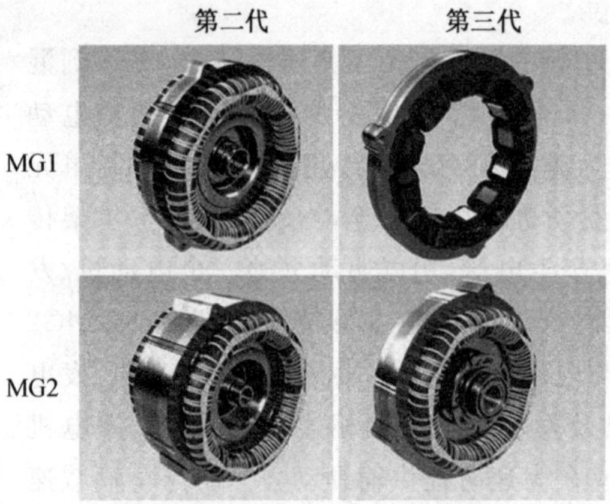

图 7-71　电磁线圈结构的变化

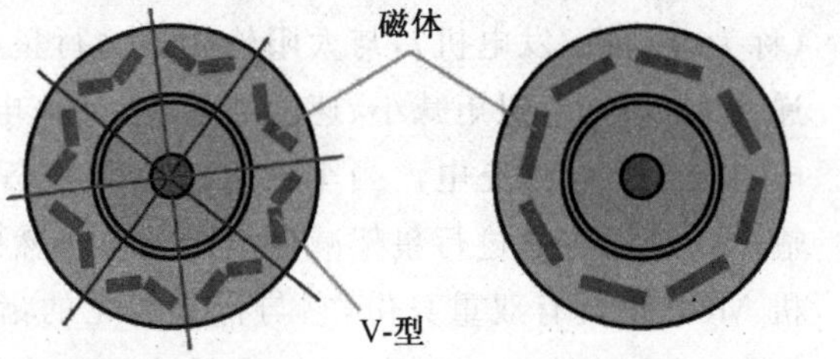

(a) MG2转子（2004款）　(b) MG2转子（2003款）

图 7-72　永磁转子结构变化

THS-Ⅱ系统的电动机（MG1、MG2）属于直流无刷同步电动机（BDCM）。BDCM 定子绕组中通入三相方波交流电流，定子绕组上会产生感应电动势，生成与永磁转子磁场在空间位置成正交的电枢磁场。在转子永磁铁磁场的作用下，电枢磁场以反作用电磁力驱动永磁转子同步旋转。

MG2 电动机本身驱动汽车的能量来自于燃油，所以不能使汽车省油。MG2 在混合动力加速和纯电状态时起电动机作用，当在减速或小负荷高车速时或蓄电池电能不足时，由 MG2 向蓄电池供电。

如图 7-73 所示，在永磁电动机中，直流换流后的三相交流电经过定子线圈的三相绕组时，在电动机内产生旋转磁场，但只有通过转子旋转位置和转速识别后才能进行起动方向的相序控制和力矩控制，扭矩大小可通过调节每相中的电流进行控制，转速由交流电的频率控制。

在现有的低速和高速控制方法的基础上，在 MG2 的中速范围内引入了新研制的调控系统，通过改进脉冲宽度调谐方法，中速范围内的输出功率提高了近 30%。

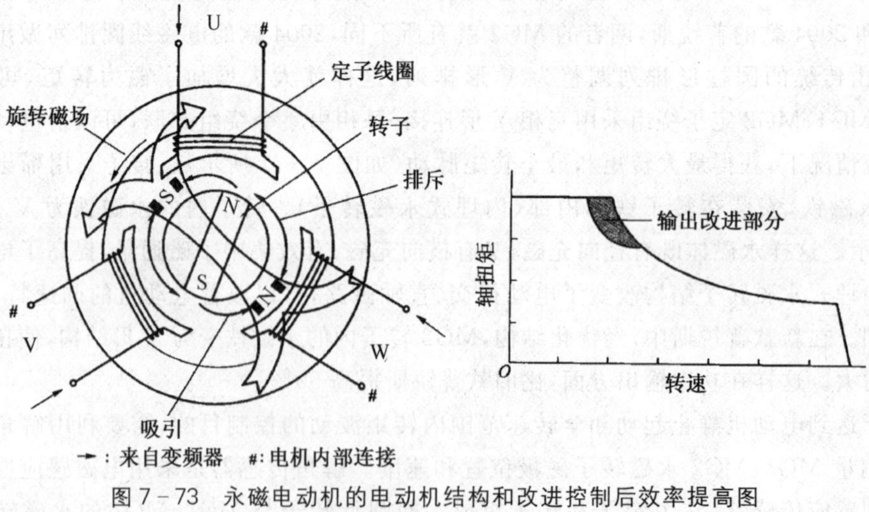

图 7-73　永磁电动机的电动机结构和改进控制后效率提高图

速度传感器和解角传感器原理如图 7－74 所示，传感器的定子包含 3 个线圈，励磁线圈 A 输入频率幅值恒定的电流，检测输出线圈 S 和 C 相位交错 90°。由于转子是椭圆的，定子和转子间的距离随转子的旋转发生变化，这样交流电通过励磁线圈 A 后，与传感器转子位置相对应的信号由检测线圈 S 和 C 产生(图 7－75)，从这些信号的差异中可检测到其绝对位置。此外，在一定时间内的位置变化量由动力电池 ECU 计算，使这个传感器起转速传感器的作用。这种结构极其紧凑，具有高稳定性的传感器可精确地检测到磁极位置，这对 MG1 和 MG2 的有效控制起到了非常重要的作用。

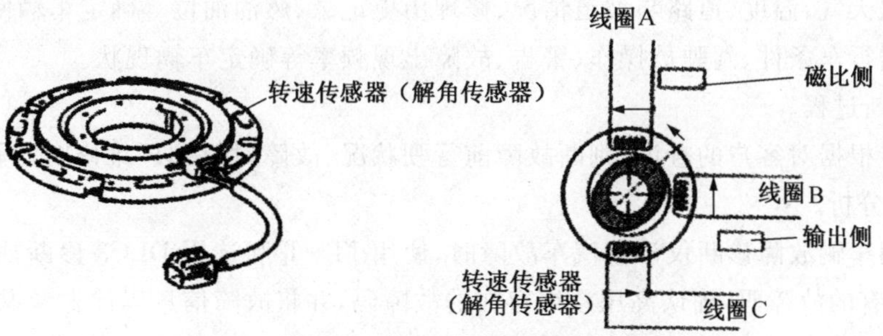

图 7－74 速度传感器和解角传感器原理

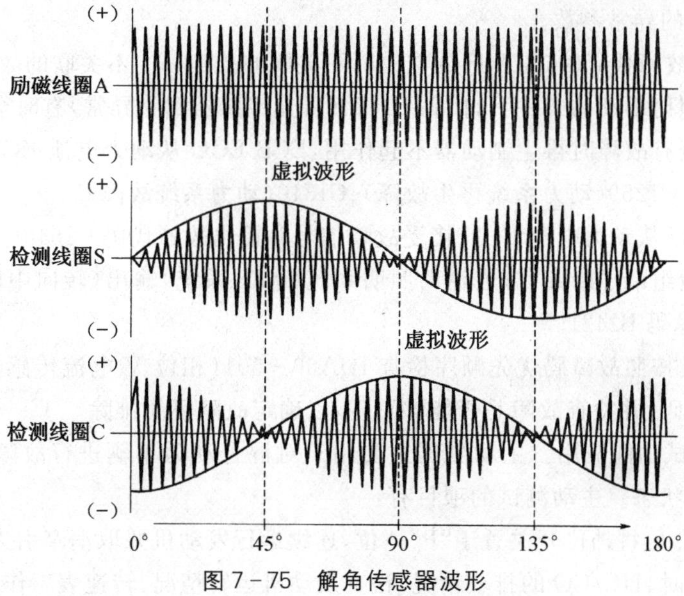

图 7－75 解角传感器波形

第五节　普锐斯混合动力系统检修

一、维修准备

1. 诊断与检修步骤

(1) 客户查询。

① 根据天气、温度、道路与坡道情况、修理历史记录、燃油油位等确定车辆使用条件。

② 根据行车条件、驾驶员操作、警告、故障出现频率等确定车辆现状。

(2) 诊断过程。

① 初步根据对客户的查询,判断故障前行驶状况、故障时及到厂维修时车辆状况,对相关信息进行分析。

② 采用车辆故障诊断仪诊断汽车故障时,使用 IT－Ⅱ和选用 DLC3 诊断插座检查并记录系统中所有的故障码,确认高压系统存在的故障码,并将故障信息码优先考虑。

③ 检查并记录定格数据(也称冻结帧数据)FFD,并检查(每一个系统)历史记录数据。

故障诊断仪的故障码读取系统界面中会在故障代码后显示故障码出现的优先顺序,提示检车诊断维修人员排查故障的正确顺序。定格数据反映了故障码储存时的车辆工况和混合动力系统运行的异常参数。

(3) 在分析故障代码时,需要区分与故障不关联的故障码。不关联的故障有:

① 在日光照射不动的条件下,代码 B1424(日光传感器回路异常)有时会输出。

② 高压系统有故障时再生制动器不起作用,ECB ECU 从动力电池 ECU 接受故障信号并输出故障代码 C1259(动力系统再生故障)、C1310(动力系统故障)。

③ EPS ECU 从动力电池 ECU 接受故障信号并输出故障代码 C1546(动力系统故障)。

④ 当蓄电池组端子断开,弯道辅助照明系统(AFS 系统)输出(转向中间位置自动校正不完全故障)故障码 B2421。

⑤ 维修人员按照故障码优先顺序检查 P0A60－501(相位 V 电流传感器故障),在故障恢复后清除故障码,并检查故障是否能够重现,以确定故障可靠排除。

(4) 主动测试功能应用。主动测试主要用于对混合动力车辆进行故障检查,并使车辆保持特定的运行状态。主动测试的项目有:

① 诊断模式 1:将挡位开关置于"P"挡位,连续运行发动机并取消牵引力的控制,用于检查发动机点火正时、HC/CO 的排放情况;检查发动机运转情况;转速表工作情况。

② 诊断模式 2:取消牵引力控制,用于检查发动机点火正时、HC/CO 的排放情况;检查发动机运转情况;转速表工作情况。

③ 变频器驱动强制停止:持续切断动力电池 ECU 内部的功率三极管,用于确认是否在变频器或动力电池 ECU 内部有漏电。

④ 起动请求:连续转动发动机曲轴,检查发动机压缩情况。例如,混合动力系统 FINV(P0A78、P0A7A)故障,包括需要判断动力电池 ECU 或变频器故障,采用变频器驱动强制停止模式判断变频器或动力电池 ECU 漏电。

2. 检测仪器的使用

(1) 检查故障码。

① 将智能测试 IT－Ⅱ仪与车辆的数据链路连接器(DLC3)进行连接,如图 7－76 所示。

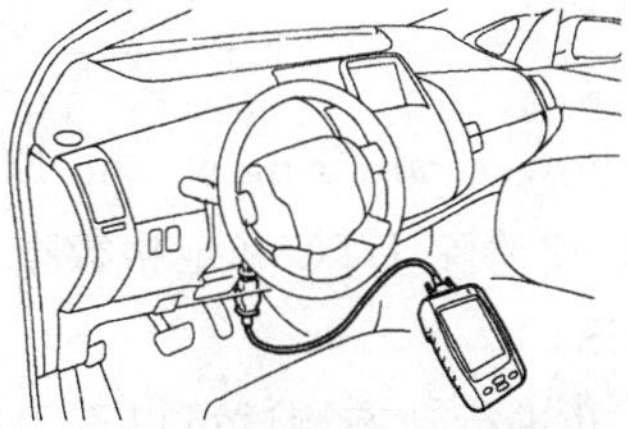

图 7－76　智能测试仪 IT－Ⅱ与车辆的数据链路连接器(DLC3) 的连接

② 将电源开关转到“ON(IG)”位置。

③ 测试仪进入“Powertrain/Engine and EDT/DTC”菜单下。

④ 检查故障码(DTC)定格数据,并记录。

注意:症状模拟后将高压主系统转到“OFF(IG OFF)”,然后重复模拟过程,当再次出现故障时,CHK ENG 灯会亮起,并且 DTC 会记录在 ECM 中。

(2) 清除故障码。

① 将智能测试仪与车辆故障诊断插座(DLC3)进行连接,故障诊断插座如图 7－77 所示。

② 将电源开关转到“ON(IG)”位置。

③ 测试仪进入“Powertrain/Engine and EDT/DTC/Clear”菜单下。

④ 按下测试仪上的“YES”按钮,清除 DTC 和定格数据。

(3) 检查模式。检查模式步骤(使用智能测试仪 IT－Ⅱ)。

提示:和正常模式相比,检查模式可以更灵敏地检测故障,而且在正常模式下检测到的相同诊断项目也可以在检查模式下检测到。

① 检查初始状态。

a. 蓄电池正极电压为 11V 或更高。

b. 节气门全闭。

c. 变速器在“P”或“N”挡。

d. 关闭空调。

② 将智能测试仪连接到 DLC3。

③ 打开电源开关“ON(IG)”。

④ 使用智能测试仪将 ECM 转为检查模式,确保发动机故障灯(CHK ENG)闪烁。

小心:如果出现下列情况,所有记录的 OTC 和定格数据将被清除:① 使用智能测试仪将 ECM 由正常模式转到检查模式或由检查模式转到正常模式;② 在检查模式中,电源开关由“ON”转到“ACC”或“OFF”。

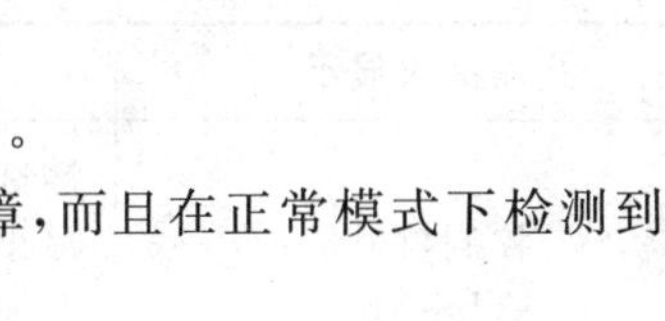

图 7－77　故障诊断插座

⑤ 起动高压主系统(READY ON)。系统起动后,应关掉发动机故障灯(CHKENG)。

⑥ 模拟客户所述故障。

⑦ 故障模拟后，使用智能测试仪检查DTC、定格数据和其他数据。

⑧ 检查DTC后，检查相应电路。

⑨ 清除故障码(DTC)：

a. 将智能测试仪连接到DLC3。

b. 打开电源开关"ON(IG)"。

c. 进入测试仪上以下菜单：Powertrain/Engine and ECT/DTC/Clar。

d. 按下测试仪上的"YES"按钮清除DTC和定格数据。

(4) 动态测试(ACTIVE TEST)。

提示：使用智能测试仪IT-Ⅱ进行动态测试可以不用拆下任何零件运行继电器、VSV、执行器等。将动态测试作为故障排除的第一步可以缩短工时。

在进行动态测试时可能显示数据表(DATA LIST)。

① 打开"READY"电源开关并预热发动机。

② 关闭电源开关。

③ 将智能测试仪连接到DLC3。

④ 打开电源开关"ON(IG)"。

⑤ 打开智能测试仪。

⑥ 进入测试仪以下菜单：Powertrain/Engine and ECT/Active Test。

⑦ 根据测试仪的显示，进行动态测试的项目，见表7-3。

表7-3 动态测试的项目表

测试仪显示	测试内容	诊断注解
控制喷射量 (Inj Vol)	测试内容：控制喷射量 最小：-12.5%，最大25% 车辆状况：发动机转速为3 000r/min或更小	立即测试所有喷油器 喷油量在-12.5%～25%范围内逐渐变化
控制A/F传感器的喷射量 (A/FControl)	测试内容：控制喷射量 -12.5%或25%(改变喷射量-12.5%或25%) 车辆状况：发动机转速为3 000r/min或更小	以下A/F CONTROL步骤可以检查A/F感器和加热型氧传感器的电压输出并将其制成图表 为了显示图表指示，输入"Active Test/A/F CONTROL/USER DATA"，然后依次按下"YES""ENTER""F4"按钮，选择"AFS BISI和O2S BlS2"或"AFS B2S1和O2S B2S2"
起动EVAP的VSV (Evap VSV(Alone))	测试内容：起动EVAP控制的VSV"ON"或"OFF"	—
控制燃油泵/速度 (Fuel Pump/Spd)	测试内容：控制燃油泵"ON"或"OFF"	—
激活VVT系统 (VVT Ctrl B1)	测试内容：激活VVT系统"ON"或"OFF"	ON：怠速不稳或发动机失速 OFF：发动机转速正常

续表

测试仪显示	测试内容	诊断注解
连接 TC 和 TE1 (TC/TE1)	测试内容:连接 TC 和 TE1 “ON”或“OFF”	—
控制怠速燃油切断禁止 (FC Idl Prohbt)	测试内容:控制怠速燃油切断禁止“ON”或“OFF”	怠速中
控制电子冷却风扇 (Cooling Fan)	测试内容: 控制电子冷却风扇“ON”或“OFF”	—
控制 ETCS 开路/闭路慢速 [ETCS Fast(Open/Close)]	测试内容:开路/闭路慢速“ON”或“OFF”	节气门插入操作
控制气缸 1 号燃油切断 (Fulel Cut＃1)	测试内容:控制气缸 1 号燃油切断“ON”或“OFF”	为了平衡功率,切断 1 号气缸燃油

二、蓄电池系统的检修

1. 系统简介

蓄电池是混合动力电动汽车发展的关键技术,也是提高整车性能和降低成本的重要发展方向。混合动力汽车蓄电池系统的主要作用是通过蓄电池 ECU 的使用监控动力电池总成的状态,并将此信息传送给动力电池 ECU,而且该系统控制蓄电池鼓风机电动机控制器,以此保持动力电池的适当温度。

蓄电池 ECU 通过 CAN 与动力电池 ECU、ECM 和空调放大器相连并进行通信,且通过网关与车身局域网 BEAN 相通,如图 7 - 27 所示。蓄电池系统功能:

(1) 动力电池总成管理和安全保护功能。

① 在驾驶过程中,蓄电池总成加速时反复地放电,而减速时恢复制动被充电。若蓄电池 ECU 根据电压、电流和温度测算动力电池的 SOC(充电状态)然后将结果输送给动力电池 ECU,由动力电池 ECU 控制充放电。

② 如果发生故障,动力电池 ECU 执行安全保护功能,依据故障的程度保护动力电池。

(2) 蓄电池鼓风机电机控制。车辆行驶时,为了控制动力电池总成温度,动力电池 ECU 依据动力电池总成的温度决定并控制蓄电池鼓风机总成的操作模式。

(3) CHK ENG 灯控制。当动力电池 ECU 检测到影响排气的故障,它将把发动机故障灯(CHK ENG)点亮。

2. 蓄电池组的检查

(1) 检查注意事项:

① 检查蓄电池加液口塞导通性。用欧姆表测量端子间的电阻,标准电阻为 10Ω 或更大。如果不符合标准,则更换蓄电池加液口塞。

② 将加液口塞安装到固定座上。

③ 用欧姆表测量蓄电池温度传感器端了间的电阻,测度升高,电阻应减小。如果不符合标准值,则更换蓄电池温度传感器。

④ 检查系统主继电器的导通性和电阻。

（2）蓄电池组检查步骤：

① 将智能测试仪连接到 DLC3。

② 检查并记录 DTC 和定格数据。

③ 如果出现与 CAN 总线通信相关的 DTC，则首先对 CAN 通信进行故障排除及修理。

④ 清除 DTC。

⑤ 重新读取故障码。

⑥ 如未出现故障码，试车后再读取 DTC。

⑦ 如有 DTC，根据 DCT 检修相关元器件和电路排除故障。

⑧ 确认试车。

3. 波形检查

（1）CAN－H 波形如图 7－78 所示。

端子：CAN－H 和 GND。

设定：1V/格，2μs/DIV。

条件：电源开关“ON(IG)”。

（2）CAN－L 波形如图 7－79 所示。

端子：CAN－H 和 GND。

设定：1V/格，2μS/DIV。

条件：电源开关“ON(IG)”。

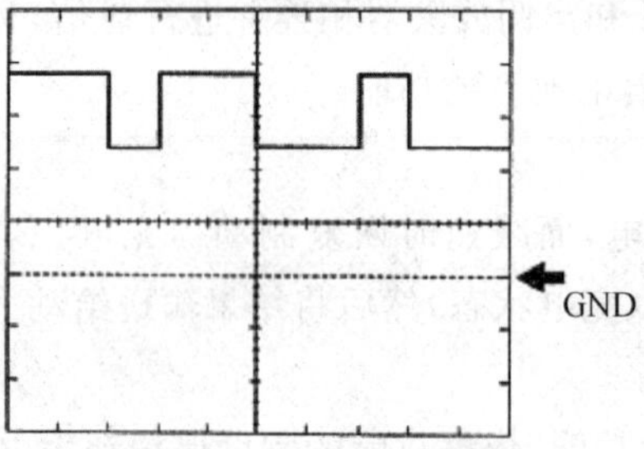

图 7－78　CAN－H 波形

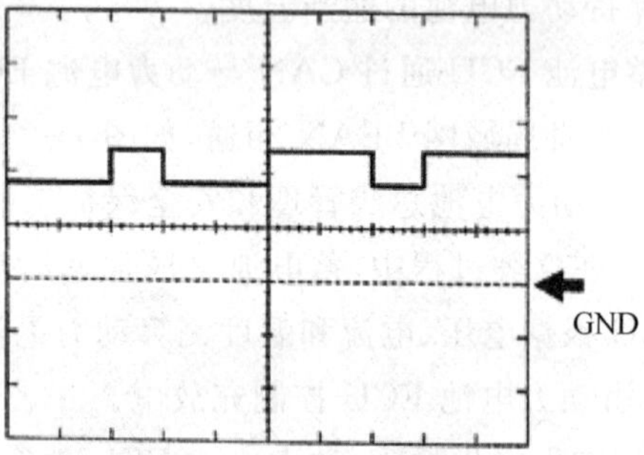

图 7－79　CAN－L 波形

（3）蓄电池鼓风机电机转运信号波形如图7－80所示。

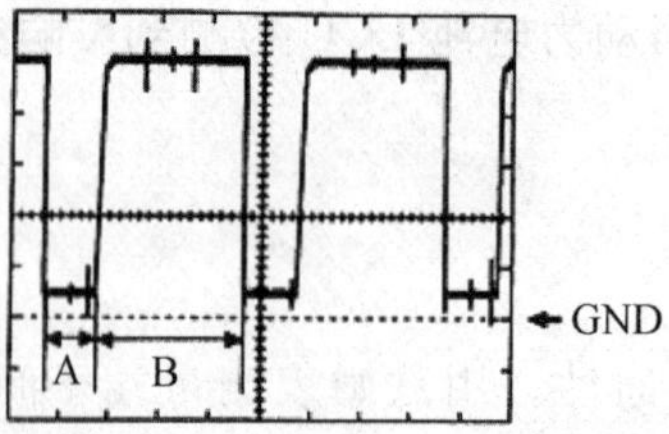

图 7－80　蓄电池鼓风机电机转运信号波形

端子：SI 和 GND。

设定：1V/格，50μs/DIV。

条件：车辆停止。

图 7－80 所示 A 和 B 两点信号波形的振幅随着蓄电池鼓风机电机运转模式的变化而变化，见表 7－4。

表 7－4　A 和 B 两点信号波形的振幅随着模式的变化

模式	A	B
1	44.4μs	155.6μs
2	44.4μs	155.6μs
3	51.6μs	148.4μs
4	59.0μs	141.0μs
5	59.0μs	141.0μs
6	146.4μs	53.6μs

4. 蓄电池系统的自诊断

（1）检查动力电池系统 DTC。

① 将智能测试仪与车辆的数据链路连接器(DLC3)的连接，如图 7－76 所示。

② 将电源开关转到“ON(IG)”位置。

③ 打开智能测试仪。

④ 测试仪进入“Powertrain/HV Battery/DTC”菜单（图 7－81），读取动力电池系统 DTC。

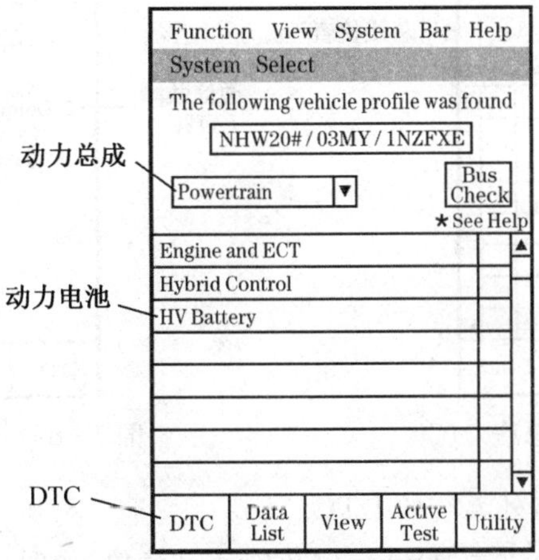

图 7－81　Powertrain / HV Battery / DTC 菜单

（2）检查定格数据。定格数据记录了检测 DTC 时动力电池系统和组件的工作状态，它有利于确定或模拟故障发生车辆的状态。

① 如果出现 DTC，则选择该 DTC，显示相关定格数据，如图 7－82 所示。

② 在 DTC 检测时，读取记录的定格数据，如图 7－83 所示。

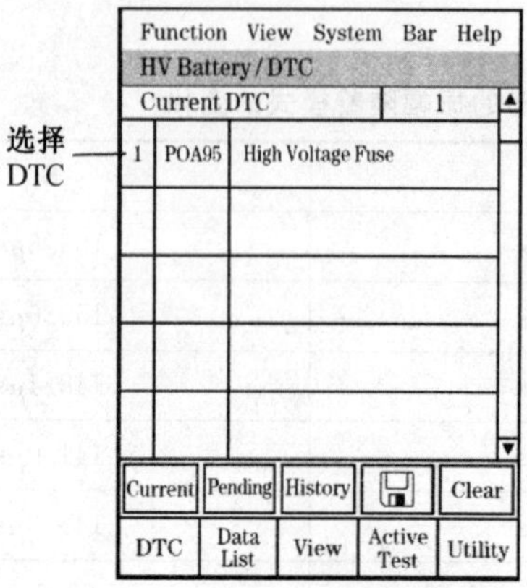

图 7-82 显示定格数据

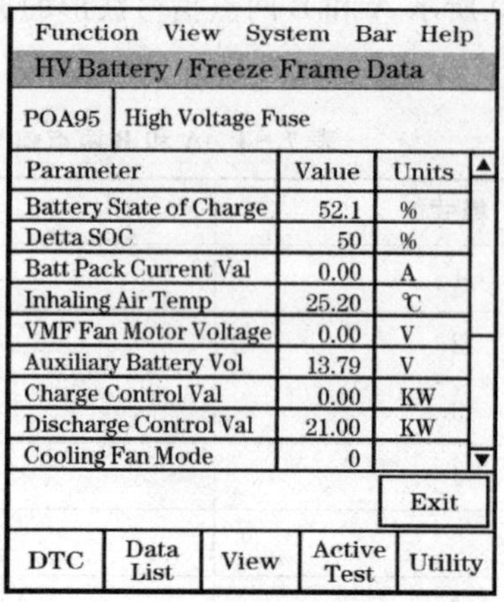

图 7-83 读取记录的定格数据

(3) 检查总线 DTC。

① 在系统选择屏幕上选择 Bus Check,如图 7-84 所示。

② 在 BSC Check 屏幕上选择 Communication Malfunction DTC,以便读取通信故障 DTC,如图 7-85 所示。如果还出现 CAN 通信系统 DTC,则先进行 CAN 通信相关故障的排除。

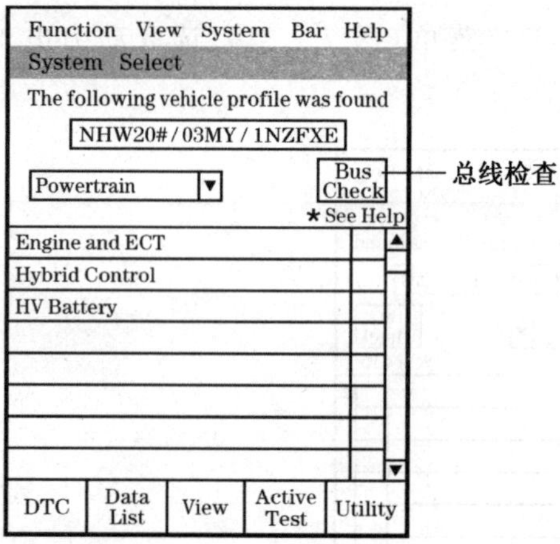

图 7-84 检查总线 DTC

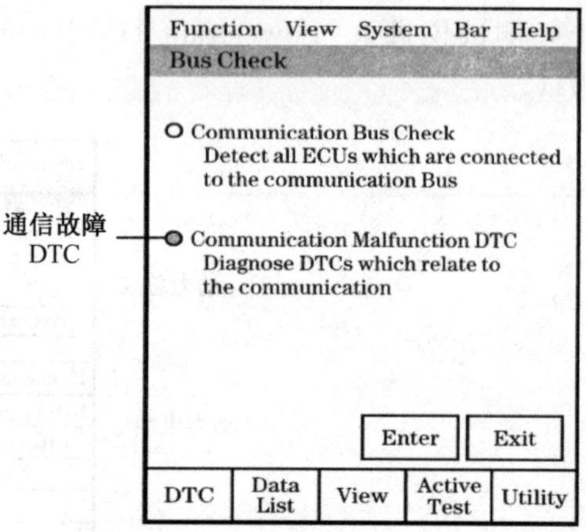

图 7-85 读取通信故障 DTC

(4) 检查除动力电池以外系统的 DTC。

① 在系统选择屏幕上,进入"Utility/All Codes"菜单,如图 7-86 所示。

② 如果出现 DTC,则检修相关系统。

(5) 清除故障码。

① 将智能测试仪与车辆的数据链路连接器(DLC3) 连接。

② 将电源开关转到"ON(IG)"位置。

③ 打开智能测试仪。

④ 检查换挡杆是否在"P"挡。

⑤ 显示 HV Battery/DTC 界面(图 7-87)并按下屏幕右下的清除键。

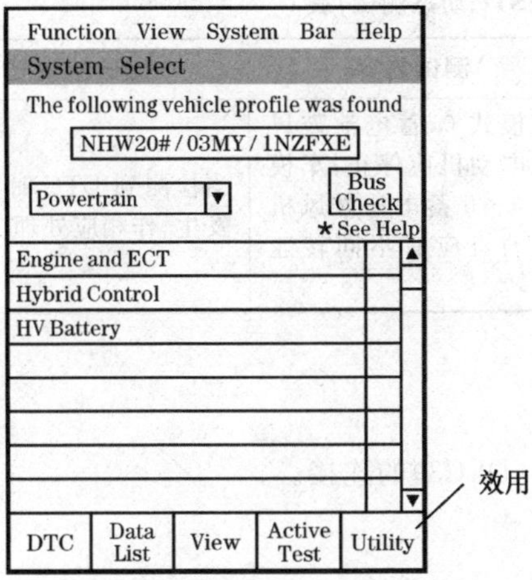

图 7-86 进入 Utility / Au Codes 菜单

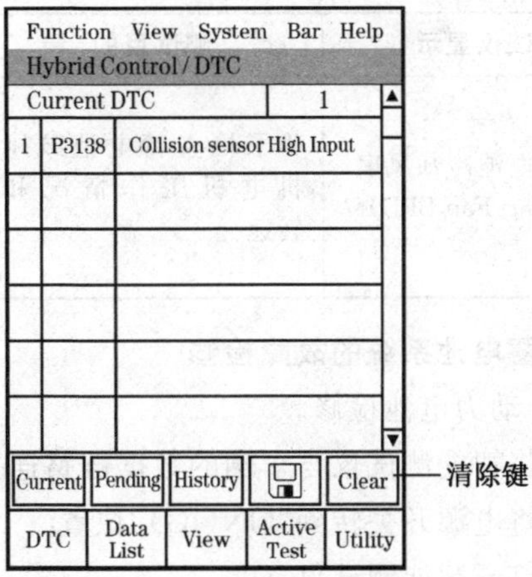

图 7-87 HV Battery / DTC 界面

注意：清除 DCT 的同时会清除定格数据。

(6) 动态测试(ACTIVE TEST)数据流。

提示：使用智能测试仪进行 DATA LIST(数据流)可以不用拆下任何零件读取开关、传感器、执行器等值。将 DATA LIST 作为故障排除的第一步，可以缩短诊断时间。

① 打开电源开关 (READY)并预热发动机。

② 关闭电源开关。

③ 将智能测试仪连接到 DLC3。

④ 打开电源开关"ON(IG)"。

⑤ 打开智能测试仪。

⑥ 进入测试仪"Powertrain/HV Battery/Data List"菜单。

⑦ 根据测试仪的显示，读取 DATA LIST(数据流)。

(7) ACTIVE TEST(动态测试)。

提示：使用智能测试仪 IT－Ⅱ进行 ACTIVE TEST(动态测试)可以不用拆下任何零件运行继电器、VSV、执行器等。将 ACTIVE TEST(动态测试)作为故障排除的第一步可以缩短工时。在进行 ACTIVE TEST(动态测试)时可能显示 DATA LIST(数据表)。

① 打开电源开关 (READY)并预热发动机。

② 关闭电源开关。

③ 将智能测试仪连接到 DLC3。

④ 打开电源开关"ON(IG)"。

⑤ 打开智能测试仪。

⑥ 进入测试仪"Powertrain/ HV Battery /Active Test"菜单。

⑦ 根据测试仪的显示，读取 ACTIVE TEST(动态测试)数据，见表 7-5。

表 7-5 ACTIVE TEST(动态测试)表

测试仪显示	测试目的	测试内容	测试结果处理
驱动蓄电池冷却风扇(Cooling Fan SPD)	为了检查蓄电池鼓风机电机工作情况和转速	在模式 0,蓄电池鼓风机电动机应停止;车模式 1~6 蓄电池鼓风机电动机应有不同转速运转	当检测到 DTC 时,则故障发生,作相应处理

5. 蓄电池系统的故障检修

(1) 动力电池检修。

① 将智能测试仪与车辆的数据链路连接器(DLC3)的连接。

② 将电源开关转到“ON(IG)”位置。

③ 打开智能测试仪。

④ 测试仪进入“Powertrain/HV Battery/DTC”菜单。

⑤ 读取动力电池系统 DTC。

⑥ 如果出现“DTC P0A1F”,说明动力电池损坏,更换动力电池总成。

(2) 检查蓄电池加液口塞的导通性。

① 用欧姆表测量动力电池温度传感器端子间的电阻,如图 7-88 所示。

② 随温度上升,阻值应减少,其数值应符合图 7-89 曲线范围,如果不符合,则更换动力电池温度传感器。

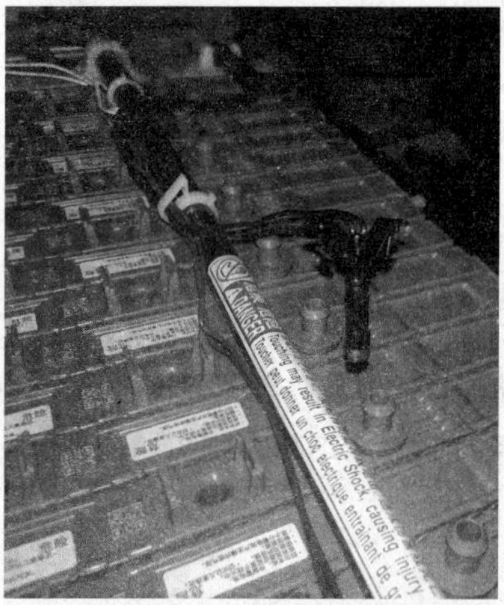

图 7-88 动力电池温度传感器

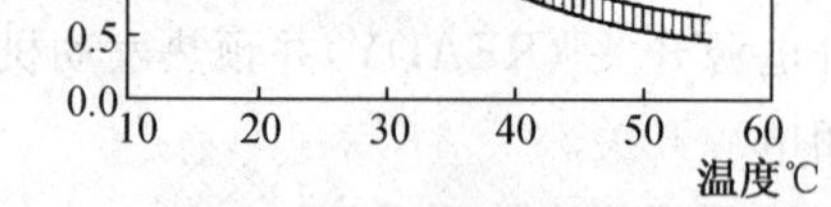

图 7-89 动力电池温度传感器电阻-温度曲线

(3) 检查 1 号系统主继电器。连接器 B 和 C 形状相同,可通过线束长度(L)和线束颜色来区分,见表 7-6、图 7-90 所示。

表 7-6 1 号系统主继电器

连接器	线束长度(L)	线束颜色
B	短	黄色
C	长	黑色

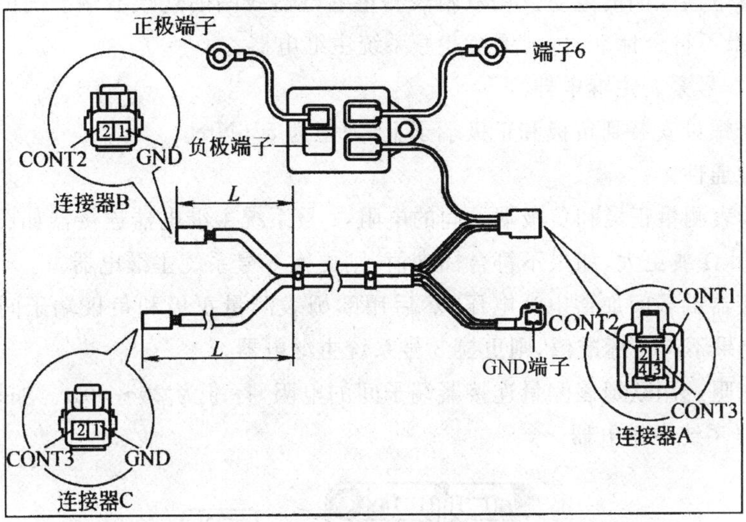

图 7-90 主继电器的连接器

① 检查导通性。

a. 用欧姆表测量 1 号系统主继电器的连接器间的电阻，其标准值如表 7-7 所示，如果不符合标准值，则更换 1 号系统主继电器。

b. 在正极和负极端子间提供电压，然后用欧姆表测量端子 6 和 A1（CONT1）间的电阻，标准电阻小于 1Ω。如果不符合标准值，则更换 1 号系统主继电器。

表 7-7 1 号系统主继电器的连接器间的电阻标准值

测量连接器	规定条件
正极端子-负极端子	10kΩ 或更大
A 2（CONT2）-B2（CONT2）	小于 1Ω
A 3(CONT3）-C2(CONT3）	小于 1Ω
端子 Bl(GND)-GND	小于 1Ω
端子 C1(GND)-GND	小于 1Ω

② 检查电阻。用欧姆表测量端子 6 和 A1（CONT1）间的电阻，标准电阻为 70～1 600Ω。如果不符合标准值，则更换 1 号系统主继电器。

（4）检查 2 号系统主继电器。

① 将两个螺母安装到负极和正极端子，力矩为 56Nm。

② 检查导通性。

a. 用欧姆表测量 2 号系统主继电器正极和负极端子间的电阻。标准电阻为 10kΩ 或更大，如果不符合标准值，则更换 2 号系统主继电器。

b. 在继电器线圈的连接器端子间加蓄电池电压，然后用欧姆表测量 2 号系统主继电器正极和负极端子间的电阻，标准电阻＜1Ω。如果不符合标准值，则更换 2 号系统主继电器。

③ 检查继电器线圈的电阻。用欧姆表测量继电器线圈的连接器端子间的电阻，标准为20～50Ω。如果不符合标准值，则更换2号系统主继电器。

(5) 检查3号系统主继电器。

① 将两个螺母安装到负极和正极端子上，力矩为5.6Nm。

② 检查导通性。

a. 用欧姆表测量正极和负极端子间的电阻，2号系统主继电器连接器如图7-91所示。标准电阻为10kΩ或更大，如果不符合标准值，则更换3号系统主继电器。

b. 在连接器端子间加蓄电池电压，然后用欧姆表测量正极和负极端子间的电阻，标准电阻<1Ω。如果不符合标准值，则更换3号系统主继电器。

③ 检查电阻。用欧姆表测量连接器端子间的电阻，标准为20～50Ω。如果不符合标准值，则更换3号系统主继电器。

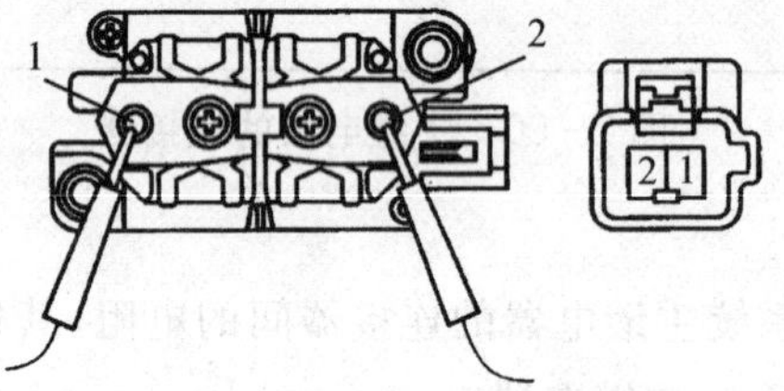

图7-91 2号系统主继电器连接器

(6) 检查蓄电池电流传感器。

① 用欧姆表测量蓄电池电流传感器端子1(VIB)和端子2(GIB)间的电阻(图7-92)，标准电阻见表7-8。如果不符合标准值，则更换蓄电池电流传感器。

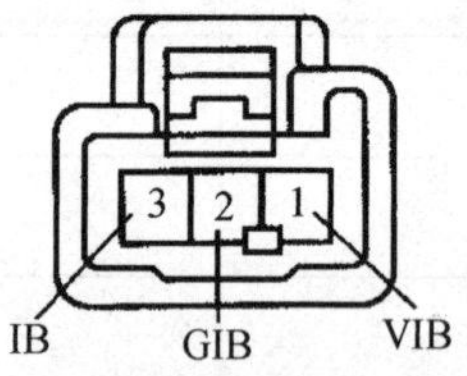

图7-92 蓄电池电流传感器连接器

表7-8 蓄电池电流传感器端子1(VIB)和端子2(GB)间的电阻标准值

测试仪连接	规定条件	测试仪连接	规定条件
正极表笔接端子1(VIB) 负极表笔接端子2(G1B)	3.5～4.5kΩ	正极表笔接端子2(GIB) 负极表笔接端子1(V1B)	5～7kΩ

② 用欧姆表测量蓄电池电流传感器端子1(VIB)和端子3(IB)间的电阻，见表7-9。如果不符合标准值，则更换蓄电池电流传感器。

表7-9 蓄电池电流传感器端子1(VIB)和端子3(IB)间的电阻标准值

测试仪连接	规定条件	测试仪连接	规定条件
正极表笔接端子1(VIB) 负极表笔接端子3(IB)	3.5～4.5kΩ	正极表笔接端子3(IB) 负极表笔接端子1(VIB)	5～7kΩ

③ 用欧姆表测量端子2(GIB)和端子3(IB)间的电阻，标准为0.2kΩ或更小。如果不符合标准值，则更换电池电流传感器。

(7) 检查系统主电阻器，用欧姆表测量端子间的电阻，如图7-93所示。标准电阻为18～22Ω，如果不符合标准值，则更换系统主电阻器。

(8) 检查1号蓄电池鼓风机继电器。用欧姆表测量1号蓄电池鼓风机继电器端子间的电阻，如图7-94所示、1号蓄电池鼓风机继电器端子间的电阻标准值见表7-10，如果不符合标准值，则更换1号蓄电池鼓风机继电器。

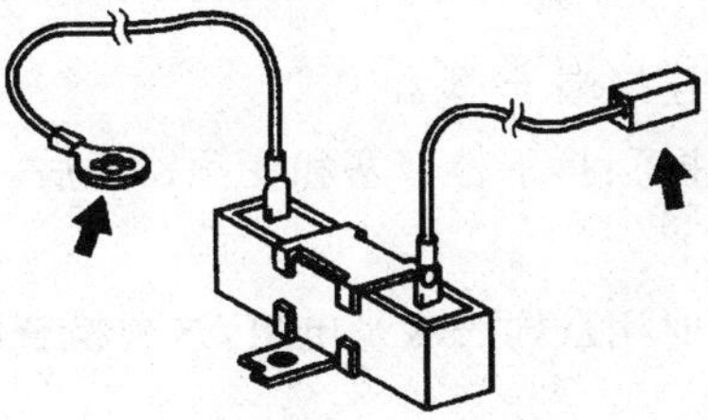

图7-93 系统主电阻器端子

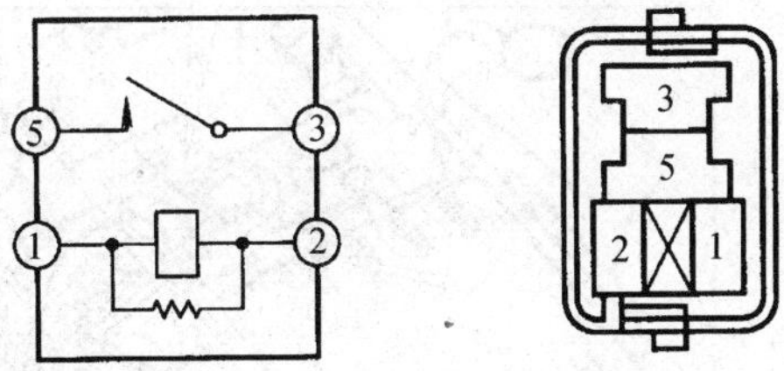

图7-94 1号蓄电池鼓风机继电器

表7-10 1号蓄电池鼓风机继电器端子间的电阻标准值

测试仪连接	规定条件
3～5	10kΩ或更大
3～5	小于1Ω(将蓄电池电压加到端子1和2上)

三、混合动力控制系统的检修

1. 混合动力控制系统的检查

(1) 检查或维护发动机室时应遵守的注意事项。

① 电源开关置于"ON"位置时，发动机自动"ON"或"OFF"。维护发动机室前，将动力主系统"OFF"。

② 在检查模式下，在警告灯点亮时，解除检查模式来检查诊断区域。

③ 在解除检查模式前行驶可能会损坏变速驱动桥。

(2) 初始化。断开蓄电池负极电缆后，当重新连接端子时，驱车辅助监视系统、电动门锁控制系统将被初始化，仅拆下蓄电池不能完成初始化。

(3) 激活混合动力系统时的注意事项。

① 警告灯亮起或蓄电池断开又重新连接，当初次按下电源开关时可能无法起动该系

统，如有此情况，可再次按下电源开关。

② 将电源开关置于"ON"，断开蓄电池。如果重新连接时钥匙不在钥匙孔里，则可能输出 DTC B2799。

(4) 检查变频器。

① 戴上绝缘手套，检查变频器前先检查 DTC，并进行相应的故障排除。

② 关闭电源开关。

③ 拆下检修塞。

④ 拆下变频器盖。

⑤ 如图 7－95 所示，断开连接端子 A 和 B。

⑥ 打开电源开关(IG)。注意：拆下检修塞和变频器盖后，如果再打开电源开关(IG)，会产生互锁开关系统的 DTC。

⑦ 用电压表测量电压，同时用欧姆表测量电阻，这项检查应该在线束侧进行，而不是在端子侧进行。

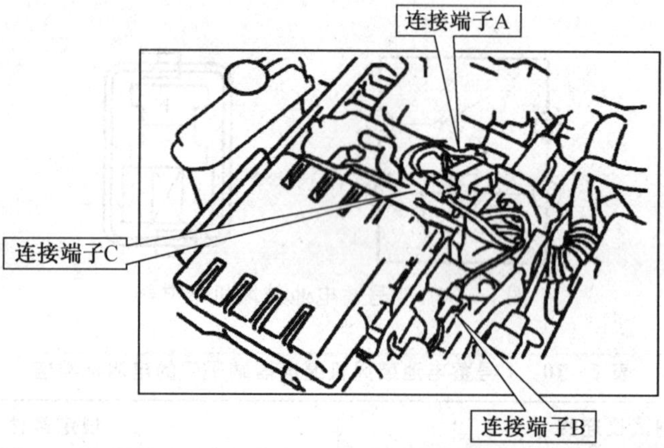

图 7－95　变频器连接端子

(5) 检查变换器。戴上绝缘手套，如果动力系统警告灯、主警告灯(图 7－96)和充电警告灯(图 7－97) 同时点亮，则检查 DTC 并进行相应的故障排除。

图 7－96　主警告灯(组合仪表)

图 7－97　复式显示器上的警告灯

① 检查运行情况。在 READY 灯(图 7－98) 点亮、熄灭时用电压表测量辅助蓄电池端子的电压。辅助蓄电池端子的电压标准值见表 7－11。注意：READY 灯亮时，变换器输出电压；熄灭时，辅助蓄电池输出电压。

图 7－98　READY 灯

表 7－11　蓄电池端子的电压标准值

READ 灯	电压(V)
ON	14
OFF	12

② 检查输出电流。

a. 从变频器上断开 MG1 和 MG2 电线。

b. 在图 7－99 所示，将低压线束钳入直流钳形电流表(400A 挡)钳口测量输出电流。

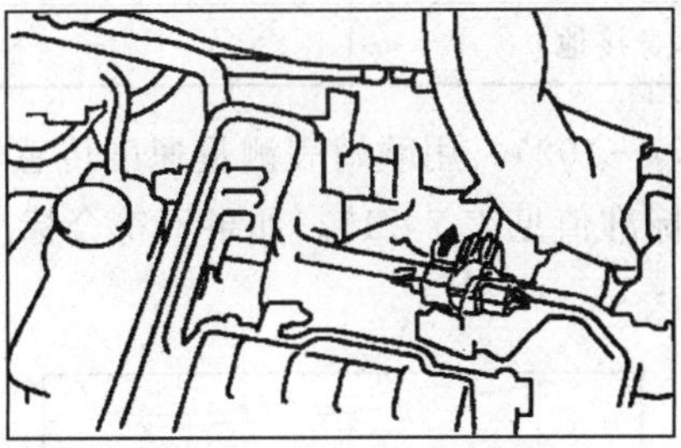

图 7－99　低压线束连接器

c. 将 MG1 和 MG2 电线连接到变频器。

d. 在 READY 灯亮的条件下，依次操作 12V 的电气设备，然后测量输出电流，标准电流约为 80A 或更小。如果输出电流为零或＞80A，则检查输入/输出信号。

③ 检查输入/输出信号。

a. 断开连接器。

b. 用电压表测量车身接地与车辆侧线束连接器端子间的电压，此电压应与辅助蓄电池电压相同。

c. 如图 7－100 所示，断开低压线束连接器。

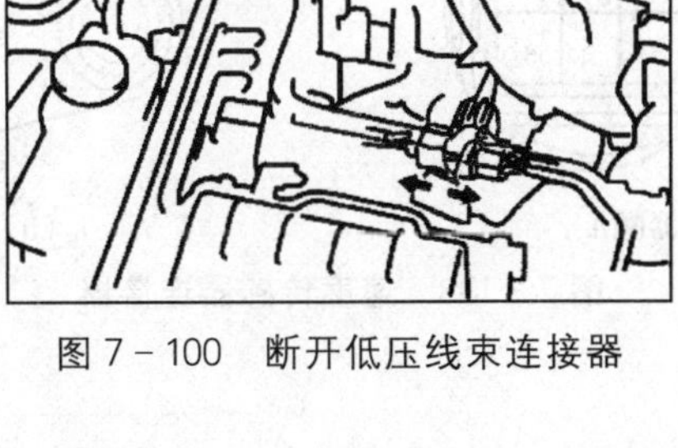

图 7－100　断开低压线束连接器

d. 打开电源开关(IG),用电压表和欧姆表测量车辆线束侧连接器端子(图 7－101) 间的电压和电阻,连接器端子间的电压和电阻标准值见表 7－12。如果电压和电阻与标准值不符,则更换带变频器的变换器总成。

图 7－101　车辆线束侧连接器端子

表 7－12　车辆线束侧连接器端子间的电压和电阻标准值

测试仪连接	规定条件
端子 5 -车身接地(IGCT -车身接地)	8～16V
端子 3 -车身接地(S 车身接地)	与辅助蓄电池端子电压相同
端子 1 -车身接地(S 车身接地)	120～140Ω

(6) 检查速度传感器(图 7－102)。用欧姆表测量速度传感器连接器 A、B 端子间的电阻(图 7－103),端子间的电阻标准值见表 7－13。如果不符合标准,则更换混合动力车辆变速驱动桥总成。

图 7－102　速度传感器安装位置

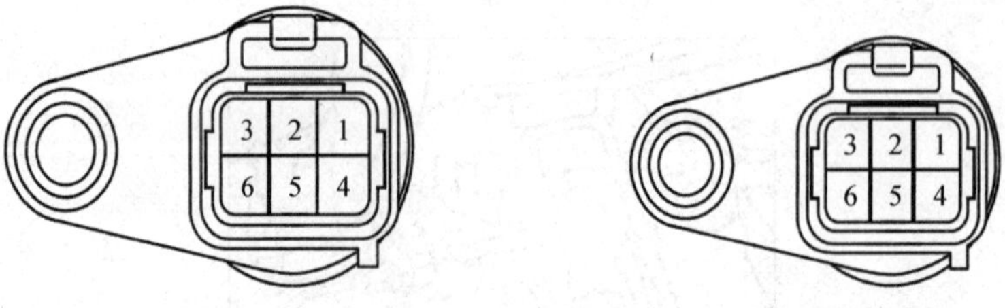

(a) 连接器喊A　　　(b) 连接器喊B

图 7－103　速度传感器连接器

表 7－13　速度传感器端子间的电阻标准值

测试仪连接	规定条件
A1－A4(GCS－GCSG)	12.6～16.8Ω
A2－A5(GSN－GSNG)	12.6～16.8Ω
A3－A3(GRF－GRFG)	7.65～10.2Ω
B1－B4(MRF－MRFG)	7.65～10.2Ω
B2－B5(MSN－MSNG)	12.6～16.8Ω
B3－B6(MCS－MCSG)	12.6～16.8Ω
上述所有端子与变速驱动桥壳	10kΩ 或更大

(7) 检查温度传感器(图 7－104)。用欧姆表测量温度传感器连接器 C 端子间的电阻(图 7－105),端子间的电阻标准值见表 7－14,标准值随着传感器温度的改变而改变,如图 7－106所示。如果不符合标准值,则更换混合动力车辆变速驱动桥总成。

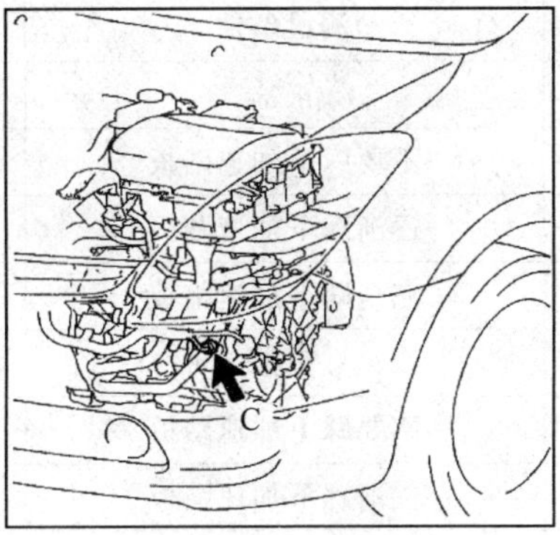

图 7－104　温度传感器安装位置

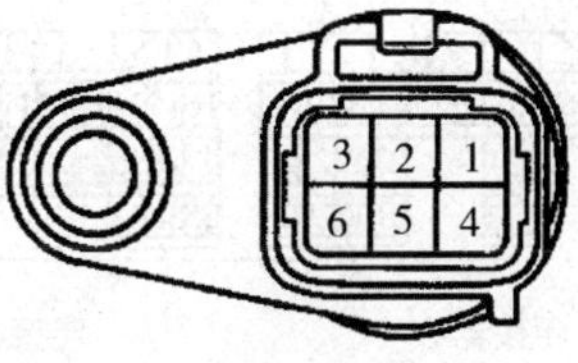

图 7－105　温度传感器连接器 C

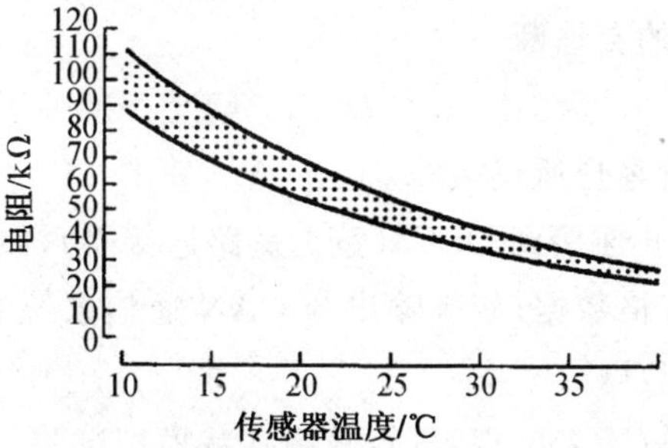

图 7－106　端子间的电阻随传感器温度的变化

表 7-14　温度传感器端子间的电阻标准值

测试仪连接	规定条件
C1-C4 (MMT-MMTG)	10℃(50℉)时,87.3~110.5kΩ 40℃(104℉)时,23.8~28.5kΩ
C 3-C 6 (OMT-OMTG)	10℃(50℉)时,87.3~110.5kΩ 40℃(104℉)时,23.8~28.5kΩ
上述所有端子变速驱动桥壳	10kΩ 或更大

(8) 检查加速踏板位置。在连接器的混合动力车辆控制 ECU 侧进行检查,如图 7-107 所示。

① 打开电源开关(IG 位置)。

② 用电压表测量加速踏板位置端子间电压,标准值见表 7-15,混合动力车辆控制 ECU 端子如图 7-107 的连接器 B 所示。如果不符合标准值,则更换加速踏板连杆总成。

表 7-15　加速踏板位置端子间电压标准值

端子	测量条件	规定条件
B 25-B 27 (VCP1-EP1)	正常	4.5~5.5V
B 26-B 27 (VPA1-EP1)	不要踩下加速踏板	0.5~1.1V
B 26-B 27 (VPA1-EP1)	逐渐踩下加速踏板	电压缓慢升高
B 26-B 27 (VPA1-EP1)	完全踩下加速踏板	2.6~4.5V
B 33-B 35 (VCP 2-EP2)	正常	4.5~5.5V
B 34-B 35 (VPA 2-EP2)	不要踩下加速踏板	1.2~2.0V
B 34-B 35 (VPA 2-EP2)	逐渐踩下加速踏板	电压缓慢升高
B 34-B 35 (VPA 2-EP2)	完全踩下加速踏板	3.4~5.3V

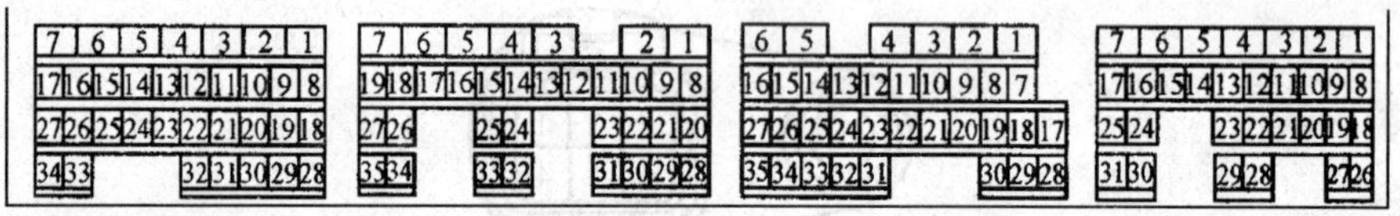

图 7-107　混合动力车辆控制 ECU 端子

2. 混合动力控制系统的自诊断

(1) 故障诊断步骤。

① 车辆进入车间,分析客户所述故障。

② 将智能测试仪 IT-Ⅱ 连接到 DLC3(数据链路连接器),如果测试仪显示通信故障,检查 DLC3,并记录 DTC 和定格数据;如果输出与 CAN 通信系统有关的故障 DTC,则首先检查并修理 CAN 通信,清除 DTC。

③ 故障症状确认。若故障未出现,进行故障症状模拟试验,再做进一步故障确定。

④ 若故障出现,检查 DTC,查 DTC 表;进行电路检查、故障识别,进行相应的调整、

修理。

⑤ 确认故障试验。

(2) DTC 检查与清除。

① 将智能测试仪与车辆的数据链路连接器(DLC3)连接。

② 将电源开关转到“ON(IG)”位置。

③ 打开智能测试仪。

④ 测试仪进入“Powertrain/Hybrid Control/DTC”菜单,读取控制系统 DTC,如图 7－108所示。

(3) 检查定格数据。定格数据记录了检测 DTC 时动力电池系统和组件的工作状态,它有利于确定或模拟故障发生车辆的状态。

① 如果出现 DTC,则选择该 DTC,显示相关定格数据,如图 7－109 所示。

② 在 DTC 检测时,记录相关定格数据。

③ 读取信息。在含有 INF 代码的详细代码中选择详细信息。提示:如图 7－110 所示,详细代码 2 含有 INF 代码 349。在这样的情况下,选择详细信息 2。

按下“Details”键,如图 7－111 所示,显示信息如图 7－112 所示。

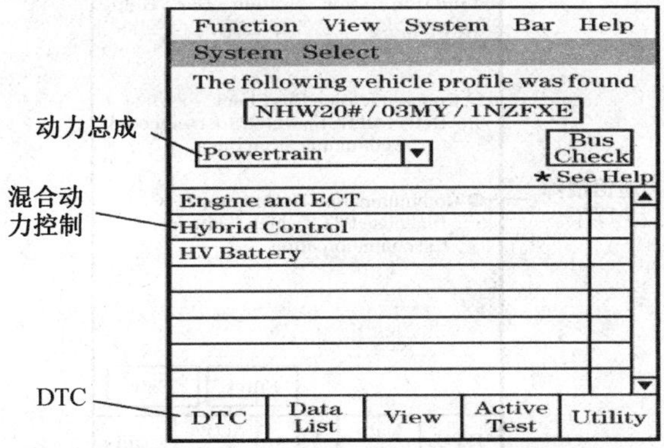

图 7－108　系统选择

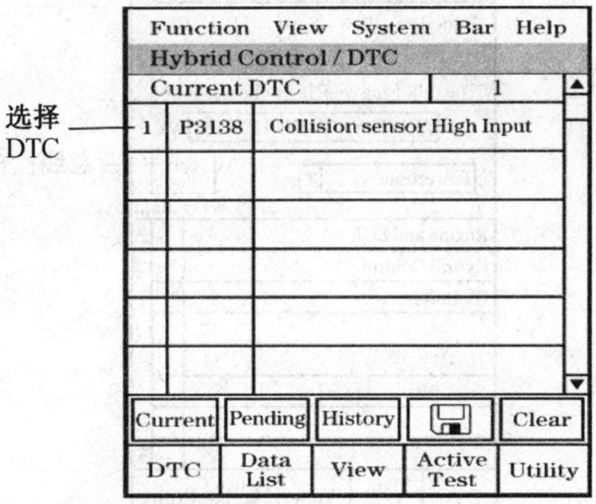

图 7－109　定格数据

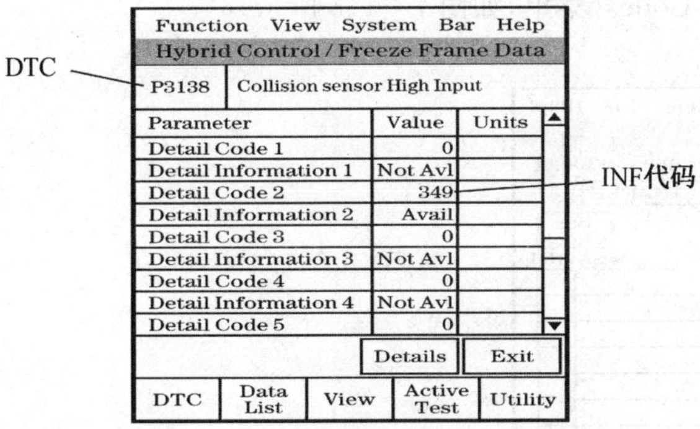

图 7－110　信息代码(INF 代码)显示

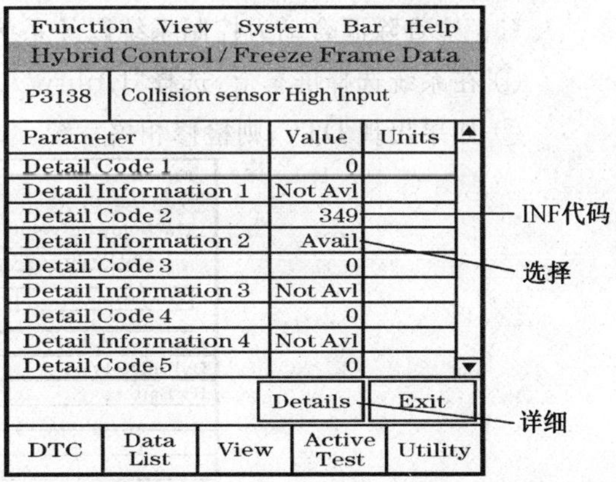

图 7－111　选择详细信息 2

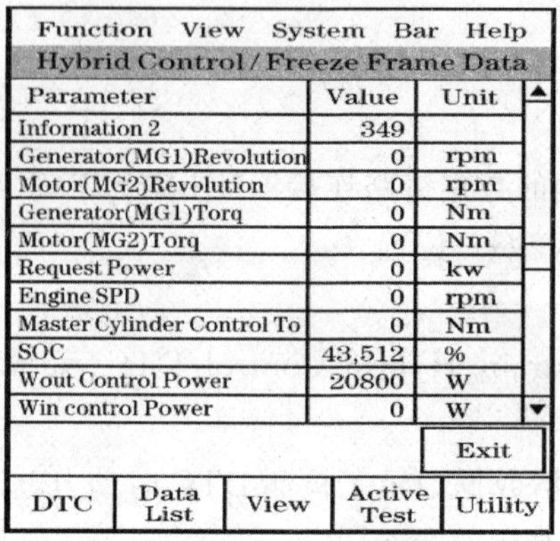

图 7－112　显示的信息

(4) 检查总线 DTC。

① 在系统选择屏幕上选择“Bus Check”菜单，如图 7－113 所示。

② 在 BSC Check 屏幕上选择 Communication Malfunction DTC(图 7－114)，以便读取通信故障 DTC。如果出现 CAN 通信系统 DTC，则先进行 CAN 通信相关故障的排除。

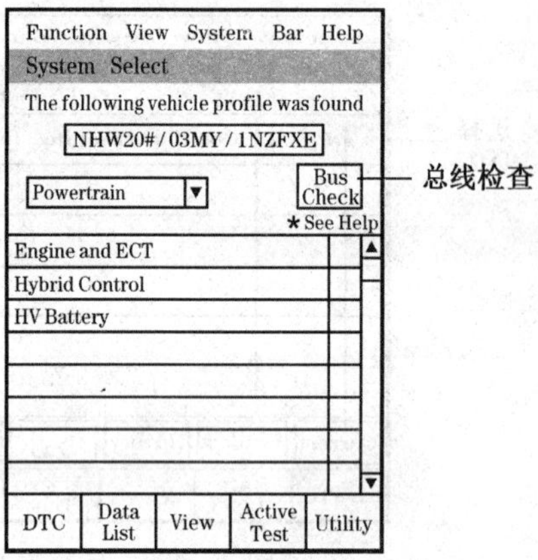

图 7－113　检查总线 DTC

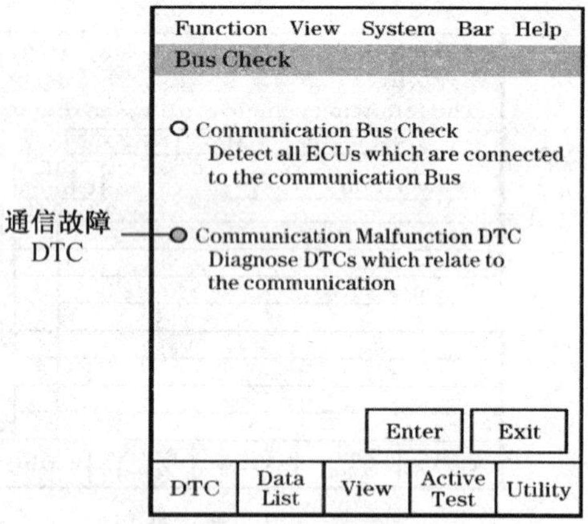

图 7－114　通信故障 DTC

(5) 检查除混合动力控制系统以外系统的 DTC。

① 在系统选择屏幕上，选择“Utility/All Codes”菜单，如图 7－115 所示。

② 如果出现 DTC，则检修相关系统。

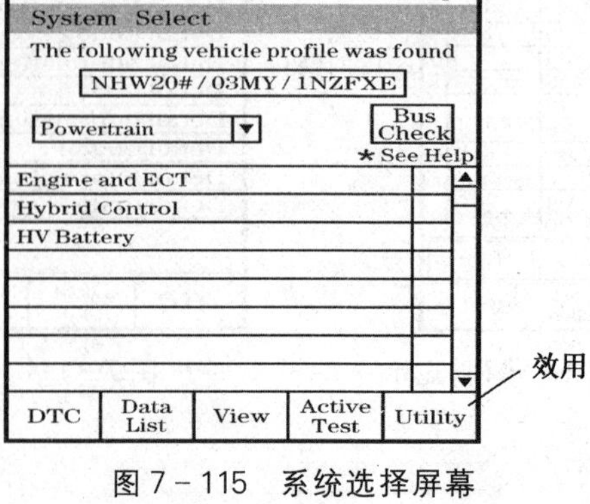

图 7－115　系统选择屏幕

(6) 清除故障码。

① 将智能测试仪与车辆的数据链路连接器(DLC3) 的连接。

② 将电源开关置于“ON(IG)”。

③ 打开智能测试仪。

④ 检查换挡杆是否在“P”挡。

⑤ 屏幕显示 Hybrid Control /DTC,按下屏幕右下的清除键,如图 7－116 所示。

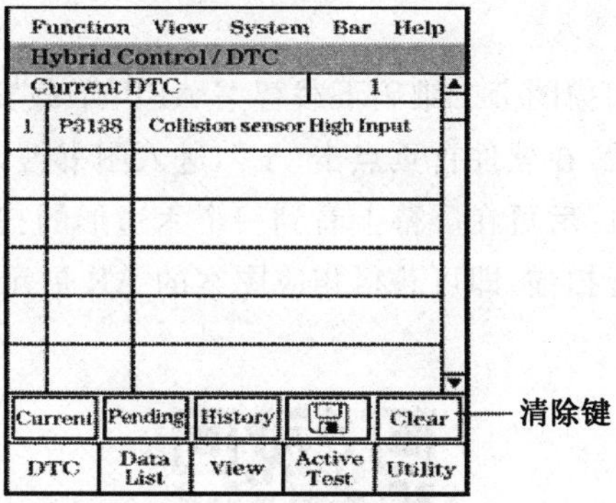

图 7－116 清除 DCT

注意:清除 DCT 的同时会清除定格数据。

附 录

附录一 AR 使用说明

本教材 AR 内容通过扫描图旁二维码下载智书 APP，下载安装完成后，用手机号码注册账号，设置登录密码，登录后，在软件首页点击“＋”，进入图书搜索界面，选择“新能源汽车维修”，点击下载本书，下载完成后可在屏幕上看到一个六边形的扫描框，将扫描框对准教材图片中有 AR 标记的图片进行扫描，即可获得相应图案的 AR 展示内容。

智书AR下载

附录二　教学资源二维码

宝马 i3 电动汽车的生产线

E150 系列纯电动汽车使用说明书

混合动力车辆高压电操作安全事项

特斯拉纯电动汽车工作原理

比亚迪混合动力汽车构造视频

丰田普锐斯 ECTV 电控行星齿轮机构工作原理

网上习题资源

注:请用微信“发现”→“扫一扫”获取相应教学资源。

附录三　北汽EV160/200电路原理图

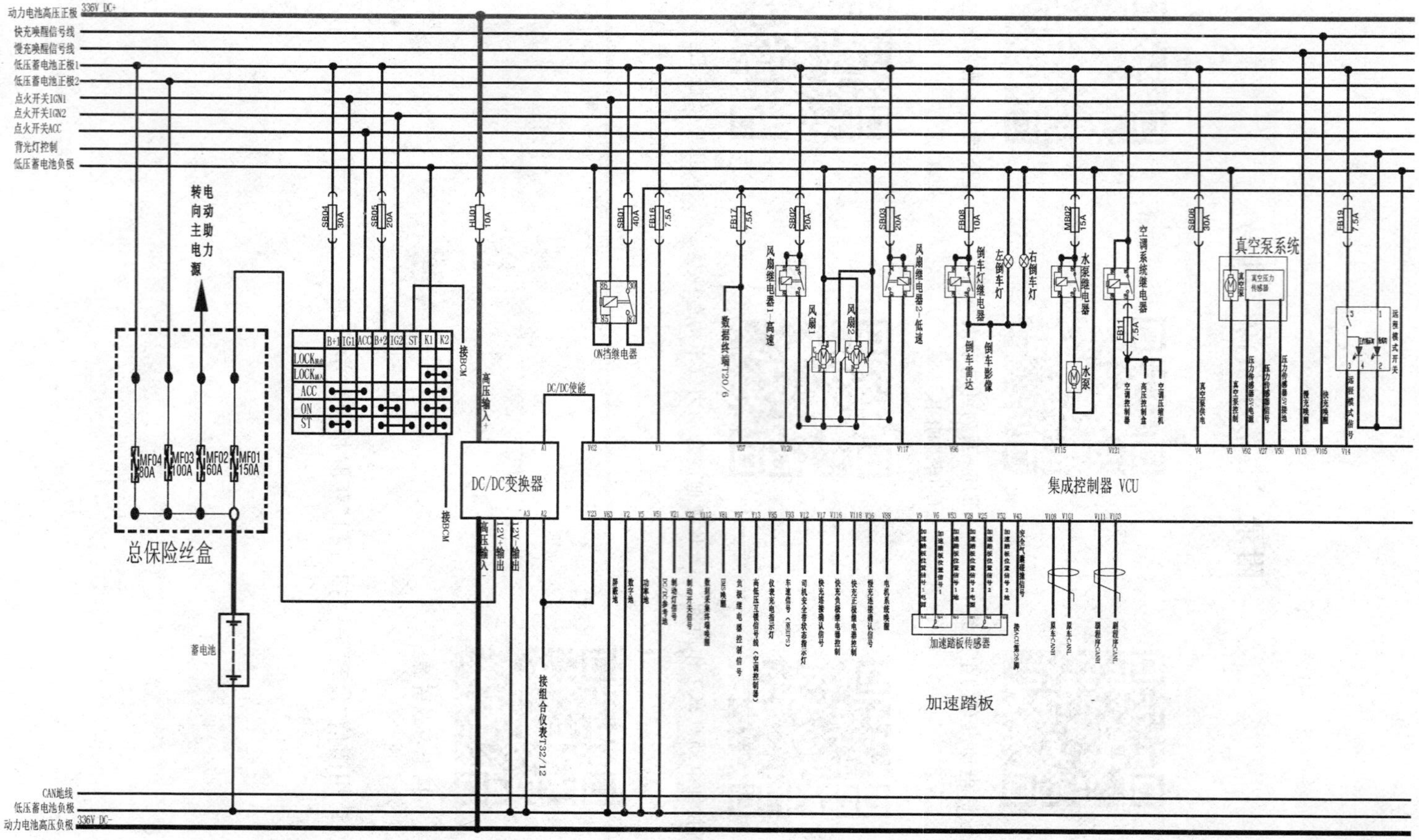

（a）北汽EV160/200电路原理图

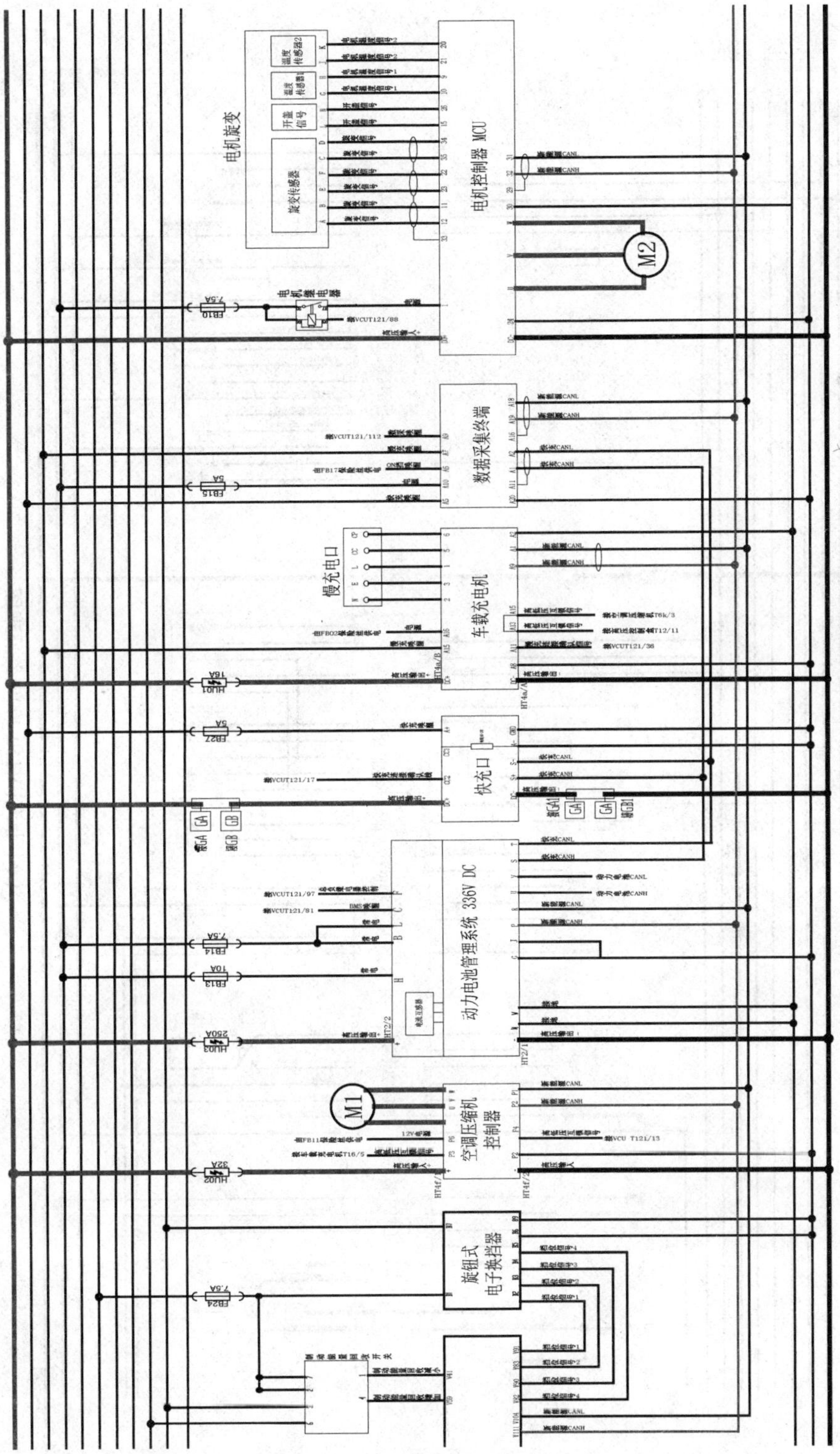

（b）北汽EV160/200电路原理图

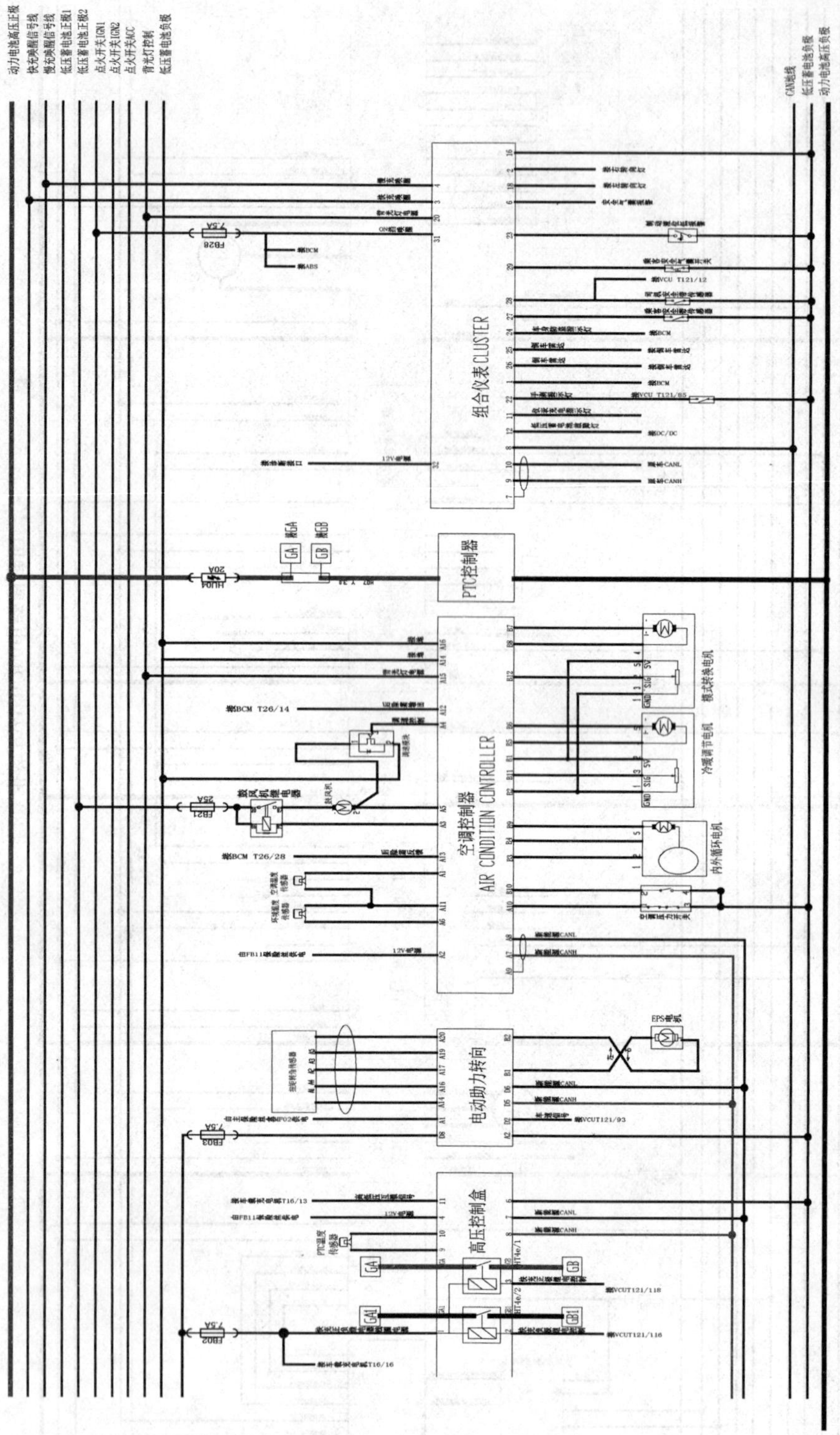

（c）北汽EV160/200电路原理图

参考文献

[1]蔡杏山.全彩视频图解电子元器件快速入门与提高[M].北京:电子工业出版社,2017.

[2]鲁植雄.汽车CAN总线故障诊断图解[M].南京:江苏科学技术出版社,2009.

[3]景平利,罗雪虎,高磊.走进新能源汽车[M].北京:机械工业出版社,2017.

[4]敖东光,宫英伟,陈荣梅.电动汽车结构原理与检修[M].北京:机械工业出版社,2017.

[5]景平利,敖东光,薛菲.电动汽车检查与维护[M].北京:机械工业出版社,2017.

[6]吴晓斌,刘海峰.新能源汽车概论[M].北京:人民交通出版社,2017.

[7]赵金国,李治国.新能源汽车高压安全与防护[M].北京:人民交通出版社,2017.

[8]曾鑫,刘涛.新能源汽车动力电池与驱动电机[M].北京:人民交通出版社,2017.

[9]唐勇,王亮.新能源汽车电气技术[M].北京:人民交通出版社,2017.

[10]包科杰,徐利强.新能源汽车维护与故障诊断[M].北京:人民交通出版社,2017.

[11]何忆斌,侯志华.新能源汽车驱动电机技术[M].北京:机械工业出版社,2018.

[12]张之超,邹德伟.新能源汽车驱动电机与控制技术[M].北京:北京理工大学出版社,2016.

[13]陈黎明.电动汽车结构原理与故障诊断[M].北京:机械工业出版社,2015.3

[14]蔡兴旺.新能源汽车结构与维修[M].北京:机械工业出版社,2014.9

[15]赵航.混合动力电动车技术[M].北京:机械工业出版社,2013.

[16]张金柱.混合动力汽车结构、原理与维修[M].2版.北京:化学工业出版社,2011.

[17]李瑞明.新能源汽车技术[M].北京:电子工业出版社,2014.

[18]丰田普锐斯混合动力汽车维修手册.

[19]北汽EV160/200维修手册.

[20]李高林,黄舞浩等.电动汽车高压互锁研究[J].汽车电器,2013,(5):1—3.